管領斯波氏

シリーズ・室町幕府の研究 1

木下聡 編著

戎光祥出版

序にかえて

斯波氏は室町幕府将軍家足利氏の有力一族の一つで、南北朝期の高経は尊氏に従って複数国の守護を務め、その子義将は義詮・義満・義持三代の執事・管領となり、斯波氏の繁栄の基礎を築いた。これ以後斯波氏は幕府管領となる三家の一つとなるが、相次ぐ当主の早世や、応仁の乱の一因にも挙げられる義敏・義廉の家督争い、重臣甲斐・朝倉・織田氏の台頭などによって、勢力を著しく衰えさせた。そして越前・遠江を失い、残る尾張でも織田氏に実権を奪われ、ついには当主義銀が追放されて滅亡した。

斯波氏は室町幕府の政治を語る上でも、また守護を務めた越前・尾張・遠江国を検討する上でも不可欠な存在である。まとまった関係史料がほとんどないため、数こそ少ないながらも、その重要性から研究は着実に進められてきている。

本書では、そうした斯波氏について述べた十二本の主要な論考を収録している。そしてそれらを第1部では義将に関するもの、第2部では義教（義重）・義淳に関するもの、第3部では義敏・義寛に関するもの、そして第4部では戦国期の斯波氏に関するものとに、それぞれ三本ずつ配して編成している。

さらに巻頭には総論として、これまでの斯波氏研究についてのまとめと現在の課題を掲げた上で、斯波氏代々の系譜と動向を略述し、さらに織田信長によって尾張を追放された後の斯波氏についても言及している。

また第5部には、斯波氏に関する史料として「義敏教訓状」と「斯波家譜」を収録した。前者は、斯波義敏が息子松王丸（後の義寛）に対しての訓戒として記したものと思われ、従来存在が知られていなかった史料である。後者は、斯波義寛が九代将軍義尚に対して提出した、斯波氏代々当主の功績を記した史料で（実際の執筆は義敏）、写本がいくつか存在していて、本書所収の論考中にも引用され、すでに知られているものの、全文が翻刻されたことはなかった。今後の研究に資するため、本書に掲載した次第である。底本は共に、斯波氏の子孫が伝えた、現在九州大学附属図書館付設記録資料館九州文化史資料部門所蔵の「島本文書」本を用いている。翻刻許可を戴いた同機関には御礼を申し上げる。

本書の刊行が、斯波氏研究、ひいては室町幕府研究の進展につながることになれば望外の喜びである。最後に末筆ながら、本書への論考再録を許可していただいた執筆者の方々、および丸山裕之氏をはじめとする戎光祥出版の方々には、厚く感謝の念を申し上げたい。

二〇一五年一月

木下　聡

目次

管領斯波氏

総論　斯波氏の動向と系譜

木下　聡

はじめに

斯波氏というと、足利氏の一門で、室町幕府下では高い家格を保持し、尾張・越前・遠江三ヶ国を始めとする各国の守護を務め、三管領家の一つとして知られる。それと同時に、度重なる当主の早世と、養子に入った義敏と義廉の家督争いで勢力を減衰させ、応仁の乱後には越前を家臣朝倉氏、遠江を駿河今川氏に奪われ、残る尾張も守護代織田氏に実権を奪われ、ついには織田信長によって国から追放された、といった認識もされている。

本稿ではそうした斯波氏について、まずこれまでの研究状況と、今後の課題を述べた上で、各時代における斯波氏の政治的動向を、系譜関係を明確にしながら概略していきたい。なお論中で言及する系譜関係は、基本的に一次史料の記述をもとにしているが、それだけでは不明な部分も多く、系図類や斯波家譜（本書第5部）で補っている。

一　斯波氏に関する研究と課題

斯波氏についての研究は、核となる史料群が無いこともあって、戦後になってようやく活発化した。まず注目されたのが、斯波義将と、応仁の乱における斯波氏の家督争いである。前者は、足利義満死後に政治を執り始めた義持を補佐した義将について見た臼井信義「足利義持の初政と斯波義将」（本書所収）や、禅宗、特に春屋妙葩との関係に注目した今枝愛眞「斯波義将の禅林に対する態度」（本書所収）があり、また一九八〇年代まで下がるが「竹馬抄」から義将の思想を読み取らんとした布川尚志氏の研究[1]がある。後者は、永島福太郎『応仁の乱』[2]などに代表されるが、主に通史の記述として乱そのものを取り扱うことが主題であるため、斯波氏を主眼においたわけではなかった。なお義将以外の斯波氏当主を個別に検討した最初の論文は、義将子の義教（義重）の政治動静を明らかにした秋本信英「斯波義重の動向」（本書所収）になる。

一九七〇年代になると、斯波氏について様々な研究がされるようになる。

まず斯波氏そのものを取り上げたものとしては、鎌倉～南北朝期の斯波氏の政治動向を詳細に解き明かした小川信氏の一連の研究[3]があり、現在でもまず参照されるべき基本的文献である。また、義敏・義廉・義寛の三人を取り上げた小泉義博「斯波氏三代考」（本書所収）や、越前国をめぐる朝倉貞景と斯波義寛の争いを検討した松原信之氏の研究[4]も出た。その後九〇年代に入って、義将～義淳期については、小泉義博「室町期の斯波氏について」（本書所収）や、斯波義淳の管領就任と辞職について検討した河村昭一氏の研究[5]、及び同「管領斯波義淳の政治活動」（本書所収）があり、応仁の乱前後については、足利義政の東国政策の中での斯波氏の位置付けを明らかにした家永遵嗣氏の論考[6]が注目される。そして、興福寺尋尊・経覚、「文正記」、それ以後の軍記物の三つの観点から、斯波氏の内訌がどう描かれているかを見る瀬戸祐規「『大乗院寺社雑事記』『文正記』に見る長禄・寛正の内訌」（本書所収）もある。

また斯波氏の室町幕府内の儀礼的立場については、その高さは知られていながらも、従来全く目を向けられていなかったが、近年になってようやく小久保嘉紀「斯波氏と室町幕府儀礼秩序―書札礼を中心に―」（本書所収）や、谷口雄太氏の研究[7]が呈されている。

一方織田氏・朝倉氏に取って代わられる、没落していった旧来勢力として扱われ、ほとんど顧みられてこなかった義寛以降の斯波氏についても、今川氏の遠江侵攻をめぐって、斯波氏がそれに抵抗して戦ったことに注目した秋本太二氏の研究[8]が示された。これはその後家永遵嗣氏[9]や森田香司氏ら[10]の論考に引き継がれている。また、主眼は義寛家臣の織田敏定ではあるが、明応の政変以前の幕府における義寛の政治的立場をも論じた松島周一氏の論考[11]がある。ただ十六世紀段階の尾張斯波氏そのものの専論は、史料的限界や関心の薄さもあってされることはなく、『新修名古屋市史通史編』などの自治体史や、台頭しつつある織田氏との関係の中で語られているのみである[12]。

越前に残った斯波氏一族についても、鞍谷氏が義廉子孫であると松原信之氏が指摘している[13]。その後この鞍谷氏を中心として研究は進められ、佐藤圭「戦国期の越前斯波氏」（本書所収）や、松原信之「朝倉氏戦国大名化の過程における「鞍谷殿」の成立の意義」（本書所収）が提示された。

また斯波氏の守護領国についての研究も、守護領国支配研究が活発であったことから進み、こちらも七〇年代以降、尾張・越前・遠江各国の守護代の沿革や守護支配の実態が検討された。尾張については、『清洲町史』[14]などの自治体史の記述をふまえ、斎藤純雄氏が、国衙領を題材にして領主支配と守護土岐氏・斯波氏の支配を検討し[15]、杉村豊氏が、応仁の乱終焉から織田信秀登場までの時期の、織田氏の尾張支配を明らかにしている[16]。越前については、守護代を検討した小泉義博氏の研究[17]があり、遠江については、秋本太二氏が今川氏を中心に遠江の守護支配を述べる中で、斯波氏の支配について触れている[18]。

八〇年代以降でまず挙げられるべきは、河村昭一氏の一連の研究[19]で、斯波氏の守護支配や守護代を検討している。遠江では遠江守護の沿革を明らかにした吉井功兒氏の研究[20]があり、その補論は斯波苗字について論じた貴重な論考である。一方越前・尾張は、自治体史や辞典などで守護・守護代の沿革が示されてはいるが、河村氏以外に詳しく論じた研究はない。なお斯波氏が一時守護職を持っていた信濃・加賀・若狭・越中などの国々については、在職期間の短さもあって、守護在職事実についての言及はあっても、具体的な領国支配に関する専論は出されていない。

斯波家中については、守護代家、特に織田・朝倉氏の研究はその後の戦国時代に勢力を伸ばしたこともあって盛んに行われているが[21]、それ以外となると、義将期までは前述の小川氏著書や河村昭一「南北朝期における守護権力構造―斯波氏の被官構成―」(本書所収)があるものの、以後の時代は、越前・遠江の堀江氏や、越前二宮氏などがされているぐらいである[22]。

では斯波氏研究において現在課題となっているのは何か。

まず権力体としての斯波氏をとらえ直す必要がある。基礎的な作業はほぼ行われたが、守護領国制論の中で語られてきており、近年の室町時代研究や他の守護層の研究との比較の中で、改めて見直されるべきである。基礎的研究の土台となる文書史料の絶対数が乏しいため、その全容を明らかにするのは困難を伴うが、それでも古記録や宗教資料が十分に活用されているわけではないので、今後はこれらから斯波氏関係の史料を拾い上げ、文書とあわせて史料を読み込んでいくことが必要である。

そしてこの時期の家を考える上で重要な要素に、惣領家を支える有力な庶家の存在がある。むろん庶家の力が強すぎると、惣領家が取って代わられる危険性を孕むが、そうでない場合は大きな支えとなる。同じ管領家の細川・畠山氏には、細川氏に讃岐・備中・淡路・和泉各守護家、加えて典厩家・野州家があり、畠山氏にも能登畠山氏がいる。一方斯波氏にも、義将の弟義種流があり、義種は兄義将を補佐する一方で、一時的に若狭・越前守護に補任されたほか、加賀守護となっている。ただその子満種の時に守護職を失い、以後は越前大野郡を領する程度であり、室町幕府内で讃岐細川と能登畠山とが重臣会議に顔を連ねたのとは比すべくもない。持種代に、本家当主が幼少であったこともあって、ようやく斯波家を支える立場になるが、これも義敏の家督追放によって失脚するなど、必ずしも斯波氏権力の中では甲斐・織田といった有力家臣ほどの影響力を持てていなかった。この義種流斯波氏の位置付けを今後どのようにしていくかは、大きな課題である。そして陸奥・出羽の大崎・最上・高水寺斯波、末野ら越前斯波氏といった一族との関わりについても、目を向けるべきであろう。

また斯波家中についても、初期の義将段階は検討されているものの、その後の時代の斯波家中は、守護代となった甲斐・織田氏や、後に越前国主となった朝倉氏はともかく、その他はあまり俎上に載せられておらず、まずは基礎的な検証を積み上げていき、それをもとに斯波家中がどのように形成され、どのように変容していったかを明らかにする作業が今後必要である。

その他にも、斯波の子弟が入った禅寺や、領国内の寺社との関係といった、宗教との関わり、幕府の遠隔地領主との交渉の中で、斯波氏が取次として果たした役割、幕府内での他の有力守護家や御一家衆・外様衆・奉公衆・奉行人家との関係など、まだ多くの検討課題が手を付けられていないままであり、これらを解明することは、斯波氏のみならず、室町幕府そのものや、当時の武家社会、武家と宗教との関係性を見る上でも重要だろう。

二　鎌倉・南北朝期の斯波氏

斯波氏の祖とされるのは、足利泰氏の長男家氏である。家氏の母は名越朝時の娘であったが、家督は北条得宗家の時氏娘所生である弟の頼氏が継いだ。家氏は中務権大輔・検非違使・尾張守などを歴任し(23)、鎌倉幕府でも有力御家人として単独で活動している。そして頼氏の早世で家督を継いだ幼少の家時を補佐し、足利一門の代表者となっている。

家氏の子には、庶長子の義利（石橋氏祖）、次男貞数、嫡子となった三男宗家、明覚上人総真がいる。三男の宗家が家督を継いだのは、小川氏の言うとおり(24)、兄たちの母親の出自が低かったからであろう。

宗家の動静は不明な部分が多い。系図には従五位下左近将監とあり、「北条九代記」(25)で白井胤資を預けられた尾張左近大夫将監は宗家のことであろうが、正慶元年（一三三二）の関東裁許状案(26)に「足利尾張三郎宗家跡」とあるため、この叙任が本当になされたかなお検討を要する。

宗家の子は、家貞・宗氏・義真・得寿丸・女子の五人が見える。嫡子は家貞とされるが、宗氏を嫡子とするものもあり、先の正慶元年の関東裁許状案中に、宗氏が父宗家の領有関係を幕府に返答していることが見えることから、小川氏は家貞と宗氏は同一人物ではないかとしている(27)。実際家貞の動向は伝わらず、宗氏のみ確認できるので、家貞が早世したか、同一人物である蓋然性は高い。ただその宗氏も早世し、元亨三年（一三二三）の北条貞時十三回忌[28]には、その子高経が列している。鎌倉期の斯波氏当主は、みな生没年不詳で、家氏以外は動向もほとんど不明である。

宗氏（或いは家貞）の子には、その高経と家兼（時家）がいる。家兼の母は不明だが、高経の母は大江時秀娘という。家兼は兄同様に若狭守護となって北国経略を担当していたが、後に改替されている。その後直義党となった兄高経と袂を分かち、尊氏によって引付頭人となり、観応の擾乱後には陸奥に派遣され、延文元年（一三五六）六月十三日に没している[29]。その子直持[30]は奥州管領の一人となり、子孫は奥州探題大崎氏となる。もう一人の子兼頼[31]は出羽に派遣されてそのまま土着し、その子孫は最上氏・天童氏などになる。

室町期の斯波氏の基礎を築いたのが、高経である。高経は没年と享年（『師守記』貞治六年七月十三日条）から嘉元三年（一三〇五）誕生で、足利尊氏と同年の生まれである。ただ斯波氏といっても、高経自身は「足利」苗字であり続けている。鎌倉時代に斯波・吉良・石橋・渋川氏は、実際には「足利」苗字であり、それを一三四〇年前後まで用いているが[32]、高経とその子孫が「斯波」苗字を用いるのはさらに降り[33]、「荒暦」応永二年（一三九五）七月二十六日条に「管領斯波禅門」とあるものの、古記録で「斯波」と通常呼ばれるようになるのは義淳の時期からで、初見は『満済准后日記』応永二十九年十一月二十日条の「斯波武衛」と見られる。それまでは屋敷地の勘解由小路などで呼ばれており、この勘解由小路呼称はその後も使われている。

前述の北条貞時十三回忌に名を連ねている足利一門は、足利貞氏・吉良貞義と高経のみで、若年ながらその地位の高さが窺える。その後の活動は不詳で、尊氏の六波羅攻めでもさほどの軍功を挙げていない。建武政権下では尾張守に任官し[34]、越前守護となっている。尊氏の九州行にも同行し、上洛後は越前に下向している。越前では新田義貞をはじめとした南朝勢力と数年にわたり戦い、幕府の多大な支援のもと鎮圧している。

南朝勢力を討ち、若狭守護も兼ねた高経は、暦応五年（康永元年、一三四二）二月頃修理大夫に任官している。[35]だが同年若狭守護を改替され、越前守護も同年を最後に在職が確認できなくなるなど、幕府の中での立場が悪化している。そのため京都で直義との関係を強めている（『師守記』康永三年五月十一日・十七日条）。観応の擾乱でも直義党として活動し、越前に下って直義を迎え入れている。しかし間もなく尊氏方に寝返り、越前守護職を安堵されている。ただそのいきさつからか、尊氏・義詮から十分な信任を得られなかったようで、それもあって文和三年（一三五四）十二月の足利直冬党の上洛戦の際に、離反して直冬方となっている（「建武三年以来記」文和四年正月十六日条など）。高経は同五年正月に再度幕府に帰参し（『園太暦』同九日条）、康安元年（一三六一）九月に細川清氏が失脚すると、越中守護を獲得する（守護職自体は高経の子義将が得る）。翌年には息子義将が幕府執事に就任する。これを期に高経の幕府内での政治的立場は増大し、末子義種や孫義高も侍所頭人、引付頭人にそれぞれ就任しており、一族で越前・越中・若狭・山城国守護となっている。しかし貞治五年（一三六六）に、佐々木高氏等諸氏の働きかけによって高経父子は越前へ没落し、守護国も全て剥奪され、さらに越前杣山城に討手を差し向けられた。高経は籠城して抵抗し続けたが、翌六年七月十三日に病没したという（『師守記』同日条）。この高経の死によって義将等は赦免された。

高経の子には、家長・氏経・氏頼・義将・義種の五人が知られている。

長子の家長[36]は、当初陸奥にいたが、建武二年（一三三五）十二月の尊氏上洛後陸奥を発した北畠顕家を追撃し、この時鎌倉に配置された義詮を補佐するため、初代鎌倉府執事となっている。[37]家長は関東を転戦しつつ、鎌倉で訴訟を裁許するなどしていたが、再び陸奥から南下した北畠顕家と戦い敗れ、建武四年十二月二十五日に自害した。[38]

家長の子は、詮経が諸系図に見え、これが高水寺斯波氏の祖という。「常楽記」[39]に文和二年五月に死去したとある斯波三郎は、家長が弥三郎であったことからすると、この詮経が該当するのであろう。[40]同じく系図に詮経の子とある詮将は、名前・官途が同一であることからすると、後述する義高のことかもしれない。

次男氏経は、弟氏頼と異なり活動が確認されるのが遅く、『太平記』でも貞和五年の直義の三条邸へ馳参じた中に見えるのが初見になる。おそらく父高経の下にあったため、日記や文書には名が見えないのであろう。「賢俊僧正日記」文和四年六月四日条に「民部少輔越前守護」とあり、直冬方についた父高経と離れて幕府方に属し、高経の代わりに越前守護となっていたようである。

そして延文五年三月、征西府の勢力拡大に対処するため、すでに上京していた鎮西管領一色直氏の代わりに氏経が九州に派遣されることになった。[41]ただすぐに下向できたわけでなく、実際に九州に到着したのは康安元年十月のことである。[42]その後氏経は大友氏の協力を受けて転戦するも、満足に幕府の支援を受けられなかったため、戦況は芳しくなく、貞治二年五月頃九州を去ることになる。[43]その後の氏経の行動は史料に見えない。すでに家長が死去しているため、本来的には氏経が嫡子であるはずだが、氏経の九州下向中に弟義将が幕府執事に就任しており、九州から逃げ帰ってきたも同前の氏経の居場所は、もはや無きが如きであった。諸系図に氏経は不孝の儀により遁世とあるが、これは前述の高経が直冬党に走った時に与同しなかったことや、こうした政治背景も影響していたのであろう。遁世自体は、『師守記』貞治六年七月十三日条に遁世して嵯峨辺に居住とあるので、事実とわかる。また同日条によれば、家長没後氏経が嫡子扱いであったことも知られる。

氏経の子には引付頭人を務めた義高・詮将がいる。実名は『後愚昧記』貞治二年八月二十四日条に「尾張将監義高」、『師守記』貞治四年四月二十三日条に「尾張将監詮将」、「吉田家日次記」貞治五年八月八日条に「左近将監義高」とあって混乱しているが、おそらく当初詮将、後に義高に改めたものと思われる。遁世した父にかわり出仕していたが、貞治五年に高経と共に没落し、高経が越前杣山城で死去した際にも側にいた（『師守記』同年七月十三日条）。応安四年（一三七一）八月には、飛驒国司舎弟二人以下が降参したのを生け捕りにしたと京都に注進しており（「花営三代記」同十三日条）、越中守護であった叔父義将の名代として下向していることがわかる。その後の詳細は不明だが、外様衆として見える越前末野氏は氏経子孫になる。そのことからすると、斯波庶家として代々幕府に属していたのであろう。また前述のように、義高は家長孫詮将と同人である可能性がある。陸奥斯波氏の系譜には混乱が多いため、今後検討していく必要があるだろう。

三男氏頼は、兄氏経よりも早くその活動が見え、暦応二年には若狭守護となり（ただし翌年に父高経へ譲渡している）、康永四年（一三四五）の尊氏・直義の天龍寺参詣にも随兵として名を連ねている（『師守記』同四月二十九日条）。その後高経と行動をいつも共にしていたが、康安二年に執事に補せられたのは弟義将であった。これにより氏頼は出家遁世したといい、同時に氏頼の岳父佐々木高氏（入道道誉）の支持を斯波氏は失い、最大の政敵にすることになる。なお氏頼の子孫は系図類に見えず不明で、あるいは後述する斯波一族で出自が不明な家は、この氏頼の子孫の可能性もある。

そして四男が義将である。義将は「斯波家譜」によると公家の儀式で元服したという。初官が尊氏と同じ治部大輔であったことも併せて見ると、兄弟の中でもその特別扱いが際立っている。それが発露したのが、康安二年の執事就任で、この時十三歳であった。貞治五年の高経の没落と共に義将も政治的立場を失うが、翌年の高経の死で許され、幕政に復帰する。ただ守護職は奪われたままで、応安元年にようやく越中守護となる。

義満初政の管領細川頼之体制下では、頼之と土岐・山名・京極氏との対立が進むが、義将も越中の頼之所領をめぐる紛争によって、頼之と対立するようになり、康暦の政変で頼之が失脚すると、管領に就任することになる。義将はこの後十二年にわたり管領の座にあったが、その間に越中を畠山氏と交換する形で越前を回復するだけでなく、弟義種を加賀・信濃守護にしている。しかし明徳元年（一三九〇）前後に、義将の最大与党であった土岐・山名氏が、内紛を機に義満の介入を受け、勢力を大きく減退させられた。この影響により、翌二年に義将が管領から退く一方で、細川頼之が復帰し、管領には頼之の弟頼元が就任した。

この細川頼元の管領在職は約二年で終わり、再び義将が管領となる。この背景として小川氏は、明徳の乱で勢力をさらに拡大させた細川一族を義満が警戒した結果であるとしている[45]。義将は応永五年まで管領を務め、その間義満の出家に伴って同じく出家したり、武士で初めての右衛門督に任官する[46]（「荒暦」同年七月二十六日条）などしている。

応永十五年に義満が急死すると、義将は義満への太上法皇追号を断る一方で、義持を室町殿として確立させたことがよく知られている。そして翌年再び管領に就任し、さらにその地位に幼少の孫の義淳をつけた。これは文書の加判を自身や息子義教が代わりに行うもので、斯波氏の勢力拡大を図ったものと言われている。ただ翌十七年五月七日に死去し（「花山院忠長卿記」同日条など）、それは頓挫する。

義将の室は吉良満貞娘という。子には、男子は義教（義重）がおり、女子に景愛寺住持秀清心円（『建内記』嘉吉二年四月三日条に没したことが見える）と、その次に住持となった秀晃明仲がいる。

義将の弟義種は兄の執事就任と同じ頃幕府に出仕し、『師守記』貞治元年十月一日条に民部少輔に任官し、摂津へ大将として発向したことが見える。以後兄義将と行動を共にしていることが、記録類に多々見える。康暦元年十二月までに伊予守に転任し（『迎陽記』同七日条）、同二年六月までに修理大夫に任官して（『空華日用工夫略集』同十日条）、これが極官となった。また義種の子孫の極官ともなった。

義種も兄同様に守護を歴任しており、若狭・越前・加賀守護となり、加賀は補任されてから、一時的に義教がなることはあったものの、死ぬまで保持している。その死は『教言卿記』応永十五年二月三日条に見える（諸系図には二日死去とある）。室には土岐頼康娘と千秋高範娘が、子には満種と満理の二人がいる。

三　室町期の斯波氏

ここでは義教から義敏までの動向について主に見たい。

義教は義将の子である。初名は義重で、「吉田家日次記」によると応永九年正月七日～十五日の間に義教に改めたようである。義教は、父義将が存命で政治の表舞台でも活動し、その死後も管領職への復帰が無かったことや、守護職も父から継承したもののみであったことから、室町幕府内の政治動静の中でさほど注目されていないが、実は重要な先例を作り出している。それが幕府において、足利氏以外で初めて三位に昇進したことである[47]。

義教は応永九年正月六日に叙位で従四位上に叙される（「吉田家日次記」同日条）など、元々他の者との待遇は一線を画していたが（この頃すでに叙位で武士が叙されることは足利氏以外無くなっていた）、義満の猶子として従三位に昇進しているのである（『建内記』嘉吉元年十二月二十七日条）。『公卿補任』には義教の三位昇進のことが書き載せられていないが、武家では僧体になった後でも昇進・任官することはよく行われ、その場合叙任の日付は在俗の日に遡って口宣案が作成されるが、『公卿補任』には僧体で昇進した場合、基本書き載せなかったようなので、義教は出家以後に三位に昇進したと思われる。義教が出家したのは、応永九年五月三日から七月九日の間のようなので（「吉田家日次記」）、それから義満が死ぬ応永十五年五月までに昇進したことになる。そして『尊卑分脉』や『新続古今集』によれば、義教は最終的に正三位にまで昇進したようである。また『薩戒記』嘉吉元年（一四四一）八月三日条には、吉良義尚が三位昇進を求めた折、これ以前に従三位になったのは「故義重卿」のみであると記されており（表記が義教でないのは、六代将軍義教と諱が同じなのを避けたためである）、義教の昇進の特異さがわかる。

義教は応永二十五年八月十八日に四十八歳で死去する（『康富記』同日条）。その性格は消極的であったとの評価もあるが（本書第2部第一章小泉氏論文）、『看聞日記』同日条では、死去した義教は世のため人のため穏便であったと貞成親王は述べており、良くも悪くも控えめな人であったのであろう。

義教の子には、義淳・持有（次郎・左衛門佐）・瑞鳳（後の義郷）の三人が確認される。没年と享年から、義郷が次男、持有が三男のようである。

義淳は、前節で見たとおり、応永十六年八月十日に十三歳で管領となった(48)。この背景としては、義淳に管領就任の実績を与えることにより、成人後幕政において重きをなさせる心積もりとの秋元氏の指摘（本書第2部第二章）が妥当であろう。なお義淳の管領在任は、翌年の祖父義将の死と共に終わる。

その後は応永二十三年頃から再び史料上に見えるようになり（『看聞日記』応永二十三年七月二十五日条など）、同二十五年の父の死を受けて本格的に活動し始める。義淳の義持・義教政権下での管領としての働きや、重臣会議での役割は、すでに多くの研究で言及されているが、少なくとも関東との関係を一時的ではあるが修復させたことは評価できよう。

義淳の子は義豊一人のみで、器用の人と評価されていたが、義淳より先に死去している。義淳は誰にも会わないほど悲嘆に暮れ、管領職もこれをきっかけに辞職している。また「斯波家譜」（本書第5部参照）には、義淳が犬鷹の殺生を好み、足利義教からたしなめられながらもやめず、また勧進猿楽にも呼ばれなかったとの記述があり、これらから先天的に精神的に疾患を抱えていたと見る向きもあるが、これはすでに河村昭一氏によって否定されている(49)。

義淳は跡継を定めないまま永享五年（一四三三）十二月一日に没する（『師郷記』同日条など）。当時義淳の弟達では持有のみが俗体であったが、足利義教は持有ではなく、その兄(50)で相国寺に入っていた瑞鳳蔵主を還俗させて相続させた。持有は、元々義教の連歌会に出席するなど、和歌を通じて義教に近侍していたが、上意に違うことがあり、家督相続から外されたのである。その後幕府政治には関われなかったが、永享八年に義郷が没してその子が幼少であったため、翌年の大和永享の乱に持種と共に出陣している。永享十二年五月二十日没という（「斯波家譜」など）。

還俗した瑞鳳は、元服時に足利義教から加冠を受けて名字義郷を与えられ、幕府の儀礼などに参列していたが、永享八年九月二十八日に三条邸からの帰途で落馬して重体となり（『看聞日記』同二十九日条）、三十日に二十七歳であっけなく死去した（『蔭涼軒日録』同日条など）。

義郷は元服して三年で没したため、子供は嫡子千代徳丸一人であった。これが義健である。義健は、宝徳三年（一四五一）十一月二十一日に十七歳でようやく元服する（『康富記』同日条、ただし織田氏問題で義政から偏諱を受けるのは翌年四月）。しかしそれまで幼少であったことで、尾張守護代織田郷広・久広兄弟の争いや甲斐氏の台頭など、家中に多くの問題をはらむこととなった。しかも義健は持病を抱えていたらしく（『草根集』）、よく発作を起こしており、享徳元年（一四五二）九月一日に十八歳で死去する（『師郷記』同日条）。

義健は、系図によっては早世した千代徳丸という男子がいたとされる。『系図纂要』には長禄四年（寛正元年、一四六〇）に早世とあるが、他に裏付けとなる史料はない。仮にいたとすると、なぜ養子に義敏を迎え入れたか問題となるが、幼少でいつ死ぬか分からない子供の成長を十年待つよりも、すでに成人している義敏を家督とすることで、弱体化している斯波氏の幕府における政治的地位を回復させようとしたからではないか。なお千代徳丸がいたとしても、義廉が義敏の代わりに家督となった時には、すでに死亡していることになる。

義健の死後家督となったのが、その義敏である。義敏は持種の長子で、死没年から逆算すると永享七年の生まれである。

ここで持種について述べると、持種は義将の弟義種の孫にあたる。義種の子満種は、父の跡を継いで加賀守護となったが、応永二十一年に足利義持の勘気を受けて高野山へ遁世している[51]。その後史料上に見えずそのまま没したと思われる。加賀守護職は富樫氏のもとに移り、以後回復することはできなかった。「斯波家譜」で満種の記述がほとんどないのは、斯波氏の幕府における軍功などを足利義滋（義尚）に奏上するにあたり、義持から勘気を蒙ったことや、守護職を喪失したことがそぐわないと判断されてのことであろう。系図類には応永三十四年七月十一日に没したとある。また満種の弟満理は、系図に岡崎僧正範伊（聖護院門下上乗院）から真言の極意を受けたとあり、当初は僧籍にあったことが窺える。ただ名前からすれば義満の在世中に偏諱を受けているので、満種の遁世により還俗したわけではないようである。史料からはほとんど動向がわからないが、「花営三代記」応永三十年六月三十日条で義淳から足利義量へ贈る馬を牽く「修理大夫」は、この満理の可能性が高い。応永三十一年十一月六日没という。

さて持種であるが、系図に文明七年に六十三歳で没とあるので[52]、逆算すると応永二十年生まれとなり、父が没落する前年の生まれである。母は佐々木氏という。叔父満理が継嗣のないまま死去したことで、家督を継承したのであろう。ただ幼少であり、そのため持有が僧籍に入らずに出仕したと思われる。持種の活動は永享八年から確認され（『蔭凉軒日録』同年十二月六日条）、翌年の大和永享の乱では持有と共に出陣している。ただ持有については『看聞日記』永享九年二月十三日条で雑説が流れている。また同十年に関東で起こった永享の乱でも、甲斐将久と共に関東に下向し（『看聞日記』同年九月十六日条）、永享十二年の結城合戦でも大将軍として関東に下向している（「東寺執行日記」同年四月八日条）。「斯波家譜」によれば、この時大功をたてたが、いまだ関東にいる間に嘉吉の変が起き、恩賞に与れなかったという。嘉吉三年には父跡として加賀守護職を望むも容れられず（『建内記』同年正月三十日条）、越前大野郡などを領してはいたが、結局守護には終生なれなかった。未だ幼少の義健に代わって垸飯を務める（『康富記』文安六年四月十八日条）など、斯波一族の重鎮として活動しているが、その一方で斯波重臣の甲斐氏との仲が悪化している（『康富記』文安四年五月二十八日条など）。これには斯波氏の動向が、甲斐・織田・朝倉氏といった重臣層に左右される状況が背景にあり、その関係性はそのまま義敏にも引き継がれた面がある。

その義敏は、康正二年（一四五六）頃から家中、特に甲斐氏との対立が顕在化する（『師郷記』康正二年五月二十八日条）。そして義政の裁定によって甲斐氏との相論に敗れ、長禄二年正月一日に出奔して越前に下っている（『碧山日録』同三年五月二十六日条）。この時は二月に和睦して義政に出仕している（「在盛卿記」同二十九日条）。その後関東で続く享徳の乱を鎮圧するために、遠江守護である義敏にも、義政から関東への出陣命令が下ったが（『経覚私要鈔』長禄二年六月十九日条)、これを無視して越前で甲斐氏との戦いに明け暮れた。義政は翌年これに対して甲斐氏の援助を諸大名に命じる(『大乗院寺社雑事記』長禄三年三月十九日条)などし、ついには義敏は家督を退けられたようで、同年十二月には息子松王(後の義寛)が勝定院仏事に百貫文を出している(『蔭凉軒日録』同十八日条)。義敏は長禄四年時点では丹波にいたようだが(「長禄四年記」同閏九月二十一日条)、その後西に下って大内氏の下に身を寄せている(『経覚私要鈔』寛正二年正月二十二日条)。

松王は寛正二年(一四六一)時点でもなお家督にあったが、幼少であることや、義敏が義政の不興をかっていたため、新たな家督として渋川義鏡の子義廉が迎えられた。義鏡は長禄二年に足利政知の補佐として関東に下向しており、この人事は遠江守護でもある斯波氏の軍勢を動員する、幕府の対関東政策の延長線上に位置付けられている。

寛正四年になると、義敏が細川勝元・伊勢貞親の申沙汰によって御免を受けている(『蔭凉軒日録』同年十一月十三日・十四日条、『大乗院寺社雑事記』同十九日条)が、家督に復帰できたわけでなく、追討命令が解除されたのみである。しかし同六年に、季瓊真蘂と貞親の工作で義敏に上洛命令が出され、義敏は実父持種と共に出仕して義政と対面した(『大乗院寺社雑事記』同年十二月三十日条、『蔭凉軒日録』同日条など)。翌文正元年(一四六六)になると、義敏側の攻勢が続き、七月には義廉が家督から退けられ、義敏が惣領となり(『大乗院寺社雑事記』同二十三日条)、翌月には守護職も安堵される(『経覚私要鈔』同二十六日条)。しかし九月十二日の文正の政変によって、義敏は伊勢貞親等と共に没落して義廉が復帰し、義廉は翌年正月には管領となった(『大乗院寺社雑事記』同二日条)。

そして同年五月に応仁の乱が勃発する(三月に改元)。この乱においては義敏が東軍、義廉が西軍方にあり、義廉は西軍の管領となっている。義敏が東軍にあったのは、前述のように義敏を取りなしていたのが細川勝元であったことにより、義廉が西軍にあったのは、「文正記」[53]によれば義廉の母は山名摂津守[54]（持幸）であったため、義廉が山名宗全（持豊）に近かったことと、持豊と共に畠山義就を支援していたことによる。ただ義敏は乱の起きた時、越前に乱入しており、義廉と直接干戈を交えることはなかった。翌応仁二年（一四六八）には義敏が越前を奪取しているが、義敏は上洛せず、これ以前に上洛させていた息子松王と実弟竹王（後の義孝）に、京都での対応をさせていたようである。そして文明三年（一四七一）になると、義廉のみならず西軍の主戦力であった朝倉孝景が、東軍へ寝返っている。これは越前守護職を与えるとの義政の内意があったからといい、この後越前国の支配をめぐって義敏・義寛父子と朝倉氏との間に抗争が続くことになる。

応仁の乱は文明五年に勝元と宗全の死で収束に向かい、九年に和睦がなされて終結する。斯波氏にとっては、義敏・義寛父子が家督の座を揺るぎないものにしており、義廉は京都から立ち退き、「和漢合符」によるとすでに文明七年十一月に尾張に下向したという[55]。尾張ではこの前後で織田氏が一族内での、あるいは美濃の斎藤妙椿との戦いが続いており、義廉の存在もこれに影響していたと思われる。文明十三年に息子（義俊ヵ）[56]が、朝倉氏と越前国をめぐる斯波義寛との相論の中で、朝倉氏により主として擁立されている（『大乗院寺社雑事記』文明十三年十月六日条）が、おそらくこれを契機に越前へ向かったのであろう。義廉のもう一人の息子栄棟喝食も、朝倉氏の本拠地一乗谷にいた[57]。ただ越前国主として斯波氏が再び出てくることは一度も無く、義廉やその子孫も、確たる消息は不明である。

四　戦国期の斯波氏

文明十七年に義敏は従三位へ上階すると共に出家し（『親元日記』同年七月八日条）、家督を息子義寛に譲った。これ以後の義敏は、在京し続けながらも、全く政治には関与せず、和歌や蹴鞠といった文芸活動をこととしていた。一方義寛は、義敏の出家三ヶ月前に従四位下左兵衛佐に任官している（『実隆公記』文明十七年四月七日条）が、この頃は尾張に在国していた。そして長享元年（一四八七）足利義凞の近江出陣に際し、五千の兵を率いて加わり（『蔭凉軒日録』同年十月二日条）、総大将となっている。その一方で越前回復の望みを捨てておらず、朝倉貞景はこれに対して細川政元に取りなしてもらい、千貫を幕府に進上し、寺社本所領を全て返すことで公方奉公身分となっている（『蔭凉軒日録』長享二年正月三日条）。

明応二年（一四九三）に明応の政変が起こる。これが細川政元によって主導されたことは説明するまでもないが、結果として将軍は義稙から義澄へと代わる。畠山政長は自害し、その子尚慶（尚順）は没落するが、その後も一貫して義稙方として活動し続けている。では残る管領家の斯波氏は、この時どのような動きを見せていたのか。

義寛はこの時正覚寺に参陣していた。義澄将軍就任後、諸大名はどちらにつくのか諸説流れるが、義寛も京方として武田元信等と共に、陣を引き払って堺に赴いたという（『大乗院寺社雑事記』同年四月三十日条）。陣を引き払った他の面々は、上洛するなどすぐに細川方として見えるが、義寛は結局政長が自害するまで堺にいて軍事行動をしておらず、情勢を傍観していたようである。

一方義敏は、この頃在京していたが、この時も前述のように政治に関与するようなそぶりは全く見せていない。政治事は義寛に完全に一任していたと見られる。畠山・葉室などの義稙方の屋敷が打ち壊される中で、斯波邸周辺も物騒となり（『言国卿記』同年四月二十三日条）、警固のために三百人ほどを配置していた（『大乗院寺社雑事記』同年閏四月三日条）が、結局事なきを得ていたようである。

五月二十七日に義寛は義澄に出仕した（『蔭凉軒日録』・『後法興院記』同日条）が、あまり政治的行動は見せないまま、翌年九月末に尾張へ下向し（『大乗院寺社雑事記』明応三年十月三日条）、その後は結局上洛しなかったようである。

では何故義寛は尾張に下向したのか、それは下向する二月前に、領国である遠江に今川氏が攻め入ったからである。遠江をめぐる争いは、すでに応仁の乱以前からあり、この時は応仁の乱の波及による三河での合戦に、今川氏の勢力を応援として出兵させたことをきっかけとし、今川義忠は遠江守護代を討滅するなどするが、文明八年に義忠が戦死したことで[58]、今川氏の攻勢はひとまずは沙汰やみになる。しかし文明十三年に甲斐氏が信濃小笠原氏に合力を求め[59]、小笠原政秀はそれに応えて出陣して負傷しているので[60]、なおも不安定な状況にあった。

そして明応三年八月になり、再び今川氏の遠江侵攻が始まる。これは今川氏親が、堀越公方足利茶々丸を討つことで、足利義澄・細川政元の強い支持を得ていたためで、遠江侵攻もそれを背景にしていたのである[61]。これに対する義寛の具体的な動きは、現在確認できる史料が無く、下国した以外不明だが、劣勢であり、明応末年に至るまで氏親に徐々に遠江を侵食されている。

その間に義稙が北陸から上洛行動を起こすにあたり、義寛は義澄・政元からすると旗幟不分明であった（『大乗院寺社雑事記』明応七年四月十六日条）が、これは義澄・政元が今川氏の遠江侵略を黙認していたことに遠因があろう。

ただ京都には義敏が依然として在京しており、越前朝倉氏が義稙方であったことから、義寛は義澄方になおもとどまっていたと見られる。明応八年に京都に雑説が流れた折に、政元が義澄を堀のある武衛屋敷に移した（『大乗院寺社雑事記』同年九月三日条）のは、その証左であろう。こうした斯波氏の姿勢と、今川氏の義稙方への接近という動向の変化によって、義寛は今川氏の東の山内上杉氏、北の小笠原氏、そして京都の細川家中赤沢氏などの協力をとりつけ、文亀元年（一五〇一）に反攻を開始する。この時義寛は、弟寛元や義雄を遠江へ派遣し、両者は信濃小笠原氏に対して合力を依頼している[62]。ただその甲斐無く文亀末には遠江のほとんどが今川方の傘下となり、今川氏はさらに三河へと侵攻している。そして永正五年（一五〇八）に再起して入洛を果たした義稙から、氏親が遠江守護職を与えられている[63]。斯波氏はまたも京都の将軍家の争いにおける政治動静の対応で、今川氏の後塵を拝したのである。

なお義敏は、同年十一月十六日に七十四歳で死去した（『実隆公記』同二十二日条）。しかしこれで京都との関係が途切れたわけではなく、翌年正月に西園寺公藤から「武衛伊与守（斯波義縁）」母のもとへ贈物があり（「永正年中得生院記」永正六年正月十一日条）、一族がいまだ在京しているようである。

義敏の子は多く、嫡子義寛の他に、系図では義雄・寛元・義延・子高寿源・秀趙聖諗、そして斯波義孝室がいる。義雄・寛元は先述の通り文亀元年に遠江へ派遣されている。義雄は京都において義敏と共によく記録にみえる「又次郎」と見られ、いつ頃まで在京していたか不明だが、対遠江軍略のため下向したのであろう。

また寛元は諸系図に「於越前国北郡戦死」とあるのを信ずるならば、遠江から越前へ転じ、おそらくは、兄貞景と対立して永正元年に越前へ打ち入った朝倉景総・加賀一向一揆・甲斐氏と貞景との戦い（『後法興院記』同年八月二十二日条、『大乗院寺社雑事記』同年九月二十日条）、または同三年の甲斐氏残党と朝倉氏との戦い（『宣胤卿記』同年七月二十一日条）の中で戦没したのであろう。

義延は一族の越前末野氏に養子に入ったとある。後述する永正八年の遠江での軍陣に、「すゑ野殿御陣所」がある。[64] おそらく寛元の戦死もあって、この頃には越前を引き払って尾張に来ていたと思われる。

寿源は、『蔭涼軒日録』長享三年正月二十五日条に武衛三位子「源公子高少年」として、聖諗は、『鹿苑日録』明応八年八月四日条に義敏末子「法幢院聖諗喝食」として見える。なお『実隆公記』文亀二年七月三日条の義敏三位子「楞厳頭沙弥」はこの二人のどちらかなのか、別人を指すか不明で、後者ならばもう一人子がいることになる。

そして系図によると義雄には二人の子、義虎（義秋とも）と増意（存意とも）が確認される。『言継卿記』天文二年（一五三三）八月五日条の「又次郎武衛一家」が義虎であろう。また増意は仁和寺上乗院とある。ただ「広橋兼秀符案留」には、大永三年（一五二三）正月二十四日に近衛執奏で権僧正となった大僧都増意に、「三井寺上乗院云々」との注記がされており、[65] これが義雄子であれば、三井寺の僧となるが、別人の可能性もある。

義孝室は、義孝の子に「母義敏女」とあることによる。義孝は持種の子で義敏の実弟である。[66] 応仁の乱前後に松王（義寛）と行動を共にしている竹王が、この義孝である（『後法興院記』文正二年正月二十一日条など）。元服時期は不明だが、義孝が義寛より三歳年上なので、[67] おそらく義寛と同じ頃で、「兼顕卿記」文明九年六月二十七日条では、義寛と共に兼顕に太刀を持参して賀している。その後も義寛と共に越前へ出陣したり（『長興宿禰記』文明十一年閏九月三日条）、義敏邸で共に客人を迎える（『山科家礼記』延徳三年正月十三日条など）など、非常に密接な関係にあった。義寛が家督を継いでからは徐々に義敏との行動が増え、義寛は別行動となる。明応二年（『蔭涼軒日録』明応二年四月二十六日条）を最後に史料から見えなくなるので、尾張に義寛と共に下向したか、死去したのであろう。

この義孝の子には、孫三郎・伊予守とある義縁と、その弟で義縁養子となる義信がおり、前述の武衛伊与守はこの義縁に比定される。義縁はその後史料から確認できず、義信も天文年間に入ってようやく活動が見える（後述）。なお「応仁記」[68]に義孝の姉妹が伊勢貞親側室となり、義敏の赦免に寄与したとあるが、裏付けとなる文書・日記はない。

遠江での争いはなおも続き、永正八年から九年にかけて、義寛の子義敦（義達）が自ら出陣して、今川方と各地で戦っている。[69]同十年も遠江に出陣しているが、味方の大河内貞綱の籠もる引間城を落とされ、尾張に帰国した（『宗長日記』）。

そして義敦の帰国まもない永正十年四月十七日に義寛が没する。[70]義寛の室には一色義直娘が知られる（『鹿苑日録』明応八年八月一日条）。子には、嫡男義敦と足利義澄室（義維母、『二水記』大永七年七月十三日条）・村上顕国室（『系図纂要』）が確認される。

永正十三年に再び義敦は遠江へ出陣するが、戦いに敗れて捕らえられ、尾張へ身柄を届けられている（『宗長日記』）。ここに斯波氏の遠江支配は終焉を迎える。

遠江を失った後の義敦の具体的な動向は不明で、おそらく尾張に逼塞していたと思われる。義敦は『系図纂要』に大永元年に六十歳で没とあるが、『言継卿記』天文二年八月十八日条に「武衛息治部大輔義統」、同十九日条に「武衛義敦」とあるので、この時点で生存しているのは確かである。ただその後史料上には姿は見えず、いつ没したか不明である。ところで「浅羽本系図」[71]や「斯波家氏以来系譜」[72]には、永禄十二年（一五六九）に八十四歳で没したとある。近年横山住雄氏により見出された「東庵法語」[73]には、元亀二年（一五七一）七月の法語に「源朝臣義銀公」が「父像」に賛を求め、そこに「行業院殿前左武衛一玄大居士」とある。義統は後述のように天文二十二年没なので、これは義敦三回忌に義銀（後に津川義近、以後津川義近で表記統一）が肖像賛を求めたものとなり、やはり義敦は永禄十二年まで生存していたと見るべきだろう。では義近は義敦の子となるのか。義近は諸系図によれば慶長五年（一六〇〇）に六十一歳で没するとあるので、天文九年生まれである。義敦の子とすると、義敦五十五歳の時の子となる。あり得ない話ではないが、義近には少なくとも三人の実弟がいる（後述）ので、それらも義敦子とするには年齢的に疑問である。そうすると、義敦より先に義統が死去したことで、義近を家督として擬制的に義敦子扱いとしたため、義近も義敦を「父」としたとするのが、最も妥当と思われる。

義敦の子には、嫡子である義統の他に、系図では義景・統雅・統銀の三人が確認されるが、他の史料からは確認できない。その他には小牧長久手の合戦の際に、松島城での合戦で討死した小太郎義長がいる(74)。また娘には、那古屋今川氏豊室がいるという(75)。

義統（或いは義元）の史料上初見は、『言継卿記』天文二年八月十八日条の「武衛息治部大輔義統」である。天文六年に妙興寺へ証文に任せて寺領安堵をしており(76)、このころ家督を継承したようである。そして『天文日記』天文十年七月二十七日条に、本願寺証如に対して、越前へ入国するための軍事行動をするので、加賀の門徒を動員してほしいと依頼しており、この時にはすでに継承済なのであろう。またこの時斯波義信も呼応した動きを見せている(77)。義信は『天文日記』天文十二年十二月二十七日条に「武衛修理大夫義信」とあり、諸系図に見える義孝の子である。ただこの時は証如から協力を断られており、結局思うような効果を上げることはできなかったようである。その後義統は天文十三年九月に妙興寺に禁制を掲げている(78)。これは同年に美濃へ土岐頼充を帰国させようと、朝倉孝景・織田信秀が協力して派兵したことに関わると思われる。そして信秀が孝景と協力するにあたって、義統の越前への策動は止められたと見られる。現地で活動していた義信は、先の天文十三年十二月二十七日条で、証如に対して扶持を依頼して、結果五十貫を遣わされているが、おそらく一連の軍事行動の中で所領などを失ったためであろう。ただ以後義信の動きは確認されなくなる。尾張に戻ったか、死去したのであろう。その後の義統は吉良義安と婚姻を結ぶなどするも、尾張国内でも主立った活動は見えず、天文二十二年七月に織田彦五郎・坂井大膳によって殺害される。[79][80]

義統の室及び子女については、まず室は石橋房義娘が系図に見える。石橋氏は斯波から派した足利一族で、室町幕府では御一家の家格を持ち、この頃は尾張に在国していた。息子には義近・蜂屋謙入・津川雄光・八重羽左衛門尉の四人が知られている（詳細は後述）。他に毛利秀頼も斯波氏一族、あるいは義統子（義銀弟）とされるが、こちらは傍証がない。娘は、実際のところはともかく、確認できるところで、前述の吉良義安室と、遠山綱景室の「武衛三笑妹」、そして願得寺顕悟室（『言経卿記』天正十七年三月二日条）がいる。[81][82][83][84]

義統が殺害された時、直前に河狩に出ていた若君岩龍丸が、事件を知って織田信長を頼ったとある。この若君が義近と見られ、義近は諸系図類にほぼ共通して六十一歳で慶長五年没、天文九年生まれとあることから、この時数えで十四歳となる。信長はその後清須城を落としてそこに移り、「清須合戦記」によれば、岩龍を元服させて治部大輔（又は右兵衛佐）義銀と改めさせ、尾張屋形としたという。[85][86]

そして『信長公記』・「清須合戦記」によると、永禄四年に義近は吉良・石橋氏と共謀し、信長への叛逆を企んだことによって、追放されたという。追放された後の義近の足取りは定かでなく、従来は「清須合戦記」にある、伊勢から河内へ赴き、薙髪して三松軒と称し、畠山秋高を通じて信長に罪を謝して知行を与えられた、との記述に拠っていた（その記述からは石橋義忠の行動と読めるが、おそらく途中から行動が混同して記されたのであろう）。だが、義近の動静が窺える史料が二通確認される。

まず「島本文書」に、次に掲げる「三松斎」宛の六角義治書状がある。

雖未申入候、以事好令啓候、向後可得賢慮候之条、御許容所仰候、太刀一腰・馬一疋致進覧候、猶石原可被申入候、恐惶謹言、

二月十六日　　　右衛門督義治（花押影）

謹上　三松斎

この「島本文書」は九州大学附属図書館付設記録資料館九州文化史資料部門に所蔵されている、昭和十一年（一九三六）に筆写された影写本である（以下「島本文書」はこれによる）。もとは福岡市島本家蔵書で、その中身は尾張斯波氏の後裔である伊予津川氏の文書である。義治が手厚い書札礼を用いているのと、宛所の「三松」からすれば、これは後に津川三松斎と名乗った津川義近＝斯波義銀宛にほかならない。その内容は、初めて音信を通じる挨拶の文書で、今後よろしくお願いしたいことを伝え、太刀と馬を贈っている。おそらく京都付近に滞在していたのであろう。

六角義治が前名の義弼から改名した正確な時期は不明だが、発給文書の署名からすると、永禄七年末から永禄八年にかけての頃のようである(87)。義治は天正元年（一五七三）から二年頃には義堯へと改名しているので(88)、本文書はその間に出されたことになる。後述の織田信忠宛義近書状の存在と、これが義治からの初めての音信であることからすると、信長が上洛行動を起こす以前と見られる。

そしてもう一つが次の文書である(89)。

尚々此ハかり御きにあひ候ハヽ、てほんにても猶まいり候へく候、つねにわか身ならい候とて、いまにひや

うしも候ハす候、ミくるしきていにて候、さりなから一段見事候間、御ならいしかるへく候、猶つほね可申
候へく候、
未申承候、仍而此式条てんかはやり候筆にて候、てならいさせ候様にも候程に、わか身ひそうにて候へハ、まい
らせ候、猶も御用候ハヽ、別帋をもまいらせ候へく候、就其身上之事、御しんぶ信長内々無御等閑分候、つね
〳〵頃折節者可然様ニ御取成可為本望、たれあつて信長へとり合申ものも候ハす候、おり〳〵あしさまにハ申候
へ共、よきやうに申ものハ候ハす候、万たのミ申外無他候、申給候、
（墨引）
「喜妙　申給候　義近」

宛所の喜妙は、奇妙＝後の織田信忠で、内容を意訳すると、「初めてお便りします、この式条＝式目は天下に広まっていて、手習いにもよいもので、秘蔵品であるが差し上げます、猶も必要であれば別紙で差し上げます、私の身の上について、尊父信長には疎かに思っておりませんので、よきように取成してください、信長へ私のことを悪く言う者はいても良くいう人はいませんので、ひたすらあなたをお頼みします」となる。つまり信忠に信長への帰参を依頼したもので、織田家中では義銀を快く思っていなかったこともわかる。信忠が元服したのが元亀三年頃なので、それ以前のものとなる。そして義銀の名前は、前述の「東庵法語」の元亀二年七月の法語に「源朝臣義銀公」とあるのが終見のようなので、この間に義銀から義近へ改名していることがわかる。

この運動による帰参がすぐに叶ったかは定かでないが、後述するように、本能寺の変後に織田信雄の老臣の一人として義近の弟玄蕃雄光が見える。他の二人浅井田宮丸と岡田秀重（重孝）は、本能寺の変後に信雄に属したが、それ

までは父の代から信長馬廻であり、変後に新規に被官となったわけではない[90]ので、おそらく雄光も同様な経路をたどったと推測される。むしろ雄光の妻が北畠具教娘との伝承[91]が正しければ、信雄と義兄弟となり、浅井・岡田よりも早くに信雄に属していた可能性がある[92]。

尾張を追放されたのが義近のみであったのか、兄弟ら揃ってなのか定かでないが、少なくとも本能寺の変まで、信長直属での斯波一族の活動は確認できない。次節で述べるように、義近は雄光の許に身を寄せていたので、そのことからすると義近の帰参自体は成功したのであろう。ただ一度追放された身であったため、本人ではなく、弟の雄光が仕える形になったのではないか[93]。

そして信長へ帰参した際に、苗字を津川へ改めたと思われる。信長は一族の織田苗字を津田にすることで、織田苗字を規制し、信長家を頂点とするヒエラルヒーを形成しようとしたとの指摘があるが[94]、それと同じ意味合いで、かつて反逆した過去と、織田家の主筋であることを拭い去るために、津田に似た「津川」苗字を兄弟揃って名乗ることにした（又は変更させられた）のではないか。

一方越前に残った斯波氏では、まず鞍谷斯波氏が挙げられる。すでに松原信之氏らによって言及されているように[95]、永正～大永年間に活動する斯波新三郎政綿がそれで、越前国今立郡に拠点を持つ。この政綿と『親元日記』寛正六年三月二十八日条に見える斯波四郎三郎政綿との関係は不明だが、少なくとも同一人物ではない。また新三郎政綿と義廉との関係も、子孫である可能性はあるものの、確定的でなく、新三郎政綿の子孫も文書史料からは不明としかいえない。なお松原氏は、佐々成政から書状を出されている鞍谷民部少輔[96]を、この鞍谷斯波氏の末としている。また「奥州斯波系図[97]」によると、家長孫詮将の孫郷長が「越前国鞍谷家相続」とあり、鞍谷氏に陸奥高水寺斯波から養子が入ったことが見える。詮将の孫の代となると、応永から永享の頃なので、当時の宗家当主義郷から偏諱をもらって郷長と名乗った蓋然性は高い。同系図では郷長の子は義久・義次とあり、これが正しければ、四郎三郎政綿は鞍谷氏ではない別の庶家となる。

他に越前にいた斯波一族として、「奥州余目記録」[98]に見える末野・五条・仙北（千福）氏が知られる。末野氏は前述のように氏経の子孫で、幕府の外様衆にも名を連ねており、後に義敏の子義延が入嗣している。戦国期になると立神と苗字を変え、朝倉滅亡前後まで確認される[99]。五条氏については系譜関係及び政治的動向が全く不明で、今後の研究による解明が待たれる。そして千福氏は、斯波一族であるのは確実であろうが、こちらも系譜関係は明らかでない。近世の系図[100]では斯波道朝子孫とあるので、高経の子の氏経・氏頼あたりの子孫であろうか。十五世紀半ば頃から越前で活動し始めている[101]。朝倉氏が越前国主となって以降の動向は定かでないが、その命脈は保っており、朝倉氏滅亡後は織田氏、ついで前田氏に臣従している（本書第４部佐藤氏論文）。

五　その後の斯波氏

津川義近の動きが明確に見えるようになるのは[102]、小牧・長久手の戦いである。この戦いが始まる原因の一つに、信雄が三人の老臣を討ったことがあるのはよく知られている。そしてこの三老臣の一人が、先述のように義近の弟津川玄蕃雄光である。雄光が殺された後の義近の動向は、文書史料からはうかがえないが、「勢州軍記」・「木造記」といった軍記物には、雄光が討たれた直後に、雄光に預けられていた松ヶ島城へ、義近・謙入兄弟及びその伯父津川弥太郎が籠もり、信雄に反旗を翻したことが見え、(103) 実際にもその通りであったと思われる。松ヶ島城自体は信雄から派遣された木造具康・滝川雄利等によって攻められ、弥太郎は討死し、城も明け渡して退去することになるが、これをきっかけにして義近は、秀吉麾下に属することとなった。その後の義近等の動きは一次史料からは定かでなく、「勢州軍記」によると、蒲生氏郷の麾下に入り、伊勢で戦闘していたようである。(104)

秀吉と信雄は同年十一月に和議を結び、伊勢国は秀吉方へ割譲された。義近も信雄に帰参することはなく、そのまま秀吉に属したようで、『宗及自会記』によれば翌年正月十日に大坂での宗及の茶会に列しており、この頃大坂に滞在していることがわかる。

そして『兼見卿記』天正十三年十月六日条に、この時数人が公家成をしていることが見えるが、その中に「武衛」がいる。当時の認識からすれば、これは斯波氏を指し、義近と見てよいだろう。なおこの時他に公家成したのは、結城秀康・宇喜多秀家といった秀吉の養子と、丹羽長重・細川忠興・蜂屋頼隆・毛利秀頼・織田信秀といった、かつての織田家臣及び信長の子である。義近以外は公家成する妥当な理由があると思われるが、この中に秀吉との関係がさほど強いとまで言えず、また抜きんでた軍功も無ければ、広大な所領を有しているわけでもない義近が列しているのは、いささか奇異に感じられる。

ではこの義近の公家成にはいかなる背景があったのか。右の小牧・長久手の戦いの際の働きが認められたことも考えられるが、他の諸将に比して特筆すべきものとは言えない。とすると、名族で、とりわけ織田氏の主筋である出自のためであろう。秀吉と信雄との関係は、この年三月に信雄が大納言に昇進するも、すぐに秀吉が内大臣となって、官位の上でも上位に立っている。秀吉の主筋家織田一族に対する扱いに、旧織田家中の傍輩や世間、そして信雄自身を含めて、反感を抱く者は当時少なくなかったと思われる。しかし信長が国主の座から追放した義近を身近に置いて厚遇することで、自身の行いはとりわけ非難されるものではないと示し得たのである。つまり義近の公家成は、その存在自体が、秀吉自身の織田家越えの免罪符となることに対する待遇であったのである。

その後一年以上の動向は不明だが、秀吉の九州遠征に際し、三月一日に秀吉が出発した時の前備に、「羽柴左衛門侍従殿」が四百人を率いていることが見える[105]。この兵力は前備では五百人を率いる羽柴河内侍従（毛利秀頼）と津田隼人佐（盛月）に次いで多い。蒲生・堀・溝口などの他の動員数と石高の相関関係を見ると、一万石あたり百～百五十人を動員しているので、単純に比較できるものではないが、少なくともこの左衛門侍従は当時二万石以上は有していたものと見られる。

ところでこの左衛門侍従は義近と同一人なのか。左衛門侍従といえば、天正十六年の聚楽第行幸に見える左衛門侍従義康[106]が想起される。この義康は従来の研究で、里見義康[107]、または斯波義康[108]に比定されている。里見義康は、確かに侍従にはなっているが、それは天正十九年のことなので（『晴豊公記』同年三月一日条）、誤りである。また斯波義康は、下村效氏は義近と同人との見解のようである。一方北堀光信氏は斯波氏とした根拠は示されていないが、この行幸の行列で馬に騎乗していた中に「武衛」がいるとの『当代記』の記述を示しているので、これにより斯波氏としたと思われる。この時期武衛と呼ばれるのは、他の史料からしても斯波氏に他ならない[109]ので、左衛門侍従はやはり斯波義康である。

では義康と義近の関係はどうであるのか。義近の名前は後述する陸奥関係の文書で「義近」・「三松」が確認できる。それ以前であると、前述の織田信忠への書状が義近署名なので、義近→義康→義近と名を変えた可能性も皆無では無いが、義近の名のままであったとするのが妥当性が強い。また義近を呼ぶのであれば、「武衛侍従」といった表記がなされるべきであろう。そうすると、義近の弟の可能性も残るが、後述のように津川苗字の弟はこの時期他にいないので、義近の子と見るのがもっとも妥当である。斯波氏は武衛という称号のもととなる兵衛の官を義教以降代々有しているが、義将・義教・義淳の三代や庶子など（持有）は左衛門佐に任官している。特に義教・義淳は父が存命の時期に左衛門佐であったので、義近が健在であれば、息子が左衛門佐であるのは先例通りになるのである。それに加えて名前に「義」字を持つことからすれば、義康は義近の嫡子と考えて差し支えない(110)。ただこの義康は、その後史料上に見えず、系図類でもその存在が確認できないことからすると、間もなく早世したのであろう。

さて義近は、島津義弘書状写(111)によれば、天正十七年正月二日に大阪城内の山里での秀吉茶会に呼ばれた一人として名が見える（他は島津義弘・堀秀政・長谷川藤五郎）。九州の陣や聚楽第行幸に息子義康が列していることからすれば、少なくとも天正十五年以前から、義近は秀吉御伽衆であったと思われる。

しかし同年三月にある事件に巻き込まれている。『言経卿記』天正十七年三月二日条に、「牢人衆武衛家・道休家同町相破放火了、大方相済了、門跡御一門之内、願得寺・同《武衛兄弟》女房衆等、其外道休町人等一昨日ヨリ被免（召カ）籠了」とあって、大坂の弟蜂屋謙入の家が秀吉命により破却・放火され、願得寺室となっている姉妹の女房衆等が一昨日から召し籠められている。『鹿苑日録』同九日条、『多聞院日記』同十八日条などによると、大坂の天満森本願寺内に、秀吉から勘気を受けて牢人していた細川信良（昭元）・尾藤知宣、そして「武衛ケンユウ」がいたことに対し、秀吉が立腹して、尾藤と尾藤内某、義近姉妹の夫でもある願得寺顕悟の三人が自害し、その他関係者老若男女六十人が、捕縛されて磔刑に処されているとある。謙入は助命はされたが、義近に多大な迷惑がかかったのは言うまでもない。

豊臣政権下での義近の動向として最も重要なものが、陸奥との関係である。『伊達家文書』から、伊達政宗とのやりとりが確認され、時期的には天正十六年から十八年にかけてそれぞれ比定される[112]。途中天正十七年正月から十二月の間に、義近の署名が「三松」に変化しているのは、三月の弟謙入の一件をきっかけに、入道名を用いるようになったからだと思われる。豊臣政権と伊達氏との交渉では、従来取次・指南として浅野長政（当時の名は長吉）・富田知信が、また仲介者として前田利家・和久宗是、そして義近の存在が指摘されている[113]。

なぜ義近が伊達との交渉に関わりを持ったのかは明らかでない。ただ秀吉からの勘気を受けた直後に出されたと思しき、徳川家康から義近に出した書状には、近日大崎義隆が参陣するのに対して疎略にしないと伝えているので[114]、義近は大崎義隆とも関係を持っていたようである。

ところで室町幕府と地方領主との交渉において、同族が仲介をしていた事例が散見される。例えば陸奥の塩松石橋氏は石橋氏を（『満済准后日記』など）、二本松畠山氏は畠山氏を媒介に幕府との交渉をしており、斯波氏も斯波大崎氏の取次をしていたことが「奥州余目記録」[115]に見える。そのことからすると、義近も同族の誼で、豊臣政権における大崎氏との交渉の取次、あるいはそれに准ずる形で関わったのではないか。義近と伊達氏との直接の関係性は見いだせないが、天正十六年の大崎合戦の結果、大崎義隆は伊達の傘下に入るので、それに伴い伊達氏とも通交するようになったのであろう。

また最上氏も、和久宗是書状[116]に「山形出羽守殿此十日計以前御礼被申候、御進上物馬五疋・金子百枚にて候つる、家康之御取次ニ候、三松も別而御馳走候き」とあり、家康が主に最上義光の取次をしていたが、義近も「別而御馳走」していて、深く関与していることが見える。最上氏も南北朝期に分かれた斯波氏の一族である。

さて天正十八年に比定される七月四日付一柳可遊書状[117]には、「次ニ小田原種々御侘言申上、命御たすけ被成候様ニと、上野殿御手前へ申候付而、三松様右之通被仰上候へハ、以外　被成御腹立、三松様を御自国御はらひ被成候、けんにうをも同前ニ　被仰出候、其外相替儀無御座候」とある。これと同様の内容が、七月一日付和久宗是書状[118]に「三松御身上之儀、被成御果候、其題目ハ小田原事、氏直父子髪剃走込、御侘言可申之旨、なミたをなかし、慥申来之由、昨日被仰上候ニ付、御機嫌あしくなり候て、被追失候、御兄弟衆まて御果事候、不及是非儀候」とあり、同じ頃の某書状[119]にも、「小田原無事之儀、三松被取扱候て、被得　御諚候処ニ、三松ニ不似合儀被仰上候とて、以外被成御腹立、けんにう共ニ、御自国を御はらひ被成候事」とある。

すなわち、小田原の陣も大詰めの天正十八年六月末に、義近は独断で和議と北条氏直父子の助命を取り扱い、秀吉から不相応のことをすると怒りを買って、弟謙入と共に改易処分を受けているのである。義近がなぜこうした勇み足な交渉を行ったかは不明だが、奥羽諸大名との交渉の実績からの自負と、北条氏が自らを頼ってきたことによるのであろう。

追放された義近が小田原からどこへ赴いたか定かでないが、同年に出された十二月五日付の徳川家康から蒲生氏郷への書状[120]によれば、「三松不慮ニ其地へ御牢人、何共御笑止存候、定貫様も可為御同前候」とあり、牢人して会津へ赴いていて、それを家康が同情していることがわかる。尾張・伊勢といった自身と縁の深い、あるいは所領のあったと思われる地域や、京都・大坂に戻ることが困難であったのか、それまで様々な交渉をして関係のあった奥羽の地へと赴いたのであろう。また蒲生氏郷は、小牧・長久手の合戦において義近が属した人物でもあり、信雄家臣時代の旧地である伊勢松ヶ島をそれまで領していたなどの関係もあって、頼ったと思われる。なお大崎義隆が改易された後、同様に氏郷に属し、文禄の役にも氏郷麾下で渡海しているが[121]、これは小田原の陣以前に様々な口入をしていた義近の存在があったため、義隆も氏郷の麾下にあったのではないか。

義近はその後天正二十年正月までに秀吉に許されたようで、伊勢で千五百余石を宛行われている（「島本文書」）。この頃の義近は、再び秀吉御伽衆として行動しており、天正二十年秀吉が朝鮮出兵のため肥前名護屋へ進発した時には、『大かうさまくんきのうち』に、十一番衆としてせうざん（昌山＝足利義昭）・さゝ木ゑもんのかミ（六角義治）・山なせんこう（山名豊国）等と共に、「三せう」・「けんにう」の名が見え、義近・謙入兄弟も付き従っていることが見える[122]。なお次の十二番衆は「御はなししゆ」だが、この十一番衆も同じく御伽衆ではあるものの、将軍・守護家といった旧室町幕府関係の家で構成されている。

そして文禄二年（一五九三）五月二十日付で出された、召使う者に明国使者の悪口を言わせないと、秀吉御伽衆・薬師等が連署して誓った織田常真等連署起請文[123]にも「三松」と署名している。義近の署名は、常真＝織田信雄の次にあり、義近の次には有馬法印（則頼）・宮部法印（継潤）・長岡幽斎（細川藤孝）・有楽（織田長益）が来ており、御伽衆の中でも法印成をしていた者より義近の地位が高い。四位侍従であったこともあるが、元の家柄の高さも反映されていたものと見られる。

『駒井日記』文禄二年閏九月十三日条でも、伏見で作事をして扶持を下された太閤様御傍衆の一人に名を連ねており、百石を下されている。しかし『駒井日記』文禄二年閏九月二十三日条において、この日行われた秀吉による口切の茶事に多くの御伽衆が列している中で、義近は呼ばれていない。これについて同日条の木下吉隆条書を掲げる。

一けん入死去候、是ハ跡目立不申候、

一木食上人本復ニ而、今日　御前江被罷出候、
一跡目之事、先日三松被申上候得共、明日御茶茂不被下候、
一昨日様子明後日可申上候、此等之趣御次奉頼候、恐々謹言、夜中ニ申候、
後九月廿一日　　　　木下半介
寿命院
人々御中

三条目が該当部分で、意訳すると、先日（自身または謙入の）跡目のことについて義近が秀吉に言上したものの（それは叶わず、それどころか）明日の口切茶事にも呼ばれない、となる。一条目に弟謙入の跡目が立てられなかったとあることと併せて鑑みると、一応赦されてはいたものの、過去のいきさつによって義近兄弟が秀吉の不興を買っていたことが影響していたのであろう。『駒井日記』同三年正月十八日条では、旧冬会津へ遣わされたとあり、文禄の役頃の義近宛の南部信直書状（「島本文書」）からすると、陸奥の諸氏との交流は続いており、秀吉からもこの点はまだ重視されていたようである。ただ徐々に秀吉との関係は疎遠になっていったのか、小瀬甫庵『太閤記』[124]に記された、秀吉遺物を形見分けされた「御咄の衆」二十二人の中には義近の名は無い。また慶長年間に秀吉との関係をうかがえる事績もない。なおその頃徳川秀忠と物語をする仲となっており[125]、家康からも書状を多く受け取っている（「島本文書」など）ことから、徳川氏と関係を深めていたことがわかる。

さて義近には弟が何人か確認される。現在確実に弟であると判明しているのは、蜂屋謙入、津川雄光、八重羽左衛門尉の三人である。

まず蜂屋謙入だが、『兼見卿記』天正十五年二月七日条に「武衛舎弟兼入」とあることから、義近の弟と確認できる。小牧長久手の合戦において兄義近と共に戦っていることが「勢州軍記」に見える。[126] 一次史料では右の『兼見卿記』が初見で、この時は兼見の秀吉への進上物を披露しており、西国武家からの両使からの太刀折紙も披露していて、秀吉の奏者を務めている。秀吉の九州攻めにも従っているが、前節で見たとおり、天正十七年三月の時点で牢人身分になっており、この間に勘気を受けたようである。『言経卿記』天正十六年十月二十九日条に、謙入が家具・わく・あいつち等を与三に渡したとあり、あるいはこの頃に浪々の身となったものか。ただ謙入は尾藤と異なり自害させられることは無く、小田原の陣の際に義近が追放された時に、謙入も同じく追放されているので、一度帰参していたようである。そして朝鮮の陣で西の丸御前備衆に名を連ねていることから、再度の帰参が叶っていた。これも兄義近と同じ頃に実現していたのであろう。

なお『兼見卿記』天正十九年二月十八日条と十月二十日条によれば、「蜂屋」にこの年四歳になる梅南丸という息子と五歳の娘がいたが、二人とも行歩の叶わない体であったとある。ただし「蜂屋」とのみあり、十月二十日条に「蜂屋後室」が息子の祈祷を依頼していること、前述のように謙入は天正二十年七月時点で名護屋城に在陣していること、先の『駒井日記』の記述からすると、この「蜂屋」は蜂屋頼隆を指すのであろう。頼隆は天正十七年十月には死去している（『北野社家日記』天正十七年十月二十一日条）ので、十九年の時点で妻が後家と呼ばれるのは妥当である。従来頼隆は無嗣断絶したとされているが、実際には息子はいるものの、跡を継ぐような体ではなかったことになる。

謙入は天正十五年頃から蜂屋苗字で確認される。何故蜂屋苗字となったか不明だが、『時慶卿記』天正十五年九月十七日条に「ケン友、蜂屋子」というのが謙入のことなので、蜂屋頼隆の養子になったからではないか。ただ頼隆が没する前に謙入は牢人の身となっていたので、そのまま跡目を継ぐことがなかったのであろう。そして前述の『駒井日記』文禄二年閏九月廿三日条の木下吉隆条書によれば、死去したが跡目は立てられていないとある。謙入が実際にいつ死去したか不明だが、これより遠くない日に死去し、後継者もいなかったのであろう。

八重羽左衛門尉は、「顕如上人貝塚御座所日記」天正十三年五月二十日条に「武衛ノ舎弟」とあることから義近の弟であることがわかる。左衛門尉はこの日初めて顕如に御礼の使者三宅を派遣している。また天正十二年の小牧長久手の合戦時には、津田盛月・富田知信と共に松ヶ島城の留守を命じられたり、普請など申付られたりしている。(127) 秀吉の備えを記した陣立書にも、(128)「八重葉左衛門尉」の名が見え、他の兄弟とは異なり、元々秀吉直轄として動いていたようである。しかし顕如に使者を送った後は、史料上から確認することができず、おそらく死去したものと思われる。

そしてすでに何度か名前を挙げている雄光がいる。雄光が義近の弟であることは、『兼見卿記』天正十二年三月九日条に、「武衛舎弟」が織田信雄により生害を申付けられたとあることによる。

なお『系図纂要』には弟の一人として毛利秀頼が見える。ただし秀頼とその係累は、『兼見卿記』に妹やその婿の浅井新八郎・田宮丸父子、もう一人の万里小路室となっている妹、そして母が確認できるが、義近及びその弟達との関係は見出せない。しかし秀頼の侍従任官が義近と同日であることや、朝廷への御礼を謙入と同時に行うなど、行動を共にすることが多く、弟ではなくとも、一族であるか、姻戚などの何らかの関係があったことがうかがわれる。あるいは『信長公記』には、斯波の若公一人を毛利十郎が生け捕って那古野の信長のもとへ送り届けたとあるので、ここから関係が生じたのかもしれない。

最後に義近の子孫に触れたい。義近は慶長五年八月十六日に六十一歳で死去したと諸系図にある。(129) それまでに儲けた子は、織田民部少輔信重（信長の弟信包の子）室となった娘の他に四人の男子、早世した大蔵、近利、辰珍、近治がいる。このうち早世した大蔵が、左衛門侍従義康と同人である可能性がある。

義近の子孫は大まかに次の二つの家に分かれる。すなわち肥後細川家臣・伊予松山松平家臣である。

伊予松山の松平氏家臣となったのは次男近利（義元）の系統である。近利は松平定勝が伏見にいた時に召し抱えられたと「島本文書」の系譜関係文書にあるので、定勝が伏見城代となった慶長十二年以降に仕官したのであろう。近利は六百石二十人扶持を得ており、息子の代になって嫡子近良が七百石、その弟八郎左衛門は近良が父存命時に得ていた三百石を受け継いでいる。また近良の次の代で、嫡子義富が五百石、弟の小平太が二百石とそれぞれ分知し、十七世紀半ば頃には、大名分で五百石の右近・外記家（義富）、二百石の勘左衛門家（小平太）、大小姓頭など役職勤めをして三百石の七郎右衛門家（八郎左衛門子孫）の三家に分かれていたが、いずれも十八世紀半ばに断絶している。[130]このうち右近・外記家が嫡流で、島本文書を伝えたのもこの家である。系譜としては、近利―近良―義堅―義富―義全まで確認でき、その後断絶したが、この家のみ文化年間初頃に再興され、再び大名分の家格に列して、六百石を知行していた。[131]再興後は、八郎―義彊―義彰となり、幕末を迎える。

肥後細川氏家臣となったのは三男辰珍の系統で、辰珍―辰房―辰之―二郎左衛門―辰氏と続いている。細川氏の「侍帳」[132]を見ると、寛永九年（一六三二）に比定される「肥後御入国宿割帳」に、千二百五十石知行として見える津川四郎右衛門が辰珍で、「寛文四年六月　御侍帳」に五百五十石知行とある津川次郎左衛門が辰房になる。宝永五年（一七〇八）の「肥陽諸士鑑」の時点での当主辰氏は二千石を知行しているが、その後分知で減少したか、文化十三年（一八一六）「肥後細川様家中御知行扣　全」の津川一八は千五百石、天保～安政の津川数馬、文久頃の津川平左衛門は千四百石知行となっている。なお細川家臣には、義近女婿の織田信重の子孫津田氏もいる。四男近治は、織田有楽斎長益の女婿となっており、その縁で豊臣家に仕えていたようで、大阪城討死と系図にあり、大坂の陣で戦死したのであろう。

また加賀前田藩にも義近の子孫と称する家があり、義近子正勝に始まるという（『加賀藩史稿』）。ただし年代が合わず、正勝が中川重政の弟であることと、加賀藩でこの家は「津田」名字を名乗ったことからすると、実際は織田氏一族であったと見るべきだろう。この家には子孫に明治維新後男爵となった斯波蕃がいる。

註

（1）布川尚志「『竹馬抄』にあらわれたる斯波義将の思想―南北朝争乱期における軍人政治家の教育―」（『政治経済史学』一九八号、一九八二年）。

（2）至文堂、一九六八年。また七〇年代には鈴木良一『応仁の乱』（岩波書店、一九七三年）も出された。

（3）小川信『足利一門守護発展史の研究』（吉川弘文館、一九八〇年）。なおこれ以後鎌倉時代の斯波氏についての専論は無く、小谷俊彦「鎌倉期足利氏の族的関係について」（『史学』五〇号、一九八〇年、後に田中大喜編著『下野足利氏』戎光祥出版、二〇一三年に再録）や、吉井功兒「鎌倉後期の足利氏家督」（同『中世政治史残篇』トーキ、二〇〇〇年、後に田中大喜編著『下野足利氏』戎光祥出版、二〇一三年に再録）など、足利氏との関係の中で語られるだけにすぎない。

（4）松原信之「朝倉貞景と斯波義寛の越前国宗主権をめぐる抗争について」（『若越郷土研究』二一―六号、一九七六年）。

（5）河村昭一「管領斯波義淳の就任と上表をめぐって」（『兵庫教育大学研究紀要』一八号、一九九八年）。なお義持期の斯波氏について、岡澤保「足利義持政権初期と斯波氏―義持政権確立過程の一断面―」（『奈良歴史研究』八二号、二〇一四）もある。

（6）家永遵嗣『室町幕府将軍権力の研究』第二部第一章「足利義政の東国政策と応仁・文明の乱」（東京大学日本史学研究室、一九九五年)。
(7) 谷口雄太「足利氏御一家考」(佐藤博信編『関東足利氏と東国社会』岩田書院、二〇一二年)、同「戦国期斯波氏の基礎的研究」(『年報中世史研究』三九号、二〇一四年)。
(8) 秋本太二「今川氏親の遠江経略―とくに信濃小笠原氏と関連して―」(『信濃』二六―一号、一九七四年)。
(9) 家永遵嗣「足利義高・細川政元政権と今川氏親・伊勢宗瑞」(同『室町幕府将軍権力の研究』東京大学日本史学研究室、一九九五年)。
(10) 森田香司「今川氏親と文亀・永正の争乱」(静岡県地域史研究会編『戦国期静岡の研究』清文堂出版、二〇〇一年)。
(11) 松島周一「延徳三・四年の織田敏定と細川政元―『朝倉家記』所収文書を通して見る十五世紀末の幕府政治と尾張―」(『歴史研究』五七号、二〇一一年)。
(12) 前註7谷口「戦国期斯波氏の基礎的研究」がその点戦国期斯波氏研究の嚆矢となろう。なお短編であれば、小林輝久彦「斯波義寛の生没年について」(『静岡県地域史研究会報』一八六号、二〇一三年)がある。また斯波氏全体を論じる中で言及したものに、吉井功児「尾張斯波氏」(同『中世政治史残篇』トーキ、二〇〇〇年)などがある。
(13) 松原信之「朝倉史雑録」内「鞍谷庄と鞍谷氏」(『福井県地域史研究』八号、一九七八年)。
(14) 一九六九年。上村喜久子「尾張における守護支配」・新井喜久夫「織田系譜に関する覚書」。
(15) 斎藤純雄「尾張における守護領国制の形成と国衙領」(『国史談話会雑誌』一三号、一九六九年)。
(16) 杉村豊「守護代織田氏の尾張支配―文明~天文期を中心として―」(『国学院大学大学院紀要』五号、一九七四年)。
(17) 小泉義博「十五世紀の越前守護代について」(『一乗谷史学』七号、一九七四年)。
(18) 秋本太二「遠江に於ける守護領国支配の推移―とくに遠江今川氏の没落を中心として―」(『地方史静岡』二号、一九七二年)。
(19) 尾張については、「斯波氏守護在職期における尾張守護代沿革小稿―応永七年~応仁二年の在京・在国守護代―」(柴田一先生退官記念事業会編・発行『柴田一先生退官記念 日本史論叢』、一九九六年)、遠江については、「南北朝・室町期遠江守護沿革に関する若干の問題―特に分郡守護をめぐって―」(『政治経済史学』三四八号、一九九五年)・同「守護斯波氏の遠江国支配機構」(『兵庫教育大学研究紀要』二二号、二〇〇二年)、越前については、「畿内近国における大名領国制の形成—越前守護代甲斐氏の動向を中心に—」『史学研究五十周年記念論叢』日本編、福武書店、一九八〇年)・「南北朝・室町期越前守護沿革・支配機構に関する諸問題(一)〜(四)」(『若越郷土研究』四三—三・六、四四—二・三号、一九九八〜九九年)などがある。

(20)吉井功兒「遠江国守護沿革小稿〜建武政権の国守・守護および室町・戦国期の守護〜」(今川氏研究会編『駿河の今川氏』第八集、一九八五年)。

(21)織田・朝倉氏に関する研究は枚挙に暇がないが、差当たり代表的なものとして、松原信之『越前朝倉氏の研究』(三秀舎、発売吉川弘文館、二〇〇八年)、柴裕之編『尾張織田氏』(岩田書院、二〇一一年)を掲げておく。

(22)森田香司「守護被官の在地支配—遠江・堀江氏を事例として—」(『地方史静岡』一六号、一九八八年)、松浦義則「越前国人堀江氏の動向について」(『福井大学教育学部紀要　Ⅲ部社会科学』五四号、一九九八年)、同「中世後期の大野郡」(『歴史の道調査報告書第5集　美濃街道・勝山街道』福井県教育委員会、二〇〇五年)、前注21松原信之『越前朝倉氏の研究』、『福井県史通史編2中世』など。

(23)『吾妻鏡』建長五年八月十五日条に「中務権大輔家氏」、同弘長元年七月二十九日条に「足利大夫判官家氏」とある。尾張守への任官は史料上確認できないが、嫡子宗家が「足利尾張三郎」(関東裁許状案「朽木文書」『鎌倉遺文』三二八五〇号)、子孫が「尾張〜」と呼ばれており、当時の呼称のあり方からすれば尾張守に任官したことはほぼ間違いないだろう。

(24)前註3小川氏著書。

(25)『続群書類従第二十九輯上』。

(26)前註23「朽木文書」。

(27)前註3小川氏著書。

(28)北条貞時十三年忌供養記(「円覚寺文書」『神奈川県史資料編2』一三六四号)。

(29)『大日本史料』同日条。なお家兼については、前注3小川氏著書も参照。

(30)直持については、前註3小川氏著書、江田郁夫「奥州管領大崎氏と南北朝の動乱」(同『室町幕府東国支配の研究』高志書院、

二〇〇八年）、小原茉莉子「奥州管領期の大崎氏」（『岩手史学研究』九二号、二〇一一年）など。

（31）兼頼については、小要博「関東府と出羽―斯波兼頼の発給文書をめぐって―」（『与野市史調査報告』七号、一九八五年）、白根靖大「奥州管領と斯波兼頼の立場」（『中央史学』三〇号、二〇〇七年）などがある。

（32）佐藤進一「室町幕府論」（同『日本中世史論集』岩波書店、一九九〇年）、前註7谷口氏論文。

（33）庶流は南北朝期からすでに斯波苗字を用いている。例えば管領細川頼之奉書（「円覚寺文書」『南北朝遺文東北編第二巻』二〇二三号）の宛所「斯波修理権大夫」などである。なお足利直義下知状案（「八坂神社文書」『南北朝遺文関東編第二巻』九九六号）の文中に「斯波奥州」（家長）が見えるが、これは実際に在国して陸奥志波郡の支配に関わったためと思われる。また斯波苗字については、遠藤巌「斯波氏」（今谷明・藤枝文忠編『室町幕府守護職家事典下巻』新人物往来社、一九八八年）や、前注20吉井氏論文などが言及している。

（34）斯波高経請文（「武田健三氏所蔵文書」『福井県史資料編2中世』七三三頁、一号）。

（35）『公卿補任』によると前任者の八条清季は暦応五年正月十五日に修理大夫を辞しており、斯波高経の修理大夫の初見である暦応五年二月廿五日付斯波高経判物（「尊経閣文庫所蔵文書」『福井県史資料編2中世』七〇九頁、二三号）から、この間に任官した。なおこの時期の修理大夫の意義については、拙稿「四職大夫」（同『中世武家官位の研究』（吉川弘文館、二〇一一年）を参照。

（36）家長は、この時期高経が足利氏で呼ばれているのに対し、「斯波」で呼ばれている（相馬胤家代恵心申状案「相馬岡田文書」『南北朝遺文東北編第一巻』四〇八号）。また高経が嘉元三年生まれであるので、どんなに年齢を高く見積もっても、建武二年の時点で家長は二十歳前となる。家格が高いとはいえ、年少の者を重要な地位につけるか問題がある。仮に家長を高経の兄弟で、養子・猶子であったとすれば、斯波呼称されたことも、年齢の問題もそして、高経の弟家兼同様に名前の上側に「家」字があることも、説明がつく。ここでは一つの可能性として提示しておく。なお高経の子には、他に宇都宮氏綱室とされる女性がいる（「宇都宮系図」『続群書類従第六輯下』、記述は基綱母）。ただ代々当主の官位が高すぎる、他の宇都宮氏当主の室が細川頼元・一色満範娘であるなど、検討を要する部分がある系統の系図に見える記述なので、参考としてここに掲げておく。

（37）家長については、遠藤巌「奥州管領おぼえ書き―とくに成立をめぐる問題整理―」（『歴史』三八号、一九六九年）、原田正剛

「鎌倉府成立に関する一考察―斯波家長期の鎌倉府を通じて―」(『中央史学』二六号、二〇〇三年)などがある。
(38)『大日本史料第六編之四』建武四年十二月十三日条。
(39)『群書類従第二十九輯』。
(40)前註36相馬胤家代恵心申状案。
(41)足利義詮御判御教書(「大友家文書」『南北朝遺文九州編第四巻』四一八七号)。なお九州での氏経については、川添昭二「鎮西管領斯波氏経・渋川義行」(渡辺澄夫先生古稀記念事業会編『九州中世社会の研究』渡辺澄夫先生古稀記念事業会、一九八一年)を参照。
(42)上総介家□書状(「東京大学文学部所蔵斑島文書」『南北朝遺文九州編第四巻』四三〇八号)。
(43)島津師久申状写(『薩藩旧記雑録二十七所収新田宮観樹院文書』『南北朝遺文九州編第四巻』四四八二号)。
(44)治部大輔の初見は、貞治元年十一月六日(斯波義将施行状「大友家文書」『南北朝遺文九州編第四巻』四四二五号)だが、おそらく同年九月の弟義種の民部少輔任官(『師守記』貞治元年十月一日条)と同じ頃に任官したと思われる。治部大輔の官途自体は、斯波直持(足利義詮御判御教書写「本郷文書」『福井県史資料編中世2』三八号)・吉良満貞(『園太暦』観応二年八月十二日条)・畠山直顕(畠山直顕軍勢催促状「寺尾文書」『南北朝遺文九州編第三巻』二四一〇号)などがすでに任官しているように、全く特別であったわけではないが、元服直後に任官したのが尊氏と同じであったことが重要である。なお治部大輔の官途は、その後も主に足利一門の者が任官する官となり、義将の子孫も初官としている。
(45)前註3小川氏著書。
(46)これについては拙稿「衛門・兵衛督」(木下聡『中世武家官位の研究』吉川弘文館、二〇一一年)も参照。
(47)中世の武士の位階については拙稿「位階」(木下聡『中世武家官位の研究』吉川弘文館、二〇一一年)参照。
(48)『大日本史料』同日条参照。「在盛卿記」応永十六年十月二十六日条には「管領治部大輔義淳」とある。
(49)前註5河村氏論文。
(50)『満済准后日記』永享五年十一月三十日条や諸系図の生没年による。なお「永享以来御番帳」(『群書類従第二十九輯』)に左衛門佐持定という人物が見え、おそらくこれは持有のことであるが、誤記なのか改名していたかは定かでない。
(51)「寺門事条々聞書」(『大日本史料第七編之二十』二〇一頁応永二十一年六月八日条)。なおこの一件に、満種の跡に加賀守護となった富樫氏、特に義持近臣の満成が関与していたのではないかとの指摘もある(伊藤喜良「義持政権をめぐって―禅秀の乱前後における中央政局の一側面―」同『日本中世の王権と権威』思文閣出版、一九九三年)。
(52)実際に最後に史料上で見えるのは文明五年六月のことである(普広院殿三十三年忌仏事銭納下帳「普広院所蔵史料」研究代表者山家浩樹二〇〇七～九年度科学研究費補助金基盤研究(C)研究成果報告書『分散した禅院文書群をもちいた情報復元の研究』二〇一〇年)。
(53)『群書類従第二十輯』。
(54)山名摂津守については、拙稿「室町幕府外様衆の基礎的研究」(『東京大学日本史学研究室紀要』一五号、二〇一一年)参照。
(55)『愛知県史資料編10中世3』七九号。
(56)「霊泉寺文書」に延徳二年三月十五日付義俊禁制があり(『武生市史資料編神社・仏寺文書』口絵)、これが斯波氏であるとされる(本書所収松原氏論文)が、印判を用いている点や文言に疑問が残る。
(57)「松下集」延徳元年七月二十三日詞書。
(58)『大日本史料第八編之八』文明八年二月是月条。
(59)甲斐敏光書状(「勝山小笠原文書」『静岡県史資料編7』一三号)、甲斐威邦書状(「勝山小笠原文書」『静岡県史資料編7』一六号)など。
(60)「諏訪御符礼之古書」(『静岡県史資料編7』一八号)。
(61)前註9家永氏論文。
(62)斯波義雄書状(「勝山小笠原文書」『静岡県史資料編7』二九八～三〇一・三一三号)、斯波寛元書状(「勝山小笠原文書」『静岡県史資料編7』二八七・二九七号)。また斯波氏はこの時山内上杉氏にも協力を依頼しており、義敦(義達)とその家臣持野寛親が上杉顕定の家臣土肥次郎にそれぞれ書状を出している(斯波義達書状写〈「佐藤氏古文書土肥氏古文書」黒田基樹「伊勢宗瑞

論」同編著『伊勢宗瑞』戎光祥出版、二〇一三年〉、持野寛親書状〈「古文書纂」『戦国遺文今川氏編』一三六号〉)。
(63) 足利義尹御内書案(「永正御内書御案文」『静岡県史資料編7』四七六号)。
(64) 伊達忠宗軍忠状(「駿河伊達文書」『静岡県史資料編7』五六三号)。
(65)『大日本史料第九編之二十五』二二〇頁。
(66) なお系図類には義孝の弟に氏種があり、奥田氏の祖となったとある。
(67) 荒木田氏経書状案(「内宮引付」『三重県史資料編中世1(上)』七五一頁二三九号)。
(68)『群書類従第二十輯』。
(69) 前註64文書、福島範為書状(「尊経閣古文書纂飯尾文書」『静岡県史資料編7』五四六・五五一号)。
(70) 前註12小林氏論文。
(71) 東京大学史料編纂所架蔵謄写本。
(72) 金沢市立玉川図書館蔵(谷口雄太氏のご教示による)。これは加賀藩に仕えた斯波氏子孫と称する津田氏によるものだが、津田氏は実際には斯波の直接的な係累にはない。
(73) 横山住雄『織田信長の尾張時代』(戎光祥出版、二〇一二年)。
(74)「勢州軍記」(『大日本史料第十一編之五』七四四頁)。
(75)『名古屋市史　人物編第一』七頁。
(76) 斯波義統判物(「妙興寺文書」『愛知県史資料編10中世3』一二九〇号)。
(77) 斯波義信書状(「安養寺文書」『岐阜県史史料編古代中世一』一五号)、斯波義信書状(「宝林寺文書」『岐阜県史史料編古代中世補遺』四号)など。なおこれに関しては、小泉義博「橋立真宗寺の成立と発展」・同「田野最勝寺の成立と発展」(ともに同『越前一向衆の研究』法藏館、一九九九年)がある。
(78)「妙興寺文書」(『愛知県史資料編10中世3』一五二九号)。
(79) 小林輝久彦「天文・弘治年間の三河吉良氏」(『安城市歴史博物館研究紀要』一九号、二〇一二年)。ただ天文十八年以前に婚姻

が成立したことからすると、義統の姉妹の可能性も残る。

(80)「清須合戦記」・「名古屋合戦記」(いずれも『続群書類従第二十一輯上』、以後「清須合戦記」はこれによる)は天文二十三年としているが、『新修名古屋市史第二巻』六六三頁で指摘する通り、「定光寺年代記」(「定光寺文書」『愛知県史資料編10中世3』一九五二号)の記述から天文二十二年のことである。

(81)石橋氏については、さしあたり谷口雄太「都鄙における御一家石橋氏の動向」(『中世政治社会論叢』東京大学日本史学研究室、二〇一三年)などを参照。

(82)義近については、従来その系譜関係について検討した大野鴻風氏の論考(「武衛斯波三松軒について」『埼玉史談』四五―二号、一九九八年)や、通史的に斯波氏を叙述している中で、義近の大まかな動きを述べた吉井功兒氏の研究(「尾張斯波氏」同『中世政治史残篇』(株)トーキ、二〇〇〇年)があるぐらいである。辞書類においても、『国史大辞典』には項目すら立てられておらず、他の日本史辞典でも同様である。人名辞典では、『増訂版　戦国人名辞典』(高柳光壽・松平年一著、吉川弘文館、一九七三年)に「津川義近」で立項され、天正十二年(一五八四)六月に秀吉御咄衆に列し、小田原の陣の時に伊達政宗に上洛を勧告するも、落城の際に氏政助命を進言して追放され、慶長五年(一六〇〇)死去とある(ただ系図類の記述に従ったのであろう、義良の子とある)。また『戦国人名事典』(阿部猛・西村圭子編、新人物往来社、一九九〇年)でも同じく「津川義近」で立項され、尾張追放後和泉堺に寓居して、畠山高政の扶助をうけ、後に信長に仕えたとある以外はほぼ同じである(義良子とするのも同じ)。現時点で最も詳しく記述されているのは、『織田信長家臣人名辞典』(谷口克広著、吉川弘文館、第2版、二〇一〇年)である。なお大阪城天守閣図録『秀吉お伽衆』(大阪城天守閣編、二〇〇七年)にも、義近について一項設けられている。

(83)義近の弟津川玄蕃は、従来義冬などの名で知られているが、「廓坊文書」(東京大学史料編纂所架蔵写真帳)中にある文書に、九月朔日付津川玄蕃允雄光・滝川三郎兵衛尉一盛連署書状があり、滝川一盛とは後の滝川雄利で、一盛の名乗は天正十年から十一年頃のものなので、この雄光こそが信雄によって殺された津川玄蕃その人であることがわかり、また信雄から「雄」字の偏諱をもらっていることもわかる。なお信雄が前名信勝(その前は信意)から改名したのは天正八年の後半なので、偏諱の授与もそれ以降で、信雄に属したのもこの時期であるかもしれない。

(84) 前註82大野氏論文。ただ後北条氏の家臣にすぎない遠山氏に、守護家で家格も高い斯波氏から嫁ぐことがありえたか疑問が残り、なお検討を要する。
(85) 『信長公記』(奥野高広・岩沢愿彦校注、岩波書店、一九六九年、以後同史料はこれによる)、「清須合戦記」。
(86) 加賀藩に仕えた、斯波氏末裔と称する津田氏によるものと思われる「斯波家氏以来系譜」(前註72)には、義近は天正十九年に六十三歳で没したとあるが、後述の如く文禄以降も活動が見えるので、誤伝であろう。
(87) 『戦国遺文佐々木六角氏編』九〇〇号及び九〇四号による。
(88) 『戦国遺文佐々木六角氏編』九七九号・九八四号・九九四号などによる。
(89) 東京大学史料編纂所架蔵台紙付写真五七八―七一七七、原蔵者下村誠。
(90) 前註82谷口氏著『織田信長家臣人名辞典』。
(91) 東京大学史料編纂所架蔵謄写本「諸家系図纂」武衛系図、東京大学史料編纂所架蔵謄写本「織田家雑録」など。
(92) 十八世紀末成立の「高遠記集成」(『新編信濃史料叢書第八巻』信濃史料刊行会)には、織田信忠が天正十年に武田氏を攻めた折、津川雄光と津川小太郎が従軍していることが見える。時代の降った成立の軍記であるので即断はできないが、義近ら津川一族が尾張を支配していた信忠の麾下にあった可能性もある。
(93) 義近の兄弟の実年齢が不明であるため推測になるが、義近が追放された時に雄光が幼少であったならば、そのまま尾張に留め置かれ、長じて後信雄に附され、そこに義近が身を寄せたとも考えられる。なお「清須合戦記」には、雄光は三河中山庄に隠れ、後に織田信雄に仕えたとある。この点はさらに検討を要する。
(94) 山崎布美「織田一族における家中秩序―津田名字に注目して―」(『日本歴史』七四五号、二〇一〇年)。
(95) 前註13松原氏論文、本書第四部所収佐藤・松原両氏論文、松原信之「鞍谷殿と越前南部の国衆」(前註21松原信之『越前朝倉氏の研究』)など。
(96) 佐々成政書状(「佐野てる子家文書」『福井県史資料編3中・近世』四二八頁、三号)。
(97) 『続群書類従第五輯下』。

(98)「余目家文書」(『仙台市史資料編1古代中世』一六号)。
(99)前註95松原信之「鞍谷殿と越前南部の国衆」。
(100)『石川県史資料　諸士系譜(六)』一二六頁。
(101)織田信長禁制(「千福文書」『増訂織田信長文書の研究』三八九号)、織田信長朱印状(同上四三六号)。
(102)なおこれ以前の天正十一年六月、前田玄以から「武衛様」召置く知行内人足のことで、村井貞勝折紙の如く、御用次第に召仕うよう森長介が命じられている(「天正十一年折紙跡書」『大日本史料第十一編之四』六八七頁)が、詳細は不明である。
(103)『大日本史料第十一編之五』七四四頁、『大日本史料第十一編之六』四七一頁。
(104)『大日本史料第十一編之七』四二九頁、『大日本史料第十一編之八』一一四頁。
(105)羽柴秀吉朱印状(『大阪城天守閣紀要』三三号、二〇〇四年、a一一〇六号)、羽柴秀吉朱印状(東京大学史料編纂所架蔵影写本「松下文書」)。
(106)「聚楽第行幸記」(『群書類従第三輯』)。
(107)二木謙一「豊臣政権の儀礼形成」(同『武家儀礼格式の研究』吉川弘文館、二〇〇三年、初出一九八一年)、中川和明「聚楽第行幸の行列について」(『弘前大学国史研究』九〇号、一九九一年)など。
(108)下村效「長宗我部元親墓碑再考」(同『日本中世の法と経済』続群書類従完成会、一九九八年)、北堀光信「羽柴秀保と聚楽亭行幸」(『奈良歴史研究』六八号、二〇〇七年)など。
(109)単に官途を唐名で呼んで武衛と呼ばれる人物はいても、恒久的に「武衛」とのみ呼ばれる(兵衛の官を持っていなくとも)のは斯波氏のみである。佐々木哲『系譜伝承論』(思文閣出版、二〇〇七年)は豊臣期の武衛及び左衛門侍従義康を六角義郷としているが、六角氏が「武衛」のみで呼ばれることは室町戦国期を通じて無い。そう呼ばれる根拠となる官途も一次史料からは確認できない。氏は武衛をすべて斯波氏と考える必要はないとしているが、系図でのみ記される官途をもとに一次史料に反映させることは危ういことであり、その六角氏の系図の記述も、当時の官途秩序、武家社会のあり方、六角氏を記す一次史料からすれば全くあり得ないものである。系図の記述は無視できるものではないが、やはりそこには後世の人間による作為も混在する。特に江戸時代作成の系図の、鎌倉～室町時代についての官位の記述は、受領官や京官はともかく、四職大夫や衛門・兵衛督、侍従、四位以上の位階は、まず否定的に見ることからせねばならない。そのことからすれば、当時の認識から当然武衛と呼ばれる義近の存在を捨象してまで、系図以外に傍証のない六角氏とすることはできない。

(110) 義近と義康が親子とした場合、二人とも侍従になりえたかとの疑問が生じるが、大友義統・義述父子や小早川隆景・秀包が、それぞれ四位侍従・五位侍従であったので、義近が四位侍従、義康が五位侍従であったとできる。

(111) 『鹿児島県史料　旧記雑録後編二』五六六号。

(112) 天正十六年に比定される九月八日付書状（『伊達家文書』三八五号）、天正十七年に比定される正月二十日付書状（同四〇四号）・十二月七日付書状（同四五九号）、天正十八年に比定される正月二十二日付書状（同四六九号）。

(113) 正岡義朗「豊臣期「取次」論の現状と課題」（『史敏』一〇号、二〇一二年）など。

(114) 徳川家康書状（東京大学史料編纂所架蔵影写本「鹿苑寺文書」）。

(115) 「余目家文書」（『仙台市史資料編1古代中世』一六号）。

(116) 「仙台市博物館所蔵文書」（『秀吉お伽衆』大阪城天守閣、二〇〇七年、一三三号）。

(117) 『浅野家文書』四三号。

(118) 前註116文書。

(119) 『浅野家文書』五四号。

(120) 「書上古文書」（中村孝也『徳川家康文書の研究　中巻』一七七頁）。

(121) 『浅野家文書』二六三号に、義隆が氏郷手に属して出兵していることが見える。

(122) 太田牛一著、慶応義塾大学附属研究所斯道文庫編、汲古書院、一九七五年。

(123) 「東京国立博物館所蔵文書」（『秀吉お伽衆』大阪城天守閣、二〇〇七年、一八号）。

(124) 檜谷昭彦・江本裕校注、岩波書店、一九九六年。

(125) 徳川秀忠書状（東京大学史料編纂所架蔵影写本「鹿苑寺文書」）。

(126)『大日本史料第十一編之五』七四四頁に「津川謙入」とある。
(127)羽柴秀吉朱印状(「榊原家文書」『大日本史料第十一編之六』四六七頁)、羽柴秀吉朱印状(「安井文書」『大日本史料第十一編之七』七七頁)。
(128)『浅野家文書』一一号。
(129)東京大学史料編纂所台紙付写真「斯波義近画像」(妙心寺大龍院所蔵、元は義近と関係の深い大嶺院所蔵、編纂所HPで模写の画像が閲覧できる)に、寛永十年(一六三三)四月の賛があり、義近が慶長五年に没したとすれば、これが義近の三十三回忌を機に作成されたと想定できる。
(130)「島本文書」所収の津川系図及び『伊予史談会双書 第19集 松山藩役録』(伊予史談会、一九八九年)所収の「乾光院殿御治世支配帳」・「松山役録」・「松山分限録」・「松山俸録」・「松山古今役録」・「松山歴俸略記」・「松山武鑑」・「幕末松山藩御役録」による。なおこれらの分限帳のうち、寛政元年(一七八九)の「松山分限録」にのみ津川氏が見えず、この頃断絶していたことを物語る。
(131)「島本文書」によれば、文化三年に松平定則から津川八郎が百人扶持を与えられ、文政十一年に松平定通から津川右近が六百石を与えられている。
(132)以下各侍帳は、『肥後細川家侍帳』(松本寿三郎編、細川藩政史研究会、一九八〇年)による。

第1部

斯波義将の時代

Ⅰ　南北朝期における守護権力構造
―斯波氏の被官構成―

河村昭一

はじめに

近年の南北朝室町期の権力論は、かつての守護領国制論、室町幕府＝守護大名連合政権論にかわって、守護の地域的封建権力としての未熟性、求心性、及びそれと表裏をなす将軍権力の独自性の解明に力が注がれており、すでに多くのすぐれた成果を得ている(1)。こうした研究動向の中でも特に重要な論点の一つとして、奉公衆の問題があるが、主従制的支配権による将軍権力の守護に対する規制という側面は、奉公衆成立以前(2)にすでに用意されていたのではないかと思う。すなわち、守護を「吏務」職と規定する幕府側の原則はもちろん前提となるが、それに加えて、南北朝期（特に初期）における守護固有の権力基盤そのものにも、将軍権力の侵害を許すような側面が存したのではないかと考えるのである。しかし、この予測の是非を判ずる程には、南北朝期の守護権力構造、特に被官構成を正面から扱った研究は必ずしも豊富でなく(3)、わずかに細川氏についての解明が進んでいる程度である(4)。そこで本稿では、細川氏と共に南北朝室町前期の幕政の中枢を占めた斯波氏をとりあげ(5)、その被官構成、被官の性格や動向を検討することによって、南北朝期における斯波氏の権力構造の特質を将軍権力との関係において究明したい。なお、本稿でいうところの被官とは、ただ単に斯波氏の軍事指揮下に属していたというだけではなく、それ以上に密接な関係が斯波氏との間に認められる者、すなわち、いわゆる直臣(6)に限ることとする。その理由は、南北朝期にあっては特に武士の臣従意識は薄弱で主君選択の自由が広く存在したといわれる(7)ことを考慮すれば、単に軍事指揮下にあったというだけでは、全くの新天地に地歩を築こうとする守護の権力基盤というには不十分だからである。やはり、守護の身近にあって、たとえば合戦時に部将に任じられたり、あるいは守護代以下の管国支配行政機構の一員に起用されたりして、守護権力を最も直接的に支えているのは直臣といわねばならない。したがって、所期の目的を果すため次の順序で考察を進めたい。まず一節、二節で部将級武士、直臣的被官の名を検索することに努め、三節では斯波氏分国における支配行政機構に編成された者の考証を行い、四節でそれまでに検出し得た被官の性格や動向を検討した上で、最後に斯波氏の権力構造の特質をまとめることとする。

註

（1）これらの成果については、藤木久志氏「中世後期の政治と経済」（井上光貞・永原慶二両氏編『日本史入門』Ⅲ所収）、田沼睦氏「室町幕府と守護領国」（講座日本史3『封建社会の展開』所収）、小川信氏編『室町政権』（論集日本歴史5）解説などに適切な整理がある。

（2）奉公衆の成立時期に関しては諸説あって、結局田沼氏も指摘されるようにいくつかの段階を経て確立していったのであろうが（「室町幕府・守護・御家人」〈新版岩波講座『日本歴史』7所収〉）、奉公衆の体制的確立が将軍権力の意図に上り、その基礎が築かれたのは義満期であるように思う。

（3）　細川氏についての研究は次註に掲げることにし、細川氏以外の守護の南北朝期の被官に言及した主要な研究を以下列挙する。松岡久人氏「大内氏の発展とその領国支配」（魚澄惣五郎氏編『大名領国と城下町』所収）、水野恭一郎氏「守護赤松氏の領国支配と嘉吉の変」（「史林」四二―二）、羽下徳彦氏「越後に於る守護領国の形成」（「史学雑誌」六八―八）、山口隼正氏「在地における守護被官と国御家人」（「鹿児島史学」一三）、岸田裕之氏「守護赤松氏の播磨国支配の発展と国衙」（「史学研究」一〇四、一〇五）、勝守すみ子氏「山内上杉氏の領国支配と守護代」（「群馬大学紀要」人文科学編一八―一四）

（4）　細川氏については古くは永原氏「守護領国制の展開」（「社会経済史学」一七―二、のち同氏『日本封建制成立過程の研究』所収）、佐藤進一氏「守護領国制の展開」（豊田武氏編『中世社会』〈新日本史大系三〉所収）などによって、直臣の多くが管国出身の国人であること、領国制形成における直臣団創出の意義などが明らかにされており、最近では小川氏「守護大名細川氏における内衆の成立」（「国史学」七七）が細川氏の被官構成の全面的考察を行い、特に細川氏直臣（「内衆」）の中に幕府奉行人に系譜を引く者がいること、あるいは直臣が在京性を濃くし、吏僚的性格を強めて守護代や段銭奉行などとして中央から派遣され、主家の権力を背景に請負代官職を獲得することなどで分国内国人衆との新たな緊張関係をもたらした、という注目すべき指摘をされている。

（5）　斯波氏については、高経の政治的動向を中心に論じた、以下の如き小川氏の一連の研究がある。㋑「守護大名斯波氏の発祥」（「国史学」八六）、㋺「観応擾乱前後における斯波氏」（「国学院雑誌」七四―一〇）、㋩「足利（斯波）高経の幕政運営」（「国学院大学紀要」一一）。小川氏はこれらの中で、斯波氏はその高い門地に相応するだけの軍事的基盤を有していなかったと強調されているが、必ずしも十分な実証がなされているとはいい難い（右掲三論文については、以下㋑論文、㋺論文の如く示す）。

（6）　小川氏は陪臣に対する直臣との混同を避けるため特に「近臣」の語を用いられているが（註（4）論文）、守護直臣といえば一般には氏のいわれる「近臣」の意と解せるので、本稿では「直臣」の語を用いることとする。

（7）　佐藤氏『南北朝の動乱』（中央公論社日本の歴史９）一七五～一八四頁参照

一　高経期の被官

本節では貞治六年（一三六七）に病死する高経の代の被官を検討したい。高経の動静については、すでに小川氏の一連の詳細な論証（㈠〜㈧論文）があるので、以下、同氏の所論に拠りつつ高経の活動を簡単に概観しておく。

高経は元弘の乱勃発と同時に尊氏の有力部将として挙兵し、建武政権下の建武元年（一三三四）には、尊氏が堀口貞義に代わって守護職を得た越前に守護代として下向している。その後、同年末から翌年にかけて紀伊に蜂起した北条氏残党討伐に派遣され、建武二年八月、中先代の乱に際して弟時家と共に尊氏に従って東下し、尊氏の建武政府離反に当ってもこれに従って西上した。さらに建武三年の尊氏の九州落ち、東上にも従軍するなど、常に尊氏と行動を共にしたが、尊氏の京都奪回が成ると、高経は越前、時家は若狭にそれぞれ守護として配され、北国経略に当ることになる。以後、高経兄弟は越前を中心に北国の南軍と激闘を展開し、暦応四年（一三四一）に至ってようやくこれを鎮定している。しかし、この戦功は高経の独占し得るものではなく、能登の吉見頼隆を始めと

〔斯波氏略系図〕（数字は応仁の乱以前の家督次第）

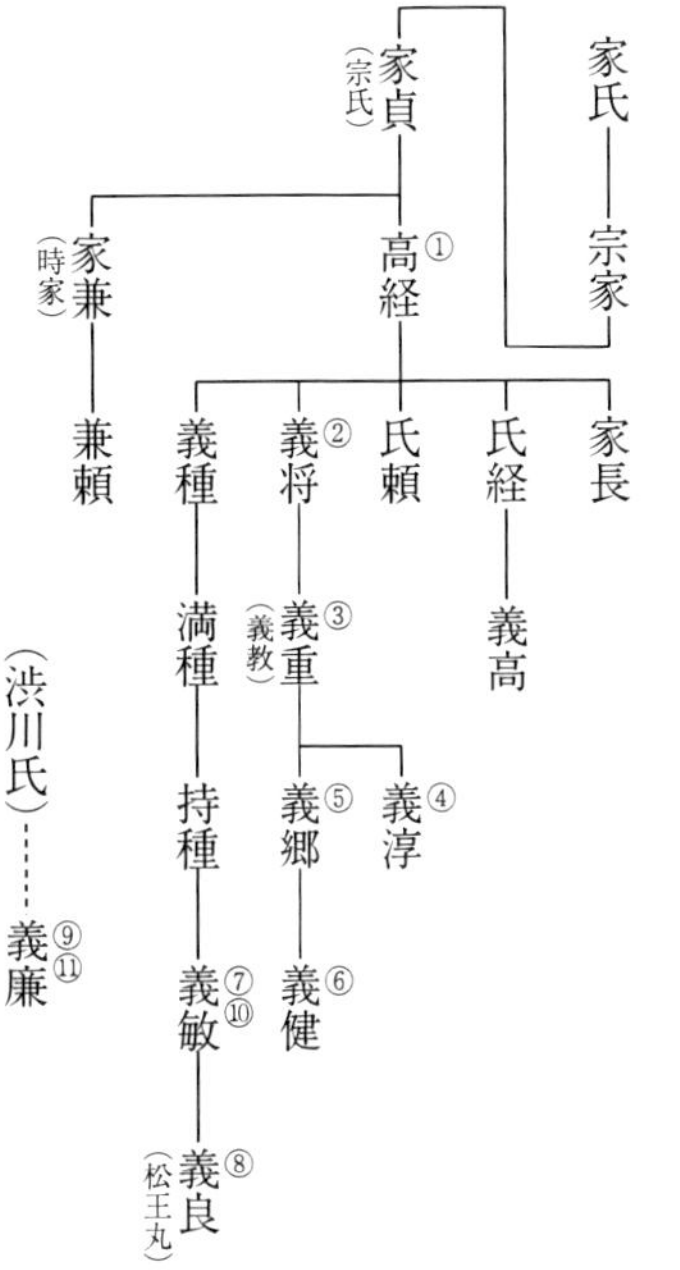

する近隣諸将の支援によるところが大きかったため、尊氏からは高経の期待ほどには厚遇されず、それが彼の二度（観応二年＝一三五一、文和三年＝一三五四）にわたる尊氏離反の伏因になったといわれる。その後、延文元年（一三五六）に帰順してからは政治的地位も回復し、貞治元年（一三六二）には、失脚した細川清氏のあとをうけて、幼少の子息義将を執事に据えたのを始め、孫義高を引付頭人、末子義種を侍所頭人にそれぞれ任用するなど一族を要職に配し、自らはこれらの後見として幕政の実権を掌握した。しかし、貞治五年八月、佐々木導誉を始めとする反斯波派諸将や、越前河口庄を高経に押領され訴訟していた南都などの圧力で失脚し、一族悉く越前に没落し、翌年七月、杣山城に病死した。

さて、この高経の活動期はあたかも「太平記」の叙するところであり、高経の部将級被官の名も同書に散見されるので、以下、主として「太平記」に拠りつつ他の史料でこれを補いながら、この期の斯波氏被官を列挙していきたい。

（1）細川出羽守・鹿草兵庫助

北国で転戦する高経軍団の最有力部将と目されるのは細川出羽守と鹿草兵庫助である。以下、その徴証を示す（以下、特に断わらない限り典拠は流布本「太平記」であり、その場合は巻数のみ示す）。

a　建武五年（一三三八）二月、越前府中に拠る高経勢に対し、杣山城の新田義貞・脇屋義助勢が加賀の南党や平泉寺衆徒と共にこれを挾撃せんとした際、要害の地を求めて鯖江に出張した脇屋勢を討つため、「尾張守《高経》ノ副将軍細川出羽守（天正本鹿草彦太郎）五百餘騎ニテ府ノ城ヨリ打出、鯖江宿ヘ押寄」せたといわれる（巻一九）。なお、すぐあとで「細川・鹿草ガ五百餘騎」とも記されているが、この鹿草はｂ・ｄ・ｅにもある如く鹿草兵庫助のことであろう。

b　aに述べた府中合戦に大敗を喫した高経は足羽城に走った。これに対して新田義貞は同年五月、同城に五千騎を発遣してこれを攻めたが、安居の渡を渡った船田政常勢は「細川出羽守二百餘騎」に、勝虎城を囲んだ細屋右馬助は後攻にまわった「鹿草兵庫助三百餘騎」にそれぞれ破られたという（巻二〇）。

c　同年閏七月、高経の誘いに応じた平泉寺衆徒の拠る藤島城が新田勢に攻められたため、黒丸城から「細川出羽守・鹿草彦太耶（金勝院本鹿草弥九郎公相）両大将」の率いる三百騎が後攻に向かった（巻二〇）。

d　翌暦応二年（一三三九）七月、黒丸城が圧倒的な南軍に囲まれた際、上木家光なる者が加賀に落ちることを高経に進言し、高経もこれに応じたのは「細川出羽守・鹿草兵庫助・浅倉・斎藤等ニ至ルマデ皆此義ニ同ジ」たからだとされている（巻二一）。

e　暦応四年十月、北国で唯一の南軍方の城となった越前鷹巣城を攻める高経勢が城兵の奪戦にあって撃退されるのを見て「尾張守高経・鹿草兵庫助旗ノ下ニ磬テ『無云甲斐者共哉……』」とこれを嘆いたという（巻二一）。

f　貞治元年（一三六二）、南党桃井直常が越中に打入り旧好の武士を誘った際、「當国ノ守護尾張大夫入道《高経》ノ代官鹿草出羽守ガ国ノ成敗ミダリナルニ依テ国人挙テ是ヲ背」き桃井方に応じたという（巻三八）。

以上でまず気付くことは、fの鹿草出羽守はa～dの如く細川出羽守ではないかという点であるが、これについては、小川氏がこの頃の若狭守護代が完草上総介とも細川上総介とも呼ばれている（後述）ことから鹿草氏は細川氏の庶流で、fのいう鹿草出羽守も細川出羽守と同一人であろうとされている（(八)論文）。従うべきであろう。ただ、aとfでは二十年以上も隔たっているので、父子である可能性もある。さて、右の諸徴証のうち特にaの「副将軍」の表記から、細川出羽守が内乱初期における最も有力な部将であることが知られる。また、彼と共に「両大将」（c）と称され、併記されることの多い鹿草兵庫助も、細川出羽守と並ぶきわめて有力な部将と認められる。なお、鹿草兵庫助と同彦太郎は同一人の可能性もあるが、詳細は不明である。

（2）朝倉正景（高景）・同下野守

前記dにあるように、朝倉氏も黒丸城撤退という重要な軍議に参加しているところから推して、これも部将級のものといえよう。同氏の斯波氏被官としての徴証は他に次のものがある。

g　文和四年（一三五五）一月十五日の京都合戦において、父高経と共に直冬方にあった斯波氏頼の後陣にいた朝倉下野守は、五十騎の小勢で細川清氏率いる幕府軍に互して奮戦している（巻三二）。

h　天正本「太平記」は、同年三月十二日の七条西洞院合戦における「高経ノ若党朝倉遠江守高景」及びその「嫡子孫三郎氏景」の活躍を伝えている[1]。

i　康安元年（一三六一）九月、失脚して若狭に落ちた細川清氏を討つため、義詮は斯波氏頼を大将として発向せしめたが、この時「朝倉某」が先鋒として敦賀に陣している（巻三六）。

j　「師守記」などによれば、貞治元年（一三六二）九月、摂津の南党を討つため斯波義種を大将とする軍勢が下され、十月に入って南党が引退したため討伐軍は上洛したが、「大夫入道（高経）勢朝倉并佐々木・山中判官等為守護上国（マヽ）」といわれる[2]（「上」は小川氏の指摘の如く「止」であろう）。大将は義種なのに「大夫入道勢」とあるのは、高経も義詮と共に東寺まで移陣していること[3]、及び義種は当時十一才で高経の名代的立場にあったと思われることによるものであろう。

南北朝期の朝倉氏には数系統があるが、[4] d及びg～jの朝倉氏も全てが同一人、もしくは直系の一族でないことは明白である。結論的にいえば、dの「浅倉」はhの「高景」（正景）の父広景かもしくは正景自身、iの「朝倉某」はgで斯波氏頼の被官とされている朝倉下野守にそれぞれ比定され、jは決め手を欠くが正景である可能性が強い。[5]すなわち、高経に属した正景と、弟義将を偏愛する父高経から疎んじられ、義将が執事に就任すると出家した氏頼に属した下野守は、後者が諸種の朝倉氏系図に見えないことからも別系統と考えられる。のち斯波氏重臣として発展し、戦国大名に成長していくのは前者の系統であるが、後者は奉公衆朝倉氏につながるのかも知れない（註（4）参照）。

（3）斎藤氏

「太平記」にはd以外に所見がないが、細川・鹿草・朝倉の諸氏と併記される程の地位にあったことは認め得る。dの斎藤氏との関係は不明であるが、やはり高経に属して戦死し、その子息が所領の安堵をうけているところから同族と推測される者に、次に示す斉藤孫八郎利親がいる。

k　建武三年（一三三六）八月十二日斯波高経下知状写[6]は、同年二月七日の一品田合戦（詳細不明）で斎藤孫八郎が若党五人と共に討死したため、本領越前羽生新庄下庄地頭職を子息龍松丸に安堵するというものである。

（4）氏家道誠・（同重国）

高経の長子家長は、建武二年（一三三五）末以来同四年十二月に戦死するまで、東国で北畠顕家と戦っているが、[7]彼の重臣として氏家道誠の名を見出すことができ、その子息といわれる氏家重国[8]は「太平記」に所見がある。

l　道誠は、家長に属した相馬光胤・同胤頼の軍忠状に証判を加えたり、[9]相馬胤頼に対する軍勢催促状や武石四郎左衛門入道宛安堵状[10][11]を奉書形式で発給したりしている。また、暦応二年（一三三九）三月には、相馬胤頼の軍功を

「御奉行所」に注進している中で「正員式部大夫《(斯波)》兼頼年少之間、代官氏家十郎入道々誠所令加判形候也」といっている[12]。

ｍ　建武五年閏七月、新田義貞は藤島城に向かう途中、ｃに述べた細川・鹿草勢と遭遇して戦死するが、この時「越中国ノ住人氏家中務丞重国、畔ヲ伝テ走リヨリ、其首ヲ取テ鋒ニ貫キ……黒丸ノ城へ馳帰」り、高経にこれを献じたという（巻二〇）。

氏家道誠が家長、兼頼のきわめて有力な部将であることは１に明らかである。一方の重国は、ｍによる限り必ずしも高経の重臣と認定することはできないが、道誠の子息だとすれば、父の地位を考えた場合、単に軍事指揮下にあったという以上の関係を、重国と高経の間に想定することができよう。ただ、重国を道誠の子息とする「氏家系図」には全面的信頼がおけないので（四節（６）参照）、ここでは道誠のみ確実な斯波氏被官とし、重国についてはその蓋然性を指摘するにとどめたい。

（５）島田平内五郎・同平内兵衛尉

ｎ　天正本「太平記」は建武四年（一三三七）十二月、北畠顕家のために斯波家長が鎌倉で敗死した際、「島田平内五郎・板倉平次・同三郎貞泰ヲ始トシテ三百餘人討死ス」と伝えている[13]。

ｏ
　　（高経）
　　（花押）

東方百姓等連々致軍忠之條尤神妙也、仍當年面々進上之年貢内、以三分壹所免許也、猶々抽忠節者、重可有御計旨、可被下知野臥等之状如件、

暦應四年《(一三四一)》二月二日

嶋田平内兵衛尉殿(14)

oによれば嶋田平内兵衛尉は、野伏として高経方に加勢した東方（越前国今南東郡ヵ）百姓に高経の旨を下知する立場にあったことが知られ、彼を高経麾下の一般武士と同列に扱うのは適当でない。nにみえる島田平内五郎とは平内なる通称の一致から同族と考えられ、その平内五郎も、nでは家長と共に討死した者の筆頭に挙げられていることとも考え合わせれば、斯波氏の直臣に島田氏を加えることは許されよう。

（6）乙部兵衛三郎

p　能登の国人天野遠政代石河頼景が高経に捧げた、暦応三年九月日軍忠状(15)に「一、同九月十二日《（暦応二）》氏家岡取陣、同十三日打入府中追落凶徒、乙部兵衛三郎令存知畢」とある。

これのみで乙部兵衛三郎を斯波氏直臣と断定するには不安が残るが、乙部氏は越中、越前で守護使を務めていること（三節ⅢA（2）・C（1）参照）、同氏は斯波氏の根本被官と推定されること（四節（8）参照）などを勘案すれば、pは内乱初期において乙部兵衛三郎が斯波氏直臣として軍事行動に参加していることを示すものと解することができよう。

（7）安威次郎左衛門

q　「祇園執行日記(16)」文和元年（一三五二）十一月廿九日条に、「行安威入道許、他行安威次郎左衛門修理大夫殿代官見参、敦賀事守護許への状取了」とある。

これは祇園社と越前守護修理大夫高経との敦賀津升米（祇園社造営料）をめぐる交渉が、高経の代官安威次郎左衛門を介して行われていることを示している。彼が斯波氏被官であることをうかがわしめる史料はこれ以外になく、斯波氏との間に果してどれ程恒常的な関係を想定し得るのか疑問も残るが、ここにみる限りでは相当の地位と認めねばならない。

（８）二宮信濃守貞家

r　毛利家本及び天正本「太平記」によれば、貞治五年（一三六六）八月、高経が反斯波派諸将らの圧力で義詮から越前下向を迫られた際、高経の家に「子息治部大輔義将、舎弟民部少輔義種、家人二宮信濃守貞家・由宇新左衛門尉ヲ始トシテ、宗徒ノ人々集テ軍評定」したという[17]。

s　rの評定で越前下向が決せられ、斯波氏一族が京都を脱出するに当っては、五百騎を率いる二宮信濃守（毛利家本・北条家本・南都本・天正本では名を貞家、金勝院本では是乗とする）[18]が智謀を策してこれを成功に導き、数万の追手に対しても、死を恐れぬ勇気を示して追撃を断念させたといわれる（巻三九）。

t　「春日神主祐賢記」の「神木御入洛等事」と題する一節に、貞治四年三月五日「導朝（高経）家人一宮（マヽ）」が高経の屋形が焼ける霊夢を見たという話を載せている[19]。

　tにある話の真偽は別として、高経の家人に「一宮」なる者がいたことを知り得るが、これは二宮の誤記であって、おそらく、r・sにみえる二宮信濃守（貞家）のことであろう。高経との関係の深さは右の徴証より明白である。

（９）由宇新左衛門尉

前記rの他に次の如き徴証が見出せる。

u　t所引記事に続けて、「禅門（高経）家人由生新左衛門尉」が松明を持った多数の神人に出合う夢を見たという話を載せ、高経の宿所焼失[20]を春日大明神の祟に結びつけようとしている。

v　貞治六年七月十三日高経が越前杣山城に病死すると、嫡子義将は義詮に宥免を請うため上洛するが、これに先立ち八月二日、「自越前□《（国カ）》由新左衛門尉上洛、付清水坂堂、是七条入道《（高経）》入滅之上者、子息等可有免許之祈」といわれ、同三十日の義将上洛にも同道している（21）。

vにいう由宇新左衛門尉（「由」「由生」はrの如く「由宇」が正しい）の上洛は義将上洛の下準備的意味をもつものであろうから、彼が斯波氏から得ていた信頼の厚いことがうかがえる。

以上、本節では高経期の斯波氏被官として細川（鹿草）・朝倉・斎藤・氏家・島田・乙部・安威・二宮・由宇の九氏を指摘し、氏家・島田両氏の一族には家長に、朝倉氏の一族には氏頼に属する者もいたことを明らかにした。

註

（1）『大日本史料』第六編之十九（以下『史料』六―一九の如く略記する）、七四〇～七四一頁

（2）「愚管記」貞治元年九月廿二日条、「師守記」同年十月一日条（以上『史料』六―二四、四四〇頁）、同二日条（『史料』六―二四、四九九頁）。

（3）「師守記」同年十月十日条に「修理大夫入道発向摂州之時、被渡東寺」とある（『史料纂集』が修理大夫入道を高師重とするのは高経の誤りである）。

（4）今のところ少なくとも㋑朝倉孫太郎重方、㋺朝倉弾正某、㋩朝倉小次郎詮繁・又四郎高繁の三系統が確認される。㋑朝倉重方は子息重光と共に建武三年（一三三六）の尊氏の西走、東上に従軍して戦功をあげている（同年七月十二日重方軍忠状案〈大日本古文書、家わけ第十『東寺文書』ぬ二〇号、暦応三年八月日日下部氏女尼証円代子息重方重申状并具書案〉）。彼は母尼証円が正和三年（一三一四）証円の叔母播磨局から譲り受けた摂津垂水庄預所・下司・公文三職を元弘三年（一三三三）譲与され、その後十年程同庄において活動が認められるが（島田次郎氏編『日本中世村落史の研究』第五章節一節〈小山田義夫氏執筆〉）、建武四年に足

利直義から守護に属して但馬の南党を伐つべき旨命じられているところより推して（同年九月八日直義軍勢催促状案〈右掲重方重申状幷具書案〉）、重方の本拠は摂津ではなく但馬と考えられる。なお、貞治五年（一三六六）の幕府的始の参加者に朝倉孫太郎の名がみえるが（『続群書類従』二三下武家部「御的日記」）、その通称から考えて重方、もしくは子息重光である可能性が高い。㋺朝倉弾正は貞治二年から同四年までの三年間幕府的始に参加している者で、「太平記」巻三四に、延文四年（一三五九）十二月、義詮の南方発向に従軍した「他家」（斯波氏頼、細川清氏ら足利氏「一族」と区別する）の一人としてその名をあげられている「浅倉弾正」とは同一人と考えられる。㋩の二人は貞治六年三月十八日の長講堂における中殿御会の警固に加わっている（「太平記」巻四〇）。浅羽本「日下部系図」（『続群書類従』七上系図部）はこの二人を正景の子としているが、他のいずれの朝倉氏系図にもみえないので、これは「太平記」を参考にしての加筆と思われる。以上㋑〜㋩は同時代の人物（㋑は重光を考える）であるにもかかわらず通称をそれぞれ異にしているところから、少なくとも全て別人であり、おそらく直系の一族ではないと思われる。いずれにしても、㋑〜㋩は斯波氏に直接臣属した形跡はなく、むしろ将軍との関係が濃厚に認められるところから、これらの朝倉氏は本文に述べた下野守と共にのちの奉公衆朝倉氏につながるのではないかと考えられ、正景・氏景と系統を別にすることは明らかである。ただし、重方の本拠が但馬であると推定されるように、いずれも但馬の朝倉氏に出自をもつ同族である可能性は十分考えられる。福田豊彦氏は奉公衆朝倉氏は三河出身の可能性もあるとされている（「室町幕府『奉公衆』の研究」〈「北海道武蔵女子短期大学紀要」三〉）。

（5）『太平記』（日本古典文学大系）の校注は、専ら系図に拠ってdを広景、gをその子正景としている。広景については同時代史料が存しないし、系図によれば彼は当時八十五才の高齢となるなど疑問が少なくないが、反証もないので断定しかねる。しかし、gの朝倉下野守が正景でないことは、諸種の系図が一致して正景の官途を遠江守とし下野守とするものがないばかりか、正景の一周忌に当って建仁寺円月の草した拈香法語にも「官止《（途）》遠江守」とあることにより明らかであって（「東海一謳集」、『史料』六―三五、三二頁）、松原信之氏「一乗城移城以前の朝倉氏について」（「福井県地域史研究」6）が年代のみからこれを正景とされるのは納得できない。また、系図類が伝える正景の戦功は、日付を文和四年（一三五五）二月十五日としながら、三月十二日の東寺南大門の合戦をあげているが、これはgとhの日付を混同しているのであって、前記『太平記』校注者、及び松原氏はこの日付を根拠とする誤りを犯している。なお、正景については最近富山県立図書館で発見された「朝倉家記」に系図の伝える事蹟を裏付ける尊氏、義詮の御判御教書が収載されており（小泉義博氏「『朝倉家記』所載文書」〈『鯖江史壇』一二〉に紹介がある）、すでにこれらの文書を用いた研究も出ているが（松原氏前掲論文）、同書所載文書については厳密な史料批判が必要と思われるので（重松明久氏「朝倉孝景の任越前守護職をめぐって」〈『史学研究』一三六〉参照）、本稿では「朝倉家記」所載文書を用いることは一応差し控える。なお四節註（40）・（41）参照。

（6）斎藤文書（『松雲公採集遺編類纂』一三七）。孫八郎の実名が利親であることは暦応三年（一三四〇）十一月十日上野介安堵書下写（同文書）による。なお、高経下知状は不自然な文言が多い上、花押（影）が高経（右馬頭）のものなのに、署名は左馬頭となっているなど、近世の写しである点を差し引いても研究の余地は多分にある。しかし、d及び次節所引「相国寺供養記」から斯波氏重臣に斎藤氏がいたことはほぼ認められるので、この下知状も無下には否定できない。

（7）斯波家長、家兼の東国における活動については、小川氏㋑論文、同氏「奥州管領斯波氏の発足」（『日本歴史』三四二）、遠藤巌氏「奥州探題覚え書」（『歴史』三八）など参照。

（8）太田亮氏『姓氏家系大辞典』氏家1項所引「氏家系図」。

（9）以下、両人の軍忠状（最後のみ胤頼で他は光胤のもの）の日付と『福島県史』七巻所収相馬文書の文書番号のみ示す（註（10）～（12）の何号というものもこの文書番号である）。建武三年三月三日（一七号）、同十七日（一八号）、同廿八日（一九号）、同年五月九日（三一号）、建武四年正月日（三四号）。

（10）建武四年（一三三七）正月廿七日氏家道誠軍勢催促状（三五号）。

（11）建武四年二月六日氏家道誠施行状案（三六号）。

（12）暦応二年（一三三九）三月廿日氏家道誠注進状案（四六号）。

（13）『史料』六―四、四五九頁。

（14）三田村文書（『岡本村史』史料編所収同文書一二〇号）。

（15）天野文書（『史料』六―六、二六七頁）。

(16)『八坂神社記録』上所収「社家記録」（以下「祇園執行日記」は全て同書による）。
(17)『史料』六―二七、三五二～三五三頁。
(18)同右、同頁。毛利氏家臣二宮氏の系譜の信濃守頼辰の項にも斯波氏京都脱出の際の戦功が記されていて（『萩藩閥閲録』巻六四、二宮太郎右衛門）貞家を実名とする四種の「太平記」とくい違うが、これは前者が四種以外の「太平記」を参照して潤色されたと考えられる。なお、金勝院本にある是乗は法名と考えられる（三節ⅡC（1）参照）。
(19)『史料』六―二七、三四五～三四六頁。
(20)高経は貞治四年（一三六五）四月十六日に三条東洞院の新しい宿所の上棟を行っているので（「師守記」同日条、『史料』六―二六、八一二頁）、七条東洞院にあった元の屋形が焼けたのは「神木入洛記」のいう同年十月三日ではなく、三～四月頃であろう。
(21)「師守記」貞治六年八月二日、同卅日条（『史料』六―二八、一七八頁）。なお『史料纂集』が「田新左衛門尉」（二日条）、「□（仍カ）新左衛門尉」（卅日条）としているのはいずれも誤りで、『大日本史料』の如く「由新左衛門尉」が正しい。

二　義将期の被官

父高経の失脚、病死の後、義将はただちに義詮に宥免を請うて容れられ、応安元年（一三六八）には越中守護職に復して桃井直常討伐のため同国に下され、同四年までにほぼこれを制圧して、幕府における斯波氏の名誉を回復した。この間弟義種を越中守護代として在国させるなど唯一の分国経営に力を注いだ（後述）。そして、康暦元年（一三七九）のいわゆる康暦の政変で管領の座についてからは、明徳期の二年間を除き応永五年（一三九八）に至る約二十年間、幕政の中枢にあって威勢を示した。また、康暦の政変後まもなく、畠山氏との間で越前、越中の守護職を交換して[1]、斯波氏にとって本国ともいうべき越前の守護に三度返り咲く一方、信濃（至徳元年＝一三八四）、加賀（嘉慶元年

＝一三八七）を相次いで分国に加え、応永期になると尾張、遠江の守護職をも得るなど（信濃、加賀は応永期に守護職を失う）、斯波氏の全盛期をもたらしたのは、義将の実力に負うところ大であった。

さて、この義将の代の被官を比較的まとまった形で示してくれるのは「相国寺供養記」[2]である。これには明徳三年（一三九二）八月二十八日、相国寺供養に臨む義満に供奉した諸将及びその随兵が記されており、当該期の守護被官を知る上での好史料である。これによれば、後陣一番を務めた斯波義重、同満種の随兵は次の如くである。

治部大輔源義重（衣装、具足等略す）
張替役 掻副二宮與一源種氏
敷皮役 島田平次郎憲国
笠役 島田彌次郎重憲
甲斐八郎藤原将教
由宇彦左衛門尉多々良氏實「イ英」
氏家主計允藤原将光
民部少輔源満種（衣装、具足等略す）
張替役 掻副二宮與二源種泰
長田左近蔵人藤原将経
斎藤石見守藤原種用
岩井彦左衛門尉藤原教秀

安居孫五郎藤原種氏
二宮七郎藤原種隆

ここに名を連ねている十氏十二人（二宮氏は源姓、藤姓の二氏）は斯波氏の直臣と呼び得るもので、これがほぼ当時の斯波氏直臣団構成を示すものといってよい。ただし、義将、義種兄弟が自身は参加せず、それぞれの子息義重（二十二才）、満種（十七才。元原稿では九才としたが誤り）を参加させているのを始め、二宮種氏、甲斐将教も当時の当主ではないと考えられるなど、ここにみえる参加者が必ずしも各家の当主とは限らないことに留意すべきである。(3) 右の十氏のうち由宇・島田・甲斐の三氏は、翌明徳四年十月十九・二十一の両日、義満が堺で催した犬追物に、管領にあった主家義将と共に参加しているところから、義将と特に親密な関係にあったことがうかがえる。(4) この他「明徳記」(5)には、「勘解由小路治部大輔義重モ、由宇・二宮・甲斐・朝倉ヲ始トシテ五百餘騎、二条ヲ東へ蒐通テ猪熊ヲ下ニ懸入ケリ」とあって、由宇・二宮・甲斐・朝倉の諸氏が、この期の斯波氏軍団の中核にあったことが認められる。以上述べた諸氏のうち、次節で述べる以外に南北朝期の史料的所見をもつものは島田・甲斐・安居・朝倉の四氏であるが、甲斐・朝倉両氏については四節でふれることにし、島田・安居両氏についてのみ示せば次の如くである。まず、島田氏については、島田弥二郎（重憲ヵ）が応安四年（一三七一）当時、祇園社領越中堀江庄地頭方小泉村半済を給分としていて、押領した半済分の祇園社への返付が命じられたのに対して、替地のないことを訴え、守護義将もこれを容れて遵行を暫時猶予したが、結局、重ねて返付命令を出したというもので、(6) 権力基盤を強化し領国経営の充実をはかるために、給人の欲求に応えようとしながらも、荘園押領の批難を浴びて、かつての父高経の轍を踏むわけにはいかず、最終的には権門の要求を優先せざるを得ないという、義将の立場を如実に示している。安居氏については、嘉慶

元年（一三八七）、安居備前守が醍醐寺領越前丁郷の半済を宛行われていた給人であったことを示すものである。(7)

以上、本節では源姓藤原姓両二宮・島田・甲斐・由宇・氏家・長田・斎藤・岩井・安居・朝倉の十一氏を義将期（一応南北朝期に限った）の直臣的被官として挙げ得た。

註

（1）佐藤氏『室町幕府守護制度の研究』上、越前、越中の項参照。

（2）『群書類従』二四釈家部。

（3）二宮種氏の父信濃守氏泰はこれより四年前の嘉慶二年（一三八八）まで信濃守護代在職が確認されるし（次節ＩＤ（1）参照）、この当時の種氏は加賀守護代にありながら、二宮氏の世襲的官途たる信濃守（次節註（6）参照）を名乗っていないことなどから、まだ父氏泰が存命していて正式には当主になっていないことが予想される。甲斐将教については、相国寺供養の三年後にあたる応永二年（一三九五）五月十九日に、義将の「執事」といわれる甲斐八郎が没しているが（『群書類従』二九雑部「常楽記」）、同年八月十五日に「教光跡」が佐野甲斐八郎将教に安堵されているところから（四節（3）参照）、五月に没した甲斐八郎は将教でなく教光と考えられる。されば、執事という地位に照らして教光を応永二年以前の甲斐氏当主とするのが至当である。

（4）「後鑑」所載「和泉堺御犬追物日記」（『新訂増補国史大系』三五）。十九日には由宇新左衛門（射手）、島田弥三郎（喚次）が、二十一日にはこの二人（喚次の部分が一人分欠損しているが、他方の喚次が前と同じ小笠原備前次郎なので欠損部分は島田弥三郎と考えられる）に甲斐八郎を加えた三人が、仁木・大内・細川・山名らの守護や、のち奉公衆になる小笠原・上野・朝日らの諸氏と共に参加している。

（5）『群書類従』二〇合戦部。

（6）「祇園執行日記」応安四年七月一日・同十日・同十二日・同十六日・同十七日・同廿一日の各条、及び（応安四年）七月十七日義将書状（『八坂神社文書』下、一六七八号〈以下、『八坂』一六七八の如く略記する〉）。

（７）（嘉慶元年）十月十日権僧正宗助書状（大日本古文書、家わけ第十九『醍醐寺文書』六、一二七〇号）

三　斯波氏分国の支配行政機構

本節では、斯波氏分国において守護代、「郡司」（「　」を付す理由は後述）、守護使などの支配行政機構の一員に起用された者の考証を行いたい。これらの被官は特に斯波氏と深い関係にあると想定されるからである。なお、応永期に入って斯波氏の分国となる尾張、遠江はここでは考察の対象から除外した。斯波氏の各国守護在職期間は、佐藤氏『室町幕府守護制度の研究』上に拠った（以下、佐藤氏前掲書というのは全て同書を指す）。

Ⅰ　守護代

Ａ　越前

(1)　富弥四郎入道

東福寺領加賀国熊坂庄年貢事、運送于京都云々、敦賀津并路次已下、無相違可通上候旨、可令下知之状如件

観応三年（一三五二）六月五日　（義詮）（花押）

富弥四郎入道殿（1）

荘園年貢の勘過に関する幕府の命令は、まず当該国守護に下されるのが原則であろうから、（2）右の義詮御判御教書が高経に宛てられていないのは異例であるし、（3）富氏が斯波氏被官であることを示す史料は他にないところから、宛人の

地位として守護代の他に幕府使節の可能性も否定できないが、いずれにしても確証がないのでここでは一応小川氏㈡論文に従って守護代と推定しておく。

（2）（二宮カ）前信濃守

小川氏は㈧論文の中で、越前杣山公文職・瓜生孫三郎入道跡各半分を前年十月廿五日御教書に任せて永徳寺雑掌に渡付すべき旨を命じた、貞治四年（一三六五）七月廿五日二宮孫七宛前信濃守遵行状[4]を紹介され、前信濃守を守護代とみなされた。この認定には今少しの検討を経なければならないが[5]、結論としては首肯し得る。問題は彼の姓であるが、私は二宮氏と考える。同氏は代々信濃守を称しているし[6]、信濃や加賀で守護代に任じられている家であることから、この推定もあながち的はずれではなかろう。

（3）甲斐美濃守（教光カ）

佐藤氏前掲書、越前の項に、吉田社領越前竹屋・鳥羽等半済を停めこれを雑掌に打渡すべき旨を命じた、永徳三年（一三八三）七月廿五日甲斐美濃守宛宮内大輔奉書案[7]が引かれていて、これを収載する「吉田家日次記」の関連記事から、この奉書は斯波氏の施行であり宛人は守護代とされている。なお、甲斐美濃守の実名は、前節註（3）に述べた理由から教光と考えられる。

（4）甲斐八郎将教（美濃入道祐徳）

（1）～（3）はいずれも在職徴証が一例しか得られなかったが、甲斐八郎将教は応永二年（一三九五）十一月[8]以降連続してその在職が徴される。その上限は、（3）の美濃守が教光だとすれば、彼の没した応永二年五月十九日以後間もなくであろう。すなわち、ここに甲斐氏による越前守護代世襲体制が確立したことを知り得る。この後の越前守護代は将教（沙弥祐徳、応永二十七年没）―将久（沙弥常治、長禄三年没）―千菊丸―敏光―千菊丸（信久）と嗣がれて応仁の乱を迎える。(9)

B　若狭

(1) 二宮内藤入道道智

「若狭国守護職次第」(10)に、「足利尾張修理大夫高経……暦応二年三月二日給之、同七日代官下テ入部、代官二宮内藤入道」とみえ、太良庄における軍勢甲乙人の濫妨停止を命じた、暦応二年（一三三九）七月十二日沙弥某奉書(11)の端書に「二宮殿御施行」とあり、さらに、翌日幕府に提出した守護斯波氏頼請文(12)に「守護代道智請文如此」とあることなどから、二宮内藤入道、二宮沙弥、道智はいずれも同一人を指すものと考えられる。

(2) 斯波家兼

佐藤氏は前掲書、若狭の項において、暦応四年四月廿八日幕府奉書案(13)の宛所「当国守護所」に「越前守護舎弟左京権大夫欤」という傍書があるが、幕府奉書の宛所を「当国守護（所）」とするのは、守護が執事、管領に在職中か、在国しないことが明らかな場合であって、実質は守護代に宛てられる文書形式であるとされ、家兼（左京権大夫）を守護代とされている。

(3) 鹿草（細川）上総介

「若狭国守護職次第」に、「尾張修理大夫入道々朝足利七条殿貞治二年（一三六三）八月に力者を杖つきに下され畢、……代官完草上総介、又代官安富」とある完草（鹿草）上総介と、後欠東寺事書案(14)にある「細河上総介先守護代」とが同一人であることは容易に察せられる

C　越中

（1）鹿草（細川）出羽守

一節fに示した如く、「太平記」は貞治元年（一三六二）当時の越中守護代を鹿草出羽守としている。「太平記」の史料的性格から確証とはいえないが、十分考え得べきことである。

（2）沙弥某

祇園社領越中堀江庄地頭職内梅沢村半分を前年十一月十四日幕府引付奉書、去月八日御教書の旨に任せて伊与立者に打渡すべき旨を命じた、貞治三年十月廿七日乙部勘解由左衛門尉宛沙弥某遵行状案により、発給者を守護代、宛人を守護使と認定できる。[15] 時間的に近接するところから、この沙弥某は（1）鹿草出羽守が入道したものと考えられなくもないが、想像の域を出ない。

（3）斯波義種

堀江庄地頭方小泉以下村々半済の遵行を重ねて命じた、七月十七日民部少輔（義種）宛守護斯波義将書状[16]によって義種の守護代在職を知り得るが、右書状の年代は「祇園執行日記」応安四年（一三七一）七月十七日条の「堀江小泉以下村々事、玉堂殿（義将）御文被下少輔殿今日被出之」という記事によって応安四年と判明する。義将が越中守護に復した応安元年から同四年まで守護代に関する徴証は見当たらないが[17]、義種以外の者が在職したとは考えにくい。彼の在職は康暦元年（一三七九）六月まで確認できる。[18]

（4）細川安芸太郎

堀江庄領家方内本庄西・開発両村を祇園社雑掌に沙汰付くべき旨を重ねて命じた、康暦元年十一月十日細河安芸太郎宛守護斯波義将書下[19]によって、宛人の守護代在職を知り得る。先の義種の在職徴証下限から五ケ月しか経ていないが、この守護代交替の事情はおよそ次のように推測される。すなわち、康暦元年閏四月、康暦の政変の結果義将が管領になると、義種も兄の重要な補佐役として期待されたであろうから、越中に在国しているわけにはいかず、細川安芸太郎と交替して上洛したのではなかろうか[20]。

D　信濃

（1）二宮信濃守氏泰

信濃国人等の同国諏訪社領押領につきその実否の糺明及び下地打渡を命じた、至徳二年（一三八五）五月十六日二位（マヽ）信濃守宛守護斯波義種書下写[21]は宛人の守護代在職を示す。「位」は『信濃史料』の指摘の如く「宮」の誤写であろう。二宮信濃守の実名が氏泰であることは、（至徳三年）七月一日氏泰書状[22]の付箋に「二のミやしなのとの、はん」とあることにより明らかである。義種の信濃守護在職は至徳元年まで遡らせ得るが、その徴証である同年十一月十五日東福寺海蔵院領信濃太田庄年貢納下注文[23]に「二宮方へ押領」「二宮来入」などとあるところから、二宮氏泰の守護代就任は義種の守護職拝任と同時であることを予測し得る。彼の在職は嘉慶二年（一三八八）十二月まで徴される[24]。

（2）二宮越中（入道）是随

信濃の国人市河興仙知行分の山の巣鷹の違乱停止の旨を奉じた、応永四年（一三九七）七月二日是随遵行状[25]の付箋に「二宮の越中殿御はん」とあることにより、是随の姓が二宮であり、守護代にあることが知られる。是随を法名と推測する根拠は本節ⅡCの（1）及び註（39）に示す。（1）二宮氏泰とは官途が異なるので一応別人としておく[26]。

彼の所見はこれのみである。

（3）島田遠江入道常栄

「吉田家日次記」応永八年（一四〇一）四月二日条に「則同道向嶋田遠江入道常栄、来五日為守護代、可下向信濃国之間、為銭送也」(27)とあることにより、島田常栄の守護代就任が知られ、同年六月にも在職が徴される(28)。おそらく、信濃が幕府料国となる翌年五月(29)までその地位にあったと思われる。

E　加賀

（1）二宮与一種氏（信濃入道是信ヵ）

加賀有松村地頭職を小早川実忠に沙汰付けしむべき旨を命じた将軍家御教書を奉じた、明徳二年（一三九一）六月十九日二宮与一宛守護斯波義重施行状案(30)によって、宛人の守護代たるを知り得る。前掲「相国寺供養記」により彼の実名が種氏であることが知られ、彼の父が信濃守護代二宮氏泰であることは、至徳四年（一三八七）六月九日将軍家御教書(31)に「信濃国事、守護代二宮信濃守子息余(与)一在国之処」とみえることにより明らかである。これ以前の徴証はないが、四年前に当る嘉慶元年（一三八七）の義種守護職就任後の初代守護代は二宮種氏と考えて差し支えなかろう。応永十三年（一四〇六）になると「二宮信濃入道」の守護代在職が認められるが(32)、これはおそらく、父氏泰の官途を嗣いだ種氏のことであろう。彼の在職徴証の下限は応永十九年五月(33)であるが、満種が加賀守護職を改補される同二十一年まで在職したものと思われる。なお、応永二十六年十月以前、仁和寺領越中石黒庄広瀬郷領家職代官にあった者に二宮信濃入道是信なる人物がいるが(34)、これが本項にいう二宮信濃入道その人である可能性が大きい。然りとせば、種氏の法名は是信ということになる。

Ⅱ 「郡司」

ここで郡司に「　」を付すのは、C（1）で述べる如く、下地打渡以外に郡を単位に公事の賦課徴集をも行っている点で守護使と区別しなければならないが、その地位に最もふさわしい郡司という名辞は、この時期の斯波氏関係史料に所見がないからである。

A　越前

（1）二宮某（大野郡）

佐藤氏前掲書、越前の項によれば、春日社領越前泉・小山両庄領家職半済分を南都代官に渡付すべき旨を命じた、五月十四日乙部中務入道宛某書状写[35]の端裏書に「二宮施行嘉慶二」とある。これは一見すると発給人の守護代在職を示しているようである。すなわち、二宮氏はこの頃信濃や加賀の守護代になっている家柄であること、宛人の同族と思われる乙部勘解由左衛門尉が越中で守護使として守護代から遵行命令をうけており（ⅠC（2）、ⅢC（1）参照）、ここでも宛人と発給人は同様の関係と類推されることなどから、二宮某を守護代とみなす根拠は十分あるのである。にもかかわらずこれに疑念をさしはさむのは次の理由による。すなわち、嘉慶二年（一三八八）をはさむ前後の越前守護代には甲斐美濃守、同将教がそれぞれ在職していて、美濃守は斯波義将の「執事」と称される教光と目される（ⅠA（3）・（4）参照）。とすれば、かかる高い地位の教光が改補されて二宮某がこれに代わり、また甲斐将教に補せられたとするよりも、教光は死去するまで在職し、その跡を嫡子将教が襲ったと解する方がよほど自然であって、二宮某の守護代在職は考えにくい。しからば彼の地位をいかに考えたらよいだろうか。私は次の理由からこれを「郡司」としたい。まず、守護代以外で守護使に対して守護の遵行命令を伝える立場にある者としては郡司以外に守護

（代）の奉行も考えられるが（ⅢＣ（４）参照）泉・小山両庄の所在する大野郡[36]では遅くも応仁頃には郡司の在在が確認されること[37]、及び大野郡は加賀守護職を追われた満種がその本拠を移したところであるが（次節（２）参照）、それは同郡が加賀守護代二宮氏にとって由緒あるところであったからだと考えると無理のない説明がつくこと、さらには同じ時期に越中でも郡司的地位の存在が知られることなどを勘案すれば、先の二宮某を大野郡の「郡司」と認めて大過ないように思われる。

Ｂ　若狭

管見の限り所見なし。

Ｃ　越中

（１）二宮信濃入道（是鎮ヵ）（砺波郡）

祇園社領越中上高木村を元の如く同社に打渡した、応安三年（一三七〇）四月五日沙弥是鎮打渡状[38]がある。まず是鎮の姓を考えると、二宮信濃守貞家が是乗とも記されること（一節ｓ）、信濃守護代二宮越中が是随、加賀守護代であった二宮種氏の法名が是信と推定されることなどから類推して、是鎮も二宮氏の法名である可能性が強い[39]。ところで、この打渡状による限り是鎮にふさわしい地位は守護使であろうが、もし彼が次に述べる二宮信濃入道その人であるとすれば、その地位は砺波郡の「郡司」とすべきである。すなわち、蔵人所燈炉供御人越中野市・金屋鋳物師等が二宮入道から公事を宛課されたとして訴えたのに対し、守護斯波義将は永和二年（一三七六）五月十四日、守護代義種に宛ててこれを停止せしむべき旨の書状を発した[40]。そして、同年七月十一日に左衛門尉宗直なる者がこの旨をうけて二通の奉書[41]を出している。その一通は書出しが「内裏蔵人所燈炉供御人越中国射水郡鋳物師等申」というもので由宇又次郎宛、他の一通は、右の書出しの中「射水郡」が「都波郡」となっている他は全文にわたって一字も違わず、宛所が二宮信濃入道となっている。野市・金屋を砺波郡内に確実に比定し得ないため断定はできないが、少なくとも二通の宗直奉書は由宇又次郎が射水郡を、二宮信濃入道が砺波郡をそれぞれ管轄地域として、公事の賦課徴集などに当っていたことをうかがわしめるものである。ところで、これより四年前の応安五年（一三七二）七月、越中に下る祇園社雑掌夏見は「北泉并上高木村事」（小カ…引用者注）に関する三通の文書を託されたが、その中に義将から二宮入道に宛てた一通が含まれていた(42)。高木という地名は越中各地にあって、祇園社領上高木村（高木村ともいう）をどこに比定するか困難ではあるが、旧砺波郡域には高木（現小矢部市）、北高木、南高木（ともに現砺波市）があるので、これを砺波郡に求めることは可能である。そうすることによって義将が二宮（信濃）入道に状を発した理由を、二宮信濃入道が上高木村のある砺波郡の郡司的地位にあったことに求めることができ、無理のない説明がつく。しかれば、最初に示した点、及び是鎮が二宮氏の法名と推定される点から二宮信濃入道と是鎮は同人である公算が大きい。如上の推論が認められるとすれば、二宮信濃入道是鎮は少なくとも応安三年から永和二年にかけて砺波郡の「郡司」であったことになる。

（2）由宇又次郎（射水郡）

越中三田社地頭職四分一を進士自成に沙汰付くべき旨を命じた全く同文の守護代斯波義種書下が、永和元年（一三七五）十二月二日付で長田弾正蔵人宛(43)に、同十二日付で由宇又次郎宛(44)にそれぞれ下されている。この事実を明解に説明するのは困難であるが、前項に述べた如く、由宇又次郎を射水郡の「郡司」と考えれば、多少の問題は残るが(45)、義種は守護使に打渡を命じると共に、その対象地を管轄する「郡司」にも同様の命を下して遵行の完璧を期したという、一応の理解が可能となる。そのためには三田社が射水郡に存することが証明されなければならないので、以下では三田社の所在について検討しておきたい。考えられるのは婦負郡三田（現八尾町）にある白鳥神社と、射水郡仏性寺（現氷見市）にある御田神社であるが[46]、私は次の点で後者をとりたい。まず何よりも、前掲由宇又次郎宛義種書下が御田神社に伝蔵されていたことが有力な根拠としてあげられる。白鳥神社説の根拠は地名との一致、及び御田神社は戦国期に金鶏山白山社と称されていて[47]現社名の史料的初見は文政十一年（一八二八）であることにある。後者の点は確かに御田神社説に不利であるが、南北朝期に三田社と称しなかったことを断ずるものとはいえないし、「三代実録」貞観九年（八六七）十月庚午条にすでに「御田神」がみえる以上、式内社と考えられる白鳥神社とは別に三田社があった可能性はむしろ大きいといわねばならず、この点、逆に白鳥神社説には不利な材料といえる。地名との一致も確証とはいえない。以上、不安も少なくないが一応三田社の所在を射水郡と推定した。由宇又次郎は永和二年（一三七六）十一月四日にも義種から三田社地頭職渡残を進士自成に沙汰付くべき旨を命じられているので[48]、彼の射水郡「郡司」在職は永和元年から翌年にかけて認められることになる。

D　信濃

E　加賀

いずれも管見の限り所見なし。

Ⅲ　守護使等

Ａ　越前

（１）二宮孫七

ⅠＡ（２）でふれた如く、貞治四年（一三六五）七月二十五日に所見がある。

（２）乙部中務入道

ⅡＡ（１）でふれた如く、嘉慶二年（一三八八）五月十四日に所見がある。

（３）下野法眼幸玄

幕府の旨を奉じて越前三国本湊を南都代官に渡付した、明徳四年（一三九三）九月四日下野法眼幸玄打渡状案[49]によって、発給人の守護使たるを推測し得る。ところで、彼はこの三年後の応永三年（一三九六）、狩野新左衛門と共に守護代甲斐将教から遵行命令をうけており[50]、同十二年にもやはり同じ組合せで守護代甲斐祐徳（将教）から遵行状を宛てられている[51]。これは室町期に広くみられる守護の恒常的管国支配機構としての小守護代に相当し、原則的には臨時的役職と思われる南北朝期の守護使（遵行使）とは、若干性格を異にする面もあると考えられるが、人的構成からみても、職掌からみても共通する点が多く、両者は一つの発展線上に位置づけられると思われるので、明徳期の下野幸玄を守護使と断定することは控えたい。

Ｂ　若狭

（１）安富某

ⅠＢ（３）でふれた如く、守護使ではないが、貞治二年（一三六三）八月に守護又代官としての所見がある。

C　越中

(1) 乙部勘解由左衛門尉

ⅠC（2）でふれた如く、貞治三年十月二十七日に所見がある。

(2) 某

越中三田社地頭職半分を進士信性代に打渡した応安四年（一三七一）五月三日真□打渡状(52)、及び同社地頭職惣領・庶子跡各半分を同人に打渡した同廿日同打渡状(53)によって、発給者の守護使たるを認め得るのであるが、残念ながら姓はもとより名前さえ一字読めず不明である。ただし、花押からみて（1）乙部勘解由左衛門尉とは別人である。

(3) 長田弾正蔵人

ⅡC（2）でふれた如く、永和元年（一三七五）十二月二日に所見がある。

(4) 左衛門尉宗直

ⅡC（1）でふれた如く、左衛門尉宗直は永和二年七月十一日守護代義種の旨をうけて「郡司」に奉書を発給している。彼に関する史料的所見はこれのみであり、姓や実名と共にその地位も明示し難いが、義種の奉行とするのが一応妥当なところであろう(54)。

D　信濃

管見の限り所見なし。

Ｅ　加賀

(1) 堺兵庫助・寺崎雅楽入道

ＩＥ（１）所引明徳二年（一三九一）六月十九日守護斯波義重施行状案に続いて、同廿三日堺兵庫助・寺崎雅楽入道宛守護代二宮与一遵行状案[55]があるので、宛所両人が守護使、もしくは小守護代であることがわかる（いずれかに決し難い理由についてはＡ（３）参照）。

以上で南北朝期斯波氏分国（越前・若狭・越中・信濃・加賀）における守護代、「郡司」、守護使などの考証を終えるが、「郡司」と守護使（小守護代も含めて）については、守護や守護代に比べてその地位を確定する決定的指標に乏しく、特に「郡司」は越前、越中以外にその存在を徴することができないことも加えて、少なからぬ不安が残るのであって、これまで守護使と認定した者の中にあるいは「郡司」が含まれているかも知れないが、一応本節では単なる守護使とは区別し得る越中の二人、及びある程度判断材料のある越前の二宮某に限って「郡司」とし、他は守護使としておいた。本節での考証は別表にまとめておいた。

註

（１）「温故古文抄」（『史料』六―一六、五七〇～五七一頁）。

（２）臨川寺領加賀大野庄年貢の若狭小浜着岸に当り、同年貢の京都運送の警固を守護代に下知すべき旨を命じた、暦応三年（一三四〇）九月十一日幕府奉書は若狭守護斯波氏頼に下されている（臨川寺文書、『史料』六―六、三四二頁）。同四年二月廿六日右馬頭（越前守護高経）宛執事奉書（同文書、『史料』六―六、六六六頁）も越前敦賀における同様の例である。

（3）　小川氏は、この理由は不明としながらも高経の越前支配の弱体さ、及び幕府内における高経軽視の傾向を反映するものと指摘されている（ロ論文）。

（4）　佐藤行信氏所蔵文書。

（5）　当時の幕府執事は義将であるから、もし彼が越前守護であれば、守護施行状が省略され執事奉書がこれに代わって直接守護代に下されるため（佐藤氏前掲書、二一四、二三二頁参照）、守護代遵行状が「御教書」の旨を奉じても不思議ではないが、当時の越前守護正員は義種であって、この点若干の疑問が残る。しかし、前信濃守が官途からいって義種とは考えられないこと、義種は義将の弟であって、義種を介することを略すのは全く他人の場合に比べればあり得べきことと思われることなどから、前信濃守を守護代とみなして大過ない。

（6）　一節に指摘した二宮信濃守貞家を始め、信濃守護代二宮氏泰、その子息で加賀守護代二宮種氏、越中砺波郡「郡司」二宮信濃入道（以上三人は本節後述）などいずれも信濃守を名乗っているし、寛正五年（一四六四）から文正元年（一四六六）にかけて越前大野郡をめぐって斯波持種と対立したのも二宮信濃入道である（次節（2）参照）。官途が世襲されることはよくみられるところである。

（7）　「吉田家日次記」永徳三年七月廿八日条。

（8）　応永二年十一月廿二日甲斐八郎宛守護斯波義将書状案（三宝院文書、『史料』七―二、一五五頁）。

（9）　小泉氏「十五世紀の越前守護代について」（「一乗谷史学」七）。

（10）　『群書類従』四補任部。

（11）　東寺文書射一三―一八（『史料』六―五、六〇六～六〇七頁）。

（12）　廬山寺文書（『史料』六―五、六〇七～六〇八頁）。

（13）　東寺百合文書し。

（14）　『教王護国寺文書』一、四七一号。同書も細河に「完草」の傍注を付している。

別表　南北朝期斯波氏分国における守護代・「郡司」・守護使

A　越　前

守　　護	守　護　代	「郡　司」	守護使・小守護代
1336.6			
高　経			
41.2			
（細川　頼春）			
52.4			
高　経	52.6　富弥四郎入道		
54.12			
氏　経			
56.1			
義　種	65.7　前信濃守		65.7　二宮孫七
66.8	（二宮ヵ）		
（畠山　義深）			
（同　基国）			
80.7			
	83.7　甲斐美濃守		
義　将	（教光ヵ）	88.5　二宮某	88.5　乙部中務入道
		（大野郡）	93.9　下野幸玄
	95.11		
96.3			96.6（下野幸玄 狩野新左衛門）※
98.5	甲斐将教		
	（沙弥祐徳）		05.11（同 同）※
義　重			
1418.8	20.8　没		※は小守護代
義　淳	甲斐将久		
	（沙弥常治）		

B　若　狭

守　　護	守　護　代	又　代　官
1336.7		
時　家		
〃.9		
（佐々木導誉）		
37.5		
時　家		
38.5		
（桃井・大高）		
39.3	39.3	
氏　頼	二宮内藤入道道智	
高　経		
	〃.7	
41.4	41.4　斯波家兼（時家）	
（大高重成）		
（山名時氏）		
（大高重成）		
52.6		
家　兼		
〃.8		
（細川清氏）		
（石橋和義）		
63.8	63.8　鹿草上総介	63.8　安富某
義　種	（細川）	
66.8		
（一色範光）		

C　越　中

守　　護	守　護　代	「郡　　司」	守　護　使
（細川頼和） 1361．9 義　　将 66．8	62．5　鹿草出羽守 64．10　沙弥某		64．10 乙部勘解由左衛門尉
（桃井直常） 68．2 義　　将 79．11 （畠山基国）	71．4 斯波義種 79．6 〃．11　細川安芸太郎	（是鎮ヵ） 70．4　二宮信濃入道 （砺波郡） 75．12 76．7　由宇又次郎 （射水郡）	71．5　真□ 75．12　長田弾正蔵人

D　信　濃

守　　　　護	守　　　護　　　代
（上杉朝房） 1384．11 義　　種 87．6	84．11 二宮信濃守氏泰 （式部丞） 88．12
〃．9 義　　将 99．4	97．7　二宮越中（入道）是随
（小笠原長秀） 1401．2 義　　将 02．5 （幕府御料国）	01．4 島田遠江入道常栄 〃．6

E　加　賀

守　　　　護	守　　　護　　　代	守護使又は小守護代
（富樫昌家） 1387．6 義　　種 90．4		
91．5　義　　重 93．7 義　　種 1408．2 満　　種 14．6 （富樫満成）	91．6 二宮与一種氏 （信濃入道是信） 12．5	91．6　（堺兵庫 寺崎雅楽入道

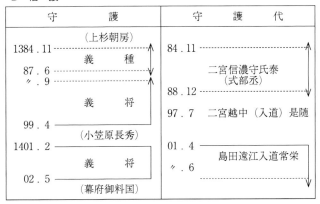

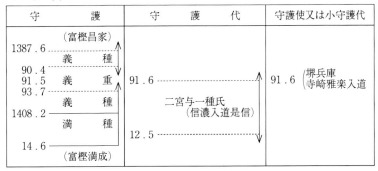

(15)『八坂』一六四七、一六五五。両者は同文であるが、後者の端書に「守護代書下　使節乙部勘解由左衛門封裏、同正文」とあり、この遵行状の旨を奉じた翌日付の乙部勘解由左衛門尉打渡状（『八坂』一六五〇）もある。なお、『富山県史』史料編Ⅱは前記遵行状案二通のうち前者を採り三九八号として収めている（以下、『富山』三九八の如く略記する）。

(16)『八坂』一六七八（『富山』四三六）。

(17) 四月八日民部少輔宛守護斯波義将書状（『八坂』一六七七、『富山』四三三）も、その内容から応安四年と推定されるので、義種の守護代在職徴証としては一応これが最も古いことになる。

(18) 康暦元年六月十五日伊予守（義種）宛守護斯波義将施行状写（「加能越古文叢」一九、『富山』四七五）。

(19)『八坂』一六四三（『富山』四八一）。他に同年十一月廿一日同人宛同書下（本郷文書、『富山』四八二）がある。

(20) 義種が守護代在職中在国していたことは、「祇園執行日記」応安五年（一三七二）七月廿六日条の記事（次節（３）に引用）、及び「後愚昧記」永和三年（一三七七）七月十三日条（『富山』四七〇）の「去月於越中国、国人与守護代合戦」という記事により明らかである。また、康暦二年（一三八〇）二月、後光厳天皇七回忌に当り北朝が法華懺法を修した際、女装して内裏に侵入した賊を義種が搦め捕ったとの所伝があるので（『群書類従』二四釈家部「雲井の御法」）、これ以前に上洛していることは確実である。

(21) 守矢文書（『信濃史料』七巻〈以下『信濃』と略記する〉一三九～一四〇頁）。なお、『信濃史料』『信濃史料叢書』共に発給人の「大夫殿」を細川右京大夫満元に比定し、当該文書を足利義満御教書としているのは誤りであって、守護義種（修理大夫）の書下である。

(22) 市河文書（『信濃』一五一頁）。

(23) 海蔵院文書（佐藤前掲書、信濃の項所引）。

(24) 嘉慶二年十二月廿六日二宮氏泰遵行状（今清水文書、『信濃』二〇〇頁）。

(25) 市河文書（『信濃』三二一～三二二頁）。

(26) 二宮氏泰の官途は至徳四年（一三八七）六月と九月の間に、信濃守から式部丞に変わっているが（『信濃』一八六頁、及び一九三頁所引市河文書参照）、越中守を称した形跡は管見の限り見当らない。

(27)『史料』七―四、九〇八頁。
(28)応永八年六月廿五日嶋田遠江入道宛守護斯波義将書下（市河文書、『史料』七―五、五六頁）。
(29)応永九年五月十四日将軍家御教書（市河文書、『史料』七―五、五三二頁）に「信濃国事、就被成御料国」とある。
(30)「室町家御内書案」上（『改定史籍集覧』二七）。
(31)市河文書（『信濃』一八六頁）。
(32)応永十三年閏六月五日二宮信濃入道宛守護斯波義種施行状案（『八坂神社記録』下所収「祇園社記」）。
(33)応永十九年五月三日二宮信濃入道宛守護斯波義種書下（臨川寺文書、『史料』七―一五、三〇九～三一〇頁）。
(34)応永廿六年十月十七日将軍家御教書（仁和寺文書、『富山』六〇七）。
(35)「史料蒐集目録」二九七。
(36)小山庄が大野郡にあることは明白であるが（『荘園志料』越前国小山庄の項参照）、泉庄の所在を明確に示す史料はない。しかし、大野郡には倭名抄郷出水郷があり、長承二年（一一三三）にも泉郷の存在が知られるし（『平安遺文』二二六四号、二二七八号）、たとえば、（建保四年）三月十七日源頼朝書状（三浦文書、『福井県史』一、一七六頁）に「小山泉庄」とある如く、小山庄と一括して表記されることが多いところから、泉庄も大野郡にあったことはまず間違いない。
(37)十二月八日越前大野郡井野部郷百姓申状（『醍醐寺文書』四、七三六号）に「郡司」の語がみえるが、この文書は応仁元年（一四六七）頃のものと推定されている。なお、室町戦国期の大野郡については松原氏「朝倉光玖と大野領」（『福井県地域史研究』5）がある。大野郡以外に敦賀郡でも斯波時代に「郡代」の存在が確認されることは、拙稿「朝倉氏の敦賀郡支配について」（『若越郷土研究』二〇―一）で指摘したことがある。
(38)『八坂』一六四四（『富山』四三〇）。
(39)たとえば将軍家では尊氏、義澄を除けば法名は全て「道」を冠していて、斯波氏歴代もこれにならっている如く、通字の風は実名程ではないにしても認められる。
(40)東寺百合文書ゐ三二―四〇（網野善彦氏「真継文書にみえる平安末～南北朝期の文書について」〈『名古屋大学文学部研究論集』

19〉所収真継文書一六号、『富山』四六二）。
(41) 同右（網野氏前掲論文所収真継文書一七号、一八号）。『富山県史』史料編Ⅱは『松雲公採集遺編類纂』一四一所収東寺伝来鋳物師文書を採っている（『富山』四六三、四六四）。
(42)「祇園執行日記」応安五年七月廿六日条（次節（３）所引）。
(43) 広島大学所蔵猪熊信男氏旧蔵文書（『富山』四五九）。
(44) 御田神社文書（『松雲公採集遺編類纂』一一五『富山』四六〇）。
(45) 後述のように解したとしても、両文書が全く同文であることを十分説明し切れない。
(46) 以下、両社については『富山県史』通史編Ⅰ、第七章第五節二「式内社と式外社」参照。同書は白鳥神社説を支持しているようである。なお、『松雲公採集遺編類纂』御田神社文書の項の最後にある同社に関する考証の中に「按ニ此神ハ延喜神名帳ニ所見なし、式外の神社にて、三田社とあるも同神社なるへし」とある。
(47) 天文十五年（一五四六）三月新蔵人織綱禁制（御田神社文書、『富山』一四六四）。
(48) 広島大学所蔵猪熊信男氏旧蔵文書（『富山』四六六）。
(49)「坪江郷奉行引付」（『史料』七―一、三一五頁）。
(50) 応永三年六月十四日守護代甲斐将教遵行状案（「坪江郷奉行引付」、『史料』七―二、四五一～四五二頁）。
(51) 応永十二年十一月二日沙弥遵行状案（『大乗院寺社雑事記』長禄四年五月廿六日条）。沙弥が『大日本史料』（七―七、四九八頁）のいう斯波義教ではなく甲斐祐徳と考えられることについては、小泉氏「十五世紀の越前守護代について」（前掲）参照。
(52) 広島大学所蔵猪熊信男氏旧蔵文書（『史料』六―三四、五六頁、『富山』四三四）。
(53) 同右（『富山』四三五）。
(54) 網野氏もこの二通の文書名を「斯波義種奉行奉書案写」とされている（註（40）（41））。
(55)「室町家御内書案」上。

四　斯波氏被官の性格と動向

前節までの検討によって二十氏近い斯波氏被官を検出し得たが、本節ではこれら諸氏の出自や主家との関係のあり方などを考察することによって、斯波氏の権力構造の特質に迫りたい。これまでの検討から、南北朝期の斯波氏の権力を支えた中核的被官としては、細川（鹿草）、二宮、甲斐、朝倉、由宇、島田の諸氏をあげることができよう。以下ではこれらの五氏（島田氏は関係史料に乏しく割愛する）を中心に検討を加え、その他出自の推測が可能な三氏についても若干ふれることにしたい。

⑴　細川（鹿草）氏

一節に明らかな如く、細川出羽守、及びその同族と考えられる鹿草兵庫助は、内乱初期における高経軍団の最有力部将と目される。周知の如く、細川氏は三河細川郷を本貫とする足利一門で、中央政界を斯波氏と二分する威勢を示した大族であるが、出羽守を名乗る者は系図上に見当らず、相当遠疎の庶流と推測される。在地名と思われる鹿草も今のところ探索し得ない。彼らがいかなる事情で高経の麾下に入ったかはもとより不明であるが、当時一般にみられたように、いわゆる惣領制の変質に伴う庶家独立の動きと無関係ではなかろう。

ところで、鹿草兵庫助は越前が細川頼春の分国であった観応元年（一三五〇）当時の在京守護代細川兵庫助と同一人の可能性がある。[1]この細川兵庫助は貞和二年（一三四六）閏九月頃北野社領越前得光保半分を知行しているが、[2]当時の越前守護も細川頼春である可能性が高いので、[3]細川兵庫助と鹿草兵庫助が同一人であれば、彼はおそらく高経の越前守護職喪失（康永期〈一三四二〜一三四五〉）を契機に斯波氏を離れ、細川宗家の被官に転じたものと推察される。その後も斯波氏にとどまった上総介、出羽守、安芸太郎らは若狭や越中の守護代に起用されているが、時代の下るにつれて初期の卓越した地位は低下していく傾向にあり、康暦元年（一三七九）の安芸太郎以後は、斯波氏重臣の中に細川氏の名を見出すことができなくなる。(4) これは、二度も尊氏に叛旗を翻したことに端的にうかがえる高経の初期における政治的地位の不安定性、及び動乱期の特質としての武士の臣従意識の薄弱性に加えて、南北朝初頭の細川氏の高い地位自体、斯波氏との関係の親密さを意味するものでなく、庶族とはいえ斯波氏と同じ足利一門というその門地の然らしむるところであったことに起因するものと考えられる。

（２）二宮氏

二宮氏に源姓と藤姓があることは前掲「相国寺供養記」の示すところである。前節で指摘した若狭守護代二宮内藤入道々智は内藤との複姓を称しているが、内藤氏はほとんど藤姓であることから、(5) 二宮内藤入道々智の系統が藤姓二宮氏に当ると思われる。同氏の出自については内藤氏の出身という以上にはわからない。前節までに名を挙げた二宮氏のうちにいくらかは藤姓二宮氏が含まれているかも知れないが、主要な地位にあった信濃守を名乗る二宮氏は源姓であったと考えられるので、藤姓二宮氏の地位はさほど高いものではなかったと思われる。

ところで、源姓二宮氏の出身地については越中とする説が多い。(6) その根拠は、文和四年（一三五五）二月八日、上洛した北陸の直冬党と幕府軍との合戦で「越中ノ住人二宮兵庫助」が桃井直常と名乗って討たれ、名を揚げたという「太平記」（巻三三）の所伝にある。しかし、この通説に対しては、以下に述べる如く有力な反証も指摘できる。永享三年（一四三一）九月十八日、二宮信濃入道は三宝院満済を訪れ、「越中本領事、本所仁和寺菩提院何様子細哉由、以飯尾肥前守御尋云々、畏入由申」している。(7)これは一見二宮氏越中出身説を裏付けているようにもみえるが、実はここにいう「越中本領」を子細に検討すれば逆の結論が得られる。この「越中本領」は仁和寺領石黒庄広瀬郷を指すものと考えられる。すなわち、応永十九年（一四一二）十月、東寺造営料棟別銭が越中に課せられた際、二宮信濃入道は広瀬庄内《マヽ》の家数調査を向田入道・あさみ入道両人に命じているし、(8)同郷下地を仁和寺雑掌に渡付すべき旨を守護畠山満家に命じた、同廿六年十月十七日将軍家御教書(9)には「二宮信濃入道是信出請文、為本所代官処、彼跡輩等及違乱云々」とあり、これをうけた守護施行状、守護代遵行状(10)には「止先代官違乱」とあるところから、応永十九年以前から同二十六年頃にかけて、二宮信濃入道是信は広瀬郷の代官であったことが知られるのである。ところでこの広瀬郷は定綱なる者が開発領主で、鎌倉時代は藤原氏一族が郷内の地頭職を占めていた。(11)すなわち、源姓を称する二宮氏にはつながらない。また南北朝期になっても永和三年（一三七七）には広瀬信定が同郷領家所務職を京進七十五貫文で請負っていて、(12)まだ二宮氏と同郷の関係は認められない。したがって、永享三年に二宮信濃入道が「越中本領」と称しているのは鎌倉期以来の開発所領ではなく、せいぜい永和以降に代官職を得た（具体的経緯は不明）石黒庄広瀬郷を指しているのである。換言すれば、二宮氏にとってこれ以上の本領というべき所領を少なくとも越中には有していなかったことの証左であって、斯波氏重臣の二宮氏を越中出身の武士とはみなし難い。しかし、これ以上に同氏の出自を限定するのは困難である。(13)

次に二宮氏の性格、被官化の時期や契機の問題があるが、これもそれ自体をうかがわしめる史料は存しない。ただ、一つの具体的事例として参考になると思われるのは二宮貞光（入道円阿）の場合である。彼は一節（8）で指摘した二宮信濃守貞家と同じ「貞」の字をその名に冠していること、及び戦国期には彼の子孫と思われる者が先にふれた広瀬郷を知行していること[14]などから、斯波氏重臣の二宮氏の同族と推定される[15]。さて二宮貞光の活動が史料上に認められるのは観応の擾乱からであるが、この時は一貫して尊氏方に属していて[16]、直義方に走った斯波氏に臣従していないことは明白である。ところが、高経が再び尊氏に叛いた文和三年（一三五四）末から翌年三月にかけて、父高経と行動を共にせず幕府方にとどまった氏経の軍事指揮下に入っている[17]。この後康安二年（一三六二）には、幕府に帰順して桃井討伐のため越中に発遣されることになった高経に従軍したのを始め[18]、応安二年（一三六九）、同四年にも義将に属して同国へ下向し軍忠に励むなど[19]、斯波氏との関係を深めている。如上の事実によれば、二宮貞光が斯波氏との関係を生じたのは文和三年氏経に属してからであるが、この時の氏経は斯波氏でただ一人幕府方に属していたことに注意する必要がある。つまり、貞光は斯波氏に属したのではもちろんないばかりではなく、厳密には氏経に属したのでもない、いわばたまたま幕府方にあった氏経の軍事指揮下に配されたというべきであって、その意味で貞光は独立的幕府御家人的武士であるといえる。事実、斯波氏に属さない時期はもとより、高経、義将の軍事指揮下に入ってからも、貞光に対する軍勢催促や感状の授与は常に将軍家よりなされている[20]。のち斯波氏重臣となる二宮氏が彼と同族だとすれば、斯波氏との関係が生じた時期はともかく、その経緯や基本的立場は貞光の場合と大差ないのではあるまいか。すなわち、元来は幕府御家人的立場に立つ独立的国人で将軍家に参じていたのが、ある軍事行動において斯波氏の指揮下に配されたのを契機にして、以後次第に斯波氏との関係を強めていったと想定されるのであって、少なくとも斯波氏の根本被官でないことは明白であろう。

　さて、二宮氏は三節にみた如く、貞治期には越前守護代に在職していたと考えられること、あるいは一節（８）に示した貞家の活動などから、この頃までには相当の地位を得ていたと思われる。続く応安、永和期には二宮信濃入道が越中砺波郡「郡司」にあったが、当時の越中は斯波氏にとって唯一の分国で、しかも桃井氏の勢力が根強いため、同国の経営には特に力を注がねばならなかった。義将が弟義種を守護代に任じて在国させたのを始め、「郡司」や守護代奉行の存在まで想定せしめる程の支配行政機構の整備をはかっているところに、それは端的にうかがえる。そうした客観的情勢の中で「郡司」に登用されている二宮氏は、その職務の重要性に相応するだけの地位を占めていたのであり、貞治期の高い地位はそのまま継承されているといえる。さらに、斯波氏の政治的地位が確立した南北朝最末期に至ると、氏泰、種氏父子が信濃、加賀両国守護代を占め、越前でも一族と思われる二宮某が大野郡の「郡司」になるなど、この時期の斯波氏被官の中では甲斐氏と並ぶ最も高い地位にあったと推察されるのである。

南北朝も末期になると守護の交替はあまりみられなくなり、分国が固定する傾向が強まると共に、守護代も国毎に家が特定されるようになる。斯波氏分国の守護代も明徳頃には越前が甲斐氏、信濃・加賀が二宮氏という体制が形成されてくる。このうち信濃は島田氏に替えられるが間もなく御料国となって斯波氏の手を離れ、新たに斯波氏の分国となった尾張・遠江は甲斐氏の兼帯するところとなったため（尾張はまもなく織田氏になる）、二宮氏のもとには加賀一国が残されることとなる。二宮氏としてはこの加賀を足場にして甲斐氏や織田氏とその発展を競うはずであったが、応永二十一年（一四一四）の主家満種の失脚によってその行く手を大きく阻まれた。満種の失脚後は主家と共に、二宮氏にとって由緒のある大野郡（前節ⅡＡ（1）参照）に本拠を移し、のちには持種（満種の子息）と同郡の領有をめぐって対立するまでになってはいるが[21]、甲斐・織田・朝倉氏の発展に比べればその地位の相対的低下は否めず、南北朝期の威勢は保ち得なかったものと思われる。

（3）甲斐氏

甲斐氏の出自もほとんど不明といってよいが、唯一の手がかりらしきものとして次の文書をあげることができる。

（端裏書）「甲斐證文案

　鹿苑院殿御判案、応永二年八月十五日」

　（義満）御判

越前国大土呂・河北、同国稲津保、越中国東條南北、伊勢国岩田御厨等事、為教光跡、佐野甲斐八郎将教可領掌

之状如件、

　応永二年（一三九五）八月十五日[22]

文中の佐野甲斐八郎将教が斯波氏被官の甲斐氏であることは「相国寺供養記」その他により明らかである。教光も、斯波義郷の母が甲斐教光の娘と伝えられる[23]ことからやはり甲斐氏であり、この文書の日付より三ケ月程前の五月十九日に没している甲斐八郎その人と考えられる（二節註（3）参照）。したがって、この義満御判御教書は、死去した甲斐教光の遺跡をその嫡子と思われる同将教に安堵したものと解される。

さて、まず「佐野甲斐八郎将教」の表記から、甲斐氏は佐野氏（「相国寺供養記」によれば藤姓）の出身であり、甲斐という姓は官途に由来することがうかがわれる。藤姓佐野氏といえば下野秀郷流足利氏流佐野氏が最も有勢であって、甲斐氏も同氏の一流である可能性は高いが、系図上には甲斐氏の始祖らしき者は見当らない[24]。甲斐氏の佐野姓を示す史料はこれ以外にないところから、南北朝期にはすでに甲斐を姓とみなす風が定着していたのであり、佐野氏といってもその同族結合からは比較的早期に離脱していた遠疎の庶流と考えられる。なお、ここに安堵されている所領

の面から甲斐氏の本貫地を探る方法もあるが、その場合これらの中に本領を含んでいることが前提となる。しかし、譲状の旨に任せて安堵されたというものでない以上、たとえば教光が将軍から拝領した恩賞地が、教光の死去した時点で将教に安堵された蓋然性も否定し切れないので、この方法は採用し得ない。結局、甲斐氏の出自に関しては藤姓佐野氏の出身であること以上に明示し得ないが、後述の如く、遅くとも南北朝末期の教光の代には甲斐氏は斯波氏の御内被官的存在であったことから逆推して、斯波氏との関係の始期は相当古くに求めねばなるまい。にもかかわらず「太平記」を始めとする南北朝前半の斯波氏関係史料に甲斐（佐野）氏の名を見出せないのは、この時期の甲斐氏が斯波氏権力にいわば埋没した存在であったか、あるいは史料に残る程の軍功をあげなかったことの反映ではあっても、この時期にまだ斯波氏の被官になっていないことを意味するものではないように思われる。被官化の時期について憶測を加えれば、斯波氏が下野足利庄を名字の地とする足利氏一門であること、及び藤姓秀郷流佐野氏の本貫地佐野庄は足利庄に近接していることを考えた場合、両氏の関係は鎌倉期に下野で生じたという推論が一応可能である。

ところで、甲斐氏の初見史料は次に掲げる「祇園執行日記」である（いずれも抄出）。

㋑応安四年（一三七一）七月十二日条

一、小泉事、先日大輔殿（斯波義将）御状文章大様之間、為申直進僧都之処、客来之間、不申入之、甲斐八郎許へ九条二位法眼女性状到来之間、同持向之処、祇候礼部之間、不対面云々

㋺同廿三日条

一、越中事、去十八日大合戦事有其聞之間、今日参対面玉堂、一両日間可被下向云々、甲斐同見参了

㋩応安五年七月廿六日条

一、玉堂（義将）殿御文二通 一通少輔殿 一通二宮入道、又甲斐八郎進少輔（義種）殿状一通在之、北（小カ…引用者）泉并上高木事也

㈡同年十一月一日条

一、僧都来、堀江村々甲斐八郎ニ可契約由事可申談云々

右の記事のうち特に㋑と㋩が難解なため、(25) ここからただちに甲斐八郎の地位を正確に導き出すことはできないが、少なくとも彼が在京していることは明白であり、それも義将の重臣として在京しているらしいとの推測はできよう。この後越前が斯波氏の手に復すると、右の甲斐八郎と同一人とみられる甲斐美濃守が守護代となって、以後甲斐氏が越前守護代を世襲するようになるが、斯波氏にとって越前のもつ意味の重要性は、(26) 甲斐氏の地位の高さをも意味するものといえる。かかる甲斐氏の地位は、これまでいく度かふれてきた如く義将の「執事」と称されている。(27) 執事といえば、周知の如く本来家政機関の長の謂であって、草創期の室町幕府においては、将軍権力の主従制的支配権の代執行者であったとされている。(28) 斯波氏の執事という場合、そうした規定がどこまで有効かは別にして、あたかも上杉氏における「山内家執事職」が長尾氏であった如く、(29) 譜代の御内被官とでも呼び得るような家宰的地位であるといえよう。その意味で甲斐氏は斯波氏の主従制的支配の最も貫徹さるべき被官といわねばならない。

ところで、最初に掲げた文書の意味について考えてみたい。ここで注目したいのは、甲斐氏の所領が将軍義満によって安堵されている点である。もちろん、自己の所領が最終的には将軍から安堵されるというのは、この時期の武士にとってごく一般的なあり方だともいえるし、将軍から所領安堵をうける際には守護の挙状や安堵状を伴うことも少なくないのであって、(30) 先の文書を特別視する必要がないようにも思われる。しかし、甲斐氏の場合他の一般の被官とは異なり、斯波氏の最も身近にあってその権力を直接支えるべき執事の地位にあることを考慮すれば、甲斐氏の所領

が将軍権力によって安堵されていることの意味は決して小さくない。ところで、安堵の対象となっている所領のうち、南北朝期に史料的所見のあるのは越中東条庄のみである。[31]すなわち、同庄は興国二年（暦応四年＝一三四一）正月、滝口義弘に南朝から勲功賞として地頭職が宛行われているので、[32]闕所地として、おそらく守護斯波氏を介して甲斐氏のもとに入ったと推定される。[33]されば越前の所領も斯波氏の分国であったから同様の経緯で甲斐氏に宛行われた可能性も出てくるが、最後の伊勢岩田御厨だけは、斯波氏の所領でない限り斯波氏とのつながりを想定するのは無理で、将軍からの恩賞地と考えるのが最も自然であろう。[34]もしこれが事実とすれば、それは将軍と甲斐氏の封建的主従関係を意味するものに他ならない。

甲斐氏と将軍との間にかかる関係を想定し得ることは、次の事実によってもある程度裏付けられる。少し時代は下るが、応永八年（一四〇一）を初見として、以後応永・永享期を通じ将軍の甲斐邸訪問が史料に散見され、永享三年（一四三一）には「毎年儀也」といわれている。[35]室町期における将軍の諸家訪問は、たとえば斯波氏は正月十二日という如く、[36]期日の定まった一種の儀礼となっており、その対象は守護や奉公衆、将軍と関係の深い寺院などのようであるが、甲斐氏もその中に互して将軍から毎年一定の期日（六月中旬が多い）に訪問をうけていたのである。このことは甲斐氏が単なる守護被官として以上に将軍と密接な関係をとり結んでいたことを如実に物語るものといえよう。

しかし、先にふれたように甲斐氏は元来斯波氏の御内被官的存在であったのであり、当初から将軍との間にかかる関係を想定するのは困難である。しからばいつ、いかなる事情でそうした関係が生じるに至ったのであろうか。明確な裏付けがあるわけではもちろんないが、一つ考えられることは斯波氏の政治的地位である。康暦の政変で中央政界に復帰した斯波義将は管領として幕政の中枢を担うことになるが、その重臣も当然将軍に接触する機会に恵まれるようになる。二節でふれた堺での犬追物に、由宇、島田、甲斐らが主君義将と共に参加し、守護や直参御家人に混じって親しく将軍義満に接しているが如きはその一例といえる。かかる事情は、幕府吏僚や奉公衆の一族が逆に幕政に参画する有力守護の被官に編成されるのにも一定の影響を及ぼしたと考えられる。一節（７）安威次郎左衛門は幕府奉行人・奉公衆の安威氏の同族であろうし、細川氏の重臣中沢氏・安富氏・松田氏の一族が奉行人に多く見出せる[37]、といった如く、有力守護被官と将軍権力を支える奉行人・奉公衆の相互〝交流〟の事例を指摘するのはさして困難でない[38]。「室町幕府＝守護体制」を考える上で検討してみるべき一つの問題かも知れない。それはともかくとして、斯波氏の筆頭被官たる甲斐氏が将軍との間に無視し難い関係をもっていたことは、斯波氏の最も直接的権力基盤が将軍権力の侵入の危険にさらされていたことを意味し、将軍の斯波氏に対する無言の圧力になったと思われる。一方甲斐氏にとってみれば管領家筆頭被官、守護代（越前、遠江）という地位に加えて将軍権力をも背負うことは、主家斯波氏に対する相対的独立性の維持強化、在地における権力編成の展開に有利に作用したと思われるが、かかる点の具体的あとづけは本稿の範囲を超えるので今後の課題としたい。

（４）朝倉氏

朝倉氏は但馬養父郡朝倉庄を名字の地とする日下部姓の在地領主で、元弘・建武の動乱を契機に足利方に参じ、特に高経に属して転戦した。室町期には斯波氏重臣として発展し、応仁の乱で東軍に転じてから戦国大名へと成長していったことは周知のところである。ほとんど出自の不明な斯波氏被官の中にあって、系譜のはっきりしている唯一の氏族といってよい。

南北朝期の朝倉氏の動向については、すでに小川氏（㈧論文）や松原氏の論稿[39]もあり、私も機会があれば考えてみたいと思っているので、ここではさし当り斯波氏との関係を中心に若干述べておきたい。一節での検討によれば、正景は内乱初頭から少なくとも貞治元年（一三六二）までは一貫して斯波氏のもとに属している。特に氏経を除く斯波一族が尊氏に叛いた文和三年（一三五四）末から翌年にかけても、正景父子や下野守は高経、氏頼に従って参戦しているところから、斯波氏との関係は相当緊密なものであったと、一見思われる。しかし伝えられる顕著な活躍にもかかわらず、朝倉氏が守護代など重要な地位にあった形跡は見当らない。そればかりか、斯波一族が失脚した貞治五年頃を契機に斯波氏に叛き、幕府方に走ったと思われるふしがある。すなわち、浅羽本「日下部系図」などに「貞治五年修理大夫入道道朝《（高経）》已下没落時、不立入国、可致忠功之由、義詮御内書、同八月九日頂戴」とある記事は、同系図の他の記事に作為がある（註（40））からといってむげに否定し去れない。「朝倉家記」所載の、右の「義詮御内書」に相当する、貞治五年八月九日朝倉遠江守宗祐入道宛義詮袖判御教書案は信憑性に乏しいとしても[41]、同年十月十一日摂津鵜殿関所司賢重申状案[42]に「朝倉自七條殿《（高経）》蒙御不審候之間」とあるのは系図の記事をある程度裏付けるものといえよう。正景が高経からうけた「御不審」は、直接的には正景が代官職をもっていた越前河口庄大口郷や摂津鵜殿関の押領に起因するものであり反対派諸将への接近が疑われたのではないかという、小川氏の推測（㈧論文）は十分首肯し得るところであるが、「反対派諸将」は幕府と置き換えてもよかろう。南北朝期の朝倉一族には、内乱当初から尊氏に属した重方、父高経から冷遇された斯波氏頼の麾下に属した下野守、さらには奉公衆的地位にあったと推定される弾正・詮繁・高繁などがいて（一節註（4））、正景が高経に叛いて幕府、反斯波派に走ったとして不自然ではない。斯波氏失脚の後越前が畠山氏の分国となってからも、越前各地で朝倉氏による荘園押領がみられるが[43]、中でも貞治六年、守護畠山義深が仁和寺観喜寿院領真柄庄を御教書の旨に任せて同院雑掌に打渡さんとした際、深町備後守、真柄左衛門大夫らの在地武士は朝倉遠江入道（宗賢）（宗佑＝正景カ）の預状と号してこれに抗した事実は[44]、朝倉氏が所領の預置きなどによって国人の一部を被官化しようとしていたことを物語るものとはいえまいか。かかる朝倉氏の活動を支える権力的背景は、すでに守護職を失っている斯波氏との関係よりも、幕府・将軍との結びつきに求めるべきであろう[45]。しかれば、南北朝前半期の斯波氏との関係も、天正本「太平記」にいう「高経ノ若党」というようなものではなく、もっと相対的独立性を有していたのであり、一貫して斯波氏に属したというのも、斯波氏との緊密にして強固な主従関係の表われというより朝倉氏の主体的な情勢判断によって時には幕府に叛いても斯波方に属したというべきであろう。そうであるが故に、貞治五年の斯波氏に対する離反もさほど困難ではなかったと思われる。

その後明徳の乱にはすでに斯波氏軍団の中核に朝倉氏の名を見出せるから（二節参照）、この頃までには斯波氏に帰属していることが知られるが、その時期はおそらく斯波氏が中央政界においてその政治的地位を確立し、越前守護職を回復した康暦期頃ではないかと推察される。しかし、かつての離反が影響してか、斯波氏重臣がそろって随兵を務めた相国寺供養の際の供奉にも参加していないところに端的にうかがえる如く、少なくとも南北朝末、室町初期には甲斐氏や二宮氏らとは区別される、いわば外様的扱いをうけていたものと推測される。その後の朝倉氏は、遅くとも永享元年（一四二九）頃までには甲斐、織田両氏と並ぶ斯波氏三宿老として主家の政治活動を実質的に支える程になり（次節註（3）参照）、越前の覇権を甲斐氏と競うことになるのであるが、これらの歴史過程の具体的究明は今後の課題としたい。

（5）由宇氏

由宇氏の系譜についても確証はないが、多々良姓を称していること（「相国寺供養記」）、及び周防に倭名抄郷由宇郷があって、これが鎌倉時代には多々良本家たる大内氏の所領であったことなどから[46]、由宇郷を管していた大内氏庶族が在地名を名乗るようになった、もしくは由宇郷古来の在地領主が大内氏と関係を結んで多々良姓を称したという推定が可能であり、いずれにしても周防出身の武士と考えられる。建武三年（一三三六）、九州落ちから再び京都を目指して東上した尊氏は五月二十四日、翌日の兵庫合戦に備えて軍勢を大手・山の手・浜の手に分け、山の手の大将には高経を任じて安芸・周防・長門三国の「守護」厚東氏及び軍勢を配したというから[47]、周防の武士が高経に臣属する機会は確実にあった。もちろん動乱期故、かかる機会は他にも少なからずあったといえよう。

由宇氏は守護代にこそなっていないが、由宇新左衛門尉は、高経の死後幕府に赦免を請わんとする義将からおそらく下準備のため京都に派遣されているし（一節v）、由宇又次郎は、越中が斯波氏の唯一の分国であった時期に同国射水郡に「郡司」として配され分国経営の衝に当らしめられているなど、その地位は決して低いものでなく、また甲斐・二宮・朝倉の諸氏に比肩し得る実力を誇っていたことは「明徳記」の記述（二節）からもうかがえる。

（6）氏家氏

氏家道誠は下野氏家郷より起こった宇都宮氏庶流氏家氏にほぼ間違いないが、重国との関係は定かでない。「氏家系図」は、斯波家長の重臣として活躍した道誠と新田義貞の首を捕った重国は父子であり、道誠（実名重定）の代の正安年中（一二九九―一三〇二）に越中に移ったとしている。もしこれが事実とすれば、氏家氏の斯波氏との出会いは高経が北陸方面の軍事指揮権[48]を得た建武三年（一三三六）以降ということになるが、道誠はすでに建武二年から東国で活動している家長に属して軍忠状に証判を加えたりしているので、「氏家系図」のいう道誠の越中移住の年代はもとより、越中移住それ自体さえ、「太平記」が「越中ノ住人」とする重国と道誠とを無理につなぐための偽作である疑いがある。すなわち、家兼を祖とする奥州斯波氏に属した氏家氏が以後活躍しているので[49]、この族流を道誠の系統とし、斯波本宗家の被官として「相国寺供養記」にみえる氏家将光は重国の系統と考えれば一応無理なく説明でき、先の疑念は強くなる。いずれにしても、斯波本宗家に属した氏家氏は目立った活動も認められず、その地位はさほど高いものではなかったと思われる。

（７）斎藤氏

斎藤氏は各地にみられる大族で、斯波氏被官の斎藤氏の本拠地を限定するのは容易ではないが、斎藤氏の元来の本拠が越前であること、越前羽生新庄を本領とする斎藤氏が建武期から高経に属していること（一節ｋ）などを勘案すれば、これを越前の国人と考えるのもあながち無理ではない。越前の国人は、高経が守護代として同国に下向した建武元年（一三三四）から接触の機会があったのであり、翌年尊氏が建武政権に離反した時、越前では「尾張守高経ノ家人」が蜂起したといわれる[50]のも根拠なしとしないのであって、斎藤氏も建武初年に斯波氏に臣属したと考えて大過あるまい。斎藤氏の地位も氏家氏同様であろう。

（８）乙部氏

斯波氏の名字の地陸奥紫波郡に乙部なる地名が存し、南北朝期にも乙部村の存在が確認されるから[51]、乙部氏はおそらくこの地の出身武士と考えられる。もしこれが事実とすれば、乙部氏は斯波氏の根本被官の部類に入り、一応の推測は可能でも不確定要素の多い甲斐氏を除けば、これまで検討してきた斯波氏被官の中では唯一のものとなる。しかし、その地位は決して高いとはいえず、せいぜい越前や越中で守護使として活動しているのが確認される程度である。

註

（1）「祇園執行日記」観応元年十月十三日・同廿一日条（佐藤氏前掲書、越前の項参照）。
（2）貞和二年閏九月廿一日幕府奉書（佐藤氏前掲書、越前の項所引、東京教育大学所蔵北野神社文書）。
（3）佐藤氏前掲書、越前の項、小川氏㋺論文参照。
（4）長禄元年（一四五七）十一月四日、京都東山東光寺を宿所としていた斯波氏被官四十余人が「田上所」で質物を奪い取るなどの乱妨を働き、甲斐、織田、朝倉勢によって討たれた事件があったが（「経覚私要抄」同五日条）、この時討たれた者の中に「細川と中者兄弟二人」がいるので（『大乗院寺社雑事記』同十一日条）、斯波氏との関係はなお保っていたことが知られるが、その地位は甲斐・織田・朝倉らの諸氏には比ぶべくもなかろう。
（5）太田氏『姓氏家系大辞典』内藤氏の項参照。
（6）「越登賀三州志」新川郡上熊野城条（太田氏前掲書、二宮16項所引）、『太平記』（日本古典文学大系）三、四四六頁の二宮信濃守についての頭注など。
（7）『満済准后日記』同日条。
（8）（応永十九年）十月十七日二宮信濃入道書状案（東寺百合文書ツ一―十、『史料』七―一七、三六～三八頁、『富山』五七六）。これは、東寺造営料棟別銭関係文書七通が、同文のものは本文を省略するなどして同紙にまとめられているものの中の一通で、「左衛門佐《（斯波義郷）》殿方、広瀬庄」の頭書をもつ。したがって、広瀬郷は義郷、又はその父義将の請所で、二宮信濃入道はその代官を務めたとも考えられる。
（9）仁和寺文書（『富山』六〇七）。
（10）同文書（『富山』六〇八、六〇九）。
（11）㋑弘長二年（一二六二）三月一日関東下知状（前田育徳会所蔵文書、『富山』一〇四）、㋺弘安元年（一二七八）七月五日弘瀬郷高宮村領家地頭和与状（仁和寺文書、『富山』一一九）、㋩同日弘瀬郷東方領家地頭和与状（同文書、『富山』一二〇）、㊁正応二年（一二八九）四月二日関東下知状（同文書、『富山』一三二）などにより、開発領主定綱（㋑）、弘瀬郷地頭定朝（㋑）、同郷高宮村

地頭藤原朝定（㈡）、同郷東方地頭藤原三郎光定（㈧）、「石黒庄山田郷内弘瀬西方」地頭左近三郎定景（㈢）らの地頭の名が知られる。彼らはいずれも「定」の通字をもつところから同族であり、朝定、光定の称している藤原氏と考えられる。

(12) 永和三年四月十六日広瀬信定広瀬郷所務職請文（千種文書、『富山』四六七）。この広瀬信定はその名前より前註で述べた藤原氏一族の子孫ではないかと思われる。

(13) 源姓二宮氏の大族としては甲斐武田氏庶流で清隆を祖とする二宮氏があるので（太田氏前掲書、二宮３項）この氏族出身の可能性は高いが、もとより確証はない。なお、「太平記」にいう「越中ノ住人二宮兵庫助」は、斯波氏重臣二宮氏とは全くの別族か、もし同族だとしても鎌倉期に越中に来住して独立した別系統の一流に属すと考えればよかろう。

(14) （永禄四年《一五六一》）六月十八日足利義輝御内書写（『松雲公採集遺編類纂』一三五所収二宮文書）に「二宮知行分広瀬五ケ村代官職事」とある。

(15) ただし、この二宮氏の活動を伝える二宮文書には貞光の他、光家、頼長らの名はみえても二宮信濃守に関するものが一通も見当らないところから、同族ではあっても直系とはいえないようである。

(16) 観応二年（一三五一）三月日二宮貞光軍忠状写、同年十月日同軍忠状写（ともに二宮文書）。

(17) 文和四年三月日二宮円阿軍忠状（前田家所蔵文書、『史料』六―一九、四四二頁）には、前年十二月の尊氏の近江没落から同年三月の京都合戦に至る戦功が述べられていて、奥に氏経の証判がある（小川氏㈡論文参照）。

(18) 康安二年二月九日足利義詮軍勢催促状写（二宮文書、『富山』三七五）、同十日斯波高経軍勢催促状写（同文書、『富山』三七六）。

(19) 応安二年八月十日将軍家御教書写（二宮文書、『富山』四二三）、同四年八月日二宮円阿軍忠状写（同文書、『富山』四三九）。

(20) 軍勢催促については註（18）・（19）の御判御教書や将軍家御教書があり、感状も貞光（円阿）は観応三年（一三五二）四月二十三日、延文元年（一三五六）十一月十四日に、光家は文和三年（一三五四）四月二十八日、同四年五月十日に、頼長は延文元年十一月十四日にそれぞれ将軍家より得ている（いずれも二宮文書）。

(21) 『蔭涼軒日録』寛正五年（一四六四）十月十七日条以後文正元年（一四六六）九月二日条まで関係記事は多数ある。また、応仁元年（一四六七）十月二十二日、醍醐寺は寺領大野郡丁・井野部両郷への兵糧米免除を二宮安兼に請うているなど（『醍醐寺文書』六、一一二三号）、応仁期の両郷関係文書に二宮安兼や同種数の名が散見される。これらから、加賀から大野郡に拠点を移した斯波満種・持種父子は同郡の分郡守護もしくは郡司的地位に、二宮氏はその代官的立場にあったのではないかと推定される。二宮信濃入道是信が応永期越中石黒庄広瀬郷領家方代官職にあったことは本文中に述べたが、同国「おいの庄」でも応永十九年（一四一二）当時代官職にあったらしい（註（8）文書に「おいの庄　文章同前、同日二宮奉書」とある）。また、大野郡をめぐって斯波持種と争った二宮信濃入道は寛正六年九月八日にも越中山斐郷を押領したとしてやはり持種から訴えられているのは（『蔭凉軒日録』同日条）、持種の所領である山斐郷の代官であったことを推測させる。この他加賀でも、二宮信濃入道は応永二十六年七月四日、守護富樫満春から施行状を下され、勧修寺領同国郡家庄における菅生社造営段米催促を停止すべく命じられている（勧修寺文書、『加能古文書』七八二号）。これは二宮信濃入道が守護代、郡司、守護使などの地位にあったと解するのが文書形式上最も自然ではあるが、彼が富樫氏の被官であったとは考え難いので、ここはたとえば郡家庄の代官であったと考えたい。以上のように室町期の二宮氏は越中や加賀に所領を有していたが、満種の加賀守護職改補以後の本拠はやはり大野郡に求めるべきであろう。

(22)　三宝院文書（『史料』七―二、九六～九七頁、『富山』五二五）。

(23)　『系図纂要』所収「斯波系図」の義郷の項に「母家女、甲斐教光女」とある。

(24)　甲斐氏の始祖はたとえば佐野甲斐守の如き者と考えられるが、そのような者は「佐野氏系図」（『続群書類従』六下系図部）には見当らない。なお、下野佐野氏については新川武紀氏「佐野庄と佐野氏」（『栃木県史研究』一二）参照。

(25)　㋑は九条二位法眼の人物比定が困難なため、甲斐八郎の立場も不明確とならざるを得ない。㋩は祇園社雑掌夏見が越中に下向する際託された文書のことであるが、義将の二通は守護の立場から守護代（義種）、及び論所々在郡の「郡司」（二宮入道）に宛てたものと解せるものの（前節ⅡC（1））、甲斐八郎が守護代義種に宛てた文書の性格が理解し兼ねる。甲斐氏はのち義将の執事と称されているので、この時点ですでにその地位にあったとすれば、たとえば主家義将の旨を奉じて出したものと考えられなくもない。しかし、この時期の義将と義種の間でそのような性格の文書（奉書もしくは副状）が出された形跡は全くなく、それどころか、兄弟ということもあってか義将の義種に対する遵行命令は守護施行状、あるいは書下と呼べる形式ではなく、義種の守護代在職の下限徴証（前節註（18）文書）を唯一の例外として、他は全て私状形式で下達されている（『富山』四三三・四三六・四六一・四六二・四六五）。結局、これらから甲斐氏の地位を判断するのは今のところ困難であり、該史料の正確な解釈は課題としたい。

(26) 佐藤氏前掲書、越前の項参照。

(27) 「常楽記」（『群書類従』二九雑部）応永二年五月十九日条に「甲斐八郎頓滅大中風云々、管領左衛門佐家人、執事云々」とある。

(28) 佐藤氏「室町幕府論」（前岩波講座『日本歴史』7所収）、同氏『南北朝の動乱』（前掲）三四三頁参照。

(29) 勝守氏「関東長尾氏の研究」（一）（『群馬大学紀要』人文科学編一三）。

(30) たとえば、出雲の国人三刀屋菊松丸は明徳四年（一三九三）正月廿四日義満御判御教書（『諸家文書纂』、『史料』七ー一、一五六〜一五七頁）によって三刀屋郷惣領分・同庶子等知行分を安堵されているが、このうち惣領分に当ると思われる三刀屋郷地頭職は、前年七月二十九日に出雲守護京極高詮からすでに安堵されている（『史料綜覧』同日条）。これは将軍による所領安堵が客観的には守護によるそれの追認になっている例である。挙状については相田二郎氏『日本の古文書』上、七九二〜七九四頁参照。

(31) ここで、後述する東条庄、岩田御厨以外の所領で知り得るところを述べておきたい。まず「大土呂・河北」のうち河北は、この文書が三宝院の所蔵にかかることから、同院領河合庄（別名河北庄）のことのように思われがちであるが、記載のし方が大土呂と一括して、同じ越前の稲津保と区別しているところから、九頭龍川北方の河合庄ではなく、大土呂に隣接する、足羽川南方の河北（現福井市上・中・下河北町）を指すもので、所領としては大土呂と一体のものであろう。この文書が三宝院に伝わっているのは、端裏書に「甲斐證文案」とあるところから、たとえば同じ地名であることを利して三宝院領河合庄の支配権を主張して同院との間で相論となった際、甲斐氏側がこの御教書を証文として提出したという事情による可能性もある（朝倉氏が河合庄を「小所」河北〈右述の河北を指す〉に混じて年貢を少額しか納めないという奇計を弄したことは「宣胤卿記」文亀元年十月十三日条などにみえる）。稲津保は河北の東北方約三キロメートルの足羽川右岸に位置するが、建暦二年（一二一二）正月十一日、小国頼継が頼朝より地頭職を賜わった（『吾妻鏡』同日条）という以外に史料的所見はない。

(32) 興国二年正月卅日後村上天皇綸旨写（『松雲公採集遺編類纂』一三七所収渡辺文書、『富山』二四九）。

(33) 守護の闕所地処分権については、笠松宏至氏「中世闕所地給与に関する一考察」（石母田正・佐藤進一両氏編『中世の法と国家』所収）参照。

(34) 岩田御厨は室町期、仁木右馬助の所領であったが（「伺事記録」延徳二年閏八月十八日条）、彼は「外様衆」と呼ばれてはいるものの直参御家人であったと思われる（『群書類従』二九雑部「永享以来御番帳」・「康正二年造内裏段銭并国役引付」・「常徳院御動座当時在陣衆着到」にその名がみえる）。とすれば、直参御家人には幕府御料所が預置かれることが多いことから、同御厨が御料所である可能性も生まれてくる。

(35) 将軍の甲斐邸訪問の徴証は次の通りである。「吉田家日次記」応永八年二月六日条（『史料』七—四、八七〇頁）、「教興卿記」同廿年六月□日条（『史料』七—七、三七九頁）、『満済准后日記』同廿一年六月十九日条、同廿二年六月十九日条、永享三年六月十三日条。

(36) 『満済准后日記』応永卅年正月十二日条に「今日御所様渡御武衛亭、毎年佳儀也」、同卅五年正月十二日条に「今日ハ毎年武衛亭へ渡御日也」などとある。

(37) 小川氏「守護大名細川氏における内衆の成立」（前掲）。

(38) 福田氏も「室町幕府『奉公衆』の研究」（前掲）の中で「斎藤（朝日）因幡」について若干指摘されている。

(39) 「一乗城移城以前の朝倉氏について」（前掲）。

(40) 松原氏が、文和四年三月十二日東寺合戦で正景は高経に叛き幕府方として直冬党と戦ったとされているのは（前註論文）、おそらく、醍醐本「日下部系図」（『続群書類従』七上系図部）及び『系図纂要』所収「日下部系図」以外の朝倉氏系図が一致して伝える「文和四年(称念寺本ナシ)二月十五日於洛陽東寺南大門、与南帝三万騎戦、大破之」という正景の事蹟を根拠とされているように思われる。しかし、正景父子が高経方にあることは一節hに明白であり、三月十二日とすべき日付を京都合戦のそれと混同している（一節註(5)）こととも合せて、系図の方に作為を認めるべきである。これは反幕的行動を隠蔽するための改竄であって、「西軍から東軍に寝返ったという不忠的行為を正当化するため」孝景の事蹟の日付を一部改変したのと同様の意図に基づくものであろう（小泉氏「浅羽本『日下部系図』の朝倉孝景の事蹟について」〈「若越郷土研究」二〇—三〉参照）。

(41) 「朝倉家記」所載文書には疑作文書の含まれている可能性があるし（重松氏前掲「朝倉孝景の任越前守護職をめぐって」）、この文書自体も「朝倉遠江守宗祐入道とのへ」という宛所の部分が不自然である。すなわち、「某とのへ」という宛所が御判御教書に用いられる例はあまりない上に、名前の書き方も普通は「朝倉遠江入道宗祐」とすべきところである。
(42)「鵜殿関問答引付」(『史料』六―二七、七六三～七六四頁)。
(43)朝倉遠江入道宗賢(宗祐と同一人物カ)の庄園押領は延文五年(一三六〇)の河口庄別納郷(「御挙状并御書等引付」、『史料』六―二三、二五三頁)、貞治元年(一三六二)の同庄大口郷(「御挙状等執筆引付」、『史料』六―二四、四二四頁)、同六年の泉・小山両庄(「古今采輯」、前田家所蔵文書、『史料』六―二八、四六八～四六九頁)などに例を徴することができる。
(44)貞治六年十月十七日守護畠山義深請文(保阪潤治氏所蔵文書、『史料』六―二八、五二八～五二九頁)。
(45)といっても、直参御家人になったということではない。それは朝倉孝景が文明三年に初めて「直奉公分」となったことでも明白である(『大乗院寺社雑事記』同年二月廿九日条)。
(46)東大寺文書１／24／211(松岡氏前掲「大内氏の発展とその領国支配」、同氏『大内義弘』)。
(47)「梅松論」(『群書類従』二〇合戦部)。
(48)「太平記」には建武三年六月、足利軍が山門を攻めた際「越前ノ守護尾張守高経、北陸道ノ勢ヲ率シテ仰木ヨリ押寄テ」とあり(巻一七)、同年十月から翌年にかけての金ヶ崎城攻撃の時も高経は「北陸道ノ勢五千余騎ヲ率シテ」(巻一七)とか「北陸道四箇国ノ勢三千余騎ヲ率シテ」(巻一八)とて、高経が北陸道(現実には佐渡・越後を除く四ヶ国であろう)の軍事指揮権を行使していることをうかがわしめる。また実際、能登の国人得江頼員は軍忠状を守護吉見頼隆の他に高経にも捧げて証判を得たり(得江文書、暦応三年〈一三四〇〉十一月日得江頼員軍忠状、『史料』六―六、二六九～二七〇頁)、高経から感状を与えられたりしているので(同文書、同年十一月八日高経感状、『史料』六―六、三八九頁)、建武暦応期の高経には北陸における守護より高次の軍事指揮権が与えられていたことがわかる。
(49)氏家氏が奥州斯波氏の遵行使節として活動していることは、小川氏「奥州管領斯波氏の発足」(前掲)参照。また氏家氏が戦国期まで勢力を保っていることは、太田氏前掲書、氏家８項(陸前の氏家氏)参照。
(50)「太平記」巻一四。

(51)　康永三年（一三四四）六月五日平忠泰渡状案（中尊寺文書、『宮城県史』三〇巻、二六六号）。

五　斯波氏権力構造の特質―結びにかえて―

前節までにおいて、南北朝期における斯波氏被官の検索、主要被官の性格や動向の検討を、強引な推論を交えながら行った。本節ではそれらを要約しつつ、斯波氏の権力構造の特質について若干の指摘を試みる。

島津、大友の如き鎌倉期以来の守護を除く多くの足利一門守護―典型的な「守護領国制」を形成したといわれる―の被官を系譜的に分類するとすれば、(a)鎌倉期以来の根本被官、(b)管国外に本貫地をもつ者、(c)管国内の国人の三つが考えられる。斯波氏の場合、初期の高経の代には細川（鹿草）、二宮、朝倉、斎藤、由宇、島田、氏家、乙部、富、安威などの諸氏が主要な被官として指摘できるが、越前出身と考えられる斎藤氏、越中出身の可能性のある氏家氏を除けば(c)と確定できる者はおらず、(a)としても乙部氏が推定されるくらいで、多くは朝倉氏に代表される(b)に属すると推定される。この点細川氏の初期の守護代級被官の多くが「分国外から来付した」といわれること[1]と共通する。これは南北朝初期における守護の固有の権力基盤の脆弱性、管国における権力編成の未熟さを物語るものにほかならない。さて義将の代になると、富・安威両氏を除く高経期の被官がいずれも引き続いて名を連ねると共に、史料的には甲斐、長田、岩井、安居の四氏が新たに登場するが、この期の斯波氏被官の中で枢要を占めたのは二宮、甲斐、朝倉、由宇、島田の五氏に限定して差し支えない。この五氏に先の分類を改めて施すと、甲斐氏は一応(a)と推定されるものの(b)(c)でない保証はないが、逆に朝倉、由宇両氏はほぼ(b)に間違いないし、二宮氏も(b)に属する可能性が高い（島田氏は不明)。結局高経、義将期を通じて、南北朝期の斯波氏権力を支えた重臣の系譜をたどると(b)系の者が中心となっている。

一般にこの種の被官は多くの場合在地性が希薄であって、その主要な経済的基盤は主家を介して得られる恩賞地や荘園所職にあったと思われるから、本領における強固な在地支配を背景に守護に対して相対的独立性を強く主張し得た管国内在地領主に比べれば、守護権力への依存度も大きくならざるを得ない側面があって、この点で、何の足場も持たない管国に地歩を占めようとする南北朝初期の守護にとって、その権力を支える信頼すべき被官として期待され得た。しかし、特に足利一門守護の場合、度々の合戦において足利軍団の主要な部将として、本来将軍家に来属した武士たちを指揮することも多く、その過程で被官化した者も少なくないはずである(斯波氏の場合、朝倉・由宇・二宮らの諸氏がこれに当ると思われる)。かかる被官は本来的には幕府御家人的性格をもつ者であって、守護による排他的主従関係の形成が必ずしも容易でないという、先に指摘したのと反対の側面もある。したがって、この種の被官が中心的地位を占めている斯波氏の権力基盤も決して安定的なものではなかったと推察される。特に斯波氏の場合幕政の中枢にあったことも加わって、その重臣の将軍権力との結びつきは甲斐氏に象徴される如く意外に強いものがあったと思われる。斯波氏の執事とて、斯波氏の主従制的支配の最も貫徹さるべき御内被官的家宰的地位にあった甲斐氏が将軍権力と無視し難い関係を結んでいたのであって、斯波氏はその最も直接的権力基盤をさえ完全には掌握していなかったといえる(2)。

かかる権力構造の特質が室町期の斯波氏及びその被官にとっていかなる意味をもったかを、以下見通し的に述べておきたい。室町期の斯波氏は嗣子に恵まれず、三管領家の中では最も早くに権勢を失うのであるが、それでもどうにか管領家としての政治活動が可能であったのは、単に管領家としての伝統やそれを認める幕府の姿勢のみによるのでなく、甲斐・織田・朝倉らの宿老が将軍以下幕府諸勢力との関係を維持強化しながら、主家の政治活動を支えていたからだと思われる。(3)しかし、問題はそのような表面的なことではなく、むしろ次のような点が重要である。すなわち、これら斯波氏宿老は主家と共に在京し、将軍を始めとする諸権門との関係を強めることによって代官職などの荘園所職を獲得しながら、在地では守護権力に加えて将軍権力をもその背に負うことによって、威勢を弱めた守護斯波氏に代わって国人に対する独自の権力編成を展開しようとしたのではないかと考えられる。その前駆的事象として、貞治期の越前で朝倉氏が国人の一部を被官化しようとしていることをあげることができるが（前節（4））、越前では長禄頃本格的な動きがみられる。すなわち、長禄二年（一四五八）から翌年にかけてほぼ越前一国をまき込んだ争乱が展開するが、これは甲斐氏による新たな権力編成の動きに対する国人層の反発と規定することができる。(4)かくして、斯波氏の没落は、ひとり偶然的な嗣子の問題よりも、こうした重臣の性格、動向にこそその深因があるのであり、それはすでに南北朝期に用意されていたといえるのではあるまいか。

註

（1）　小川氏「守護大名細川氏における内衆の成立」（前掲）。

（2）　美濃守護土岐氏の場合も守護代斎藤妙椿が「公方奉公者」として将軍権力と深い関係にあった（福田氏前掲「室町幕府『奉公衆』の研究」）。

（3）　たとえば正長元年（一四二八）、斯波義淳が「計会余」り「内若者共」の勧めによって下国しようとした際、甲斐常治がこれを留めたことがあったが、このことを聞いた義宣（義教）は「甲斐申様御感無申計」として、甲斐の処置を賞しているが如きは（『満済准后日記』同年八月六日条）、凋落する主家斯波氏と、これを凌駕する威勢を誇る甲斐氏のまことに対照的な立場を示す象徴的事件といえる。この翌年、管領就任を渋る義淳を説得するため再三にわたって甲斐常治が御所に召されているが、甲斐・朝倉・織田の三人がそろって召された八月二十四日には、甲斐が「上意ハ雖忝候、武衛管領職事、非器無申限事候間、公方様奉為ヲ存間、領掌之様ニ調諫仕事、是非不可叶」といい、他の二人もこれに同じたという（同日記、同日条）。さらに、永享五年（一四三三）十一月三十日、危篤状態となった義淳の跡目が問題となり、義淳の弟で相国寺僧瑞鳳蔵主（義郷）が候補者に決まった時でも、三宝院満済は「先此仁體事、早々甲斐以下者ニ可被談合歟」と語っている（同日記、同日条）。これらの事例は、甲斐・朝倉・織田の三氏が斯波氏の政治活動を実質的に支えていたことを示すものである。なお、これら斯波氏宿老と将軍以下幕府諸勢力（特に将軍側近勢力）との関係については別の機会に論じたい。

（4）この争乱は表面的には、不和となった守護斯波義敏と守護代甲斐常治の戦いのようにみえるが、その内実は、独自の権力編成＝領国制形成を志向した甲斐氏に対して反発を強めた堀江氏を中心とする国人領主が反甲斐勢力の象徴として、おりしも甲斐常治と不和になっていた斯波義敏を戴いたものに他ならない。この点についても稿を改めて考えてみたい。

（一九七七年七月脱稿、十月加筆補訂）

脱稿後管見にふれた「空華日用工夫略集」康暦二年三月十七日・同廿日・至徳三年六月十八日の各条によれば、「浅倉」（氏景ヵ）が管領斯波義将の使者などとして活動していることが知られるので、南北朝末室町初期の朝倉氏は斯波氏から外様的扱いをうけていたという、四節（4）での推論は再検討を要することになるが、この点も含めて南北朝室町期の朝倉氏については他日を期したい。

【付記】本論文に対しては小川信、松原信之、松浦義則の三氏から批判が寄せられていて、そのほとんどは正当なものであるので、以下紹介し、あわせて、自身で気づいた誤りについても記しておきたい。

小川氏は、長田弾正蔵人を（越中）守護使、由宇又次郎を射水郡の「郡司」とした私見（三節）に対して、「如何であろうか」と疑問を呈された（同氏『足利一門守護発展史の研究』吉川弘文館、一九八〇年、四七五頁）。氏は両者をともに別々の郡の郡務担当者と解されている（四五五頁）。長田と由宇の地位が異なると判断したのは、二人への守護代斯波義種書下が、本文はまったくの同文ながら日付が異なっていたためであるが、由宇宛のが写であることから書写の際の誤記と考えることができるので、小川氏の指摘のように、二人は同一の地位（「郡司」）にあったとみなすべきであった。なお、長田弾正蔵人の担当郡は不明である。

松原氏は、特に朝倉氏にかかわる部分に対して、次のように批判されている（同氏『越前朝倉氏の研究』三秀舎、二〇〇八年、主として第一部第二章「南北朝内乱と越前朝倉氏の勃興」）。

①朝倉下野守を朝倉高景（正景）らとは別系統で、のちの奉公衆朝倉氏につながるのではないかと推定した私見（一節2）に対して、「朝倉系図」を参考にして考証したと思われる天正本「太平記」が下野守を「遠江守高景」としているように、高景とすべきであり、「太平記」諸本が下野守とするのは、「編者が朝倉氏の活躍を『太平記』編纂当時の朝倉当主の官途に誤って記した可能性が大である」とされた（前掲書二九頁）。

②朝倉弾正某を越前朝倉氏とは別流に属する人物で、のちの奉公衆朝倉氏につながるのではないかと推定した私見（一節註4）に対して、各種朝倉系図が高景の四男で三段崎氏の始祖とする弾正忠弼景（法名月山）のこととされた（前掲書一〇・三〇・二二六頁）。

③足利一門守護の被官を三つに分類したうち、朝倉氏を「管国外に本貫地を持つ者」に当たるとした私見（五節）に対して、南北朝期の朝倉氏は、ただ単に越前以外の出身というだけで、本貫地但馬に政治的・経済的基盤を有しておらず、すでに越前の国人に転身していたのであり、「管国内の国人」に分類すべきであるとされた（前掲書二七頁）。

①について。天正本以外の「太平記」諸本が下野守とするのを、「編纂当時の朝倉当主の官途に誤って記した」とされるが、たとえば壬生本「朝倉家譜」によれば、朝倉氏で初めて下野守を称する為景（高景の孫）を延文五年（一三六〇）生まれとし、暦応二年（一三三九）生まれの父氏景の没年を応永十二年（一四〇五）とするので（松原氏前掲書四九八・五〇〇頁）、応安年間（一三六八～一三七四）頃が有力視されている「太平記」諸本の成立時の朝倉氏当主が為景である可能性はきわめて低い。しかし、「太平記」諸本に見える「朝倉下野守」は、文和四年（一三五五）二月、北陸から直冬党の一員として上洛した斯波氏頼に属して参戦していることから斯波氏被官として越前に在国していたと考えられること、「太平記」諸本の巻三三以外の箇所では、いずれ

も単に「朝倉」とのみ記し「遠江守高景」の名が見えないこと、のち斯波氏の重臣になる朝倉氏は高景の系統であること、などから、「太平記」が下野守とした原因は説明できないものの、松原氏の指摘通り、高景とみる方が合理的であり、したがって、一節註５における松原氏に対する批判は撤回しなければならない。

なお、高景の事績に関わって、『朝倉家記』所載文書に対して疑念を差し挟む記述をし（一節註５・四節註41）、その点を専論で具体的に述べたが（拙稿「『朝倉家記』所収南北朝期文書の再検討」『日本歴史』四六三、一九八六年）、これに対する松原氏の全面的な批判（前掲書一七～一八頁）も、ほぼ受け入れたい。

②について。朝倉弾正が将軍に直接仕えていたことは、松原氏も認めておられる。問題は、これが奉公衆朝倉氏につながるのか、朝倉氏庶家三段崎氏の始祖月山なのか、ということであるが、月山の推定生存時期と「御的日記」における朝倉弾正忠の所見年代に矛盾は生じず、かつ、知られている奉公衆朝倉氏の官途に弾正忠が見当たらない以上、確証はないものの、後者とする松原説の蓋然性が高い。

③について。確かに斯波被官となる朝倉氏は南北朝期に本貫地但馬から越前に本拠を移していたといえるが（但馬との関係が全く喪失したかどうかは不明）、守護の被官編成を問題にする際、管国内に鎌倉期以来の所領を有するか否かは大きな要素になるので、朝倉氏を「管国内の国人」に分類するのはやはり適当ではないと考える。

松浦氏は二宮某を越前大野郡の「郡司」と推定した私見（三節）に対して、二宮某（信濃守護代二宮氏泰と認定）は「郡司」ではないとされた（「中世越前の諸地域について」『福井県文書館研究紀要』六、二〇〇九年）。氏は問題の乙部中務入道宛二宮「施行」状が内容・形式から正規の遵行系統に属するものとはいえず、守護斯波義将が、大野郡の半済地の支配権を持つ弟義種の了解を取った上で、義種配下の立場にあった二宮氏泰による内々の「施行」によって処理しようとしたものにすぎないとされた。従うべき見解と考える。なお、南北朝期における越前大野郡と斯波氏の関係についての現時点における私見は、『大野市史』通史編上（近刊）第三章第一節３「斯波義種と大野郡」で述べている。

自身で気づいた誤りもある。まず、相国寺供養随兵の斎藤石見守種用（二節）を、越前屈指の伝統的土着武士堀江氏と認定することができなかった（一節ｄの斎藤も堀江氏の可能性あり）。そのため、結果的に管国内国人の被官化を過小評価することになったとの反省がある。ただ、南北朝期の堀江氏が斯波氏のもとで守護代以下支配機構の公職に登用された形跡はないので（三節）、結論そのものを根底から変更する必要はないと考える。この他、甲斐氏の初見史料として「祇園執行日記」応安四年七月十二日条を挙げたが（四節）、越前坂北荘長畝郷内長屋跡の水無瀬三位家雑掌への打渡を命じた、年欠九月八日甲斐美濃守宛某（守護代二宮氏カ）書状案（『福井県史』資料編2、水無瀬宮文書六号）が、それより十年以上前に比定されるとの推測を、拙稿「南北朝・室町期越前守護沿革・支配機構に関する諸問題（一）」（『若越郷土研究』四三―二、一九九八年）で行っている。

Ⅱ　足利義持の初政と斯波義将

臼井信義

元弘建武の争乱ののち、公家の秕政に乗じて武権を確立した足利氏は、南朝勢力に対する政策上、京洛の地を離れることが出来ず、義満の時に至って上京室町の地に花第を営み、ここをながく足利氏幕府の処と定め、明徳三年南帝帰洛の後も、将軍の第は京都を去ることがなかったのである。そのため公武の接近は次第に将軍の公家化となり(1)、義満僭上の振舞の如きも、彼が公家としての地位を向上せんとする結果に他ならないのであった。

この義満が応永十五年五月六日五十一歳で薨じた。四月末からの咳気が僅か旬日にして彼を不帰の客となしたのである。その時の様子を伏見宮貞成親王はその著椿葉記に「さだめなきうきよのならいのうたてさは、いくほどなく同五月六日じゆしう薨し給ふ、世中は火を消たるようにて、御あとつぎも申をかるるむねもなし、此若公にてやとさたありしほどに、管領勘解由小路左衛門督入道をしはからい申て、嫡子大樹相続せらる、」と記しておられる。

義満が薨じたとき、その男子は少くも八人はあった。長子は且って院中に仕えた加賀局の子で、明徳三年青蓮院に入り翌年出家して尊満と称したが、応永十年何かの事情でそこを出て、禅僧となって嵯峨香厳院に住する友山清師であって、この時は二十九歳に当る。次が藤原慶子を母とする現将軍義持で二十三歳、その次が義持と同腹の青蓮院義円と、春日局の子で此の春内裏で元服した義嗣で、共に十五歳である。更にその次には後の仁和寺准后法尊・相国寺住持虎山永隆・大覚寺大僧正義昭・梶井准后義承があり、各々十三歳・六歳・五歳・三歳である。(2)この内仁和寺法尊は義満の正室である日野業子の晩年の子らしく、この翌年即ち応永十六年十一月仁和寺に入室し、十九年には准后宣下を受けた。このことは異例なことであって、仁和寺は皇族のみの入られる寺で、これまで皇孫以外の入室は、九条道家の子関白准后法助の他に例はなく、また法尊がその兄義円に先んじて准后宣下を受けたことなど、何れも彼が兄弟等のうち特に重んぜられたためとは思われる。(3)

このように八人の兄弟があったが、将軍の職は既に早くから義持が継いで室町第にあり、義満が何ら遺言を為さなかったのも、おそらくその必要がなかったからであろうが、その弟の義嗣が義満特愛の寵児であり、梶井入室をとり止めて内裏で元服させ、官職もすでに宰相中将に昇っていたため、当時の世人には義満の後を継ぐものに義嗣ならんと思う者が多かったのであろう。随って義嗣にとり入る公卿武将も多かったようである。斯る際にはっきりと義満の後継者を義持と定め、あくまでこれを扶持したのが斯波義将である。これから応永十七年五月義将の卒するまで満二ヶ年間の義持の初政は、もっぱらこの老宰斯波義将の輔佐指導によるものであった。

一

義満薨後直に起ったのは例の尊号問題である。これに関する史料としては東寺執行日記に「(五月)同八日、贈太上法皇号可被給之由、雖有宣下、昔ヨリ此例依無之、勘解由小路禅門申留云々、」とあるのが唯一のものであって、教言卿記六月五日の「大外記師胤朝臣来、尊号事相尋之、凡人無其例云々、弓削道鏡事如何、天智天皇之御孫云々、」とある記事がこれに関係ある史料である。共に当事者の記録ではなく、殊に前者は伝聞の記事であり、転写を経た史料である。而してこの他にこの事件を明らかにする材料は未だ見出されない。果たして宣下が行われたか、宣下される前に辞退されたのか、その点も詳かになし得ないのである。

然し大外記といえば詔書を勘正すべき所役の者である。またさきに応永十四年北山院院号宣下の際宣旨を草したのもこの中原師胤であった。その師胤が教言の邸を訪ねて来たので、早速教言が尊号のことを話して、師胤の意見を尋ねたのである。それに対して師胤は凡人に其例なしと反対意見を述べているのは、少くとも公卿のうちにも尊号をおくるのに反対するものがあることを示すもので、しかも義満に最も取入った公卿の一人である山科教言のこの日記に、ただこれだけの記事しかないのは、おそらく宣下の前に斯波義将等の計として辞退されたためであろう。公家に宣下の議があれば、先づ武家に内談されるのが通例である。わざわざ宣下を持って辞退する必要があろうか。翰林葫蘆文集の鹿苑院百年忌陞座散説には「同年五月公捐館騎箕尾、在端午之翌、於是天皇輟朝数月、特遣中貴人、臨弔其第、因謚以法皇号、嗣君以其爵位勛階栄顕過甚、不敢拝朝命、」とあるが、禅僧らはこの後義満のことを鹿苑院太上法皇とか鹿苑天皇とか記し、また尊氏や義詮のことまで皇祖とか皇考とか記するようになった。これらはいづれも大檀那である足利将軍に諂するものというべきであろう。

またこれに関連して起ったのが改元問題である。元秘抄によればこの年十二月五日文章博士東坊城長遠等に宣下して、年号の字を撰進せしめられたが、遂に改元の沙汰には及ばなかったとある。改元の理由については何の記載もないが、おそらく重臣薨逝の稀有の例に足利氏の代替りを含ませんとしたものであろうことは、この後の正長改元の際のことなどからも推察し得るのである。(4) 而してこの改元が沙汰止みとなったのも、武家殊に斯波義将らの献言によるものと考えて誤りないであろう。

二

このように独裁者突然の死去の後をうけ、所置宜しきを得て、将軍の公家化を停め、足利幕府を安泰ならしめたのは、実に斯波義将の功であった。義将は足利氏の最も近親の一族であり、幕府創業の功臣斯波高経の四男で、長兄家長は陸奥守として奥州の鎮めとなり、次兄氏経は筑紫探題として九国の圧へとなった。三男氏頼は出家し、弟の修理大夫義種は加賀の守護である。貞治元年細川清氏が南朝に応じて後執事の職を闕いたので、将軍義詮は斯波高経を之に当てんとしたが、高経はその寵愛の子義将をしてこの職に補せしめ、己れはその後見となった。塵添壒嚢抄によれば将軍から「只天下ヲ管領シテ御計候へ」といはれ、これより執事の職名が管領となったというが、執事を管領と呼ぶことは決して義将の時にはじまることではない[5]。その後義詮病没の際細川頼之が上げられて嗣子義満を輔佐したが、義将は事々に之と対立したようである。頼之隠退の後康暦元年再び管領の職に補せられ、明徳二年細川頼元と代り、次で同四年三度管領となった。

義満は応永元年の末に将軍の職を義持にゆずり、二年六月には出家して道義（初め道有）と称したが、義将も七月二十三日現職のまま出家して道将と称し、二十五日には右衛門督に任じ、正四位下に叙せられた。荒暦の二十六日の条には「管領新禅門任右衛門督、去夕宣下云々、定是俗体之時儀歟、可尋記、正下四位同宣下云々、武臣右衛門督未聞事也、上階事可有沙汰之由、雖被仰固辞云々、武衛事猶其身不甘心歟、然而無覃辞退云々」とあって、出家した者に叙位任官が行われ、しかも武臣としては未聞の右衛門督に任ぜられた、これ義満の奏請によること勿論であろう。

斯くて将軍を義持にゆずって出家した義満は、やがて北山に別業を営み、あだかも皇室に於る院政の如く、出家という自由の身にあってしかも政治の実権を握り、将軍は院政下の天皇の如く有名無実の影の薄い存在となった。義将も亦応永五年管領を辞し、これからは専ら義満専断の世となったのである。その後畠山基国を経て応永十二年に、義将の子左兵衛督義教入道孝が管領となり、義満の末年に及ぶのである。

ここで斯波義将のことを当時の記録に、武衛または勘解由小路殿と記されているのに注意したい。武衛とは元来は兵衛府の唐名で、普通には左右兵衛督のことを指す、而して義将以後斯波家のことを武衛家と呼ばれるようになる。そのため斯彼氏の系図や伝記の類には、義将が兵衛督になったように記されたものが多いのである。然し義将は兵衛督に任ぜられたことは無く、初任は治部大輔であり、次で左衛門佐となり、極官は前述の如く右衛門督である。衛門府の唐名は金吾であって武衛ではない。だから空華日用工夫略集などにはよく左金吾と記されているのである。義将の子義教（本名義重）は左兵衛督に任ぜられているから武衛と呼ばれ得るが、義将はその官名からは武衛とは呼ばれ得ないのである。然るに前記の荒暦はじめ吉田家日次記や東院毎日雑々記など応永初年の記録に義将のことを武衛と記すのは何故であろうか。

これを解くのに山城名勝志の説がある。即ち武衛義廉宅の項に或記云として「管領斯波治部大輔源義将ニ勘解由小路武衛ノ宅地ヲ賜フ、故ニ其称号ヲ曰武衛」というのである。即ち義将の邸が勘解由小路武衛陣の所にあったので、そのために勘解由小路殿とも武衛とも呼ばれたのであって、彼の官位が兵衛督であったが為めではないのである。この事を明らかにしておくことは、当時の記録を読む上に必要なことで、例えば教言卿記などにみられる勘解由小路殿と武衛禅門とは同一人の如く解され易いが、前者は斯波義将のことであり、後者は同義教を指すのであって、混同さるべきではないのである。

三

義持は父の薨後直ちに室町第から北山第に移ったが、(6)八月には石清水八幡宮に山城今福郷を寄進して天下安泰を祈り、(7)三宝院満済をして長日祈禱を修せしむると共に、(8)細川頼長を和泉半国守護に補し、(9)南禅寺に寺領を還附する等、(10)はじめて自ら御判の御教書を発して事実上の将軍としての権を執行することとなった。

この義持の初政に於て注目されることは、その政策や対度が父義満の行ったことに対して反動的な点が少くないことである。十月には権門の交りを避けて丹波天寧寺や安芸仏通寺に隠棲している愚中周及を強いて招き上せて法を問い、(11)十二月には義満の命に忤って土佐にあった大周周禽を迎えて相国寺の住持と為した。(12)次で十六年の春には周及に紫衣を賜り、八月には己が逆修仏事を行わしむるなど、義満時代に隠棲していた禅僧を登庸せんとし、十七年二月には大岳周崇をして天竜寺住持となし、天竜寺を再び五山の第一位に復せしめた。(13)これは至徳三年に天竜寺を五山第一位と定めたものを、応永八年義満は己が建立になる相国寺を天竜寺の上に位せしめて第一位となしたのであったが、義持は再び尊氏建立の天竜寺を第一位に上げ、相国寺を第二位となしたのである。

また十五年十一月には伏見宮家にその御領所伏見の地をお返ししたが、これも先に父義満が、己が山荘を建てんとして宮家から召上げた土地であった。ここに伏見宮栄仁親王は漸く御本領の地である伏見にお還りが出来たのである。

これも椿葉記によれば斯波義将の計いによるものであった。

四

この間十六年三月中旬から義持は病に罹り、医薬や祈禱も容易に効を奏せず、三月二十二日には内大臣宣下の議があって[14]、上卿や職事まで定められたが延期せられ、壬三月を経て四月中旬漸く平癒して、義満一周忌の前には義嗣と共に鹿苑院に詣ることが出来るようになった。

斯くて義持の病が癒えると、前管領斯波義将が四度管領に還補された、即ち教言卿記六月七日の条に「前管領還補云々、珍重々々」とあり、九日の条には「昨日倉部（山科教興）管領還補事令参賀也」とある。この事は執事補任次第にも其他のものにも記されていないのであるが善隣国宝記所収の応永十六年六月十八日義将から朝鮮国議政府左右丞相宛書翰に、日本国管領源道将と署名されていることに符合するもので、確実なことと思われる。然しこれは朝鮮に対して義満の訃を告げ、義持の襲職を報ずるという外交上の必要から行われたことかも知れない。それは八月には義将の孫で、義教の子である斯波義淳が管領となっていることが、現存の文書によって明らかにされるからである[15]。

義淳の管領補任は、武家年代記や鎌倉大日記は六月五日のこととしているが、執事補任次第には「治部大輔義淳、応永十六年八月十日補任、至同十七年、二箇年、斯波道孝長男、于時十一歳、依為幼少祖父法苑寺代孫載判形云々」とあって、八月十日に義淳が管領に補されたとしてあり、前述の教言卿記や善隣国宝記及び現存文書との間にも矛盾を来たさないのである。

然しこの執事補任次第の記事にも誤りがあるので、義淳は応永十四年十一月に十一歳で元服しているからこの年は十三歳の筈であり、それは亦祖父義将の先例にも一致するのである。また義淳が幼少のため法苑寺即ち義将が代判をしたとあるが、代判したのは実は祖父義将ではなくて父の義教である。東寺百合文書オ応永十六年八月廿八日・山城海蔵院文書同年九月十日・尊経閣所蔵文書同年九月十六日・永田文書同年十月十五日・宍道文書同年十一月十九日等の御教書はみな署名は治部大輔とあるが、花押は明かに義教の花押なのである。[16]

これによってみれば、義将の管領還補は一時の権儀であって、義教の管領職はその子の義淳に継がれ、義淳が幼少のため義教が代って事を執ったのである。然し何れにしても祖父義将の意見が重要な意味を持ったことは言を待たぬ、否むしろ管領の実権は義将が握っていたというべきであろう、仲方和尚語録には義将の卒後その肖像の開光安座仏事の法語に「五握邦家之鈞軸、政用文経武緯、独任廟堂之蓍亀」と記している。この五握邦家之鈞軸とは義教及び義淳の管領の代もその実権が義将にあったことを意味するものと解されるであろう。

五

六月になると義持は石清水八幡宮に代始めの参詣をなし、[17] 次で伊勢にも参宮し、[18] 七月二十三日には内大臣に任ぜられたが、[19] やがて三条坊門の地に新第を建て、十月二十六日此処に移り往んだ。[20] この三条坊門は古く足利直義第の在った所で、尊氏の住んだ二条高倉第にも隣接し、直義についで義詮も亦この処を幕営の地と定めたのであった。正平七年南軍入洛の際焼亡の厄に遇ったが、間もなく義詮は此処に帰り、貞治三年八月には大いに殿舎新築の工を起した。

時の管領は年少の斯波義将であり、父の高経入道道朝が後見して事を管し、越前の己が宿所を毀って取寄せるなどして力を尽したのであった(21)。また義詮は貞治六年九月邸内の八幡宮の別当に三宝院光済を補し、所領を寄進してながく幕府守護の鎮守となしたのである(22)。

この義詮の三条坊門第の位置は師守記によれば三条坊門万里小路と富小路の間四町とあるが、在盛卿記には更に明確に「三条坊門南、姉小路北、万里小路東、富小路西、以西為面」と記している。

義持は初め将軍として室町第に住んだが、義満薨後その北山第に移り、ここにまた北山第を毀って祖父義詮の遺跡三条坊門に新第を建てたのである。在盛卿記には其の処を「貞治四年宝篋院殿令移徙当御在所給云々」とあって、この新第が義詮の第趾であることを示し、建内記には「勝定院殿（中略）至応永十六年、温等持院・宝篋院御旧跡、新造甲第、為御所」とあって(23)、義持はその祖先である尊氏や義詮の旧跡を慕って此第に移った由を記している。室町第も北山第も共に父義満の築くところ、そこには義満公家化の遺風が多く、義持はむしろ武家本来の姿を懐しみ、祖父の遺跡に幕府を移し、以て人心を一新せんとしたのである。これには晩年の父義満に対する反感もあったであろうし、また老宰斯波義将の献言によるところも多かったに違いない。義持の新第移徙が義詮の三条坊門第移徙の日と同じく火曜の日が選ばれ(24)、移徙の経営が年少の管領斯波義淳の手で行われたこと等によっても(25)、この間のことを推測するに難くないであろう。なおこれより後は室町第を上御所と呼び、三条坊門第は下御所と呼ばれるのである。

義持の移住に続いて義嗣も同じく三条坊門の新第に移り(26)、斯波義将も亦北山から洛内の地に移った(27)、若狭国税所今富名領主代々次第には「一族達大名様も皆々御移有之」とあって、足利氏一族の大名達は何れも新幕府の近傍へ移住したことであろう。また公卿の内でも将軍家と特別な関係にある日野重光は中御門万里小路の常盤井宮第に移り、このため満仁親王は故四辻善成の第趾松岩寺に移住されることとなったのである。[28]

六

斯くて義満薨後の非常の時に当って、将軍義持を輔佐して、足利幕府の基礎を安泰ならしめた斯波義将は、応永十七年五月七日六十一歳で卒した。[29]義満の対明外交についても、満済准后日記によれば、明使を遇するの礼が厚きに過ぐることを、義将が述べていたとあるから、義持の代となってその対度を改めたのも、義将の献言によるところ少くなかったであろう。義満薨後その訃報に対して明帝より使者をおくり、義満の功績を讃え恭献と諡し、次で義持を日本国王に封じ、海寇の鎮圧を命じ来った。[30]然し義持は弔問に対する答礼の使は遣したらしいが、これ以後は明との交渉を断絶せんとしたのであった。（昭和二十八・十一・二十五）

註

（1）義満の公家化に就ては既に恩師渡辺世祐博士の多くの御研究があり贅言を要すまい。

（2）義満の男子等に就ては〔国史学〕七十五号拙稿「足利義持の薨去と継嗣問題」参看

（3）〔有職問答〕仁和寺御室事　御代々宮ニ而御座候、勿論候、光明峯寺摂政息法助、号関白准后、此一代候、其後鹿苑院但摂家より一代幷鹿苑院殿御時武家より一代御住候、是一段希御息一代御入室、早世也、此外王孫ナラテハ無入室也、有御事にて候よし被仰出候キ、巨細被仰下度候、

〔当竹不共記〕准三后法尊、応永十九年四月十六日宣下、御歳十七、于時青蓮院僧正雖舎兄不及其沙汰、是則此門跡異他也云々、

（4）〔日本歴史〕五十二号拙稿「正長の改元」参看。議満の尊号について尊卑分脈等には「同九日被奉贈太上天皇尊号、但自本家被

固辞云々」とあるが、出典が未詳である。この問題はなお不審の点が多いので、後考を期することとする。

（５）〔日本歴史〕六十号拙稿「公方と管領」参看

（６）〔教言卿記〕六月七日、北山殿可為御座之由治定云々、

（７）〔石清水文書〕六　応永十五年八月十三日　寄進状。応永十五年八月十八日　御判御教書

（８）〔三宝院文書〕三　八月廿七日御内書

（９）〔細川侯爵家文書〕一　応永十五年八月廿九日袖判御教書

（10）〔南禅寺文書〕一　応永十五年九月廿一日御判安堵状

（11）〔仏徳大通禅師愚中和尚年譜〕

（12）〔臥雲日件録抜尤〕宝徳二年二月廿四日ノ条

（13）〔扶桑五山記〕〔天下叢林名目〕

（14）〔教言卿記〕三月廿二日、北山殿馬場御所可有宣下内大臣云々、廿三日、北山殿馬場内大臣宣下事、上卿万里小路中納言豊房卿、職事頭中将宗量朝臣云々、

（15）〔東寺百合文書〕オ一之二十五　応永十六年八月廿八日高土佐入道宛御教書

（16）〔教言卿記〕応永十四年十一月十九日、勘解由小路孫十一歳元服、珍重々々、

（17）〔福照院関白記〕〔教言卿記〕六月十五日ノ条参看

（18）〔教言卿記〕六月十八日、今暁北山殿両御所参宮、廿三日、自伊勢両御所様御下向、

（19）〔公卿補任〕〔後法興院政家記〕長享二年九月十八日の条引例

（20）〔大乗院日記目録〕〔在盛卿記〕武将代々御在所事

（21）〔師守記〕貞治三年八月十日、十一日、参看

（22）〔三宝院文書〕三。三条八幡は宮地直一博士によれば、もと久我通成第内に祀られた若宮が、後に足利氏の三条坊門第に抱合せられ氏神としてその崇祀を受けたもので、三宝院文書の鎮守八幡宮なる名称も、東寺の鎮守ではなくして将軍義詮第の鎮守の意で

あるとしておられる。然しまた三条八幡は等持寺八幡とも呼ばれ、尊氏の二条高倉第跡の等持寺の鎮守とも解し得るのである。この社は六条八幡と共に洛中の氏神として代々足利氏の尊崇をうけた。

(23)〔建内記〕嘉吉元年十月廿三日ノ条
(24)〔在盛卿記〕長禄二年十二月五日、御移徙日当火曜御例事、
(25)〔在盛卿記〕武将代々御在所事
(26)〔教言卿記〕十一月六日、新御所下御所被新造、十二月八日、新御所移徙、
(27)〔教言卿記〕十一月六日、勘解由小路殿今日ヨリ京ニ移住云々、
(28)〔教言卿記〕十二月八日、裏松殿常盤井殿移住、〔満済准后日記〕永享三年十一月十日ノ条、
(29)〔東院毎日雑々記〕〔忠定卿記〕
(30)〔善隣国宝記〕〔明史〕〔大明実録〕〔明成祖勅書〕

【付記】本稿を成すに当っては岩橋小彌太・玉村竹二両先生編纂の史料によるところが多い。ここに厚く謝意を表します。

Ⅲ　斯波義将の禅林に対する態度
―とくに春屋妙葩との関係について―

今枝愛眞

一、はしがき

室町時代の初期、いわゆる「北山時代」は五山叢林がもっとも充実した時期に相当し、足利義満・義持等の歴代将軍をはじめとして禅宗信者は枚挙に遑がない程である。これらの人々のなかでも斯波義将は当代の禅林に対して極めて深い理解と認識を示した典型的な武人の一人であったと考えられるのであるが、従来あまり顧みられていないので、ここにその信仰内容及び禅林に対する態度等について観察してみたいと思うのである。

註

（1）管見では、足利衍述氏著『鎌倉室町時代之儒教』第二編 第十章「侯伯の儒教」の第五斯波義将の項において、義将と禅宗との関係にふれられ、また臼井信義氏が『駿台史学』第四号「足利義持の初政と斯波義将」において、義持の初政における義将の輔佐について述べられている外は殆ど見当らない。なお臼井氏にはこの外史料等の御教示に与った。

二、義将の法号及び出家

しからば義将はどの程度に禅宗を理解し、そしてその内容は如何なるものであったであろうか、まずその形式的な面である法名からみて行こう。

義将はじめ法諱を「道光」といったが、[1]後年になって「道将」と称している。[2]この法諱についで道号を禅僧から与えられるのが一般であるが、義将はこの従来の慣習を破って、自ら「雪渓」という道号を撰び、その説を中岩円月、頌を春屋妙葩と来朝中の天台僧無逸克勤、序を義堂周信等、当代五山叢林における屈指の名尊宿から贈られている。[3]このことはとりも直さず義将がこの時代の禅林と極めて密接な関連をもっていたことを物語るものであるが、とくに法諱の道光に対して道号を雪渓と自撰したということは、両者すなわち名・字が字義相応するという原則を熟知していたことを示すもので、[4]このような例は義満をはじめ他の武士にも禅宗信者が多いなかにあっても義将を措いてはその類をみないところであり、その禅宗理解の深さが察せられるというべきであろう。なお因みに院号の「法苑寺殿」は、後年に義将が嵯峨に法苑寺を開剏して、ここを墳墓の地としたので、[5]これによってその歿後に与えられたものである。

つぎに、義将はまたこの外にも「玉堂」という別号をもっていたことは一応注目に値する。[6]すなわち、別号というのは、当時の中国禅林で漸く盛んに行われ出した慣習で、[7]義将が師事した春屋妙葩も「芥室」と号していたが、義将は逸早くこれを模し、しかも自らの境涯をかの大文豪蘇東坡に擬して、[8]その雅号である玉堂に倣って自邸を「玉堂」

といい、(9) さらにこれを別号とするに到ったのである。このことは一面には義将が、蘇東坡の詩文がまさに流行しようとしていた五山叢林の動向を鋭敏に感得していたためともみられる。

以上、義将の法号及び別号についてみてきたが、さらにその出家の態度には義将の禅宗信者としての立場がより一層明瞭に窺えるものがある。すなわち応永二年六月二十日、義満は禅宗に帰依するのあまり得度出家するに到ったので、(10) 公家・武家ともにこれに追随するものがあとをたたず、義将を除いては諸大名も殆ど残るもののない有様であった。しかるに義将は武人として安易に出家入道する意旨はなかったらしいのであるが、義満の強要によって公武悉く出家してしまった周囲の情勢から、一人遁れざるを悟り、やむなく義満を戒師、絶海中津を剃髪師として得度するに到ったのである。(11) ここに、遂には義将も義満の意向に服したとはいえ、飽くまでも在俗の禅宗信者として、禅僧との領域を判然と区別しようとしていたその自覚が投影していることが知られるのであって、それだけに皮相的でなかった彼の信仰態度が察せられるというべきではなかろうか。

註

（1）『空華集』十四の序の部の雪溪序に、「今之政府左金吾相公、法諱道光、○中略 余（義堂周信）頃在関左、有客伝公命、俾余亦為雪溪説、余辞以不敢、○下略」とある。

（2）『万山編年精要』の応永二十六年十二月十一日の条によると、義満の夫人日野康子の法名は北山院雲岳真高禅定尼であったことが知られる。従って義将はさきにこの法諱が定められた後、「真高」の高と「道光」の光が同音であるところから、これを避けて、俗名の一字をとって「道将」と称するようになったのではあるまいか。

（3）『空華集』十四の序の部の雪溪序に、「今之政府左金吾相公、法諱道光、嘗感宵夢、以雪溪自号、本朝禅伯月中岩（円月）為之説、明国講

師勤（克勤）無逸為之詩、蓋皆僧史之才也、余頃在関左、有客伝公命、俾余亦為雪溪説、余辞以不敢、後十又余年、余在輦下、公復以茲紙授余、必欲為説、然説説已尽於中岩氏矣、今後則諺所謂雪上加霜耳、不已乃為序代説曰、○中略　歳次乙丑（二年）至徳仲春、五台釈某序（周信）、」とある。なお『智覚普明国師語録』六の偈頌の部にも雪溪の頌があるが、これについては後述する（第三章参照）。

（4）『抜隊和尚行実』に、「道号者因法号下字、而以其身気宇徳相安之、」とあるが、くわしくは玉村竹二氏『画説』第五十三・五十四号「禅僧称号考」参照。なおこの場合、道光に対して雪溪とした名字相応の根拠となる出処は、禅宗の二祖慧可、はじめの名は神光が、いわゆる「二祖立雪」といって、雪中に佇立して初祖達磨に参禅を求めた因縁によるもので、これについては玉村氏の御指教を仰いだ。

（5）『扶桑五山記』三の天龍寺の塔頭の項に、「法苑寺　円鑑、諱梵相、嗣普明（妙葩）、今存舊趾、属正円菴、」とみえる。

（6）『後愚昧記』（内閣文庫本、以下同じ）の康暦元年五月に、「三日、陰晴不定、彼称云、武家執事々左衛門佐、号玉堂、故修理大夫高経法師子、領状、此間治定云々、」とある。

（7）これは笑隠大訢の蒲室、季潭宗泐の全室等のごとく、明初の中国禅林において流行するに到った風潮で、この頃の入唐者によって模倣伝来され、漸く北山時代にはわが五山叢林にも鼓吹され、この後東山時代にかけて天章澄彧の呆菴、希世霊彦の村菴、横川景三の補菴等盛んになったものである。

（8）義将は執事（管領）であり、歌人としてもきこえ、かつ又禅宗の帰依者であるが、蘇東坡も宋の哲宗に仕えて翰林学士・侍読等になった詩人で、また禅宗信者として臨済宗黄龍派の東林常総の弟子にあたる人であったので、両者の境遇は極めて類似しており、しかも侍中の所居を玉堂ともいったところから、侍読であった東坡は別に玉堂という雅号をもっていたことによる。

（9）『後愚昧記』康暦元年五月に、「七日、陰晴不定、新中納言資康卿為賀執事事、向左衛門佐宿所、清水坂、號玉堂、」とある。

（10）東洋文庫所蔵『荒暦』応永二年の項に、「六月廿日、壬申、晴、伝聞、室町准后今暁被遂素懐、四辻前大納言、中山前大納言等、於彼一所出家云々、○下略」とある。

（11）『柳原家記録』百四十四『荒暦』応永二年七月に、「廿三日、伝聞、今日管領義将朝臣出家入道云々、是又乍居重職、不及辞退、無左右落餝、尤可驚歎、但彼気色無所遁歟、此外諸大名大略無残者云々、○下略」とあり、また内閣文庫所蔵『古文書』九集の同年の項に、「七月廿四日、管領義将朝臣、今日叙正四位下、任右衛門督、於北御所得度、入道前太政大臣殿、令剃始給之後、絶海和尚被剃之、今川右衛門佐仲秋、今日同落飾云々、」とある。

三、義将の禅宗信仰

このように、義将は外面的には禅宗をかなり正確に理解していたことをわれわれは知ったのであるが、しからば義将はどの程度に禅宗を信仰していたか、そしてまたその信仰内容は如何なる性格のものであったか、それにはまず義将をめぐる諸禅僧との関係についてみなければならないであろう。

さきにも述べたごとく、義将の帰依僧には春屋・義堂・絶海・中岩等の当代五山叢林一流の人々が多くみられるが、これら五山派の人々のなかでもとくに義将に大きな感化を及ぼしたのは、曹洞宗宏智派と臨済宗夢窓派の人々であったと思われる。

宏智派というのは、鎌倉時代に東明慧日の来朝によってはじめてわが国に移植された曹洞禅の一派で、鎌倉円覚寺白雲菴、或は京都建仁寺洞春菴などを根拠にして、五山叢林において他の五山派とともに栄えた門派である(1)。なかでも東明の直弟別源円旨はその出身地である越前の守護斯波氏に接近して、同氏の手厚い庇護をうけるに到り、守護の斯波高経の推挙によって、この派としてははじめて京都五山の建仁寺に住している程であって(2)、両者の関係はすでに義将の先代から相当親密であったことが知られる。かくしてこの関係は義将の時代には一層深められるに到り、出世して他法を嗣ぐまでは東明の弟子として同派の人であった中岩から、先述のごとく義将は字説を贈られている外、別源の法嗣たる起潜如龍・玉岡如金等とも極めて親交があり、とくに起潜には「家僧」として特別な保護をよせ(3)、また斯波氏の発祥地の三河碧海荘に菩提寺を剏めて、山号を鍾秀、寺号を永源と自ら称し、起潜をその第一世に請じており(4)、この後玉岡をも同寺に住せしめている(5)。この場合、義将がその山号寺号を自ら撰定していることは、さきの道号と同様に、義将の禅宗に対する理解と教養の深さを示す好箇の事例であろう。このように義将は宏智派の人々と極めて密接な関連をもっていたが、そこには私的な親近関係が多かっただけに、義将の禅的知識教養に与えた影響は決して少くなかったと思われ、しかもこの宏智派には、中唐・別源をはじめ入唐して中国禅林の当世風の新思潮を伝承してきた人々が多く、従ってこの時代の五山叢林にあっても清新な雰囲気を豊富にもっていた一派であったので(6)、義将がこれらの人々とはやくから深密な間柄であったということは、義将の信仰内容をみる上に看過出来ないものがある。

このように義将と宏智派との関係には私的な意味が多く含まれていたが、さらに公私にわたってより以上に深い交渉をもつに到ったものに、当代五山叢林の代表的門派を形成していた夢窓派の人々があり、なかでも義将はその中心人物たる春屋妙葩及びその門派と極めて密接な関係を結んでいたことは特筆するに値するであろう。

春屋は夢窓の法嗣で、同門の龍湫周沢とともに夢窓派下の領袖となったが、夢窓の俗の甥にあたる上に(7)、政治的才幹にとんでいたので、のちには龍湫をも凌ぐ勢威をもつに到った人である。この春屋の語録『智覚普明国師語録』六の偈頌の部によれば、

雪溪

氷花相映浪花清、徹底寒光片々明、一色那邊人不薦、如何演出廣長聲、

とあるごとく、義将は春屋から道号の頌をよせられているのみならず、同語録の巻五自賛の部には、

百執事左金吾雪溪光公居士請

主丈頭挑日月、竹篦下定龍蛇、若問承誰恩力、淨名杜詞毘耶、

とみえ、春屋は義将の要請によってその頂相に自賛を書き与えている。これは義将が春屋より参学了畢の証明を受けていることを示すもので、このように両者の関係には極めて緊密なものがあったことが知られるが、さらにこの外にも両者の親交を示すものには、『蔭凉軒日録』長享二年三月の条に、

十七日、天快晴、○中略、午時謁東府、來日御成、五皷半時前可白案内、陞座拈香御相伴事、正宗《(龍湫)》和尚可被白御禮、○中略　陞座蘭坡《(景茝)》和尚、同禪客趣栞《(景趣)》叔首座來、茶話次云、明日可掛之法衣者、正覺國師《(疎石)》八坂塔《(法観寺)》供養時被掛之、後來在三會院、勘解由小路殿《(義将)》所望此衣於普明國師《(妙葩)》、國師與之、秘在彼屋形、今度亂中、有人奪取之沽郤、老僧買留之所持云々、惠亮碎頭之時掛之、本尊亦勘解由小路殿持之云々、宿忌前蘭坡和尚持彼法衣來、一見則全體印金也、地色香色、行色紺色、種々寶物有之、或有佛像、金色太斬新也、○下略

とあり、義将は夢窓国師の法衣等を春屋から恵投されて、これを自邸に秘蔵していたことが知られ、また『東海璚華集』四の記の部にある『栴檀龕瑞像記』によれば、

○上略　栖眞大蔭《(宗松)》座元、持一瑞像示予、龕高不及尺者二寸、八觚而圓、揭開之兩扉、并龕成三室、釋迦中室、左則藥師、右則彌勒、十弟子、十二神、華鬘瓔珞、首所載掌所攀、各有可徵、其兩扉以鎖維持爾、它則一木渾成、非合衆材釘々膠粘所為、○中略　抑此像、南宋舶便載以來、平氏太政攝閤清盛得之、護持惟謹、七傳以至普明《(妙葩)》國師、國師與之雪溪大居士、以爲玉堂家寶、又三傳而的孫心照院殿叔良《(義淳)》公得矣、○下略

とみえているように、平清盛が護持していたという南宋伝来の珍宝たる釈迦三尊等の仏像類を春屋からとくに贈与さ

れて、家宝としていたのである。この外にも、しばしば春屋と同席し、或は偈頌をよせられるなど[8]義将の春屋への帰依及び両者の師弟関係には並々ならぬものがあったことが知られ、ことに康暦元年に春屋が禅林の統轄機関たる僧録に任ぜられて叢林の代表者となり、一方義将も管領職に復帰してからは一層深い交渉が結ばれるが、その経緯については章を改めて述べることとしたい。

つぎに、義将は春屋門下の主要な人物である汝霖妙佐[9]・円鑑梵相等、とくに円鑑と親密な関係を結んでいる。円鑑は義満・義持にも深く帰依され、相国（再任）・天龍等に歴任した、当代叢林における中枢人物の一人で[10]、しかも春屋の俗姪でもあった[11]。義将の帰依をうるに到ったのは、蓋しこの関係によること多大であったのであろう。かくして義堂・春屋等が嘉慶二年に相次いで寂した後は、義将は円鑑に対して一層信を増したと思われ、明徳年中には嵯峨に法苑寺を建てて、円鑑をその開山に請じており[12]、また『臥雲日件録抜尤』宝徳二年二月二十四日の条に、

相公（義持）謂人曰、吾夢命土佐大周（周奝）西堂住相國寺、要當待入洛、降相國帖、然法苑寺殿雪溪、時毎管（為カ）領、毎事輔相府政、特擧圓鑑和尚入院、圓鑑居者一兩月而告退、先師（周奝）遂住相國、〇上下略

とあるごとく、すでに義持の命によって大周周奝が相国寺に入院するばかりになっていたのを、その土佐よりの上洛を待つ間に義将はとくに円鑑をして同寺に入寺させている程であって、義将が如何に円鑑に好意をよせていたかが窺われるであろう。

このように、義将は春屋及びその派下の人々ととくに密接な交渉があったが、これについで関係の深かったのは義堂周信である。義堂も夢窓の法嗣で、義将に請われてその道号の序を作ったことはさきに触れたごとくであるが、義堂は人も知る当代屈指の学問僧で、義満の禅宗に関する指南に当っていた人なので、義将も管領としてこれに接する

機会が多く、またしばしばその門に参じて、『入衆日用』『禅門宝訓』『円覚経』『盂蘭盆経疏』等の講義をうけたが、とくに中峰広録のごときは弟の義種とともに二ヶ月にも亘って連日聴講している[13]。しかもこの中峰広録の著者である中峰明本は元代中国禅林における代表的な人物であり、五山叢林においても夙に景仰されていたもので、義将がこれに特別な関心をよせていることは、その禅宗理解におけるシナ的傾向を容易に察することが出来るのである。

つぎに義将と深い関係をもった人に絶海中津があり、絶海も夢窓の法嗣で、先述のごとく、義将の出家の際にその剃髪をうけている外、齋会等で同席すること屢々であったのみならず[14]、嘉慶元年に義将は山城の自邸を寺となし、金宝山玉泉寺を剏めて、絶海をその開山に請じている[15]。このような両者の関係は、絶海が当時帰朝した新知識の代表的存在であっただけに、義将の信仰を窺う上にとくに注意しなければならないものがある。さらにこの外にも義将は古剣妙快をはじめ、無求周伸・物先周格・月舟周勛・元章周郁・空谷明応などの夢窓派の錚々たる人々と親交があり[16]、これらの人々から受けた感化も決して少くなかったであろう。

以上のごとく、義将は春屋をはじめ夢窓派の人々と密接な関連をもったが、これらの人々のうち、春屋・義堂は入唐こそしていないが、夫々来朝僧の竺仙梵僊、或は在唐四十数年の龍山徳見等の会下で中国禅林の新思潮を習得した人々であり[17]、絶海をはじめ古剣・汝霖・物先・元章等は入明して、当代の中国禅林の宗風を伝承してきた新知識であって、従来の密教的雰囲気に蔽われていた五山派の中へ新風を吹込んだ、いわば当代禅林における進歩的傾向を代表する人々であったのである。義将は夢窓派のなかでもとくに春屋はじめかかる傾向の多い人々と密接な関係を結んでいた反面、同派のなかでも重要な人物であるが、龍湫周沢・碧潭周皎等密教混修的な、夢窓の禅風をそのまま継承した人々との交友は却って稀薄なものでしかなかったということは、義将が当代の禅林思潮の動向を鋭敏に見極め、その新傾向の人々にのみ深く傾倒していたことに外ならないのであって、義将の信仰態度における一大特質を形成していると思われるのである。

このような義将の信仰態度は、義満のごとく散漫な好奇的慾望とならず、他の諸派の人々との交友に於ても一貫している。すなわち、義将をめぐる禅僧には以上の外にも、太清宗渭・相山良永・蘭洲良芳・独芳清曇・性海靈見・一峰通玄・月心慶円・一菴一麟等各派に亘って多くみられるが、[18] これらの人々のうち、独芳・性海・一峰・月心等は当時の代表的な入唐僧であり、その他の人々でも禅林の新思潮に棹す者が多かったのであって、先述の夢窓・宏智両派の人々に於てみられたと同様、五山派の新傾向に属するものであったのである。

以上、義将と関連をもつ諸禅僧をみてきたが、義将の弟義種も春屋と師弟関係を結び、これらと殆ど同類の人々に帰依し、義将と相似的な禅宗信者であったのみならず、[19] 義将の息女は二人共出家して、尼五山の景愛寺前住になっていることも一面には義将の禅宗への傾倒を示すものであろう。[20]

このように、義将の信仰は禅に専一であったばかりでなく、禅林のなかでも五山派の人々、とくにその混修禅から脱皮した新鮮な雰囲気をもつ純粋禅の人々に近づき、これを正統的に理解していたことを知ったのであるが、惜むらくはその信仰の内面的なものを端的に示す機縁の語句が殆どないので、これ以上その内容に立入ることを許されないが、われわれはここにほぼ義将の禅宗信仰を推察することが出来るであろう。

註

（1）拙稿『日本歴史地理学会月報』第八号「宏智派の発展について」参照。

（2）『日本故建仁別源和尚塔銘并序』。
（3）家僧というのは義堂特有の用語で、『空華日用工夫略集』三の永徳二年三月二十八日の条等によると、季璞梵珣が書記の時代に崇光上皇の家僧として、その侍者のごとき役割をしていることが知られ、恐らくは禅宗信者に常に扈従して、その禅宗的知識の教導等に当っていたものを指して言ったのであろう。
（4）『空華集』十 七言律　贈雲溪（如龍）首座赴水源命詩并敍・『龍涎集』下　謹依南禅義翁（周信）和尚之韻、賀雲溪座元新開永源之法席等。
（5）『蔭凉軒日録』文明十七年九月十五日条。
（6）註（1）と同じ。
（7）『智覚普明国師行業実録』。
（8）『智覚普明国師語録』七 偈頌　和韻一峰師寄視篆百執事等。
（9）『空華日用工夫略集』三　永徳二年十月十三日条。
（10）『仲方和尚語録』上の仏祖賛の部の門鑑和尚の項に、「相公父子大具択法眼、入其網羅者、詵々奇毛瑞羽、師於此時、似丹穴之鳳、天岸之麟、全提本分之鉗鎚、屢莅都下列刹、摟碎玄妙之窠窟、直示宗門正因、○中略　夫是謂之宗姓倶高、具智覚一體、而不忝玄猷孫謀、鹿王（妙葩）門下、果無第二人者邪」とある。
（11）『竹居清事』の記の部の西栄軒大字并記に、「円鑑大智（妙葩）古仏為族伯父」とある。
（12）天竜寺慈済院所蔵『支桑禅刹』の法苑寺の項に、「明徳年中創建、開祖円鑑梵相、嗣法普明、住天竜・相国、応永十七庚寅二月廿（衍カ）六日寂」とある。
（13）『空華日用工夫略集』三　康暦二年六月十日・同七月三日・同十一月三日・永徳元年七月十日・同二年五月二十三日・嘉慶元年十月十四日条等。
（14）『空華日用工夫略集』三　同上康暦二年五月三日条等。
（15）『勝定国師年譜』。
（16）『空華日用工夫略集』三　康暦二年五月三日条等。

(17)　玉村竹二氏著『五山文学』第四章「五山文学の成長とその系譜」参照。
(18)　『東山古尊宿遺稿』・『空華日用工夫略集』三　康暦二年五月三日条等。
(19)　『智覚普明国師語録』・『了幻集』・『空華日用工夫略集』等にその禅宗信仰を示す史料が多くみられるが、ここでは省略する。
(20)　『諸家系図纂』八之四の武衛系図によると、義将の息女澄心秀清・明仲秀晃の二人とも、本光寺に住し、また景愛寺の前住となっていることが知られる。

四、義将と春屋門徒との連繫及びその政治史的意義

これまでわれわれは種々の面において義将の信仰内容をみてきたが、しからばこのような信仰態度を示した義将は、管領の要職につくこと数次、その間最も関係の深かった春屋をはじめとする当代禅林に対して如何に処したのであろうか。もとよりこの時代とて表面上は将軍義満の禅宗に対する態度に最も重大な意義を認めないわけにはゆかないが、義満は貴族的趣向に奔り、禅に深く傾倒していたのであって、実際に対禅宗策が打出されたのは、むしろ管領職にあった細川頼之、または斯波義将であった。したがって、頼之・義将の施策が実質的には当時の宗教界と最も深い関連をもっていたのであった。しかも丁度この時代は禅林の諸機構・規範が形成された重要な時期に相当していたので、この両者の関係には極めて重大な意義が存する。果せる哉、この時にあたって、禅宗発展史上最大の法難の一である南禅寺山門破却の一件が惹起され、義将の辞した後をついで管領となった頼之はまずこれに対処しなければならなくなったのであるが、その前に少しく頼之の禅宗観についてのべて置く必要があろう。

すでにみてきたごとく、義将は春屋をはじめ禅林における新傾向を帯びた人々にのみ純一に帰依していたのである

が、これに反し、義将と政治的に対立関係にあった頼之は、五山叢林のなかでも、不動信仰の厚かった龍湫周沢と結び、(1)或は密教出身で、地蔵信仰をもっていた碧潭周皎のために嵯峨に地蔵院を開剏してその開山に請ずるなど、(2)混修禅の人々に深く傾倒し、或はまた林下である曹洞宗永平下の傑物たる通幻寂霊にとくに帰依して、摂津に青原山永沢寺を剏めてその開山としているのみならず、(3)他宗の宋縁僧正と「無雙之知音」であるなど、(4)極めて混然たる信仰の持主であったので、当代五山叢林の人々に対しては必ずしも協調的ではなかったらしく、その管領在職中には武家的な禅林統制の規約を夥しい程出しているのであって、(5)一部のものを除いては春屋はじめ叢林の人々と反が合わなかったと思われるのである。

　このような信仰をもっていた頼之が管領に就任するわずか数ヶ月前の貞治六年六月十八日、南禅寺山門造営のために設けられていた関所を園城寺の童僧が関銭を払わずに通過しようとして殺害された事件が起り、(6)これに端を発して、日頃禅宗本位に傾いていた幕府のこれまでの施策に対する欝憤が爆発して、南都北嶺の衆徒がこれに同調して嗷訴するに到ったのである。(7)しかし幕府方の阻止策が功を奏して、一時は無事に落着するかにみえたこの事件も、(8)南禅寺住持の定山祖禅が『続正法論』を作って他宗を誹謗したので、却って問題は益々拡大し、ついに翌応安元年八月二十九日に比叡山の衆徒は集会決議して、日吉神輿を奉じて入洛するに到り、(9)『愚管記』の同日の条にも、

　　今度訴訟、依続正法論事、南禅寺破却、春屋妙葩和尚・定山祖禅流罪事三ヶ條云々、〇上下略

とあるように、南禅寺山門を破壊し、住持定山及び禅林の中心人物たる春屋を遠流にすべしと訴訟したのである。このようにして衆徒の圧迫は日を追って激烈さを加えるに到ったので、北朝はじめ一部の諸大名等もその裁許に傾いてきたが、頼之及び春屋と親交のあった土岐頼康等は、恐らくは義将もその一人であったと思われるが、これを固く拒

んだのである。[10] しかしながら、当初はこのように禅林側に味方していた管領頼之も次第に衆徒の激しい圧力に抗しきれなくなり、『智覚普明国師行業実録』の応安二年の項に、

〇上略　師《妙葩》因語百執事源頼之曰、南禪乃皇家重崇之場、而禪林第一伽藍也、且大將軍世秉國鈞、素歸仰宗門、然聽教寺之逆訴、非唯吾宗之陵替、抑亦皇家武門倶失威幅之權必矣、公深思之、百執事許諾、然而延暦之徒嗷々不已、百執事不克欄止之、故南禪一衆拂衣散去、由是師與百執事有間、潜居勝光菴、自稱西河潜子、

とあるごとく、春屋の頼之に対する懸命の説得も功なく、ついに衆徒の要求が容れられて、定山は流罪になり、[11] ついで『愚管記』の応安二年八月に、

二日、甲子、雨降、南禅寺山門今日壊了云々、至礎石撤却云々、

とあるように、南禅寺山門は破却されるに到り、ここに春屋と頼之は正面衝突し、この後両者はながく相容れざる仲となった。やがてこのことは禅林に大きな波瀾をよび起し、『愚管記』の同月に、

七日、己巳、晴、子剋許雷鳴、傳聞、洛中之禅院諸寺之長老両班等悉隠居云々、是依南禅寺山門事也、〇下略

とみえ、春屋はじめ洛中の諸禅刹の人々は殆ど退院してしまうに到り、この翌年十二月十五日には、最後まで春屋等の禅林側に与し、頼之に反抗し続けていた土岐頼康も父頼貞の法事にことよせて尾張に下向しており、[12] ついで同四年七月二十六日には義将も乱を平げるために所領の越中に帰ってしまっている。[13]

このようにして山門一件は春屋一派の敗北に終り、その後しばらくは事件の余波も静まったかにみえたので、応安四年末になって、頼之は南禅寺の復旧を企てて春屋をその住持に充てようとしたが、[14]『愚管記』の同年十一月に、

廿一日、庚午、陰、傳聞、春屋和尚下向田舎云々、門徒法眷之輩方々分散、天龍寺已下巳以空虚云々、希代事歟、

春屋與頼之朝臣不快之故云々、或云、以使者被追出云々、不知其事、

とあるごとく、春屋は頼之の命を拒絶して丹後に隠遁し、その門徒は悉く四散して、天龍寺以下は無住の有様となってしまったのである。

ここに禅林、とくに夢窓派は二つに割れてしまうという希有の状態に陥り、春屋門徒等の退去した後の五山叢林には、とかく春屋一派と意気の疎通をかいた龍湫・碧潭等をはじめとする頼之と親昵の人々のみが残り、この間にこの人々は頼之と益々接近し、ことにその中心人物たる龍湫のごときは南禅寺に昇任している程である[15]。一方、春屋門派は頼之が管領であったがためにその主張は容れられなかったが、この事件を契機として、斯波義将・土岐頼康等との親近関係を一層増したと思われ、ここに端なくも武家社会及び禅林における相対立する両派は、夫々結んで主導権をめぐって抗争する様相を呈するに到ったのである。はたしてこのような状勢を反映していると思われる問題がやがて起きている。すなわち『愚管記』の応安五年九月二十六日の条の裏書に、

傳聞、相模守頼之朝臣有違所存之子細歟之間、辭重職可令下向四國之由申暇之間、将軍（義満）再三止之、猶固辭之間、行向相誘之間、可罷止之由令領納云々、或云、是春屋和尚歸住嵯峨事、人々有籌策之旨之由、頼之聞之令欝結云々、

とあり、反頼之派の人々が春屋を丹後から呼戻そうとして計画していることを知った頼之は、管領を辞して下向しようとしたが、再三にわたる義満の諫止によって漸く思止まっているのである。この場合、山門一件以来の管領頼之の処置に対して不満を擁いていた人々、すなわち春屋門徒はもとより、諸武将等が背後で暗躍していたことは勿論であって、恐らくは春屋と最も親近の間柄にあった義将等がその中心となっていたであろうことは容易に推測出来よう。

このようにして春屋の復帰は一頓挫し、この後しばらくは平穏裡にすぎたが、やがて永和三年になって、その所領をめぐって義将と頼之の対立関係はついに表面化するに到っているのである。すなわち『後愚昧記』の同年七月に、

十三日、○中略　又聞、去月於越中国、国人与守護代合戦、国人等多被討取了、守護方乗勝之間、国人等被討漏之輩逃籠武蔵守（頼之）所領太田庄之処、守護勢寄来而猶討殺余輩、又焼払庄内了、仍武蔵守含忿怒、与守護代為合戦、下向遣篠本太田庄代官了云々、篠本先下着飛騨国、相催軍勢可越越中云々、依此確執可及天下事之旨、有巷説等云々、（八月）八日、今夜又可有騒乱之由風聞云々、人々推量分ハ依越中合戦、武蔵守与越中守護（義将）故大夫入道息向背之儀也、従之両方大名等可見継之間、可及天下珍事云々、其間雖有種々巷説不遑記之、

とあり、越中守護の義将方がその国人を追って頼之の所領越前太田庄に攻入り、庄内を焼払ったので、頼之は忿怒して同庄の代官篠本某を遣し、ここに義将と頼之の関係は最も険悪な事態に陥り、諸大名も夫々両派に分れ、まさに天下を分けての闘争を展開しようとしていたのである。

しかるに、丁度この時にあたって、京都ではかの臨川寺五山昇格の問題が起り、両派の抗争の焦点はこの事件の方に移行するに到っている。すなわち、幕府はその翌々日の八月十日に臨川寺を五山に昇格するための御教書を出し(16)、ついで同年十二月には頼之派と目される龍湫をこれに住せしめ、徳叟周佐を同寺開山塔の三会院主とするに到ったのである(17)。ところが臨川寺が五山に陞れば、これまで同寺を本拠としていた夢窓派は、十方刹たるべき十刹に列しながらも、足利氏の殊遇によって、なおも一派独占の制たる度弟院として認められていた特権を放棄しなければならなかった事情もあり(18)、また応安の南禅寺山門一件以来の行掛りもあって、春屋門徒としてはその拠点たる臨川寺及び三会院を、同じ夢窓派ではあるが、対立関係にある頼之派の龍湫等に渡すに忍びなかったのであろう(19)。ここに春屋と最も

気脈を通じ、春屋の丹後下向以後はこの一派の中核をなしていた古剣妙快は、臨川寺を再び十刹に戻し、龍湫等を嵯峨から逐出そうと画策し、首唱して自ら臨川寺訴状をつくり、義将と親交のあった絶海・元章・物先以下、春屋一派の人々は悉くその唱に応じて、朋党連署して幕府に訴出たのである。[20]この場合、春屋一派としては、同派には入唐者が多く、従って五山には徒弟院を許すべきではないとするシナ的原則論によっていたわけである。かくして夢窓派下は三たび分れて相争うに到ったのであるが、ここに龍湫等をして臨川寺に住せしめたのは勿論頼之であり、春屋門徒の古剣等の後押しをしていたのは、春屋・古剣等と親交があり、とくにこの頃頼之と抗争していた義将であったことは疑うべくもないであろう。[21]かくしてその後この事件は春屋一派の激しい抵抗によって、さきに三会院主となっていた徳叟までが遂に永和四年九月には古剣の側に加盟するに到り、[22]一方またこの春頃から諸大名も頼之を黜けようとしていたので、[23]両派の争いはここにはじめて春屋一派に有利に展開しようとしていたのであった。

ところがこの問題がまだ解決をみないうちに、頼之対義将の反目が再び表面に出るに到っている。すなわち永和五年二月、義将をはじめ諸大名は南都の訴訟によって十市遠康を討つために南都に下向したが、[24]この間頼之に反感を擁いていた義将はじめ土岐頼康・義行等の諸大名は結党して頼之排斥の挙に出たのである。[25]ここに義満はその中心人物の義将を招いて頼之との和会を計ったので、[26]三月頃には一時治定するかにみえたが、[27]閏四月十四日に到り、土岐頼康の弟直氏等の土岐一族や佐々木高秀等の諸大名が義満に迫ったので、これまで義将をはじめとする諸大名の反抗をうけながらも管領職に留っていた頼之も失脚の止むなきに到り、この日一族と共に四国に没落してしまったのであった。[28]

このようにして、義将及び春屋門徒はついにその目的を達成し、頼之に逆って長らく丹後に隠遁していた春屋も翌十五日に九年振りで上洛して天龍寺雲居菴に帰住し、ついで義満は自ら赴いてこれと和会し、[29]翌五月三日には義将も亦管領職に復帰するに到ったので[30]、ここに臨川寺問題も自ら解決し、春屋門徒の要求が容れられて臨川寺は再び十刹の旧位に復したのである。そしてさらに六月二日には春屋は五山第一の南禅寺に入院し[31]、ついで十月十三日には禅林の統制機関たる僧録に任ぜられ、頼之の管領時代までは幕府側の禅律方頭人によって統制管理されていた五山禅林は、ここにはじめて武家の直接支配を離れ、禅僧たる春屋によって統轄を委ねられるに到ったのである[32]。かかる機構の設置は、義将がとくに好意をよせていた春屋をはじめとする当代禅林の新傾向の人々から影響をうけた対禅宗策におけるシナ的考え方のあらわれに外ならないと思われるが、ともあれ、義将はその後も長く管領職、またはその後見役にあり、一方春屋は禅林の代表者として、公私にわたって両者は一層親密の度を加えて協調したので、この後の禅林は五山十刹の制度をはじめとして、その機構の成立期にあたって着実な発展を遂げることが出来たのである[33]。これには春屋の政治的手腕もさることながら、義満の偏重を矯めつつ、側面から当代禅林に理解ある庇護をよせた義将の対禅宗策が当を得た適切なものであったことに負う点が決して少くなかったと思うのである。

註

（1）『龍湫和尚行状』。
（2）『宗鏡禅師伝』。
（3）『通幻禅師行業』。
（4）『愚管記』の応安元年七月に、「二日、庚子、晴、宋縁僧正来、武蔵守頼之無雙之知音也、依有可相談之旨所令招引也、」とあり、近衛道嗣は頼之ととくに昵懇であった覚王院宋縁僧正を招いて、南禅寺山門一件について何等かの斡旋をしようとして相談していることが知られる。

(5)『花営三代記』貞治七年二月条等。
(6)『師守記』同日条。
(7)『南禅寺対治訴訟』・『愚管記』応安元年八月二日・同三日条等。
(8)『愚管記』応安元年八月八日条等。
(9)『続正法論』・『山門嗷訴記』等。
(10)『山門嗷訴記』応安元年八月二十八日条。
(11)『続正法論』。
(12)『後愚昧記』応安三年十一月二十九日・同十二月十五日条。
(13)『祇園執行日記』四　同日条。
(14)『智覚普明国師行業実録』・『空華日用工夫略集』一　応安四年十二月十三日条等。
(15)『龍湫和尚語録』東。
(16)『花営三代記』同日条・『空華日用工夫略集』二　同年九月二十四日条。
(17)『空華日用工夫略集』二　永和四年二月十二日条。
(18)玉村竹二氏『日本仏教史学』第二巻第一号「五山叢林の十方住持制度に就て」第二章第四節「臨川寺の問題」参照。
(19)後年のことに属するが、『空華日用工夫略集』三の永徳三年五月九日・同十三日の条によると、義満が龍湫を三会院主にしようとしたので、春屋と龍湫はまた不和となり、臨川寺の僧衆もこのことを同寺を再び五山に昇格しようとしたものと曲解して、退院したものも出たことがある。
(20)『空華日用工夫略集』二　永和四年五月晦日・同八月一日・同九月一日・同十一日条。
(21)義将が臨川寺十刹復位に加担していることは、禅宗の理想である十方刹の制度を否定することとなり、その禅宗的教養と矛盾するごとくであるが、これは春屋への傾倒と頼之に対する反感とによることはもとより、臨川寺を五山に列し、しかもこれに度弟院であることを許すことを拒んだためと思われる。

(22)『空華日用工夫略集』二　永和四年九月十一日条。
(23)『愚管記』康暦元年閏四月十四日条。
(24)『花営三代記』永和五年二月条。
(25)『後愚昧記』永和五年二月二十日条・『花営三代記』同二十二日条・『愚管記』同二十三日条・『迎陽記』同日条等。
(26)『愚管記』同二十四日条。
(27)『後愚昧記』同三月十九日条。
(28)『後愚昧記』同四月二日・同閏四月十四日条・『愚管記』同日条。
(29)『愚管記』同十九日条。
(30)『後愚昧記』同日条。
(31)『智覚普明国師語録』一。
(32) これについては史学会第四十八回大会日本史部会で「鹿苑僧録司の成立」と題して発表したが（要旨は『史学雑誌』第五十九編第五号に所載）、なおくわしくは拙稿「鹿苑僧録考」（未発表）がある。
(33) 五山十刹及び諸山の制度については稿を改めて論じたいと思う。

五、むすび

以上みてきたごとく、義将はとくに春屋及びその門徒と最も密接な関係をもったが、それらは当代禅林では寧ろ新傾向に近づいていた人々であった。しかるにこれに反して頼之は、主として禅林の、いわば古い伝統をついだ人々に帰依していたのであって、このような義将と頼之の宗教における相異る立場は、そのまま両者の政治的な対立関係と相表裏するものであったということは興味深いものがあろう。

なお本稿を終るにあたり、とくに御世話になった玉村竹二氏はじめ各位に厚く謝意を表したい。

第2部

斯波義重・義淳の時代

Ⅰ
室町期の斯波氏について

小泉義博

はじめに

斯波氏は足利氏一門として南北朝期の政治史に重きをなしていたが、室町期（十五世紀）になると次第に勢力が衰退し、やがてその領国のうち越前を朝倉氏に奪われ、尾張では守護代織田氏が実力を伸長させ、遠江でも支配力は衰えていく。こうした推移の要因としては様々なものが考えられるが、まず第一に指摘すべきは室町期の斯波氏家督に不幸な事態が続いた点であって、本稿ではこうした斯波氏家督の人物像を子細に追うことで、その勢力衰退の状況を考え、これによって間もなく登場する戦国大名の勢力拡大過程を理解する一助にしようとするものである。検討の対象は斯波義重・義淳・義郷・義健の家督四人のほか、持有についてもこの機会に取り上げておきたい。

なおこれまでに学び得た先学の業績としては、秋元信英氏「斯波義重の動向」(1)、小川信氏『足利一門守護発展史の研究』(2)第二編第一章〜第三章、河村昭一氏「畿内近国における大名領国制の形成」(3)、吉井功兒氏「遠江国守護沿革小稿」(4)などがあり、いずれも極めて詳細かつ優れた分析が行われている。また筆者も十五世紀中期の斯波氏に関しては

「斯波氏三代考」(5)を草する機会があったが、本稿はそれよりも半世紀遡った時代を分析しようとするものである。そのほかこの時期の政治史の理解は、今谷明氏『日本国王と土民』(6)に依拠するところが多かった。

ところで「斯波」の訓み方はシワであったらしい。発音をそのまま表した史料として、『康富記』嘉吉三年六月十九日条の「斯和殿」(7)と、文明十二年六月十八日の兼雅書状の「志王」(8)とが指摘できるが、これらはいずれもシワとしか訓めない。そもそも斯波氏の苗字は奥州紫波郡に因むとされるが、ここは現在でもシワと発音されている。こうした点を踏まえれば、斯波をシバと発音するようになったのは案外と新しい時期なのであろう。

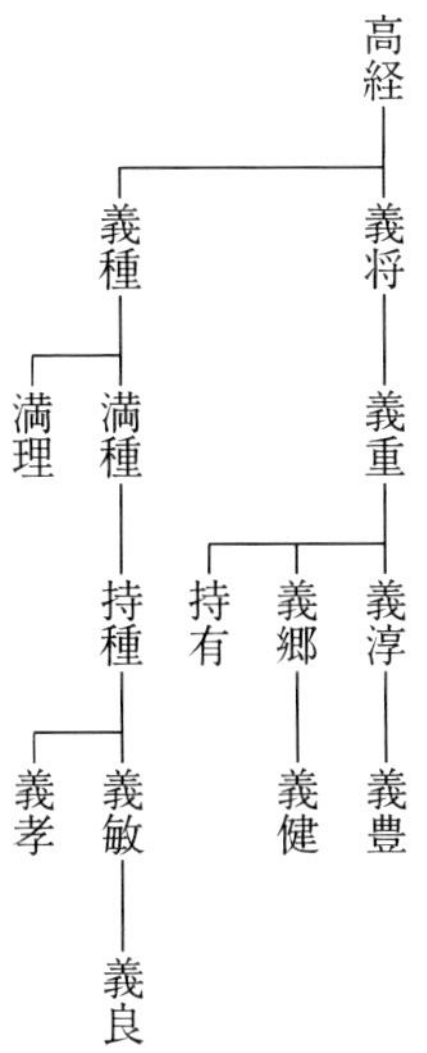

註

(1) 秋元氏「斯波義重の動向」(『歴史教育』第一六巻一二号、一九六八年)。
(2) 小川氏『足利一門守護発展史の研究』第二編第一章~第三章(一九八〇年、吉川弘文館)。
(3) 河村氏「畿内近国における大名領国制の形成—越前守護代甲斐氏の動向を中心に—」(『史学研究五十周年記念論叢』、一九八〇年)。
(4) 吉井氏「遠江国守護沿革小稿—建武政権の国守・守護および室町・戦国期の守護」(今川氏研究会『駿河の今川氏』第八集、一九八五年）。
（5）　拙稿「斯波氏三代考」（一乗谷研究会『一乗谷史学』第六号、一九七四年）。
（6）　今谷氏『日本国王と土民』（『集英社版日本の歴史』第九巻、一九九二年）。
（7）　『康富記』嘉吉三年六月十九日条（『増補史料大成』）。
（8）　文明十二年六月十八日兼雅書状（『大乗院寺社雑事記』文明十二年七月二十五日条の裏文書―『大日本史料』第八編之十二所収）。

一　義重

義重は、義将《よしゆき》の嫡子として応安四年（一三七一）に生まれた。母は吉良左兵衛督満貞の娘で、[1]元服してまず義重と名乗り、応永九年（一四〇二）正月七日〜十五日の間に義教と改名した。[2]本稿では将軍足利義教との区別の必要から、一貫して初名義重を用いたい。官途は治部大輔、次いで左衛門佐（昇任は応永二年十一月五日〜十二月三十日の間）、[3]そして右兵衛督（昇任は応永九年二月九日〜同十年閏十月十七日の間）[4]に任ぜられた。

義重の史料上の初見は、明徳二年（一三九一）五月九日に管領細川頼元が発した施行状で、加賀国有松村地頭職を小早川実忠に沙汰付けるよう守護治部大輔義重に命ぜられている。[5]加賀守護には、この前年の明徳元年四月には一族の前修理大夫義種（義将弟で、義重の叔父）が在任していたが、[6]義将はこれに代えて二一歳の嫡子義重を就任させ、政界登場の第一歩とさせたのである。しかもその直前の明徳二年四月に義将は管領を離任し、義重の加賀守護就任を後見する万全の体制を整えていた。義重は右の管領施行状を受けて六月十九日に守護代二宮与一に遵行状を発し、さらに二宮氏は六月二十三日に堺・寺崎氏に遵行状を下達して手続きを完了させているので、[7]その滑り出しは一応順調

斯波氏の管領・守護在職一覧

○…在任　●…解任　×…死去（数字は享年）

	管領	越前・尾張・遠江守護	信濃守護	加賀守護
康暦元(1379)	○義将（二次）			
康暦 2 (1380)		○義将		
至徳元(1384)			○義種	
嘉慶元(1387)			○義将　●	○義種
明徳 2 (1391)	●			●　○義重
明徳 4 (1393)	○義将（三次）			○義種　●
応永 5 (1398)	●	●　○義重（義教）	●　○義重	
応永 6 (1399)			●	
応永 7 (1400)		○尾張拝領		
応永 8 (1401)			○義将	
応永 9 (1402)			●	
応永12(1405)	○義重	○遠江拝領		
応永15(1408)				×57　○満種
応永16(1409)	○義将（四次）　●			
応永16(1409)	●　○義淳（一次）			
応永17(1410)	●	×61		
応永21(1414)				●
応永25(1418)		○義淳　×48		
応永34(1427)				×52
永享元(1429)	○義淳（二次）			
永享 4 (1432)	●	（×義豊 18）		
永享 5 (1433)		×37　○義郷		
永享 8 (1436)		×27　○義健		
享徳元(1452)		○義敏　×18		

（主に小川信氏『足利一門守護発展史の研究』第二編第一～三章による）

のごとくに思われたが、しかしこの守護在任は長続きせず、明徳四年（一三九三）七月十日には早くも義種に復している(8)。義重離任の原因は、彼に守護としての職務遂行能力が欠けたからと考えられ、それは恐らく彼の消極的性格に由来するものであろう。そしてこの直前の同年六月に義将が三度目の管領に任ぜられていることを合わせ考えるならば、義将は、義重の加賀守護就任が時期尚早の重荷と判断されたので、一旦義重を加賀守護からはずして義種を復任させ、みずからは管領に復帰していましばらくの時間を稼ぎ、それによって義重の成長を待ったのであろう。

　なおその間の明徳三年（一三九二）八月二十八日、将軍足利義満が相国寺で仏事を挙行した際に、将軍警固の後陣随兵として「治部大輔源義重」「民部少輔源満種」の名が見えている(9)。また応永二年（一三九五）十一月五日には、義将・義重両人の京都宿所が火災で焼亡する事件がおき、「寅刻南方炎上、火焔熾盛也。以人令見之処、管領《（斯波義将）》宿所焼亡。治部大輔義重宿所、同以焼了(10)」と語られている。

　さて、こうして応永五年（一三九八）閏四月に至って、義将はようやく嫡子義重に家督と越前・信濃守護職を譲り渡そうと決意した。義重はすでに二八歳に達していたから、その消極的性格に不安が残りはしたものの、速やかに父と交代して政界に馴致する必要もまたあったのであり、父義将は管領を辞任して後見の体制を整えたのである。越前に関しては五月二日の将軍足利義満御判御教書が早くも義重宛てとなり、越前国社庄を北野御霊社に沙汰付けるよう命ぜられている(11)。また同年七月二十六日に義重は信濃諏訪社に所領を寄進しているが(12)、これは信濃守護に着任したことを神前に報告したものであろう。

　ところが信濃については、小笠原長秀が強力に回復運動を展開したため、翌応永六年（一三九九）に信濃春近領が一円宛行われ、やがて守護職も小笠原長秀に復することとなった。守護職を確保するための義重の対応策が不十分であったことを示す結果で、これを見ても義重の性格はいかにも消極的（もしくは軟弱）と評されねばならない。かくして小笠原長秀の信濃守護復帰により、斯波氏の領国は越前・加賀の二カ国に減じたから、義将は直ちに新領国の給与を将軍義満に働き掛け、その結果、応永七年（一四〇〇）に尾張を獲得することとなった。

なお、信濃の新守護小笠原長秀が現地に赴任したところ、村上満信や大文字一揆などの国人が一斉に蜂起して長秀を襲い、彼は敗北して帰京する事態となった。そこで幕府はやむをえず応永八年（一四〇一）二月、義将を信濃守護に改めて任命してその鎮圧を図らせることとし[13]、一応の成果が上がった応永九年（一四〇二）五月、幕府は今度は信濃を御料国に編入してしまい[14]、これ以後、信濃は二度と斯波氏の領国になることはないのである。

さて、応永七年に新たに拝領した尾張の支配についてであるが、最初に守護代に任ぜられたのは藤原重教で、彼は同年三月二十四日に和田・古沢両氏に宛てて、松枝庄破田郷を大徳寺如意庵に渡すよう命じた奉書を発している[15]。しかし重教による在地支配は不安定であったため、翌四月には代わって守護代として甲斐将教（祐徳）が登場し、二十六日にほぼ同内容の命令が改めて将教から甲斐右京亮入道・大谷豊前入道宛てに下されている[16]。また義重が尾張守護として発した最初の文書は、同年六月十一日に大徳寺如意庵領破田郷の支配を安堵したもので、署名には「散位」と見える[17]。続いて応永十年（一四〇三）五月二日の織田左京亮入道（常竹）宛て書状には「道孝」と署名していて、すでに出家していることが知られる[18]。この宛所の織田常竹は尾張の又守護代と考えられ、同年八月には守護代として織田伊勢入道常松が登場するので[19]、支配安定化に努力した守護代甲斐将教の活躍に一応の成果が上がったことを見て、その地位を将教から織田常松に交代させたのである。

義重のその他の動向としては、応永九年（一四〇二）二月九日に伊勢神宮の参拝に出掛けているほか[20]、泰山府君都状が残されている点が興味深い。すなわち若狭名田庄村「谷川左近家文書」に伝わる斯波義重の二点の泰山府君都状で、一点は年月日部分が後欠であるが、文言中に「左衛門佐源朝臣義重　年廿八」(21)と見えるので、応永五年（一三九八）作成であることが分かる。もう一点には「応永十五年七月廿九日　沙弥道孝」「年卅□（八）」(22)と記されている。

さて、応永十二年（一四〇五）七月二十五日に至って、義重は管領に補任されることとなった(23)。八月二十五日の評定始には彼は「衣袴墨袈裟」で列参し(24)、同十六年（一四〇九）八月までの在任中、管領奉書にはいずれも「沙弥」と署名している。また義重はこの管領就任と同時に遠江守護も拝領し、守護代には甲斐将教を補任した。遠江支配に関する初見史料は、応永十二年十一月十九日に遠江村櫛庄領家方などを東寺雑掌に沙汰付けるよう甲斐兵庫助入道・大谷豊前入道に命じた、守護代甲斐将教の奉書である(25)。

それから間もなくの応永十五年（一四〇八）五月、足利義満が五一歳で死去する。この不安定な政局を乗り切るには、残念ながら管領義重の能力では困難で、引退していた父義将が再び登場しなければならなかった。義将はまず、将軍義持が廃嫡されて義嗣が相続するのではないかとの思惑を鎮めることに努め、その家督継承が確定した翌応永十六年（一四〇九）六月、義将は正式に四度目の管領に補任されて、朝鮮に対し義持継承を通告するとともに、大蔵経頒布を要請するなどの外交処理を行ったのである(26)。

そしてこうした一連の継承手続きを終えた同年八月十日、義将は突然にこの管領の地位を嫡孫義淳に譲るという強行策を決行した。「執事補任次第」に、

斯波道孝長男
　　于時十一（十三）歳、依為幼少、祖父法花（苑）寺、
　　代孫載判形云々。

治部大輔義淳　応永十六年八月十日補任　至同十七年、二箇年。[27]

と記されているごとくである。ただし右の記事には錯誤がいくつかあって、義淳はこの時一三歳、また祖父義将が代わりに判形を据えたというのも誤りで、実際には父義重が代判している。『大日本史料』第七編之一二にはこうした変則的な管領奉書が五点掲載され、いずれも義淳の官途「治部大輔」の下には父義重の花押が見える。[28]かかる変則的体制を義将が強引に敷いたのは、一つには斯波氏の勢力拡大のため、いま一つには嫡孫義淳の政界馴致のためであった。後述するように義淳には精神性障害が見られ、これが義将の焦りと強引な行動を呼ぶ原因になったのである。しかし義将も老齢には勝てず、ついに翌応永十七年（一四一〇）五月七日、六一歳で死去し（法名道将）、それに伴って義淳は六月九日に管領を解任されてしまう。この義淳の第一次管領就任から看取すべきは、祖父義将の政治力の大きさと、そして父義重の力量不足という点であろう。[29]

その後の義重の動向を追うと、応永二十一年（一四一四）四月十六日に等持寺で行われた足利義満追善の法要に参列し、[30]続いて同月二十日や翌年四月十一日には、将軍を迎えて田楽を興行している。[31]そのほか将軍は斯波家を頻繁に訪れており、[32]逆に、義重・義淳、被官人甲斐・織田氏らが、納涼のために伏見宮貞成《さだふさ》親王のもとを訪れることなどもあった。[33]

さてこうした状況の中で、斯波氏一族を緊張させる事件が二件起きている。一つは応永二十一年（一四一四）六月九日に起きた一族満種の高野山遁世事件で、「武衛従父兄弟左衛門佐入道（満種）、以外上意悪題目出来。仍九日之夜、京中没落。於高野遁世云々」[34]とあって、将軍義持から忌避された満種は高野山へ逃走して遁世したと記される。加賀は本来富樫氏が守護職を領した国であるが、嘉慶元年（一三八七）に義種が拝領して以来、斯波氏の領国として重視され、義種が応永十五年（一四〇八）二月二日に五七歳で死去した後は満種がこれを継承していた。しかし応永二十一年になって富樫満春・満成が将軍義持に加賀拝領を強く要請し、遂にこれが実現したために、[35]満種は没落を余儀なくされたのである。この富樫氏の加賀守護復帰運動に対して、家督たる義重はなんらの対応策も取っていないように思われ、その政治的力量はいかにも乏しかったと言わざるを得ない。なお満種はそのまま高野山で生活したようで、「武衛系図」は彼の死去を応永三十四年（一四二七）七月七日のことと記している（五二歳）。

いま一つの斯波氏を震撼させた事件は、いわゆる禅秀の乱である。応永二十三年（一四一六）に前関東管領上杉禅秀は、将軍義持の弟義嗣と通じ、また足利満隆（鎌倉公方持氏の叔父）を推戴して、鎌倉公方持氏と関東管領上杉憲基に反抗したのであるが、この事件に関連して将軍義持は、義重をはじめ管領細川満元・赤松氏らが加担していたのではないかとの疑いを抱いた。その直接のきっかけは語阿なる人物の白状で、同年十一月二十五日に義持はこれに詮議を加えさせているが、実情が判明しなかったらしく、「諸大名事、中々不及沙汰[36]」と、それ以上の追求は打ち切られたらしい。その結果、義重は応永二十五年（一四一八）正月にも「勘解由小路三位入道、遣賀礼」と、在京していることが確認できる。[37]なお乱の結末については、禅秀が応永二十四年正月に自殺し、義嗣に対しては死罪、また日野持光・山科教高らが流罪に処せられ、土岐氏の伊勢守護職は没収、山名氏も出仕停止の処置がとられるなどしている。

さて、義重は応永二十五年（一四一八）八月十日になって、石清水八幡宮に神馬一疋と越前国山本庄年貢三千疋を寄進している。その署名には「入道三品右兵衛督源道孝[38]」と見えるが、この行動は自分の死期が近いことを悟ったことによるもので、それから八日後の同月十八日に彼は四八歳で死去する（法名道孝）。『康富記』には、「今日勘解由小路武衛道孝俗名義重、卒。四十八歳云々。子息右兵衛佐義淳先管領、家門事被下安堵御判云々[39]」とあって、遺跡が直ちに嫡子義淳に安堵されたことが知られる。また『看聞御記』には、「武衛終焉之儀、時覚、端座合掌往生云々。万人群集拝之。室町殿入御、被御覧云々。嵯峨法音院土葬。依遺言如此沙汰云々[40]」と見えて、端座合掌して往生した情景を万人が群集して拝んだと語られ、将軍義持も臨席したと見える。葬られた場所は嵯峨法音院であった。

註

（1）「武衛系図」（『続群書類従』第五輯下）。
（2）『吉田家日次記』当該日条。ただし吉井氏「遠江国守護沿革小稿」の指摘に基づく。
（3）「荒暦」応永二年十一月五日条（『大日本史料』第七編之二、以下書名省略）に「治部大輔」と見え、同書同三年正月一日条の前年十二月三十日付け新官職推挙状には「左衛門佐源義重」と見える。
（4）「吉田家日次記」応永九年二月九日条（第七編之五）に「左衛門佐義教（義重）朝臣」と見え、同書同十年閏十月十七日条（第七編之六）には「右兵衛督入道」と見える。
（5）「室町家御内書案」（日置謙氏編纂・松本三都正氏増訂『増訂加能古文書』第六七七号、名著出版）。
（6）「北野神社目安以下色々事」（『増訂加能古文書』第六七二号）。
（7）「室町家御内書案」（『増訂加能古文書』第六七八・六七九号）。
（8）「大乗寺文書」（『増訂加能古文書』第六八六号）。
（9）「相国寺供養記」（『群書類従』第十五輯）。
（10）「荒暦」応永二年十一月五日条（第七編之二）。
（11）筑波大学附属図書館所蔵「北野神社文書」第五号（『福井県史』資料編二・中世）。

(12)「守矢文書」（第七編之三）。
(13)「吉田家日次記」応永八年二月十八日条（第七編之四）。
(14)「市河文書」（『信濃史料叢書』第三巻）、応永九年五月十四日管領施行状。
(15)「大徳寺文書」（『新編 一宮市史』資料編六、第四八五号）。
(16)「大徳寺文書」（同右書第四八六号）。
(17)「大徳寺文書」（同右書第四九三号）。
(18)「醍醐寺文書」（『新編 一宮市史』資料編六、第四〇四号）。
(19)「醍醐寺文書」（同右書第四〇六号）。
(20)「吉田家日次記」応永九年二月九日条（第七編之五）。
(21)「谷川左近家文書」第四号（『福井県史』資料編九・中近世七）。
(22)「谷川左近家文書」第五号。
(23)「教言卿記」応永十二年七月二十七日条（第七編之七）。
(24)「教言卿記」応永十二年八月二十五日条（同右）。
(25)「東寺百合文書」ミ八十一之九十二（第七編之七）。本奉書の発給者「沙弥」を斯波義重と考えるのは誤りで、守護代甲斐将教（祐徳）とすべきである。
(26)今谷氏『日本国王と土民』。
(27)「執事補任次第」（第七編之一二）。
(28)①「東寺百合文書」オ（第七編之一二、以下同じ）。

東寺雑掌申、山城国植松庄内田地事、訴状具書如此。早止方々妨、任去応永六年十一月廿四日御判、可被全雑掌所務之由、所被仰下也。仍執達如件。

応永十六年八月廿八日　　治部大輔（斯波義淳）（花押）（義重）

高土佐入道殿
②「海蔵院文書」応永十六年九月十日、大内周防入道宛て管領奉書。③「尊経閣文庫所蔵文書」応永十六年九月十六日、高土佐入道宛て管領奉書。④「永田文書」応永十六年十月十五日、佐々木大膳大夫入道宛て管領奉書。⑤「宍道文書」応永十六年十一月十九日、佐々木大膳大夫入道宛て管領奉書。

(29)秋元氏「斯波義重の動向」。
(30)「京都御所東山御文庫記録」（第七編之一〇）。
(31)『満済准后日記』応永二十一年四月二十日条、翌二十二年四月十一日条。
(32)『満済准后日記』応永二十一年四月二十一日条、同年七月十六日条、翌二十二年五月十四日条など。
(33)『看聞御記』応永二十三年七月二十五日条。
(34)「寺門事条々聞書」（第七編之二〇）。
(35)『満済准后日記』応永二十一年六月八日条。
(36)『看聞御記』応永二十三年十一月二十五日条。
(37)『看聞御記』応永二十五年正月二十日条。
(38)『石清水菊大路家文書』第七六号（家わけ四、第六巻）。
(39)『康富記』応永二十五年八月十八日条。
(40)『看聞御記』応永二十五年八月十九日条。

二　義淳

義重の嫡子義淳は、応永四年（一三九七）に誕生し、応永十四年（一四〇七）十一月十九日に十一歳で元服した。(1)

官途は前例通り治部大輔にまず任ぜられ(2)、次いで左兵衛佐となった（昇任は応永十六年正月(3)～同二十五年八月(4)の間）。

義淳に関しては、斯波義敏の筆になる「斯波家伝」（文明十三年作成）によって、その人物像をまず眺めておこう。

一、左兵衛佐義淳ハ、義重の嫡子にて候。十三《ママ》の歳元服候。是も公家之儀式にて、従五位下・治卩太夫に任し候。同年、官領《ママ》職を勤。義将・義重共に存在之時にて候。雖然、いくほとなくて父祖にはなれ候間、行跡引かへ候て、犬・鷹殺生の趣好ミ候けるを、普廣院殿様、御慈悲を以て、左様の次第御制禁候し程に、上意に応し候て停止すとハ申なから、やゝもすれハ数奇にひかれ候か。…（中略）…又義淳之事、まへに申候様に、御諷諫ハありなから、猶も御志し候けるによりて、河原の勧進猿楽の桟敷にハ、甲斐か井けたの幕をうたせられ候て、其身ハ公方様の御桟じきへ参候。又諸家へ松はやしの事仰出され候て、大小名こと〱く勤候し時も、当方計をハ除候。何れも義淳の事にて候。心照寺道忠淑良、永享五、十二月一日逝去、三十七歳。(5)

右の史料によると、義淳は時として数奇にひかれ、犬・鷹の殺生を好むなどと見えて、情緒面にかなりの問題があったことが知られ、また勧進猿楽の桟敷席を取り違えて将軍席に紛れ込んだり、正月行事の「松はやし《拍子》」の上演が除外されていたりと、知的能力の面でも障害が見られたことが述べられている。つまり義淳には先天的な精神性障害があったと考えられるのである。

こうした精神性障害を前提にして義淳の人物像を再検討するならば、これまでの彼に関する評価のいくつかは変更を余儀なくされよう。まず前節で触れた応永十六年（一四〇九）八月～翌十七年六月の管領就任（第一次）について、これが義満死去・義持継承という政治的間隙を突いて祖父義将が強行した政変劇であったことは明らかであるが、嫡子義重の消極的な性格に加えて、嫡孫義淳には精神性障害があるという事実を認識させられた時の、義将の衝撃の程は容易に推察できよう。斯波家の勢力が次第に衰退する暗い将来像が義将の目には映ったに相違なく、その勢力の維持策を打ち出せるのは自分の存命中に限られている。こうした焦りにより、義将はすこぶる異例の方針を強行するとともに、加判能力を欠く義淳に代わって父義重に管領奉書の代判を行わせたのである。しかしこうした義将の焦りと強行策も、所詮老衰には勝つことができず、その死去とともに義淳は直ちに管領を解任されるのである。残念ながら義重の政治力（消極的性格）では、かかる状況を永続させることは不可能であった。

次いで義淳に関する疑問点の第二として、命令下達手続きにおいて彼の遵行状を省略する場合が見られるのであるが、彼の精神性障害を前提とすれば、その原因についても氷解しよう。義淳は応永二十五年（一四一八）八月に父義重が死去したのに伴ってその遺跡を継承し（二二歳）、将軍から直ちに安堵御判を拝受、(6) 同年十月十三日には幕府に出仕しており、(7) また守護として発した遵行状の初見は応永二十五年十二月六日のもので、越前国牛原三箇郷を醍醐寺三宝院雑掌に沙汰付けるよう守護代甲斐将教（祐徳）に命じているが、(8) しかし応永三十四年（一四二七）六月においては、次のように彼の遵行状を省略する事例が見られる。

「(包紙ウワ書)織田出雲入道(常竹)殿　沙弥常松(織田)」

大徳寺塔頭如意菴領、尾張国破田村諸公事以下課役等事、被免除訖。早任今月十五日御施行之旨、可被停止守護使入部之由候。仍執達如件。

応永卅四年六月廿六日　沙弥（花押）

織田出雲入道殿(9)

右は、尾張守護代織田常松が小守護代織田常竹に宛て、大徳寺如意庵領破田村への守護使入部の停止を命じた遵行状であるが、注目すべきは「任今月十五日御施行之旨」と見える点である。ここに言う管領畠山満家の施行状はもちろん左兵衛佐義淳宛てとなっているが[10]、しかしそれを受けた守護義淳の遵行状は省略に付され、直ちに右の守護代遵行状が発せられて、しかもこの点は文言中に明示されているのである。こうした異例の手続きがなぜ生じたのかをこれまでは適切に説明できなかったが、義淳に精神性障害があったとするならば、その説明は容易である。ただし義淳の障害は、周囲や本人の状況によって発現する場合もしない場合もあったようで、例えば同年十二月十八日には、「尾張国初任検注」に関する幕府命令を守護義淳自身が遵行状を発して、「任去月廿八日施行旨、可沙汰付三宝院門跡雑掌」と、守護代織田伊勢入道常松に下達しているのである[11]。

さて、このように義淳には精神性障害があったにもかかわらず、正長元年（一四二八）に足利義持が死去して新将軍に義教が決定されると、将軍は義淳を引き立てて再び管領に任じようとした。周知のごとくに義教は、神前での鬮引きによって将軍後継者と定まった人物であるから、幕府内部には権力の基盤が乏しかった。そのために彼はまず、奉行人組織を整備して親裁体制を確立し、また直轄軍たる奉公衆組織を強化しなければならなかった。こうした立場の義教にとって、従来の機構たる管領制は将軍権力を制約するものと映ったに違いなく、速やかに抑制し弱体化すべきものであった。そこで義教は、精神性障害を持つ義淳をこれに任じて、一気に管領制の実質的解体を意図したのではあるまいか。

しかしながら、当の義淳と被官人らにとっては、管領就任をそう簡単に受諾できるわけはない。義淳は永享元年（一四二九）八月二十一日に、「武衛、此職ヲ持候者、天下重事可出来条、覚悟前也。爾者私無正体政道ヲ仕、天下御大事可出来条、公方ノ御為不可然事也。蹤（縦）雖及生涯、可辞退申入云々[12]」と、強く辞退を申し入れていた。これに対して将軍は、八月二十四日に甲斐・織田・朝倉の三氏を呼んで、改めて義淳に管領職を受諾するよう説得を求めたが、三氏は、「上意ハ雖忝候、武衛管領職事、非器無申限事之候間、公方様奉為ヲ存間、領掌之様ニ諷諫仕事、是非不可叶之由申切、退出。両人又同心云々」[13]と、義淳には管領としての器量がないことを理由に、あくまで辞退しようとしたのである。ここに見える「非器」という評価は、あくまで義淳の能力的な事実を述べたまでのことであって、甲斐氏らが義淳をないがしろにした表現とみなしたり、甲斐氏らに驕慢の態度ありと指弾するのは筋違いであろう。

しかしながらこの将軍からの管領就任要請は、結局のところ断り続けることが出来なかった。まもなく次のような御判御教書が発せられて、義淳は永享四年（一四三二）十月まで管領に在任することとなったのである。

管領職事、以別儀領掌候者、為悦候。尚々不可有辞退之儀候也。

(永享元年)八月廿四日　　御判

左兵衛佐殿[14]

ところで、こうした将軍義教による管領制の実質的解体策と並行して、彼はより直接的に大名権力を厳しく弾圧したことが知られている。具体的には家督継承に介入して内紛を引き起こさせるという策で、斯波家においても、義淳の死去にともない、当初の候補者持有が排除されて義郷が新家督に決定されるという事態が起きているが、この点の詳細は次節に譲ることとしよう。ここでは、そのほかの守護に対する抑圧策として、守護の持つ所領安堵権に介入を企てていることを指摘しておきたい。

永享二年五月、守護義淳は敦賀西福寺の寺領目録に安堵の花押を据えて、その領有を保証した[15]。通常ならばこの安堵状を守護代が当該者に下達して手続き完了となるのであるが、今回はここに突然に将軍義教が介入して寺領目録の提出を命じたのである。そこで義淳は「目録如此候。可有申沙汰候[16]」と、松田秀藤を通じてこれを提出し、これを受けて将軍義教は、同年十二月に西福寺を将軍家祈願寺に指定するともに[17]、寺領安堵の御判御教書も発したのである[18]。文言中では一応体裁として、斯波義将・義重の安堵状と、義淳加判の寺領目録を踏まえて安堵するとは述べられているものの、しかしこれが守護の所領安堵権に対して企てられた将軍の介入であることは明らかである。なお、本来ならばこれに続いて管領兼守護の義淳が施行状（または遵行状）を添えるべきであるが、彼はこの時も精神的に不安定となって加判能力を欠いたらしく、それを省略して直ちに守護代甲斐将久が翌三年二月に遵行状を発している[19]。しかもその書式たるや、義淳の花押が据えられた寺領目録の余白部分に、将久が続いて遵行状を追記するという異例さであり、加えて文言中には去年五月廿七日の義淳の御判に任せてと記されて、あたかも将軍義教の御判御教書を無視するかのごとき印象を与えている点は、大いに注目すべきところであろう。

さてその後の幕政であるが、永享三年（一四三一）に室町殿御所の移転が計画され、守護からの計一万貫の出銭で実施されることとなった[20]。管領義淳も翌四年正月に一五〇〇貫文を追納してようやく完成に漕ぎ付けるが[21]、そこで将軍義教は移転を記念して大饗の儀を挙行することとし、その主催を義淳に命じたのである。義淳はしかしこうした儀式の主催はとうてい困難と考え、管領離任を申し出てそれを辞退しようとしたが、しかし将軍からは、「来七月大饗可被行…（中略）…仰付管領義淳云々。永徳之時管領、義淳祖父義将朝臣也。法名道将[22]」と、義将の例にならって挙行するよう命ぜられ、やむなく翌日に甲斐将久を派遣してこれを了承せざるをえなかった[23]。

ところが、それから間もなくの同年六月十三日、義淳の嫡子義豊が突然に他界する事件が起きる。義豊は応永二十二年（一四一五）の誕生で、元服して治部大輔に任ぜられ、将軍義教の元服（正長二年三月九日挙行）の祝賀には、父義淳に代わって「以治部《(義豊)》大輔可出仕申[24]」と指示されるなどしていた人物であるが（ただし実際には義淳が参列したらしい[25]）、その義豊がわずか一八歳で突然に死去してしまったのである（法名道英）。父義淳の愁傷は察するに余りあるが、彼はこの事態を将軍に申し出て、「愚息治部《(義豊)》大輔、夜前他界仕候了…（中略）…如此儀出来上者、且御祝砌ニ可祗候条、尤其憚候。御免様申御沙汰候者、可畏入云々[26]」と、大饗主催を辞退したいと改めて強く申し入れるものの、しかし将軍義教はそれでも辞退を認めようとはしなかった。やむなく義淳は、予定通り七月二十五日早朝から翌二十六日昼にかけて、大饗の儀を厳重に執り行い[27]、同年十月十日に至ってようやく管領辞任を認められたのであった[28]。

その翌年の永享五年十二月一日、今度は義淳自身が他界してしまう。「武衛《(義郷)》続日案堵以下、畏申入之由申了…（中略）…斯波兵衛佐義淳死去、子刻、年卅七云々[29]」と、義淳の後継者が義郷と決定され、直ちに継目安堵の御判が下され、そして子刻に至って義淳が享年三七歳で死去したと見えている（法名道忠）。精神面にいささかの障害があり、しかも嫡子義豊を失った義淳であってみれば、その後の生活が自暴自棄的となった可能性は否めず、これが彼の寿命を縮める結果につながったものかもしれない。

註

（1）「教言卿記」同日条（第七編之九）。

（2）「御的日記」（第七編之十一）応永十六年正月十七日条に、「越前治部大輔義淳」と見える。

（3）同右史料。

（4）『康富記』応永二十五年八月十八日条に、「右《(左)》兵衛佐義淳」と見える。

（5）国立国会図書館内閣文庫「当流式」（一五四函二〇〇号）、同「大雙紙」下巻（一五四函二〇二号）、および金沢市立図書館加越

能文庫「斯波家伝」。なお「当流式」・「大雙紙」では、この由緒は他の多くの記事とともにまとめて掲載されていて、表題が付けられていない。ここでは加越能文庫の史料表題（ただし「斯波家伝」とは内題で、外題は「斯波文明家譜」である）を採用した。小川氏『足利一門守護発展史の研究』第二編第一章の注3参照。

（6）『康富記』応永二十五年八月十八日条。
（7）『満済准后日記』同日条。
（8）「醍醐寺文書」一函—六（『福井県史』資料編二・中世）。
（9）「大徳寺文書」（『新編一宮市史』資料編六、第五〇七号）。
（10）「大徳寺文書」（同右書、第五〇六号）。
（11）「醍醐寺文書」（同右書、第四二〇号）。なお尾張国智多郡・海東郡には分郡守護一色義範が配せられており、彼は智多郡については御賀本新左衛門尉・倉江加賀入道両氏宛てに、海東郡については守護代三方山城（範忠）宛てに守護遵行状で伝達しており、さらに海東郡守護代三方範忠は郡代三方対馬守宛てにそれを下達している（「醍醐寺文書」—同右書、第四二二・四二三・四二四号）。
（12）『満済准后日記』永享元年八月二十一日条。
（13）『満済准后日記』永享元年八月二十四日条。
（14）同右史料。
（15）「西福寺文書」第八九号（『福井県史』資料編八・中近世六）。
（16）「西福寺文書」第九〇号。
（17）「西福寺文書」第九三号。
（18）「西福寺文書」第九四号。
（19）「西福寺文書」第九六号。
（20）『満済准后日記』永享三年八月三日条。

(21)『満済准后日記』永享四年正月十九日条。
(22)『満済准后日記』永享四年五月二日条。
(23)『満済准后日記』永享四年五月三日条。
(24)『満済准后日記』正長二年二月二十四日条。
(25)『満済准后日記』正長二年三月十一日条に、「御祝、武衛沙汰」と見えるが、これは義淳を指すと考えるべきであろう。
(26)『満済准后日記』永享四年六月十四日条。
(27)『満済准后日記』永享四年七月二十五日条。
(28)『満済准后日記』永享四年十月十日条。
(29)『満済准后日記』永享五年十二月一日条。

三　義郷

義郷は義重の二男として応永十七年（一四一〇）に誕生した。母は被官人で越前守護代を勤めた甲斐教光の娘であった。[1]彼の兄義淳が永享五年（一四三三）十二月一日に死去し、しかもその嫡子義豊がすでに前年に死去してしまっていたことから、後継者に誰を据えるかが問題となり、当初は持有（義淳・義郷の弟で、義重三男に当たる）が後継者と目されたが、しかし将軍義教は彼を認めず、代わってその兄義郷を後継者に据えたのである。この間の経緯は『満済准后日記』の記事に詳しい。

すなわち、将軍からの御書が届けられて、「武衛《(義淳)》所労危急。遺跡事ニ付テ、当時奉公左衛門佐《(持有)》事、以外無正体間不可叶。其弟僧《(瑞鳳＝義郷)》在之云々。若器用歟、可被仰付」との意向が伝えられた。この弟僧とは、相国寺に出家していた瑞鳳蔵主で、甲斐将久などの被官人も将軍の仰せには従うとの返答を行っている。そこで還俗した際の官途・実名が問題となったが、将久は、官途は「毎度初度治部大輔」で、実名は「毎度上御字義ヲ被下歟。今度ハ下御字可被下条、可畏入」とて、通常は将軍から上の文字「義」を拝領するが、今回は下の文字「教」を拝領できれば幸いだと述べている。しかし将軍義教は先例通り上の文字「義」を与えることとし、候補の三実名から義郷を選定して、十一月三十日の夜、飯尾加賀守を通じて続目安堵の御判を下付したのであった[2]。この実名決定のいきさつについて、将久の態度に不遜な点が見られるとの見解があるが、義淳時代の彼の態度を踏まえて考えれば、これは単なる謙譲の表明であろう。

かくして斯波氏の新家督に義郷（二四歳）が決定され、将軍義教は早速、翌永享六年（一四三四）二月四日、義郷亭を訪れている。義郷は乗馬で直垂にて出仕し、渡御の御礼に剱・鎧・馬置鞍・弓征矢を献上、また安堵の礼として五万疋・太刀を進上している[3]。また義郷はその後、玉津嶋神社の御法楽に参列し[4]、将軍義教の主催する歌会に参加し[5]、永享六年（一四三四）十二月二十六日には、将軍義教の加冠によって正式に元服している[6]。

またその間の永享六年二月九日には若公が誕生しているが[7]、しかし年時から考えて、この若公は次節の義健（永享七年誕生）ではない。この若公は多分、間もなく死亡したのであろう。

さて義郷に関する史料では、次のものに注目しておこう。

美濃国中河御厨地頭職事、充行替地於治部大輔義郷、可返付之状如件。

永享七年二月廿一日　（足利義教）（花押）

小笠原（政康）治部大輔入道殿[8]

右の永享七年（一四三五）二月の将軍義教御判御教書によると、美濃中河御厨の地頭職はこれまで義郷に宛行われていたが、彼には替地を与えることとし、これを小笠原政康に返還すると述べられている。これによって義郷の所領が美濃国内に所在したことが知られるが、義郷の守護職は越前・尾張・遠江三ヶ国であったから、所領支配と守護職任命とは必ずしも一致していない点が注目されよう。

永享八年（一四三六）九月三十日に至り、義郷に突然の死が訪れる。二日前の二十八日に三条へ違例の訪問に行った義郷は、その帰路に、「馬陸梁落馬、絶入打頭云々。宿所へ舁入、家中騒動云々」(9)と、馬もろともに陸橋から落ちて頭を強打し、意識が戻らなくなってしまったのである。そしてついに九月三十日、彼は二七歳で死去したのである（法名道慶）(10)。

註

（1）「武衛系図」。
（2）『満済准后日記』永享五年十一月三十日条。
（3）『満済准后日記』永享六年二月四日条。
（4）『満済准后日記』永享六年十月二十三日条。
（5）『満済准后日記』永享七年正月十三日条。
（6）『看聞御記』永享六年十二月二十六日条。
（7）『満済准后日記』永享六年二月九日条。
（8）「小笠原文書」（『岐阜県史』史料編四、一二ページ）。
（9）『看聞御記』永享八年九月二十九日条。
（10）『看聞御記』永享八年九月三十日条。

四　義健

義健は義郷の嫡子で、永享七年（一四三五）に誕生し、幼名を千代徳丸と称した。父が翌永享八年（一四三六）九月に事故で死去したことに伴い、彼は二歳で遺跡を継承した。そして宝徳三年（一四五一）十一月に一七歳で元服し、治部大輔の官途を受けるが、翌享徳元年（一四五二）九月一日に早世してしまうのである。

義健が家督を嗣いだ永享八年九月から、元服する宝徳三年十一月までの一五年間、幼少の義健に対して「扶持」を加えたのは一族の斯波持種、また「後見」を務めたのは執事で越前・遠江守護代を兼ねた甲斐将久（法名常治）であった。[1]当然、義健には加判能力が欠けたから守護遵行状は省略され、管領施行状を受けて守護代甲斐将久が直ちに遵行状を発する手続きがとられた。

大乗院家雑掌申、越前国河口庄兵庫郷寺門分在之事、早任今月七日御判之旨、可被停止使者入部之由、所被仰下也。仍執達如件。

永享十一年十一月廿一日　右京大夫判細川持之

千代徳（義健）殿

大乗院家雑掌申、越前国河口庄兵庫郷寺門分在之事、早任今月廿一日御施行之旨、可被止使者入部之状、仍執達如件。

永享十一年十一月廿六日　沙弥判甲斐入道常治

狩野修理亮殿

池田勘解由左衛門尉殿(2)

右の史料のうち、前者は永享十一年（一四三九）十一月二十一日に管領細川持之が将軍義教の意向を奉じて、河口庄兵庫郷への守護使入部の停止を守護義健に命じたものであるが、しかしこれに続くべき守護義健（五歳）の遵行状は省略され、直ちに守護代将久が後者の遵行状を発している。文言中には「早任今月廿一日御施行之旨」とあって、かかる守護遵行状の省略が明示されている。しかもこうした体制が実に一五年の永きに亙って継続すれば、守護代将久の支配力が著しく伸長したであろうことは容易に推測できよう。

さて、義健が家督であった時代は、将軍足利義教（在位は永享元年三月～嘉吉元年六月）が嘉吉の乱で殺害され、次の将軍義勝（在位は嘉吉二年十一月～嘉吉三年七月）が早世し、さらに義政が登場する（在位は宝徳元年四月～文明五年十二月）というように、めまぐるしい推移が見られた時代である。新将軍義政もまた、父義教と同様に守護大名家の人事に様々な介入を行い、そのために多くの大名家で当主が交替させられたり、将軍の意向を受けた被官人が相次いで主家に造反を引き起こしたりしたが、斯波家においても、持種とその被官人が甲斐将久と対立する事件、および尾張守護代織田氏が内部分裂するといった事件が起きていた。

まず持種と将久との対立については、「近日斯波民部少輔殿（持種）、与千代徳殿内甲斐入道（将久）、其間有雑説。有夜々物忩。依之自公方、被立御使於彼両所、被有仰云々」(3)とあるように、文安四年（一四四七）五月二十八日に持種と将久との間に対立状態が生じ、将軍義政から使節が派遣されて慰撫されたと見える。持種に属した被官人二宮・嶋田氏らは、「執事甲斐（将久）美濃入道常治進退作法、狼藉尾籠之間、二宮・嶋田以下傍輩等、向背数十人及連署誓約」(4)と、将久の態度に狼藉尾籠の点があるとして弾劾の連署状を作成していた。彼らはすでに前月二十七日に将久の私宅（室町以西・勘解由小路以北）に放火し、混乱のなかで将久を討つ計画を実行したが、将久が「着具足令用心」[5]たために、果たせなかった。持種被官人らが非を唱えた狼藉尾籠とは、おそらく領国支配が将久中心に機能している点を指したものであろう。執事兼守護代将久が、義淳時代から義郷・義健時代にかけて、彼らを補佐して越前・尾張・遠江三ヶ国の支配安定に尽力したことはすでに述べた通りであるが、斯波氏庶流の持種の目からは、かかる体制が斯波氏家督をないがしろにしたものに見えたとしても、無理からぬところと言わねばなるまい。こうした持種の将久に対する反発に基づき、二宮・嶋田氏らの被官人は将久攻撃を試みたのであるが、幸いに吉良兵衛佐入道（その娘と義健との婚姻が成立していた）の説得工作や、将軍義政の派遣した使節の働き掛けが奏効して、まもなく収束に漕ぎ付けることが出来たのである。しかし紛争の火種が完全に消えたわけではなく、やがてこれが底流となって長禄合戦（斯波義敏方と甲斐将久方との合戦）が引き起こされるのである。

次いでいま一つの尾張守護代織田氏をめぐる分裂抗争は、嘉吉の乱直後に幕府が発した旧領回復令をきっかけとして、尾張守護代織田郷広が「於国中行濫吹、寺社・本所領不謂是非押領」[6]と、所領押領を企てたのが発端で、その被官の坂井広通（性通）は、郷広の意向に従って六師庄乱入事件を引き起こしていた。しかしこの郷広の行動に対して、斯波持種・甲斐将久、その他の織田一族らはいずれも反対の態度をとったため、郷広は嘉吉元年（一四四一）十二月に逐電を余儀なくされ、代わってその子敏広が尾張守護代に補任されて、一応落着したのであった。ところがまもなく足利義政が将軍に就任すると、彼は宝徳二年（一四五〇）八月に、この郷広を「如元、可為尾張守護代之由事、有御口入」[7]と、再び尾張守護代に任命しようと画策したのである。将久や管領畠山持国らはこうした将軍の意向に強く反対し、約一年間もめ続けて、翌三年十月十日に「向後、為公方不可有御口入之由被仰出、令属無為了」[8]と、ようやく義政が口入を撤回するということで決着したのである。その間、義政はこの問題を「御新参局」（いわゆる今参局、義政乳母の大館氏女）に委ねて解決しようとしたが、母日野重子から「為天下為公方」、とうてい容認できることではないと制止されている[9]。

以上のようにして、尾張守護代織田氏の再任問題に決着がついたので、同三年十一月二十一日に義健は元服式を挙行した。「斯波千代徳殿十七歳義健、有元服。加冠修理(持種)大夫殿云々」[10]と記されるように、彼はすでに一七歳に達していた。身体が虚弱であったことが、その遅延の原因であろう。

そしてその虚弱な体質はついに改善できず、翌享徳元年（一四五二）九月一日に早くも死去してしまうのである。享年一八歳であった（法名道寿）。彼には子がなかったから、後継者には一族持種の嫡子義敏が選ばれて、家督相続されることとなった。

註

（1）『建内記』（『大日本古記録』）嘉吉元年十二月二十一日条。
（2）「河口庄兵庫郷公文政所間記」（井上鋭夫氏編『北国庄園史料』）。
（3）『康富記』文安四年五月二十八日条。
（4）同右史料。
（5）同右史料。また『康富記』文安四年四月二十七日条にも関連の記事が見える。
（6）『建内記』嘉吉元年十二月二十一日条。
（7）『康富記』宝徳二年八月十六日条。

（8）『康冨記』宝徳三年十月十日条。
（9）同右史料。
（10）『康冨記』宝徳三年十一月二十一日条。

五　持有

最後に、持有についてもここで合わせて検討を加えておくことにしたい。

持有は義重の三男として応永二十年（一四一三）に生まれた。母は兄義郷と同じく甲斐教光の娘であった。通称は二郎で、のちに持輔と改名し（その時期は未詳）、左衛門佐に任ぜられ、永享十二年（一四四〇）五月二十日に二八歳で死去した。彼の名前の「持」は将軍義持から拝領した偏諱であろうから、その元服は義持在世中、すなわち正長元年（一四二八）正月十八日以前（持有の年齢としては一六歳以前）のこととすべきである。

持有の史料上の初見は、『建内記』応永三十五年（＝正長元、一四二八）三月某日条と思われ、「左兵衛佐義□（淳）又以参云々。彼舎弟、今日取御杓、御意快然」(1)とあるように、新将軍と決まった義教のもとへ諸大名が祗候して恩盃を受けているなかに、義淳とその舎弟の名が見え、とくに舎弟が杓を取って酒を勧めたので、義教は快然の様子だったと見えている。この舎弟というのが持有である。

それからまもなくの同年六月二十五日、将軍義教は持有に官途左衛門佐を授与することとした。この官途左衛門佐はすでに土御門嗣光に対して与えられていたから、左衛門佐が二人になるのは不都合との反対意見が強かったが、将軍は、「彼モ当職ニテ、又持有モ拝任之様ニハ不可叶哉」と、二人を重複して左衛門佐に任ずることを全く意に介さず、「口　宣案許ニテ可事足也」と、口宣案さえ整っていればよいとの意向を示したので、やがて口宣案が作成され、それを将軍は直ちに持有に下賜してしまったと語られている。(2) まことに将軍義教らしい強引さが示された事件と言うべきであろう。

ところで、持有はとくに和歌に優れた才能を示した。「武衛系図」には「新続古今隠名作者(3)」と記されているが、『満済准后日記』では永享三年（一四三一）の歌会始めに、将軍義教を始めとして持有も参列し、読師飛鳥井雅世、講師同雅永で運営されて、「池上鶴」を題にして歌を詠んだと記されている。(4) 持有はこのときまだ一九歳であったから、彼の和歌の技量はすでにかなりの水準に達し、その前途が期待されていたに違いない。このほか持有は、永享三年二月の月次歌会へ参列し、(5) 永享四年（一四三二）正月歌会始めへも列席し、(6) 同年十月の月次歌会にも参加している(7)ことが知られる。

さて、永享五年（一四三三）十一月に、持有の兄で義重嫡男の義淳が死去した際、その後継者の選定にはかなりの紆余曲折があった。この点はすでに義郷の項で示した通りであるが、いま持有の立場からもう一度この問題を眺めておくことにしよう。将軍義教の意向としては、「遺跡事ニ付テ、当時奉公左衛門佐《（持有）》事、以外無正体間不可叶(8)」と、持有が相続することは認められず、代わって相国寺僧の瑞鳳蔵主（義郷）を還俗させて後継者にすべきだとしたのである。持有忌避の理由については、「無正体」とか「一家総領職事、不可叶器用」などと語られているが、はたして持有の能力にどの程度欠けるところがあったのか、残念ながら確かめるべき方法がない。しかし敢えて憶測を逞しくするならば、彼は和歌に秀でていたことから判断されるように、極めて才能豊かであったと考えられ、むしろその点がかえって将軍義教の癇にさわって、排斥の事態を招いた可能性があるように思われる。

　いずれにもせよ、斯波家の家督は将軍義教の強引な介入によって義郷が継承すると定められたが、その後の持有はこれまでと変わらずに奉公を行ったようで、翌永享六年（一四三四）二月に義郷が醍醐寺を訪れた際にも、「舎弟左衛門佐（持有）、千疋・太刀[9]」と、持有は甲斐・織田氏らとともに義郷に扈従して、千疋・太刀を醍醐寺に献納していることが知られる。

　永享九年（一四三七）正月になって、将軍義教は大名達に大和への出陣を命じた。越智維通らの討伐が目的で、「大和へ大名十三頭向。昨日勘解由小路右衛門佐（持有）進発云々[10]」とあるように、出陣の大名十三人のうちに持有も含まれていた。持有は家督義健（三歳）に代わっての大将で、その軍勢中には「武衛勢甲斐入道以下、著南都[11]」と、甲斐将久など斯波氏被官人の総力が結集されていた。しかし二月九日の合戦では、「越智与武衛勢合戦、負手打死等五百人云々[12]」と手痛い敗北を喫したので、同年三月十七日に「細川・武衛勢三百余騎立、南都進発[13]」と、新たな加勢が出陣した。そして同年四月に至って、「大和事、敵橘寺ニ籠。一色追落。手物共、多手負云々。勘解由小路左衛門佐（持有）勢も、多手負云々。二宮六郎手負、上洛道ニて死云々。弓之上手勇士云々。不便也[14]」と語られるように、ようやく橘寺に立て籠もっていた越智維通らを一色勢が追い落としたが、討伐軍にも負傷者が続出し、持有勢の二宮六郎も帰洛途中で落命したと見えている。ただし同書の頭書には、橘寺を追い落とした報は虚説だと追記されているから、戦況はむしろ討伐軍不利の展開であったとすべきであろう。

　翌永享十年（一四三八）五月になって、戦況はようやく討伐軍有利に展開しはじめた。「敵方城倉橋・橘寺両所、追落焼払云々。敵方数多被討、頭十三取云々。当方も数輩討死云々。甲斐一族討死。石見勢も多損云々[15]」と記されるように、五月一日の合戦で敵方の倉橋城・橘寺をようやく攻略して焼き払い、主だった武将十三人の首を上げることができたが、討伐軍においても甲斐氏一族が討死し、また堀江石見守勢にも多くの死傷者が出たのであった。

次いで同年八月には多武峯の攻撃が実施され、「多武峯昨日責落云々。讃州先陣・武衛・山名三頭発向、自余諸大名不合力云々。衆徒没落少々討死、堂舎仏閣為灰燼。本堂・大織冠御影堂、無為ニ残云々[16]」とあるように、多武峯の衆徒が没落して堂舎仏閣は灰燼に帰したが、幸いに本堂・大織冠御影堂は無事であった。攻撃の主力は細川・斯波・山名の三軍勢で、他の大名は合力せずと述べられるから、攻撃軍は必ずしも歩調が合っていたわけではなかった。かくして同年九月、「自大和、甲斐・小田上洛。重賢行逢見物。三百余騎許野伏等大勢云々[17]」と、斯波軍は京都へ凱旋したのである。

ところが将軍義教は、上洛した斯波勢に対して今度は、鎌倉公方持氏の討伐のために関東へ出陣するよう命じた。「甲斐《将久》ハ遠江守護代之間、東国へ可被下云々[18]」と記されるごとくである。しかしその大将は持有ではなく、持種が勤めることとなった。「聞、勘解由小路民部少輔《持種》・甲斐等、今日東国下向。関東為征伐云々[19]」とあるように、九月十六日に持種を大将にして甲斐将久らが出陣したのである。そしてこれ以後、持有は史料上に全く登場しなくなるので、おそらく大和出陣中に彼は何らかの身体的異変（負傷ではなく疾病か）を生じていたものと考えられる。かくして翌々年の永享十二年（一四四〇）五月二十日、彼はついに二八歳で死去するのである（法名道昌[20]）。

註

（1）『建内記』応永三十五年（正長元年）三月某日条（「菊亭本」第三巻第三四紙オモテ続）。

(2)『建内記』正長元年六月二十五日条。
(3)「武衛系図」。
(4)『満済准后日記』永享三年正月十三日条。
(5)『満済准后日記』永享三年二月二十八日条。
(6)『満済准后日記』永享四年正月十三日条。
(7)『満済准后日記』永享四年十月二十九日条。
(8)『満済准后日記』永享五年十一月三十日条。
(9)『満済准后日記』永享六年二月十日条。
(10)『看聞御記』永享九年正月十八日条。なお『史料綜覧』第七巻がこれらの記事の左衛門佐を持種に比定するのは誤りである。
(11)「大乗院日記目録」永享九年正月十八日条（『増補続史料大成』第三七巻）。
(12)「大乗院日記目録」永享九年二月九日条。
(13)「大乗院日記目録」永享九年三月十七日条。
(14)『看聞御記』永享九年四月十四日条。
(15)『看聞御記』永享十年五月六日条。
(16)『看聞御記』永享十年八月二十九日条。
(17)『看聞御記』永享十年九月十日条。
(18)同右史料。
(19)『看聞御記』永享十年九月十六日条。
(20)「武衛系図」。

おわりに

本稿の検討で明らかにできた点を、最後にまとめておきたい。

義重は、義将の嫡子（母は吉良満貞娘）として応安四年に生まれ、元服して義重、ついで応永九年正月に義教と改名する。官途は治部大輔・左衛門佐・右兵衛督に任ぜられた。彼はまず明徳二年五月（二一歳）に一族義種に代わって加賀守護となるが、すこぶる消極的な性格のため職務遂行に支障が生じ、明徳四年七月には義種に復する。その間、父義将は管領を辞任して義重後見の体制をとったが、守護交代と同時に再び管領に復帰し、いましばらくの時間を稼いで義重の成長を待つこととした。応永五年に至って、ようやく義将は義重（二八歳）に家督を譲り渡す決意を固め、管領を離任して後見体制を整える。越前守護としての義重は五月に確認でき、七月には信濃守護であることが認められるが、しかし信濃は翌応永六年に小笠原長秀に給されることとなったので、義将は直ちに将軍義満に働き掛けて、応永七年三月に尾張を獲得することができた。なお信濃ではその後混乱が生じたので、幕府は応永八年二月に義将を守護に任じて鎮定させ、次いで応永九年五月には御料国に編入してしまった。応永十二年七月になって、義重は管領に補任され、また遠江守護も拝領したので、守護代には甲斐将教を任じて支配を委ねる。しかし応永十五年五月に足利義満が五一歳で死去すると、その政局を乗り切るには義重の力量では困難で、再び父義将が登場せねばならなかった。義将はまず将軍義持の家督継承を確定させ、翌応永十六年六月に正式に管領（第四次）に補任されたうえで朝鮮との外交処理を行うが、同年八月に至って義将は突然にこの地位を嫡孫義淳に譲るのである。この強行策は、精神性障害を持つ義淳の速やかな政界馴致を図り、もって斯波氏の一層の勢力拡大を目指したものであったが、翌応永十七年五月の義将死去（六一歳、法名道将）に伴い、義淳は直ちに管領を解任されてしまう。残念ながら義重にはこの体制を維持する力量はなかったのである。その後応永二十一年六月に、加賀守護であった一族満種が解任されて富樫氏が復し、満種は高野山への遁世を余儀なくされた。また応永二十三年には義重自身が禅秀の乱に巻き込まれそうになるが、幸いにこの嫌疑は晴れたらしい。かくして義重は応永二十五年八月まで存命し、その十八日に四八歳で死去して（法名道孝）嵯峨法音院に葬られる。

義重の跡を嗣いだ嫡子義淳は、応永四年の誕生、応永十四年十一月に十一歳で元服し、官途は治部大輔・左兵衛佐に任ぜられた。義淳には精神性の障害があったために、祖父義将は心を痛め、その速やかな成長を図るべく応永十六年八月～翌十七年六月に強引に管領（第一次）に就任させ、加判能力を欠く義淳に代わり父義重が代判したが、かかる変則的体制は永続するはずもなく、義将死去とともに義淳は管領を解任されてしまう。また彼の障害は文書発給手続きにも影響し、守護遵行状を省略する事例が見られる。さて父義重が応永二十五年八月に死去したことに伴い、義淳（二二歳）がその遺跡を継承して将軍から安堵御判を得ているが、正長元年に新将軍義教が就任すると、将軍は義淳を引き立てて管領（第二次）に任じようとした。これは将軍義教の権力集中策（奉行人組織の整備、奉公衆の強化など）の一環ととらえられ、将軍独裁を抑制すべき管領に障害者の義淳を据えて、管領制の実質的解体を一気に実現しようとしたものである。しかしながら義淳や被官にとっては管領就任は一大事であるから、再三に及んで辞退を申し入れたが、ついに将軍の要請を断り切れず、永享元年八月～永享四年十月まで管領に在任することとなった。なおその間に、将軍義教の大名抑圧策の一つとして、守護の所領安堵権に介入を企てている事実を指摘できた点は重要であろう。さて、室町殿御所の移転計画が永享四年に実現し、それを記念した大饗の儀が挙行されることとなって、管領義淳は大いに困惑してしまう。彼の能力からは主催困難と考えられたためで、管領を離任することでそれを辞退しようと図った。しかし将軍はこれを認めず、やむなく義淳は、嫡子義豊の突然の死去（一八歳）という不幸をも乗り越えて、大饗の儀を厳重に執り行い、同年十月にようやく管領辞任を認められたのである。そして翌五年十二月、義淳は三七歳で死去したのである（法名道忠）。

義淳の後継者となった弟義郷は、義重二男として応永十七年に誕生し（母は甲斐教光娘）、相国寺に出家して瑞鳳蔵主と名乗っていたが、兄義淳が永享五年十二月に死去したことに伴い、還俗して遺跡を継承した（二四歳）。義淳の嫡子義豊は早世し、また当初にその後継者と目された弟持有（義重三男、応永二十年誕生、母は甲斐教光娘、通称二郎、持輔と改名、官途左衛門佐、永享十二年五月に二八歳で死去、法名道昌）に対しては、将軍義教がその和歌の才能をかえって疎ましく思って承認を与えなかったため、かかる措置が取られたものである。やがて義郷の実名と官途治部大輔が将軍から与えられ、続目安堵の御判も下付された。正式の元服は翌永享六年十二月のことで、将軍義教が加冠を行った。ところが永享八年九月に至り、義郷は陸橋から馬もろともに落ちて急死してしまうのである（二七歳、法名道慶）。なお義郷の所領として美濃中河御厨地頭職があったが、永享七年二月にこれは旧主小笠原政康に返還されていることが知られた。

義郷の跡を嗣いだ嫡子義健は、永享七年に誕生し、幼名を千代徳丸と称した。父の事故死で翌永享八年九月に遺跡を継承することとなったので、一族持種が扶持を加え、甲斐将久（常治）が後見した。当然、加判能力がないから守護遵行状は省略され、守護代将久が直ちに遵行状を発する手続きをとっている。こうした体制がかなりの長期に亙って継続したため、守護代将久の勢力は著しく伸長したものと思われ、やがて持種と将久との対立が表面化する。すなわち文安四年四月に持種の被官人二宮・嶋田氏らが、将久の態度は狼藉尾籠だとして私宅に放火して襲撃を企て失敗、次いで翌月に弾劾状を作成して騒いだ事件である。この対立は、領国支配が将久を中心に機能している点を見て、将久に斯波氏家督や持種をないがしろにする態度ありと反発したものである。幸いに将軍義政の使節などが慰撫に努めて対立は収束したが、紛争の火種は残り、やがて長禄合戦（斯波義敏方と甲斐将久方の合戦）につながるのである。ところで義健は、宝徳三年十一月に一七歳で元服して治部大輔に任ぜられる。身体虚弱が元服遅延の原因と思われ、翌享徳元年九月には早くも死去してしまう（一八歳、法名道寿）。彼には子がなかったから、後継者には一族持種の嫡子義敏が迎えられることとなった。

Ⅱ 斯波義重の動向

秋元信英

はじめに

　小稿は、三管領の筆頭たる斯波氏の中、足利将軍第三代義満から四代義持にかかる時期に活動した義重（義教）について考察しようとする。而して、まず、斯波義重・義淳の管領就任の事情について説述し、次いで該時に於ける一族の分国について考察し、彼らの活動を背後から支えた要素の一半を分明とし、更に義将没後に於ける義重の活動を跡付ける。時代にすれば十五世紀の初期、応永十二年から同二十五年までの間である。

　斯波氏については、従来の通史にこそ屢々論及されているが、具体的な勘案を述べた個別論文は未だ管見の中にふれないようである。従って、本来ならばまずその抬頭の解明から私見を公けにするべきであろうが、茲処では一応表書の稿を綴り命題の責をはたしたい。但、義重の採用した政策、それを支えた奉行人、部下である甲斐・織田・二宮・朝倉・堀江等の御内の動向については原則として詳述しない。別に紙数を与えられた毎に、私見を公表する心算である。伏して、博雅諸賢の御海恕を希う次第である。

一　義重の管領就任

応永五年（一三九八）閏四月二十三日、南北両朝合体後の政情処理にあたっていた斯波義将は管領を辞し、抬頭してきた畠山基国に委譲する。畠山氏が管領に就いたのはこの時が最初であって、略々該時をもって所謂三管領の成立とする（『南方紀伝』）。

基国の在任中に所謂応永の乱がおこり、畠山一族の軍は大内氏の主力部隊を撃破し（『応永記』）、管領家として相応しい働きをみせる。これより以後、室町幕府は争乱期から脱却して、確立期に臨むこととなり、安定した時期が保たれる。而して、政権を担当する重臣達の間にも世代の交代が始まる。

ここに斯波氏に於いては、観応（一三五〇）擾乱以来、細川一族と共に幕政を荷担してきた義将が第一線を退き、かわって義重（義教）[1]が政界に登場してくる。

しからば義将から義重への交代を繞る政治情勢は如何であったろうか。

まずライバルの細川氏に於いては、既に頼之は明徳三年（一三九二）三月享年六十四歳で病没していたが、養子頼元、その子満元と賢者相次いで柳営に出仕し、頼有・詮春・満之・氏春・満久に各々始まる分家がよく宗家を支えていた。分国は、大体に於いて八ヶ国前後を世襲していた（小川信氏『山名宗全と細川勝元』）。次に畠山氏は、国清が関東方面で重きをなしていたが仁木・土岐・細川・佐々木氏間の抗争にまきこまれ失脚して以来不振であったが[2]、義深系の基国が大いに盛り返して紀伊・河内・能登・越中の四ヶ国を分国としてかため、前述の如く三管領の中に定着しつつあった。

翻って、斯波義重はかかる環境の中に、斯波一族のホープとして登場する訳である。応永十二年（一四〇五）七月二十五日、畠山基国の跡を襲って、管領に就任し（「執事補任次第」）、八月二十五日に評定始を執行し、二十八日足利義満の北山第に於いて御前沙汰を統裁する（『教言卿記』）。義重は、義満の猶子扱いを受けて居り（「武衛系図」）、家柄の点からも、器量の点からも（後述）遜色がないと言えよう。九月五日附の管領施行状に始めて、義重の管領としての署判がみえる（「若王子神社文書」一）。[3]

かくして、これより略々四年間にわたり在任するが、この間応永十五年（一四〇八）五月六日に義満が薨去し、義持が新将軍となる。

義満は、義嗣を愛すること非常なものであったが、斯波義将・義重父子はすでに名目上将軍となっている義持をして大統を継承させる方針を推進し、諸将も亦これに与した。而して、室町幕府の外交政策・対公家政策に一大転機が訪れるが、これらは斯波義将・義重の献策が尠くなかったと言われる（田中義成博士『足利時代史』、臼井信義氏『足利義満』）。

義重の管領在任はかくして応永十六年（一四〇九）に至るが、ここに注目すべき事件がおきる。即ち、二月九日頃に辞職の意を表明したようであるが（『鎌倉大日記』）、他ならない義重の嗣子治部大輔義淳が八月十日に義重の跡を襲ったのである。この事件の不思議義は、管領を直ちに父子相次いで継承した事自体が室町幕府全期間を通じて空前絶後な点に存するが、更に異常な点は新管領義淳が年齢僅かに十三歳の少年に過ぎなかったに存する。[4]

かかる事態は、人材払底の時期に非らざれば理会し難いが、事は細川勝元が十六歳で文安二年（一四四五）三月二十五日に就任した場合とは余程に異なる。筆者の私見は、義淳の就任は、祖父義将の計画的策謀であるまいかと推測するのである。[5] 以下にその考拠を列挙しよう。

（1）義淳就任に際して、義将が後見するとの巷説が流布した。

「執事補任次第」（『続群書類従』巻九十一所収）に「斯波道孝（義重）長男于レ時十一歳、依レ為二幼少一祖父法花寺（義将）代孫載二判形一云々」、『武家年代記』（『続史料大成』所収）に「祖父義将代レ之判形」とみえる。若干信憑性に乏しい史料であるが、義重から義淳への交代劇の背後に老将義将が存在することを世人が意識していた証拠と看ることは可能であろう。換言すれば、当代第一の実力者斯波義将が後見するという裏付があって初めて義淳の就任が実現した訳である。

（2）実質的には義重の管領在任であった。

義淳の在任は翌応永十七年六月九日までの間であるが、この間に彼の発給した公文書には父義重が署判を加えている。即ち、（イ）応永十六年八月二十八日附管領施行状（「東寺百合文書」オ一之二十五）（ロ）同九月十六日附山城守護宛管領施行状（「尊経閣文庫所蔵文書」編年文書）（ハ）同十一月九日附近江守護宛管領施行状（「宍戸文書」）、の三点である。而して、義重が幕政に責任を有することを自他共に認めていたと解されよう。

（3）重要事件には義将・義重が関与していた。

応永十六年十一月、幕府の京都諸口率分関停廃に際して、山科家より内蔵寮率分関存置の請願が出された。この政策は一応義淳が決定したことになっており、十一月三十日、家司大沢重能を使に出して事情を問い合わせた処、「為二管領計一由」であったと報告している。次いで十二月八日に決行の旨が告示されたが、「管領与談合子細アル由」が伝えられ、同二十二日に「勘方」へ「愁訴」したが、結局工作は成功しなかったらしい（『教言卿記』）。一体名目としては「管領」の政策決定であると言うが、義淳にかかる財政問題を処理出来る筈がない事は言を俟つまい。而して管領と談合すべしとされながら、「勘方」に赴いている事実は、結局義持・義重父子が実質的な政策決定者である分明な証拠であろう（『教言卿記』は、この時期では義将を「勘解由小路殿」・「勘方」、義重を「武衛禅門」に峻別している）。

（4）義淳の退任を義重が奏請している。『南朝編年紀略』七に「二月九日、武家管領勘解由小路兵衛佐義淳辞職、父入道兵衛督義重朝臣所ㇾ請也」とみえる。

これを要するに義淳の管領就任は、実質的な義将・義重の幕政担当に他ならないと看做して略々差支えがない。而してその事由には、祖父義将が、細川・畠山両氏の繁栄の中にあって将来の斯波一族の展開を考慮し、義淳に管領就任の実績を与えることによって、成人後の幕政参加に際して発言力の重きを期す布石であったろう。

然らば、何故にかかる非常手段を採用し得たのであろうか。その一理は以上の如くに義将の個人的存在が認められようが、尚一面には応永の乱後の斯波一族の分国が再編成され、次第に充実しつつあったことが看過出来まい。

二　分国の固定

斯波氏の分国を概観する際に注目されるのは、所謂南北朝時代と室町時代ではその地域を異としていることであろう。即ち、高経以来の同氏は奥羽に派遣された家兼系を除いて概ね若狭・越前・越中等の北陸道方面に活動したが（佐藤進一氏『室町幕府守護制度の研究』上）、周知の如く観応擾乱の結果、頗る勢力下落し、義将の登場をみて再び盛り返した越前以外では分国を固定させることに失敗している。

而して応永の乱以後、斯波氏には新らたな分国固定化の現象が顕著となる。即ち、北陸道方面より、東海地方への進出がそれであって、以下にその跡を検討してみよう。

（１）越前　言うまでもなく、尾張（斯波）高経以来、途中に細川氏・畠山氏が介在したものの、一貫して守護職を確保した分国で、同氏にとって最も関係が深い。就中、康暦政変以後は、斯波氏の手を一度も離れていない。守護代は甲斐氏である（朝倉氏は未だ守護代としては登場しない）。

（２）加賀　富樫氏の実力が及んで他氏の這入る余地が少なかったが、富樫昌家の死を契機に南北朝時代の後期至徳四年（一三八六）に斯波義種が補任されている。これは、応永二年（一三九五）にはすでに富樫氏に復帰しており（「祇陀寺文書」）、また応永五年に斯波義種が補任されている（「京都大学所蔵文書」一〇八―狩野文書―）。以後、義種は応永十五年（一四〇八）二月二日に死去する（『大乗院日記目録』、『教言卿記』、『東寺王代記』）までの間、守護を確保し、次いでその子満種が継承する[(6)]（「臨川寺重書案文」乾）。従って、富樫・斯波両方に対して所謂欠所地再給与の原則が適用されている訳で、更に何等かの契機に因り交代のあり得る情勢が読み取れよう。

（３）尾張　南北朝時代の後期には土岐氏が、頼康・康行・満貞の三代にわたって守護職を世襲していた。就中、頼康の努力が顕著で、優れた資質をそなえていたと推測される一族の直氏及びその子詮直が守護代に派遣され新分国の制圧につとめた。

この土岐氏は、所謂美濃の乱の結果一挙に没落し去り、守護職を失陥する。後任に畠山氏、次いで今川仲秋が補任されるが、短期間で終りを告げ、応永五年十一月十六日の守護は畠山基国とされている[7]（「長母寺文書」）。叙上の様に、当国に関して南北朝時代に斯波氏の勢力は及んで居ず、応永七年頃にまで下るようである[8]。

即ち、応永七年（一四〇〇）四月二十六日、斯波義重の重臣甲斐祐徳は、京都大徳寺領松技荘内破田郷で問題を起こした事件について、甲斐左京亮入道・大谷豊前入道に命令を与えている（「大徳寺文書」）ので、斯波氏の就任はこれに近いと推測出来る。守護代は、当初に甲斐氏であったが、応永九年（一四〇二）に織田九郎・同左京亮が既に国衙領に侵入し（「醍醐寺文書」）、応永十年（一四〇三）五月二日附守護「書下」案に「織田左京亮入道殿」の宛所がみえる（「醍醐寺文書」十三函）。左京亮は常竹で、守護代常松の部下であるから、結局応永九年から十年にかけて、斯波義重―織田常松―常竹のラインが成立したとみられる。尚、知多郡守護の存在した事実が確認されている[9]。

（４）遠江　応永八年四月二十六日の守護は今河泰範である（「東寺百合文書」マ一之二十）が、応永十二年十一月十九日には斯波義重がすでに代わっている（同上ミ八十一之九十二）。前代に斯波氏が当国守護職に補任された明証はみえないから、全くの新任である。守護代は甲斐祐徳で、奉行人は当初に甲斐兵庫助入道・大谷豊前入道であったが、間もなく十九年頃から大谷豊前と狩野七郎右衛門が専らとなったらしい（同上さ三十六三之十九）。尚、他に織田氏・堀江氏も関係していた[10]。

（５）信濃　この国は元来小笠原氏の勢力が浸透して居り、応永七年七月の守護は小笠原長秀であった（「山城海蔵院文書」二）。然るに、翌応永八年六月の守護は斯波義将で更に応永九年五月には将軍家料国となっている（「市河文書」四）。斯波義将が、当国守護職補任を希望したとも考えられるが判然としない。しかし、いずれにせよ国人の力

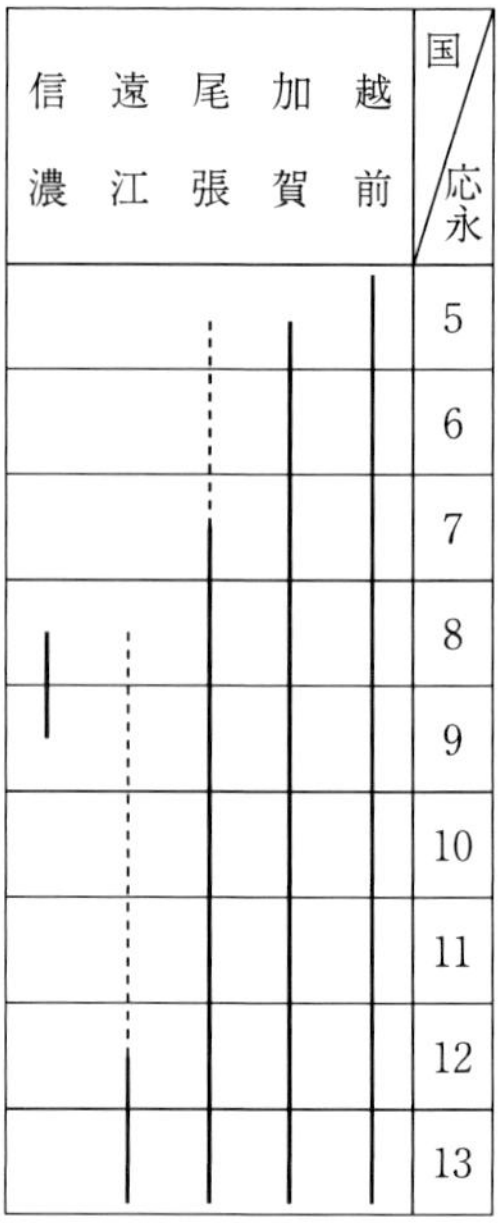

が強固で守護代二宮氏の入部は失敗している。従って所謂世襲分国とならなかった。

以上が応永の乱以後に於ける所謂分国の全てである。この所有の経過を表示すると別表の如くである。

これによれば、応永の乱直前の分国二ヵ国はいずれも従来に在職経験の存するものであるが、乱後に補された二ヵ国は経験のない地域で、今川氏の縁を通有する事情が注目出来よう。而して、かかる分国四ヵ国の確保はいずれも義将存命中になされ、義重はかかる義将の再編成した体制を継承し、且つ背景として管領に就いたと言い得る。従って、義淳の管領就任は、斯波氏に於て嘗てない分国の充実に支えられてゐた点を理念した上で考慮するのが至当と思われる。

三　義重の動静

畠山満家の管領就任に先立って応永十七年（一四一〇）五月七日に義将が卒去し、ここに義重が名実共に斯波一族の惣領となる。義重がこの位置に就いた時、上述二款の如き遺産が存した訳である。而して、応永二十五年（一四一八）に卒去するまでの八年間、これらの要素に支えられて前進を期すこととなる。以下、本款では、簡単にこの八年間の義重の動静を概観しよう。

先ず、彼は以後管領には一度も就任しない。その理由は分明でないが、細川・畠山両氏に俊秀が続き、山名氏も亦再起してくる中で、どちらかと言えば温好であったらしい義重には出馬する機会がなかったのであろう。

評定の席では、屢々重きをなしたようである。例えば、応永二十年（一四一三）正月十一日の評定初で、真言院造営料捻出について論争に至った際、義重が発言して決着させている（『満済准后日記』同年正月十一日条）。又、勢力増大の為には、強引な手段を行う一面ももっていた。応永二十一年のことであるが、東寺供僧方公文職が明済法眼の死去によって闕所となった。この時に後任者が自選他選乱立して頗る論争となったが、義重は、能登法眼なるものが有力視されていたのに、敢て大夫法眼なるものを推して問題としている（「東寺百合文書」廿一口方評定引付）。このような事例は、管領として口入している場合には異とするに足りまいが、若干強引の感を禁じ得ない。

次に一族全体の勢力では、義重の努力は殆んどみられず、かえって減退している。既に述べた如く、斯波氏に於ける所謂分国の世襲化は、越前を除いて義将から義重にかけて開始した現象である。義重はこれを継承して、数ヵ国守護兼帯の守護大名斯波氏を更に安定した存在とする責を荷担していた。しかるに義重の代には一ヵ国も増加せず、以下に述べる如くに加賀を失陥している。細川氏が三河をも分国に加えたのに比較すると、頭打ちの状態が自明であろう。[11]

その事由の一つには、結局人物に恵まれなかったことが考えられる。即ち、満種と義重自身が相次いで没したことである。まず満種は、応永十五年以来加賀一国守護を維持して、恰かも能登畠山氏の如き存在となり斯波氏の有力な分家に定着しつつあった。しかるに応永二十一年六月に突如として改替され、富樫氏に半国宛分割補任されたのである。この政変に際して、満種は何等の活動もせずに翌九日直ちに遁世高野山に入り、ここに一挙にして斯波修理大夫家は没落し去ったのである[12]（義重とみる説は誤り）。

この事件の原因は、目下の処判然としないが、この年の正月に満済准后の許に富樫満成が訪問して居り、四月にも訪れ、守護職奪回に際して「自二方々一遣二馬太刀一」られ、満済自身が満種の引退を「無為、神妙々々」としているのは、富樫一族が周到に用意した末の事件と看做すのが妥当のようである。而して、当主の義重・満種自身がなんら為す処なく終ったのは、斯波氏側に殆んど対策の用意がなかったことを示唆しよう。尚、管領細川満元が、この改替決定に関与していたとも考えられるが推測の域を出ない（『満済准后日記』応永二十一年一月八日、四月十六日、六月八日、同九日条、『東寺王代記』同年六月九日条）。

いずれにせよ、加賀守護家の没落は斯波氏宗家を支える一国守護級の分家を失なった意味で、看過し得ない。

次には、惣領の義重が、意外にも四十八歳と云う働き盛りで卒去してしまったことである。

応永二十五年（一四一八）八月十日、義重は重体におちいる（『看聞御記』同年八月十日条）。同日附で石清水八幡宮に神馬・年貢等を寄進している点から考えると、彼自身が死を覚悟したものとも推測される[13]（『大日本古文書』「石清水／菊大路家文書」七六・二四五号）。一時はもち直したようであったが、十七日には将軍義持自身が見舞に訪れる程で、翌十八日の午後四時頃に遂に卒去した。時に享年四十八歳であった（『看聞御記』同年八月十二日、同十八日、『康富記』同年八月十二日、同十七日、十八日条）。

而して、彼はその人と為りが穏便で、且つ名門の出身に相応しい教養をそなえていた。戦歴も人にすぐれ、内に古書名画をたくわえ、清閑にして思慮深く、端座合掌して往生したと言うのは彼の敬虔な人格を示唆するに他ならない。従って縉紳の愛悼も亦非常で、「万人群レ集拝レ之」み、義持自身も亦そうであったらしい（『続本朝通鑑』、『看聞御記』是年同月十九日条)。

義重は、遺言により嵯峨法音院に土葬され、家は義淳が継承した。

まとめ

以上、斯波義重の動向について若干の考察を試みた。結果として素描に終った点も存するが、尚分明とすることの出来た点も存する。これを要約補訂すると次の通りである。

一、(1)応永十二年七月二十五日に斯波義重は畠山基国の跡を襲って管領に就く。(2)在任中、義満が薨去し、父義将と共に義持を盛り立てる。(3)応永十六年の春、辞意をもらし、十三歳の嫡子義淳を推挙する。(4)義淳の就任は、祖父義将の後見があるとの風聞も存し、実際には義重が幕政を担当する。しかも、義重は、この年に義将が卒去すると、義淳の退任を請い出る。従って、これらの策は、義将が将来への布石として実行したものと看做される。

二、(1)いずれにせよ、かかる策が大きな確執を幕府要人に発生しなかったのは、義将の個人的な存在と、斯波一族の分国が再編成に入り充実しつつあった二面からの要素がものを言っていたと考えられる。(2)分国の中、越前を別として、尾張・遠江は応永の乱後に宗家の分国となり、加賀を再度版図に入れ義種系の領する処とし、有力な分家となした。(3)この様に、この頃斯波氏は、北陸・東海地方に各半分宛分国を有する所謂大守護大名となりつつあり、安定し始めていた。この点が、斯波義重が活動する際の有力な背景をなしたと言える。

三、(1)義将の死後、義重は一度も管領に就かない。その理由の最大の点は、細川・畠山両氏に英傑が踵を接して出たことに存しよう。義重は圧倒された景観がないでもない。（２）しかし、政界では最きをなし、将軍義持の信頼も厚く、時としては東寺に強引な内政干渉も行なう。（３）だが、義重の世代に、斯波氏は早くも後の衰退の兆しをみせる。即ち、応永二十一年に従弟の満種が没落し、唯一の守護大名級の分家を失陥する。これは、斯波一族にとって尠なからざる衝撃と看てよい（後の斯波義敏はこの系統の出身である）。（４）次いで、応永二十五年には当主の義重が四十八歳で急死してしまう。彼の人格はすぐれ、世に惜まれた。従って、義重の世代に、斯波一族は更に上昇し得る条件がないでもなかったが、相次いで要人を失い、二十一歳の嗣子義淳に委ねられる。而して義淳が義嗣の与党と看做されていたことは、斯波氏の前途に更に不安を加えるものであったと言い得よう。

註

（１）義重が改名して義教と称した時期については確めていない。管見の限りでは、「守矢文書」所収の応永五年七月二十六日附寄進状に「正五位下行左衛門佐源朝臣義重御判」と存するのが上限で（写本なのが若干弱い）、「教言卿記」応永十二年八月二十五日条に「新管領評定始、右兵衛入道義教　法名道孝」と存するのが下限である。博雅の御示教によりこの間を短縮したい。本稿では義重に統一した。

（２）小川信氏が細川氏の立場から、秋元が土岐氏の立場から論究する心算。

（３）義重の生母が吉良満貞で、公家の様式で元服している（「武衛系図」）のは、斯波氏の元来の家格が上級であったことを示す。

（４）元服は、応永十四年十一月十九日で、「教言卿記」に「勘解由小路孫十一歳元服、珍重々々」と存する。公家の様式によったらしい。

（５）貞治元年（一三六二）七月二十三日に斯波義将が執事に就任した際、その年令は奇しくも十三歳であった。この時も、実際は父高経が高見した。

（6）　A義種守護在職の証憑は以下の通り。①京都大学所蔵文書一〇八「狩野文書」所収　応永五年六月八日附修理大夫入道宛日下御判御教書　②「臨川寺重書案文」乾　修理大夫入道充管領施行状　③『祇園社記』六　御神領部十四所収応永十三年閏六月十七日附修理大夫入道充管領施行状、B満種守護在職の証憑、①「臨川寺重書案文」乾所収　応永十五年十一月十日附佐衛門佐入道充管領施行状　②「尾張文書通覧」一一林茂蔭蔵所収応永十七年七月二十日附二宮信濃入道充加賀守護遵行状　③「天竜寺文書」三所収　応永十七年十二月二十六日附左衛門佐入道充管領施行状　④「勧修寺文書」二所収　応永十八年十月二十七日附左衛門佐入道充管領施行状　⑤「臨川寺文書」所収応永十九年五月十二日附左衛門佐入道充管領施行状。

（7）　尤も、佐藤進一氏前掲書は、「畠山の在職も永続せず（中略）、応永五年斯波義重に代る」とされる。

（8）　尾張守護在職証憑の列挙は省略する。大概は、奥野高広博士「初期の織田氏」（『国学院雑誌』第六十二巻第九号所収）に拠られたい。尚、「熱田宮旧記」所収明徳四年十月五日附「右衛門佐源朝臣」書下案は、『史料総覧』の斯波義将説・『大日本史料』の畠山基国説いずれも誤りで、佐藤進一氏の今川仲秋説が正確である（前掲書八六頁）。

（9）　佐藤進一氏は、明徳三年五月頃に一色範光が尾張智多郡守護であった事を証明された（前掲書八四―八五頁）。目下の処、この前後の年代がどの程度まで延長し得るのか分明でないが、管見の中では次の如き例が存する。即ち、寛正元年から翌二年にかけて大智院領尾張内海荘廻舟公事を一色兵部少輔（光遠か）の被官が違乱した事件がある。智多郡に一色氏被官の実在した明証で、三河はすでに細川氏分国となっているので隣国からの侵入でないことは略々明である。従って、彼等が郡守護の被官であった可能性が成立する（『蔭凉軒日録』寛正元年九月二十八日・十一月二十四日・同二年九月十日条）。

（10）　義重の遠江守護在職の証憑。①「東寺百合文書」ミ八十一之九十三（応永十二年）②「東寺百合文書」る　最勝光院方評定引付（応永十三年）③同上（応永十八年）④「東寺百合文書」さ　三十六之三十九（応永十九年）⑤「加賀前田家蔵天野文書」（同年）⑥「東寺百合文書」る　最勝光院方評定引付（応永二十年）⑦「南禅寺文書」（応永二十年）⑧「秋元興朝氏所蔵文書」（応永二十一年）。当国に関する甲斐・織田・堀江氏については「東寺百合文書」・『教王護国寺文書』に散見する。事例省略。

（11）　三河は一色氏の旧分国。但し、一色義直は寛正四年に渥美郡守護職を既に保持している（「室町家成敗寺社御教書」）。

（12）　義重説は、『史料総覧』・『国史大辞典』・河出『日本歴史大辞典』、永島福太郎氏『応仁の乱』（至文堂昭和四二年）で、旧版『続

国史大系』第七巻（明治三十六年）所収「後鑑」巻一二五は「満種」を綱文に採用したが『新訂増補国史大系』第三十五巻所収「後鑑」では敢えて「原作満種、今意改」め「義重」としている。しかし、「佐衛門佐」は満種であり、加賀守護であるから（事例省略）、没落は斯波満種で当主の義重でないと結論した。尚、『満済准后日記』応永二十一年六月八日条に「富樫両人加賀国拝領」云々と存するので、満種は一国守護で、改替して富樫氏に移り半国宛に分割されたと推測出来る。

（13）　この文書については、萩原竜夫氏『戦国大名と神社および神道』（『東京学芸大学研究報告』第九巻第十号の四）参看。

Ⅲ

管領斯波義淳の政治活動
―将軍義教期初期の管領・重臣会議―

河村昭一

はじめに

斯波義淳は正長二年（一四二九）八月から永享四年（一四三二）十月までの三年間、将軍義教のもとで管領を務めた人物であるが[1]、義淳には先天的精神性障害があったため、義教は彼を管領にすることによって、管領制を実質的に解体し将軍専制の樹立をもくろんだ、との説が、小泉義博氏によって主張されている[2]。この説が成り立ちにくいことを前稿で述べたが[3]、義淳が政治的無能力者ではなかったことについての実証は、紙数の都合で割愛したので、小稿ではこの点を、彼の管領としての活動を通して明らかにしてみたい。

ところで、義淳の管領在任期は義教治世初期に当たり、通説に従えば、前代義持期の守護大名による合議制から将軍専制体制の樹立に向かう転換期に当たる[4]。ただ近年、義教期の幕政を単純に将軍専制とはみなさない見解が提示されている。たとえば、鳥居和之氏は、従来将軍の管轄下に組み込まれたとされてきた賦奉行が依然として管領の所管とされていたことを明らかにされて将軍専制説に疑問を呈されたし[5]、設楽薫氏は、賦奉行の管領所管は認めつつ、

「将軍―奉行人」「管領―奉行人」という二つの評議の場が併存し、将軍と管領が連携して訴訟が進められたことを明らかにされ、将軍専制説、管領重視説のいずれをも批判された[6]。また今谷明氏は、武力紛争の処理や人事といった、幕政最重要課題について将軍の諮問に与った「重臣会議[7]」の存在を重視され、管領制が本来の機能を発揮していたのは南北朝期後半にすぎず、義持期から義政期初期にいたるまでの管領制は虚構であって、当該期の政治体制を「宿老制」と称されている[8]。このように、管領制に対する評価が定まらない中で、前稿では、義淳の管領上表の背景として管領制の形骸化を想定したため、今谷説を支持したが、義淳の管領としての活動の分析に基づいた検討ではなく、一面的な議論であった。そこで本稿では、義淳の管領就任当初から幕府にとって最大の政治課題となった東国対策、とりわけ鎌倉府が派遣した新将軍就任の賀使との対面を義教が拒否して、管領を始めとする重臣会議と対立した「東使」（関東使節を以下かく略記する）対面問題の展開を中心にして、当該期の将軍と管領、管領を中心とする重臣会議、重臣会議と義教を仲介する満済が、それぞれどのようにかかわり合いながら幕府としての意志が決定されていったのか、具体的過程を明らかにすることを通して、改めて当該期の管領制の意義について考えてみたい。

一　京・鎌倉関係をめぐる将軍権力と宿老

1　将軍義持期末期～義教期初期の京・鎌倉関係

将軍義持・義教期の京・鎌倉関係については、渡辺世祐氏の名著『関東中心足利時代之研究』（雄山閣、一九二六年、復刻改訂版は新人物往来社から一九九五年）が、今日でももっとも詳細な通史として、学問的生命を保ち続けていることは周知のところである。まず、主として同書に拠りながら、斯波義淳が管領に就任する以前の、将軍義持期末期から義教嗣立期にかけての京・鎌倉関係の推移について概観しておくことにする。

禅秀の乱後も、鎌倉公方足利持氏が禅秀派国人（＝「京都御扶持衆」）への武力攻撃をやめないため、幕府は鎌倉征討を決し、応永三十年（一四二三）八月関東諸士に合力を命じる御内書を下した。また、同年十一月には篠川公方足利満直にも出兵を促すなど鎌倉包囲網が形成されると、持氏は使節を上京させて誓紙を捧げ忠誠を誓った。(9)最終的には、翌応永三十一年二月に義持が持氏の二度目の誓紙を容れて京・鎌倉の和睦が成った。いうまでもなくこの和睦は根本的対立を糊塗した形式的なものにすぎなかったが、応永三十二年二月、将軍義量が没すると、持氏はその後嗣たらんとして、義持の猶子になることを望むなど、幕府に恭順の姿勢をとったため、その後義持死没までの三年間は、京・鎌倉間に目立った紛争は記録されておらず、一応表面的な平穏が保たれていた。

しかし、応永三十五年正月、義持の後嗣に青蓮院義円（義宣、のち義教）が決まると、持氏は恒例の将軍代替り慶賀使節を派遣しないばかりか、京都出兵の構えさえみせた。関東管領上杉憲実の諫止で出兵こそ回避されたが、南朝皇胤小倉宮聖承が京都から出奔して伊勢北畠満雅のもとに入ったのは関東からの指示によるもので、在京大名にも同心者がいるとささやかれるなど、京・鎌倉の緊張は俄然高まった。かかる状況下で、義教は同年九月二十二日、管領畠山満家を通じて、諸大名八人に「関東事」八か条についての原案を示し意見を求めた（『満済准后日記』―以下『満済』と略記―同日条）。この時諮問に与った管領畠山満家・斯波義淳・細川持元・畠山満則・山名時熙・赤松満祐・細川満久・一色義貫の八人が、当該期のいわゆる重臣会議の構成員（以下「大名」あるいは「宿老」とする）(10)であるが（細川持元は正長二年七月に没して弟持之が嗣ぐ）(11)、諮問の主な内容は、駿河守護今川範政を持氏討伐の準備のため下国させること、関東諸大名以下白旗一揆中らに先々の如く御教書を下すこと、上杉禅秀の子息を陸奥に下すこと、四国に隠居している甲斐守護武田信重を召し上げて甲斐に下国させること、などで、要するに関東に対する強硬策である。これらに対する大名の回答については『満済』に何の記録もなく、不明である。ついで義教は関東に使節を派遣することとし、同月二十九日、相国寺崇寿院に管領以下諸大名を全員集めると共に、関東への両使を召して、関東に下知する内容に関して大名らに諮問した（『満済』同日条。以下同書当該日条による場合は注記を略し、「同日条」でない場合に限って某日条とのみ示す）。彼らは義教の問いに対して一致した意見で答えた。その要点は二つあり、①京・鎌倉の「雑説」の原因は将軍就任以来の義教の「御無音」にあり、それは好ましくないので「毎事無為」をこそ「御本意」とすべきである、②先度関東が故義持の弔問使を送ってきたことに対する謝意を伝えるべきである、というものである。応永三十年に義持が関東征討を諮った際にはこぞって賛意を示した重臣会議ではあったが、そのあと持氏の誓書提出で和睦が成ると、諸大名は義持に太刀を進上してこれを祝し、満済が「無為之儀天下大慶萬民歓娯不可過之歟、撫民御善政多幸々々」と大仰に喜んでいるのは（応永三十一年二月五日条）、満済及び宿老らの本心をよく伝えている。今谷氏のいわれるように、「遠国融和策」(12)こそ宿老らの基本的スタンスだったのであり、義教の代になって初めて召集された重臣会議の場でも、「毎事無為」という彼らの基本姿勢の変わっていないことがここに改めて表明されたのである。しかし、将軍専制を志向する義教が必然的に関東抑圧策に向かう中、具体的な対応を迫られる場面になると、大名間の立場の差異が次第に顕在化してくる。

2　篠川公方満直に対する将軍義教・宿老の態度

正長二年（一四二九）七月二十四日、細川持之は、満済を通して、篠川公方足利満直からの注進状を義教に提出した。その趣旨は、鎌倉公方持氏が白河氏朝を攻めて合戦になっているが、いずれ満直や陸奥の幕府方国人を退治して京都に攻め上ることは明白であるから合力をしてほしいというものであった。義教は、この月初めにすでに白河の注進を受けて、越後・信濃両国の諸士に満直合力のため出陣の用意をしておくよう命じた御教書を下していたため、改めて満直の要請に応えるべきかどうかの判断を、宿老に諮ることとしたのである[13]。

まず管領畠山満家は、「是非意見難申入、兎モ角モ可為上意」といって義教の判断に任せる旨を表明している。しかし、これが彼の真意とは到底思えない。彼はこれより十日余り前に、義教から越後・信濃に白河合力の用意を命じる御教書を出すよう指示された際、「此事已京都・鎌倉御中違因縁也、仍以外大儀候歟」と言って、諸大名の意見を聞いてからにすべき旨を勧告しているように（七月十一日条）、対関東融和を求める宿老世論の形成・維持に主導的役割を担っていたといってよいから、彼の真意は、一族満則の言葉にある「是非共不可然」というものであったに違いない。彼はこの年四月以来義教に管領職上表を申し入れていて（四月一日・二十一日・二十六日条）、この頃辞任がほぼ決定していたことを勘案すると（六月三日・七月二十五日条）、右述の発言は、表面的には辞職する立場での主張を差し控えるような姿勢を見せつつ、実は対関東強硬策に出ようとする義教に対して、突き放した物言いで暗に反対の内意を伝えようとしたのかも知れない。

細川持之は、この月十四日に急逝した兄持元の跡を嗣いだばかりであるが、持元は満直を始め陸奥や関東の「京都扶持衆」との関係が深く、彼らと幕府を結ぶ結節点の役割を果たしていた[14]。持元の死のあと、義教が持之に、満直は持元の死を聞いたら力を落とすだろうから、幕府へはこれまで同様持之が申沙汰することを飛脚で知らせるよう指示しているのは、義教・細川氏・篠川公方の関係をきわめて明瞭に示している。この細川以外では、山名時熙がもっとも積極的に合力を主張している。すなわち、満直は去年の雑説（持氏の挙兵騒動）以来幕府方に無二の忠節を尽くしているのに、苦境にある彼に今合力しなければ、東国やひいては諸国の武士さえも将軍を頼みに思わなくなる恐れさえあるとして、三か国勢の出陣に「可有何子細哉」と言い切っている。

細川満久と一色義貫は、三か国勢の進発は取りあえず延期し、改めて前回同様出陣の用意を命じる御教書を出し、以後はどこにでも出陣を命じればよいとする、いわば折衷案を示したが、出陣止むなしという点では山名案に近いといえよう。赤松満祐もこれに同じとしながら、出陣は今すぐにでも命ずべしと言っていて、より山名案に近い。

こうした中で斯波義淳は、「越州信州并駿河國勢、國堺へ進發事不可然」とて、正面から義教の提案に反対を表明している。したがって、この段階の幕閣宿老八人の意見は、親満直派として細川持之・山名時熙・赤松満祐の三人、反満直派として畠山満家・同満則・斯波義淳の三人、残りの一色義貫・細川満久が満直派寄りという構図になっていたことが判明する。このように、関東政策をめぐって、宿老全体としては「毎事無為」を共通認識として持ちつつも、鎌倉公方と厳しく対立し、幕府の支援のもと持氏を討ってその地位を奪取せんとする「野望」を抱く満直[15]への対応においては、宿老間で細川・山名氏と畠山・斯波氏を対極とする立場の大きな差異がみられたのである。

宿老らの意見がいかなる論拠によって導き出されてきたのかは、山名を除いて満済の紹介するところとなっていないが、その山名の満直に対する認識がいかに浅薄なものであったかは、満済によって明らかにされる。すなわち、満済は「篠河御注進趣、聊不得其意事共、少々見候歟」とて、満直の要請について三つの疑問点を指摘し、慎重な対応を求めた。まず、①将軍が出陣すれば自分も出陣するという満直の言は「逆ナル被申様」と断じ、満直が出陣して難儀に及んだ時にこそ将軍の出陣を求めるべきであるとする。また、②満直は「時節可然間、早々可有御合力」というが、「時節可然」とは幕府が鎌倉府を退治する時のことを指す言葉であり、鎌倉府が白河を攻めて合戦になっている以上「(可然)時節沙汰」などあるはずがない。しかれば、満直が「可然時節」というのは「篠川元来関東望候間、偏其心中候ト覺候也」とその野望を完璧に看破している。さらに、③先月の白河からの注進では満直はすでに出陣したとしているのに、満直はまだ出陣していないといっているのは不審として、不信感を露わにしている。満済はこれらの論拠を挙げて、満直からの使節に幕府の使節を同道させて陸奥に下し、直接在地の情勢を確認してから、改めて満直合力について議論すべきことを提案したのである。大名らが満直の注進状を閲覧していないとすれば、単純に満済と比較することはできないけれども、満済の状況分析能力はやはり諸大名をはるかに越えるものであったといわざるを得ない。

義教は満済の理詰めの提案を受け入れざるを得なくなり、管領畠山や山名らも「此儀珍重」と同意した。これを受けて義教から満直らへ遣わすことになった御内書は、その文言をめぐって、満済と義教の間で何度も応酬があった末、翌八月一日に認められた。この御内書とおそらく行き違いになったと思われる満直からの注進状が、同月十八日になって、満済から義教に披露された。これは、白河氏朝が那須(幕府の扶持する物領氏資)合力のため那須城に立て籠もっているので幕府の支援を求めるというもので、満済はこの満直の要請について、「今度ハ聊篇目相替歟」とし、「非我大事、人ノ大事ヲ請取テ、京都御合力事申入條如何」として疑問を呈したが、この度は義教はこれに耳を貸さず、越後・信濃・駿河三か国に満直合力を厳密に命じる御教書を出すこととした。こうして義教に対する満済の諫言が功を奏しなくなり、宿老の「毎事無為」というコンセンサスの堅持が困難な状況となりつつあった。折しも、この年の春以来「病體老體」を理由に辞意を表明していた管領畠山満家が辞任することとなり（八月二十二日条）、その後任として八月二十四日管領に就任した斯波義淳に背負わされる責務は、きわめて重いものとなっていたのである。

義淳の管領就任後間もない八月三十日、伊達以下陸奥の諸士の請文（白河合力を命じて六月三日に下した義教御内書に対するもの）と満直の注進状（八月十日付）が京着した（九月二日条。以下同じ）。このうち満直の注進状は「満貞（満直）にとりては最も大切なるものなりと思はれし為めに」（渡辺氏前掲書、復刻改訂版三二四頁。以下同書からの引用は頁数のみ注記）、従来の細川氏の他に石橋左衛門佐入道にも同じものが届けられた（後註23参照）。満直のもたらした注進状は、二種の御内書を求めるものであった。一つは、故義持の代に拝領したという「関東政務」を満直に認めるというもの、今一つは満直に通じている関東大名や武蔵・上野両国一揆に関東退治の際満直に属して忠節を尽くすよう命じるものである。渡辺氏の言を借りれば「これ満貞（満直）が其仮面を脱却し真意のある所を幕府に表白せしもの」（三二五頁）である。同日石橋から披露を受けた義教は、この満直の注進に「事次第先御祝着」とて満足の意を表し、九月二日、石橋をして注進状を満済のもとに届けさせると共に満済に出仕を求めしめた。つまり、義教は満直の「野望」に全面的支援の姿勢を露わにしながら、なお満済の助言も求めているのであるが、満済の方は先頃の態度とは違い、石橋から義教の命を聞いて「誠此御注進之趣旁以珍重候」と述べているように、義教の本意に沿った意向を示しているのが注目される。

義教は、あるいは満済の助言でもあったのか、この日（九月二日）のうちに「管領以下諸大名」に個別に意見を徴することにした。翌三日は義教の徳日であったが、義教は諸大名の意見を披露するよう命じた。満済を通して披露された意見のうちまず新管領義淳は、両御内書とも「共以大儀候歟、猶可有御思案」として、慎重な対応を求めた。七月の諮問に比べてやや抑制的ながら、反満直の立場を堅持していることが確認できる。また、前管領畠山満家と同満則は「両條共以不可然」というもので、もっとも強硬に反満直の立場を貫いている。これに対して山名と赤松は、満直の要請を「其謂歟」として御内書は両種とも発給すべき旨を主張し、これまた前回と一貫している。一色義貫と細川満久は折衷意見で、一色は政務御内書は再考、関東大名宛のは賛成、満久は前者は反対、後者は「関東退治」の文言を除いて発給すべし、というものである。結局、七月に明瞭になった諸大名の立場がほとんどそのままの形で表れているといってよい。これら宿老の意見のうち、義教は当然ながら山名・赤松案を採ったが、前・現両管領の意見を「簡要」とし、異を唱えた二人の「心中」を再度尋ねるよう（実は説得を）満済に命じていることが注目される。これに対して義淳は一応了承したが、畠山満家はなお自説を曲げず、義教に再考を求めた。結局、この御内書は同月八日満直と結城・千葉・小山に遣わされたが、満済はこの二日、三日の義教の諮問、宿老らの意見開陳を振り返って「管領并畠山ハ無益之由申入了、雖然就余意見被成遣了」と記していて、義教の意志決定に満済の意見が大きな影響を与えたことが知られる。

以上見た両度にわたる義教からの諮問における義淳の態度についていえば、畠山と共に反満直の立場にあったことには違いないものの畠山ほど強固ではなく、このあと東使対面問題で見せるかたくななまでの反満直的活動に比べれば、まだ穏当なものとなっている。また、義教については、一応宿老に意見を徴する態度を捨ててはいないし、前・現管領の意見を「簡要」とする認識を示してもいるのは、意識の上で管領制の規制を受けていたとみることもできる。前代義持期以来の幕閣の重鎮畠山満家が強硬に反対しても、義教は結局自説を貫徹しているが、それが可能であったのは、細川や山名・赤松といった義教の意に沿った意見を吐く宿老がいたこと、すなわち重臣会議の意見不一致と、何より、義教に対してもっとも影響力があったと思われる満済が、義教を支持したことが大きくあずかっていた。

二　東使対面問題の展開と管領斯波義淳

1　関東使僧の上洛と義淳

宿老らが義教からの諮問に応じて満直の要請してきた御内書に関する回答を寄せていた同じ日（永享元年九月三日）、鎌倉府から上洛した使僧梵倉蔵主より満済に申し入れがあった。その趣旨は、①義教の将軍就任に対する慶賀の使節派遣が「大儀」につき遅れているが、年内に先ず長老でも上洛させること、②去年以来年貢未進になっている幕府御料所を回復すること、の二点であった。義教の嗣立は前年の正月、将軍宣下でもこの年三月であったから、鎌倉府の賀使派遣の遅延は覆うべくもなかった。この梵倉の派遣も、渡辺氏の推察されたように（二三一頁）、鎌倉公方持氏の意志ではなく、幕府との融和に心を砕いた関東管領上杉憲実の計略である可能性が高い。幕府では、梵倉に対する返事の仕方を協議したが、梵倉のもたらした書状の宛所が畠山満家になっていることをとらえて、畠山はすでに管領職を辞しているので将軍には披露できないから、当職（斯波義淳）を通じて改めて申し入るべし、と返事することを提案した畠山満家の意見が満済の支持するところとなって、梵倉は関東に追い返されてしまった[16]。

梵倉が鎌倉に追い下されたあと、鎌倉府は今度は当管領斯波義淳のもとに、使僧（某西堂）を派遣した。義淳はこの使僧と将軍義教との対面を実現すべく、この年十月二十五日までに二度にわたって満済に執沙汰を依頼したが、満済は「對面事旁無益」としてこれを拒否していた。このため義淳は対面はあきらめこの使僧を関東に返すことにしたが、その前に満済のところに連れて来るので、直接使僧から話を聞いて義教に披露してほしいと、この二十五日満済に申し入れた。このため満済は対応を義教に尋ねたが、義教も「不可有殊申事」として対面を拒絶し、関東に返すよう命じた(17)。しかし、使僧は義淳からこの上意を伝達されても、「一途無御左右者難罷下」と言って応じないため、義淳は十一月二十一日、使僧のさらなる在京の許可と、使僧の所望している管領義淳の上杉憲実への書状を出すべきかどうかの判断を、満済に求めている。これに対して満済は、在京の件は強引に居座っている以上しかたがないとして追認するとし、憲実への書状については再考を求めている。こうした使節の動きから、渡辺世祐氏は、この使僧も、先の梵倉と同様憲実の判断で派遣したものと推測されているが（三三六頁）、従うべきであろう。以上みた関東使僧と義淳、義教、満済の動きから、義淳は関東管領上杉憲実から義教との交渉の先導役として強い期待を寄せられていたこと、義淳はその期待通り忠実に行動していること、そして満済はこの頃も義教の意を体して、鎌倉府抑圧の姿勢を貫いていることなどをうかがうことができる。

2　東使二階堂盛秀上洛の動きと幕府・篠川公方満直

右にみた梵倉蔵主や某西堂は、おそらく鎌倉府が、正規の賀使派遣の準備として幕府側の態度を探るため、あるいは予備交渉のために派遣した使節と見られるが、幕府側は、彼らを相次いで門前払いしながらも、近い将来の賀使上洛は想定していた。すなわち、某西堂が義教の下国命令を無視して在京を続けていた十一月九日、満済が義教から命じられて、満直に派遣する使僧周彭蔵主に言い含めた条々五か条の中の第四条に、万一関東より重ねて使節が派遣された時には、義教が対面してよいかどうか、という一項が含まれていて、鎌倉府が使節を上洛させることを想定し、義教との対面に対して満直がどのような反応を示すのか探ろうとしている。また、第二条では、関東退治を必要とはしながらも、「先無其儀候」としばらくの猶予を指示している。渡辺氏の言われるように、「当らず障らず命令」で「全く満貞（満直）を懐柔するの政策」（三二八頁）であるが、この前提には満直に対する不信感があった。そして、その不信感は義教のそれではなく、満直の野望を看破していた満済の抱くところであった。すなわち、この周彭への指示は義教の命によるものとはいえ、満済の口から発したものであり、また、周彭に持たせる満直宛の御内書も満済が起草していることから（永享元年十一月八日条）、これら満直に対する冷静な対応は、専ら満済の判断によるものであったといえよう。[18] 満済の姿勢は、鎌倉府に対して冷淡な態度を貫く一方で、満直に対してもけっして信を置かず警戒を怠らないというものであった。

永享二年正月二十日頃、義淳は東使として二階堂信濃守盛秀が来月上洛するので、その旨を義教に内々披露するよう満済に要請したが（正月二十五日条）、満済は「楚忽披露斟酌」としてこれを拒みながらも、同月二十五日になって、このことを内々義教に報じている。これは、鎌倉府、というよりも関東管領上杉憲実が[19]、政所執事という要人[20]を正規の賀使として派遣する意志をあらかじめ義淳を通して幕府に通知すると共に、義教の反応を確かめようとしたことをうかがわせる。また満済は、義淳に対しては鎌倉府には毅然とした態度で臨むという立場を見せつつ、一方の義教に対しては東使上洛が現実のものになることを知らしめてそれへの対応を促す意図があったのであろう。しかし、賀使派遣の機いまだ熟さずと鎌倉府が判断したためか、二階堂はその後一向に上洛する気配を見せなかった。そのうち、義教は満直からの要請を受けて、越後・信濃・駿河三か国勢の関東発向を、管領義淳を通じて宿老七人に打診した

(二月二十四日条)。前年七月二十四日の諮問の折には大名間で意見の分かれた同じテーマに対して、今度は親満直派の細川持之や山名らも含めた七人全員が「只今御勢仕事不可然、京・鎌倉無為之條殊簡要存」として、反対表明した(21)。この諮問に際しては当初満済は関わらなかったらしく、諸大名の意見を義教に翌日披露すべきか否かを管領から尋ねられて初めて事の次第を知った満済は、披露に賛意を示した。一方、二十五日披露を受けた義教は二日間悩んだ末に、二十八日満済を召して相談した結果、三か国勢発向の下知は取り下げた。この一件は、重臣会議が将軍権力をまだ掣肘し得ることを、義教にも宿老らにも改めて思い知らしめることとなった。義教は、あるいは前年の時のように細川や山名の支持を期待して諮問したのかも知れないが、三か国勢の発向という幕府としての軍事行動については、重臣会議の同意が不可欠と認識していたからこそ諮問したのだし、重臣会議が全員一致すれば、義教といえどもこれに従わざるを得ない、というのがこの段階の将軍権力と重臣会議の関係であったといえる。そして、重臣会議としての共通認識たる「京・鎌倉無為」がここで再確認されたことによって、幕府は、いずれ予想される東使上洛に対して、現実的な対応を迫られることになった。

一方の鎌倉府は、二階堂の上洛の機を得られないまま空しく時を送っていたが、六月二十日満済のもとに届けられた駿河興国寺長老明宗の書状に「爲使節二階堂信濃守可令參洛、可加扶持」とあり、二階堂の上洛の近いことを告げると共に、満済の協力を請うてきた。明宗は、建長寺長老であった応永三十二年十月、東使として上洛し将軍義持と対面した経歴を持つ禅僧で(22)、おそらく鎌倉府の要請で満済に申し入れたのであろう。

3　東使対面をめぐる幕府と篠川公方満直の交渉

翌二十一日、満済から明宗の書状を見せられた義教は、東使上洛に向けての対策を満済に示した。それは、①満直に使者を遣わして（その同意を得られたら）「以無為之儀」て東使と対面すればよい、②満直や白河以下京都扶持衆に対する支援はこの対面に関わらず従前通り維持する旨を内々に伝える、③これらの措置は上意としてではなく、あくまでも細川・石橋から私的立場で申し入れるべきであり、満済からもかかる事情を詳しく満直に通達せよ、というものであった。東使との対面によって予想される満直や東国京都扶持衆の反発を危惧する義教は、彼らの信頼厚い細川・石橋と満済を前面に立て、自らは背後に回って事を進めようとしたのである。同月二十九日、満済は義教の指示に従って、満直に東使と義教との対面に対する意見を求める書状案を義教のもとに提出した。また義教は管領義淳と細川にも同じく書状を出すよう内々命じたため、両人は同日（七月六日条によれば翌晦日）案文を満済に進めておそらく校閲を仰いだ。これらの書状は、七月一日、細川の派遣する使僧に持たせて篠川へ下された（七月六日条）。ところが同月六日になって、管領の書状案を見た義教が「文章以外大様ニ思召」し、「これは満済の意見によるものか」と詰問し、改めて「委細状」に書き直して、本来管領状を下すことが定められている石橋の使者に持たせて送るよう命じた。満済は、「自分は義淳には意見を言っていない」と釈明しながらも、管領から受け取った書状案を上覧に備えなかったことは「落度」と認めた。義教が異常なまでの注意を払ってこの問題に当たろうとしているさまがうかがえると共に、満直に対する義淳と義教の思いの差異が、図らずも書状の文言に露呈したことを物語っている。

細川が満直のもとに下した使僧は、同年九月四日、満直から満済・細川らへ宛てた返書を持って帰京した。その返書の内容は、『満済』同日条によれば、

對面事可然、乍去諸大名可有御對面由意見申入上ハ、蹤（縦）御對面アリトモ、比次ニ關東事堅可有御沙汰條尤可目出、
不然ハ御後悔事可在之條勿論

というもので、「載誓言」せた起請文形式のものであった。なお、翌永享三年三月二十日になって、満済が義教から明かされた満直との交渉経過を記録している記事によると、このときの満直の返書の内容はさらに詳細なもので、鎌倉府の幕府に対する「不儀」の数々を列挙して、対面の不当性を懸命に訴えるものであったらしい。すなわち、①鎌倉府は足利荘を始めとする幕府御料所を悉く押領し、②当代将軍に対する賀使もまだ進めておらず、③那須・佐竹・白河以下の「京都御扶持者共」を攻撃しているのは京都に攻め上る野心の表れであり、④近日東使が上洛するのも幕府を「出抜申さむ」とする計略であって、⑤もしかかる東使に義教が対面すれば奥州の諸士はすべて力を落とすだろう、というものであった。

義教は満直の返書では「心中未分明」として、対面に対する意見をもっと「サハサハト」答えるように、管領義淳・細川・満済の三人から重ねて満直に書状を出すよう命じた（九月十日条）。その際義教は、満済が書いた書状の案文を見て、白河・佐竹・那須の三人を特に扶持すべき文言を加筆するよう求め、京都扶持衆への配慮に心を砕いている（九月十四日条）。

満直から届いた二度目の返事を、満済は同年閏十一月二十四日義教に上進したが、義教は細川と義淳への返事が同じだったのでこれも同じだろうから見る必要はないといってすぐに返却した。このとき満直は、満済・管領・細川への返事とは別に、おそらく石橋を通して重大な提案を義教にもたらしたのではないかと思われる。[23]その満直の返状は閏十一月八日付のもので、翌年三月関東から正使として二階堂盛秀が上洛した段階で、義教から満済を通して大名ら

に内容が明かされたのである。それは次のようなものであった（永享三年三月二十日条）。先度は東使対面は難儀と告文で訴えたにもかかわらず、重ねて意見を尋ねられたからには「兎モ角モ可為時宜」と不本意ながら対面を容認する意向を示した。しかし、その一方で、東使と対面すれば、これまで幕府のために尽力してきた那須・佐竹・白河ら陸奥・関東の諸士に対して「無怱體」いので、彼ら「京都扶持者共」を鎌倉府が独断で討つことはしないとの「罰状」を鎌倉府に提出させることを対面の条件にしてほしいというものであった。鎌倉府にとって受諾しにくい高いハードルを設定することによって、対面を阻止しようとする計略であった。

義教は、この満直の新たな提案を容認する返事を、閏十一月二十七日、自筆の御内書に認め、石橋の書状と共に満直に送った（永享三年三月二十日条）。つまり、これまでの両度は満済や管領義淳・細川・石橋を前面に立て、自らはその背後に回って満直との交渉に当たってきたが、この満直の新たな条件提示に対する回答は、管領はもとより満済にさえも内密にして進められたのであり[24]、そのために敢えて自筆の御内書を用いたのである。

以上、幕府と篠川公方満直の間で三往復の問答がなされた結果、義教と東使の対面の条件として、鎌倉府の罰状提出という大きな障壁が持ち込まれることになったのである。ここまでの義教・満済・宿老の行動を総括すれば、義教は関東抑圧のためにどうしても提携が不可欠な満直や東国の京都扶持衆の気持を考慮すれば、東使との対面はできれば避けたかったにちがいないが、「天下無為」をコンセンサスとする宿老らにとって、東使対面はその象徴的儀礼であったのであり、ぜひとも実現しなければならない課題であった。なお、かつて幕府における満直の代弁者としての役割を果たしてきた細川持之が、この頃には他の大名の「天下無為」論の輪の中に入っている。満済は本来満直と義教の間にあって調整の労をとるべき立場にあったが、右にみてきたように、満直との交渉はほとんど義教が主導権を握っていて、満済は義教の指示に従った受動的動きに甘んじている。かつて満直の野望を看破し、義教の軽挙を諫止しようと努めていたことからすれば、その役割を後退させた感は否めない。但し、満済は終始義教に阿諛追従していたわけではなく、管領義淳や畠山・山名らと協力して義教を説得し、東使二階堂との対面を最終的に実現させたことは後述するところである。

4　東使二階堂盛秀の上洛と管領義淳の活動

東使二階堂盛秀の上洛は結局永享二年のうちは実現せず、翌三年三月十四日までずれ込んだ。管領義淳は三月十六日、二階堂のもたらした関東管領上杉憲実の書状等を義教の上覧に供したが、義教は委細は来る二十日に満済を通して表明するので、そのあと管領が東使と対面すればよいとして、自らの対面には言及しなかった（三月十七日条）。このため義淳は、翌十七日満済に使者を送り、早く二階堂と対面するよう義教への説得を要請した。こうして、二階堂との対面問題が切迫してきた段階で、義教はそれまで公表を控えてきた前年閏十一月以来の満直との交渉経過を満済に詳しく説明して、大名らの同意を求めることにした。すなわち、三月二十日満済を召した義教は、満直の書状二通（永享二年閏十一月八日付・石橋宛同三年正月二十九日付）を渡してこれまでの経緯を説明し、「如此乍卒爾被一決上ハ」関東より罰状が提出されない限り東使との対面はあり得ないことを二階堂に申し渡すべき旨、義淳に命じるよう指示したのである。ここで義教が「乍卒爾被一決」と言っているのは、いうまでもなく、一回目、二回目の満直への働きかけは満済や管領・細川・石橋の名で行いながら、三回目に限って、満済・大名らに内密にして義教の自筆御内書で行ったことを意識しているのである。この義教の命は、二十日のうちに満済から管領義淳に伝えられ、さらに義淳を通じて畠山・細川・山名・赤松の宿老四人に達せられた。

罰状の件を初めて知らされた管領義淳の対応は早かった。この日の晩になって、使者を満済のもとに派遣し、まず、今度の東使は「偏以無為御祝着御使」であるから、罰状のことを命じるのは「旁不可然」として、対面を第一に実行すべきことを訴えた。さらに、二階堂の内者両人を管領邸に召し寄せて内々関東の情勢を尋ねたところ、那須氏の問題でこれまで満直を通じて京都に届いていた情報とは「大ニ相違」しているとして、東使側の弁明を次のように伝えた。すなわち、鎌倉府が那須氏惣領の太郎（資之）をしばしば攻めていたとされるのは、太郎が弟五郎（資重）の知行分を押領して鎌倉府の下知にも応じないので治罰を加えようとしたが、管領上杉憲実が、太郎は「京都内々御扶持」の者ということからこれを止めたので、そのままになっている。このように「関東ハ京都於被憚申斟酌」しているのであって、今度使節を上洛させたのも、「都鄙無為ノ儀ヲ深思召」されたからである。これに限らず、今後は京都の成敗に従うつもりである、というものである。義淳はこのような二階堂の釈明を紹介しながら、今罰状を要求する上意を伝えても「無為御返事」は期待できないとして、その伝達を「尤無益」とする意見を義教に披露するよう、満済に求めた。これに対して満済は、これを披露しようとしても、義教の意志は「以外厳密」であって、「又種々御思案」にもなっているので、軽々に申し入れてもかえってうまくいかないとして、諸大名と十分に談合してから申し入れるよう助言した。ここでの満済は、義教の並々ならぬ決意を汲みつつも、おそらく心情としては、義淳の意に共感したが故に、義教の翻意を実現するには、大名一致という手段以外にないと判断したのではあるまいか。義淳の使者三人はこれに「尤宜存」と納得して退出した。ところが、翌二十一日になって、また義淳の使者が満済のもとに来て、昨日申し入れた趣を義教に披露して対面の早期実現を図って欲しいと訴えた。これに対して満済は、前日の意見を繰り返し、「諸大名一同儀ニテ、只以此趣披露候へノ儀ニテ候者、重慥承可披露」と答え、あくまで諸大名の意見一致がない限り披露はできないとして、義淳の要請を却下した。

これを受けて義淳は、あくまで「内々」に「爲私」て諸大名の意見を徴し、翌二十二日結果を満済のもとに報告した。それによると、畠山満家の意見は、東使には管領から内々に上洛の遅引の事などを叱責しておいて、義教は早く対面すべしというもので、赤松もこれと同意見であった。畠山満則はさらに東使側に立った主張を展開した。すなわち、足利義満の代には鎌倉府の少々の反幕府的行為にも「萬事ヲ被閣」てきたのだから、今回もそれと同様に「不儀ヲハ被閣萬事、先早々御對面」すべしとしている。山名は、管領から使節派遣の遅れた原因や目的などを質して、その回答を聞いてから改めて義教から仰せられればよいとしている。細川は「加思案追可申入」とて即答を避けた。無条件で対面すべしとする管領義淳の意見からの距離でいえば、畠山満則がまったく義淳と同じで、畠山満家・赤松がやや近く、山名が対面に少し慎重な姿勢を見せるなど、宿老間には微妙な差が看て取れる。ところが、義淳は「面々意見大略一同候」として、義教に対面を促すよう、満済に求めた。これに対して満済は、関東罰状をどうするかが上意の核心なのに、義淳の大名らに対する意見聴取は「只凡儀計」であって、「一向上意ヲ不申達様」に思われるから披露はできないし、第一大名らの意見も「不同」なので、改めて談合するよう指示した。この満済の論難はまさに正鵠を射ており、義淳が大名らに関東罰状の件を正面から尋ねていないらしいこと、そして、諸大名の意見は客観的にみて「大略一同」とはいい難いことも事実である。要するに、管領義淳の「重臣会議」運営は明らかに恣意的なものであったといえる。

さて、満済から諸大名の意見聴取のやり直しを命じられた義淳は、早速翌二十三日、面々に尋ねようとしたところ、畠山満家から新しい提案を受ける。それは、自分達宿老の連署状を満直に送って事の子細を説明すれば、義教と東使との対面に異議を唱えることはないであろうから、東使とは「先以無為儀」て早々に対面するのがよいというものである。義淳はこの満家の提案を満済に紹介しながら、自分も同感なので義教にこのことを披露するよう求めると共に、他の大名の意見を改めて尋ねまとめると申し入れた。これに対して満済はまず、今回の義淳の申し入れは上意を「聊被分別申様」なので一応披露するが、その前に「面々意見一同儀」なのかどうか聞きたいとし、次に、義教はおそらく「東使に罰状のことを申し付けないでおいて『難儀』とは何事か」と尋ねるだろうが、これにはどう答えるのか。以前義淳の主張していたように、「都鄙無為御使」として参洛した東使に罰状のことを「無左右」く申すのは難儀だし、幕府のためにもならない、というのは尤もだと思うが、義教はその点も先刻考慮に入れた上で「天下無為」を思い東使との対面はやむを得ないと思っているので、今の義教に何を言っても耳に入らない状態と判断される。したがって、関東罰状を東使に伝えることの不当性を義教に理解してもらえる論理を示すべきだというのである。最後に、たとえこれまで披露を却下してきた件でも、諸大名一同の意見ならば一応披露したいとして、これらの点につき、改めて諸大名から意見を徴するよう求めたのである。要するに満済は、義淳の主張に一定の理解は示しながら、義教の固い決意を熟知しているが故に、これを覆翻させる論理を義淳に求めたのであり、その際、大名一同の意見一致を不可欠と認識していたのである。

義淳はこの日のうちに、提案者畠山満家を除く大名四人に意見を求め、その結果を満済に報告した。それによると、山名・畠山満則・赤松は畠山案に賛意を示し、細川は以前から満直と幕府との連絡窓口を務めてきたのでこれまでの経緯は十分熟知しているという理由から、畠山案には同心できないとしながらも、東使とは早々に対面すべしと述べたという。義淳はこれらの意見を、総じて「大略一同」とまとめた。この報告を聞いた満済は、「畠山案については了解したけれども、肝心の東使に関東罰状のことを命じる点はどうなったのか」と義淳の使者に質すと、使者らは、「この件を大名らに尋ねて、もし全員が東使に申し付くべしとの意見で一致しても、管領としてはできないので、初めから尋ねていない、義教にはこうした事情を披露願いたい」と満済に申し入れた。しかし満済は、「この一点こそが専要なのに、かかる申状では上意に違うことになるし、自分が上意を正確に申し達していないように思われて、きっと別人を通じて大名らに義教から照会がなされようが、その時大名らが『その件は聞いていないのでなんとも答えられない』などと申し入れれば、管領の怠慢が問われるだろうから、早々にこの件を大名らと相談して一同の意見を聞きたい」と言ったところ、使者は再調査を約束して退出した。

翌二十四日、義淳から前日と同じ使者三人が満済に報告したところによると、「諸大名は一致して東使に罰状のことを命ずべしとするが、管領の考えではなお困難であるから、その線で義教には披露してほしい」ということであった。満済は当然これを受け入れるわけにはいかず、「披露以外難治」と退け、出直すよう伝えた。使者は「尤」と言って退出した。つまり、使者たちは前日同様、満済の至極当然の主張に納得して義淳のもとに帰っていくのであるが、ひとり義淳が筋の通らない論理でまた使者を満済のもとに送り出すというパターンなのである。このことは、東使対面問題における義淳側の言動が、けっして甲斐常治（ほとんどの場合使者に加わっていた）ら重臣の助言に基づくものではなく、ひとえに義淳自身の意志によるものであったことを示している。つまり、義淳は、その方法の是非は別として、主体的な政治活動を展開していたことだけは認めなければならない。

さて、義淳は、返答を約束していた三月二十八日になって満済のもとに使者を遣わし、「大名は一致して賛成しているけれども、自分はどうしてもよくないことだと思うので、この心中を義教に披露してほしい」と懇請した。満済はこの意見を、この日の朝から三宝院で管領の使者を待ち受けていた幕府奉行人飯尾為種に一紙に注させ、畠山・山名以下他の大名の意見は別の一紙に注させて、この二紙を義教に披露した。これを見た義教は、「管領雖爲申入事」、すでに満直との間で決めていることなので今さら変更できないとして義淳の申し入れを却下し、急ぎ東使に罰状の件を命ずべしとし、満済がこれを義淳に伝えた。この「管領雖爲申入事」という義教の言葉には、管領の発言に一定の重みを認めていたことがうかがえる。これに対して義淳は、「仰旨畏承」とはしながらも、「尚々加思案両三日間可申入御返事、罰状事仰付東使事猶難儀」とて、返事を先延ばしにした。そして、四月二日になって、結局義淳は「雖加思案、猶難治至極、雖同篇候、以此趣可有御披露條可畏入」と満済に申し入れてきた。満済は、同じことを披露することはできないが、「同篇御返事披露難儀由令返答由」を義教に伝えることだけは約した。そして、翌三日、満済は義淳に、義教への返事は今夕するのかそれとも明朝かを尋ねると共に、御所に行く前にあらかじめ返事の内容を聞かせてほしい旨伝えた。義淳は明日返事すると答えながら、翌日満済が朝から待っていても、一向に義淳から通知がないので、人を遣わして催促すると、「まもなく申し入れる」と返事をしておいて、申の刻になって「返事はまだ決心がつかないので、あと二、三日猶予してほしい」と義教に伝えるよう申し入れてきた。ここに至って満済は、義淳の対応にこれ以上の進展は期待できないと判断したのであろうか、室町御所に出仕して、この問題に関する大名六人の意見を注した一紙と管領義淳の主張を記した一紙をもって義教に申し入れたところ、義教は双方を見て、関東罰状が到来しないうちは東使との対面はできないとして、早々に東使に罰状のことを命じるよう指示した。満済がこのことを義淳側に伝えると、義淳は、ともかくもかねて申し入れていたことを義教に披露してもらったことを謝し、「何様仰旨申付、重可申入」と、一応義教の指示に従う意向を示したのである。

ところが、翌五日になると、義淳は新たな提案を満済に示した。すなわち、関東には野心がない旨の罰状を東使に書くよう申し付けるので、これを条件として義教に対面を促すよう、満済に求めたのである。満済は当然「此條以外不可然」として、披露を拒否した。すると義淳は、今度は次のような東使の要望を満済に伝えた。それは、「罰状のことを関東に申し下すのは難儀ではあるが、そうしないと対面は実現しないことになった以上、なんとかして申し下すことにする。但し、どうせ対面するのであれば、先に対面しておいて、その直後に罰状のことを関東に申し下すことにしたい」というもので、義淳はこれを「尤様候」として、義教への披露を満済に請うた。しかし、満済は、この問題はこれまでに議論し尽くされていて、かえって披露しない方がよいとしながらも、なお大名らと談合して解決するよう申し入れてはどうかと助言した。

四月十日になると、義淳はまた新たな提案を満済にもたらした。それは、「畠山・山名らと共に御所に列参して、義教に東使との対面を求める話がついたので、このことを義教に披露してもらえれば、罰状のことは早々に東使に伝えよう」というものである。しかし、畠山・山名が満済のもとに派遣した使者によれば、管領からの申し入れは「関東罰状のことを東使に命じることはよくないので、これまで実行していないが、上意が厳しいのでこの上は東使に伝えざるを得ない。そこで、面々が一同に御所に参上して、東使との対面を迫ってはどうか」というものであったらしい。畠山らはまた、「順序としては、先ず罰状のことを言い渡したあとでのことと考えるが、対面が実現するまで二度、三度でも参上して訴えるつもりである」といったことを満済に伝えてきた。これに対して満済は、自分としては返事は困難で迷惑であるとし、御所への列参と罰状のことを東使に命じることの順序が、義淳の申し入れと逆である点を指摘した。すると、畠山の使者も山名の使者もそのことを認めたので、満済は、畠山・山名の両人から義淳に対して、この件の義教への披露は難しく、また迷惑であることを伝えるよう依頼した。一方、満済からこれらのことを聞いた義教は、義淳がまだ東使に関東罰状のことを言い渡していないことを「以外無正體」と怒りを露わにした。そこで満済は、「今朝管領から使者が来て『今日は吉日だから東使に罰状のことを命じることにしている』と申し入れてきた」と、虚偽の報告をしている。東使との対面を無事実現するために、義教と管領義淳の関係を壊さないように配慮した満済の機転であった。

翌十一日になると、また義淳からの使者が満済を訪ね、「東使に罰状のことを命じたところ、難色を示しながらも、早々に関東に申下す旨申した」と報告した。そこで満済は飯尾為種を召し、義淳からの報告を一紙に注させて、これをもって義教に披露した。これに対して義教は、以前から言っている那須・佐竹・白河・宇都宮藤鶴らの一事でも罰状から漏れるようなことがあれば東使との対面は絶対しない旨を管領に伝えるよう、満済に指示した。義教は帰寺した満済に使者を送り、罰状に遺漏があった際重ねて下命するのもよくないとして、今厳密に管領に命じておくよう、改めて指示した。さらに、義教はその日のうちに御内書まで送って同様の命を満済に下すという、その念の入れ様は尋常ではなかった。そこで満済は、再び飯尾為種を召して、義教の命を、①那須・佐竹・白河に対する治罰を停止すること、②宇都宮藤鶴丸はもとのように沙汰し付けること、③満直は別して幕府が扶持しているのでそのことを心得ておくこと、という三箇条にまとめて一紙に書かせ、管領の使者を呼んで、このうちの一事でも罰状から漏れていたら東使との対面はしないとの義教の厳命を伝えた。これに対して義淳は、「條々畏被仰下、則可申付東使」との回答を、夜になって満済のもとに寄せてきた。ここに、あらゆる策を弄して頑強に抵抗してきた義淳が、一見義教に屈した格好になった。ところが、実は、罰状の件はその後一か月以上経っても関東に伝えられていなかったことが明らかになる。

五月十二日、畠山と山名の二人がそれぞれ使者を満済のもとに遣わして、次のような点を伝えてきた。すなわち、まず東使と義教の対面が叶わず、進物として用意している馬以下が宿所に置かれているのは、以前から言っているように「凌爾至」で不便であることを指摘しつつ、それより重要なのは、「天下之重事」に対する対策であるとして、これについて話し合うため満済に出京を求めてきたのである。これに対して満済は、「天下重事」とは何を指しているのかよくわからないとして、畠山・山名の使者に「知っていれば教えてほしい」と言った。すると使者らは次のように答えた。「九州において大内・大友らの争乱があるが、これは幕府から両使も下したので解決するであろう。しかし関東とは仲違いが決定的となっているため、諸国の国人が万一土一揆と結んで『無正體振舞』が生じては『難儀時節』になるので、『無爲様御計』うことが大切である」というのである。この場合の「無為様御計」とは、具体的には、東使二階堂との対面を意味する。これに対して満済は、「此被申様天下萬民安穏基、尤以甘心無極候」と二人の提言を賞賛しながら、管領義淳が二階堂に伝えた状況が不分明であることを義教が度々言っていたことに触れつつ、両人から管領に状況を尋ねてその結果を知らせてほしいと請うた。義淳が、五月十九日に満済に報告したところによると、先日二階堂に罰状のことを何度も命じたが、「可申下條難儀」と繰り返すばかりで「計會」しているという。そこで満済は義淳の使者に、「先度東使が申し下すことを認めたのは、今後関東に野心なき旨の告文のことではなかったのか、そしてそれはすでに関東に申し下したのかどうか」と質した。これに対して使者は「『未分明』につき改めて確認する」と答えた。結局、同月二十六日になって義淳が自ら満済を訪ね、二階堂の告文と、関東に罰状の件を申し下すとの二階堂の書状を義教に上進してほしいとして、銭三〇貫文と共に持参してきた。かくして罰状問題は、義淳や東使二階堂の執拗な抵抗によって、五月になっても、まだ東使が鎌倉府に申し下すというところまでしか前進していなかったのである。

その後六月九日になって、管領義淳は満済に、関東管領上杉憲実の書状を送ってきて、義教への上進を依頼してきた。その書状は、東使が義教との対面が叶わないまま在京が長引いていることを「不便」と訴えるもので[25]、罰状のことには触れていなかったものと思われるので、まだこの時点でも、罰状の件は関東に伝えられていなかった可能性が高い。同月十二日、満済がこの書状を義教に見せると、義教は満済に預けた。その後も義教は当然東使と対面しようとしないため、同月二十五日から七月にかけて、畠山満家・同満則・山名の三人が、義教に対面実現を促すよう満済に何度も求めた。満済はこの旨を七月十日に義教に披露した結果、満済の観察では「凡御返事趣無子細様」に見えたが、対面を確約するには至らなかった。そこで満済は、同月十六日再びこの件を義教に強く申し入れると、義教は「此上者無力次第也、一向御身上儀おハ被打捨、且被任面々可有御對面」とて、ようやく「面々」の意見に従う意向を示したのである。この日義教は、五月二十六日管領が満済のもとに届けていた二階堂の書状（罰状のことを関東に申し下す旨）と告文（関東には野心なきことを誓う）の提出を命じ自分の手元に置いている。義教は、もはや関東罰状の提出を対面の条件とすることはできなくなっていて、東使に、罰状の件を関東に伝達させ、かつ関東に「野心」のない旨を誓約させることをもって満足しなければならなくなっていたのである。満済は早速畠山・山名に使を遣わしてこの朗報を伝え、畠山らも相次いで満済を訪ね謝意を述べている。この日の夜になって、畠山・山名・義淳の三人から満済のもとに太刀が送られてきた。翌十七日義教は、鎌倉府が罰状を出さないと言ってきたのではないか、そのために畠山らがしきりに対面を強く勧めたのではないか、という点を、畠山・山名の両人に確認するよう、満済に命じた。これは義教が「諸人口遊涯分モヤト」考えたからであるが、両人は満済に「此沙汰不存知・又不被觸耳」との書状を送ってきたので、満済はこれらを義教に届けた[26]。山名は書状に「告文詞」まで載せて義教の疑念を否定しているが、鎌倉府が、罰状は出せない旨を、たとえば義淳か畠山満家あたりに通告するなどの方法で、内々京都に示していた可能性も否定できない。ともあれ、義教の大幅な譲歩によって対面の条件は整い、東使二階堂盛秀と義教は、七月十九日に管領義淳の引導で対面した。なお義教は、この対面が自分の意志ではなく、あくまで宿老の強要によるものであることを満直にアピールするため、管領義淳以下諸大名八人に満直宛の書状を書かせることとし、満済を通して案文を提出させ検閲して加筆を命じるなど最大限の神経を使っている。また御内書の起草を命じられた満済は、「大名共頻申旨候間、無力去十九日令對謁候キ、（中略）仍義淳・道端入道以下以書状申入事候哉」という案文を提出している（以上七月二十日・二十二日・二十四日・二十五日条）。こうした手続きが一切完了した八月七日、義教は二階堂を管領義淳・畠山と共に御所に召し、盃や剣を与えて、ここに二階堂が上洛してからでも四か月以上、二階堂派遣の報を義淳が初めて満済にもたらした永享二年正月から数えると実に一年半にも及ぶ長期にわたって幕府を揺らし続けた東使対面問題がようやく決着をみるのである。世間ではこれを「御対面天下惣別無為之儀珍重也」と歓迎したのである[27]。

註

（1）　斯波義淳は、この他応永十六年（一四〇九）八月から翌年六月までの一年足らず管領に在職しているが、まだ加判能力もない一

三、四歳の時で、父義教の代判を仰ぎ、管領の実権はまだ存命中の祖父義将のもとにあったので、彼の管領としての実質的活動は永享期を唯一のものとしてよい。

（2）小泉義博「室町期の斯波氏について」（『北陸史学』四二、一九九三年）。

（3）拙稿「管領斯波義淳の就任・上表をめぐって」（『兵庫教育大学研究紀要』一八巻、一九九八年）。以下前稿とするのはすべてこの拙稿を指す。

（4）渡辺世祐『室町時代史』（早稲田大学出版部、一九〇七年）、田中義成『足利時代史』（明治書院、一九二三年）、永原慶二『下剋上の時代』（中央公論社、一九六五年）、佐藤進一「足利義教嗣立期の幕府政治」（『法政史学』二〇、一九六八年、のち同『日本中世史論集』岩波書店、一九九〇年、所収）など多数。

（5）鳥居和之「室町幕府の訴状の受理方法」（『日本史研究』三一一、一九八八年）。

（6）設楽薫「将軍足利義教の『御前沙汰』体制と管領」（『年報中世史研究』一八、一九九三年）。

（7）この「重臣会議」なる名辞は、管領邸に有力守護大名が参集して評議する合議体というイメージを与える。確かにそうした事例があることは事実であるが、今谷明氏が『満済准后日記』『建内記』から収集された事例のうち、大名の管領邸参集は五例にすぎず、むしろ、将軍から満済を介した個々の大名への諮問が圧倒的多数を占める（次註①論文の表1及び註60参照）。つまり、守護大名が一堂に会して議論を交わし一つの結論を得るという合議制が恒常的に機能していたとの誤解を招きかねないこの「重臣会議」なる呼称は、特に義教期の幕政を論じる際には必ずしも適切な用語とはいえない。ただ、将軍の諮問を受ける守護大名はおおむね固定されていて、彼らの意見が幕府の最重要課題の決定に大きく関わっていたという点は動かし難いので、本稿では、「将軍の諮問に与る有力守護の総体」という意味でこの語を用いることにする。

（8）今谷明①「室町幕府の評定と重臣会議」（岸俊男教授退官記念会編『日本政治社会史研究』塙書房、一九八四年、のち今谷『室町幕府解体過程の研究』岩波書店、一九八五年、所収）、②『日本国王と土民』（集英社版日本の歴史⑨、一九九二年）、③「14—15世紀の日本」（『岩波講座日本通史』9、一九九四年）。

（9）田中・渡辺氏以来、篠川公方を足利満貞、稲村公方を同満直としてきた比定は、『福島県史』通史編1、第三編第三章第一節二

「篠川・稲村両公方と群雄」（渡部正俊・小林清治氏執筆）によって、逆であることが実証されている。
(10) 今谷氏が用いられる「宿老」なる用語は、「重臣会議」構成員のなかでも特に枢機にかかわった最上首一、二名を指しているが（註8②前掲書、八五〜八七頁）、小稿では一応「重臣会議」構成員全員を「大名」あるいは「宿老」と呼んでおく。
(11) 『満済』正長二年七月十四日条。
(12) 今谷氏註8②前掲書、八八〜八九頁。
(13) 青山英夫氏は、応永三十五年九月、義教が「関東事」八ヵ条について大名八人に諮問した際は管領畠山満家を通して行ったのに対して、今回は管領と諸大名を同列にして意見を求めているとされ、これを、管領の機能を意識的に抑制しようとする義教の意図とみなしておられるが（「室町幕府将軍権力に関する一断面―義教・義政初政期の場合―」『上智史学』二六、一九八一年）、曲解であろう。義教が、山名時熙と共に畠山満家をいかに信頼し重用していたかは、すでに今谷氏の指摘されているところであり（註8①前掲論文）、後掲表1における畠山・山名両人の◎○の多さに端的に示されている。
(14) 満直や陸奥国人からの注進状はほとんど細川持元を通して幕府に上進され（『満済』正長二年二月二十一日条など多数）、彼らに下される御内書・御教書も持元に渡された（同、正長元年十月二十三日条など多数）。なお、家永遵嗣『室町幕府将軍権力の研究』（東京大学日本史学研究叢書1　東京大学日本史学研究室、一九九五年）二三五頁参照。
(15) 渡辺世祐『関東中心足利時代の研究』（前掲）第三編第八章「足利満貞の野望」（三一七〜三三〇頁）。以下渡辺氏の所説はすべて同書により、注記は原則的に復刻改訂版の頁数のみ示す。
(16) 渡辺氏は、梵倉の上洛の趣旨が義教に披露されなかったと指摘されるが（三三二頁）、「就此使者事御返事様又方方御談合處」という『満済』の記事（正長二年九月三日条）は、「梵蔵に対する返事のし方について（義教が）大名らに諮ったところ」と解すべきで、畠山案は義教からの諮問に対して出されたものと考えられる。畠山の真意は、管領を辞任していたこともあるが、前述の如く、関東政策における認識が義教と正反対であったことから、自分が鎌倉府との交渉の窓口になるのを避けたかったのではあるまいか。
(17) 渡辺氏は、「かく鎌倉より再度使節を派したるも満済等の意志頑強にして之を義教に執達せざりしかば」と述べているが（三三三六頁）、『満済』に「對面無益之由被仰了」（永享元年十月二十五日条）とあることから、満済はこの件を義教に報告していることが知られ、最終的にこの対面を拒否したのは義教であったといえる。

(18) 渡辺氏は他の箇所と同様「幕府は」と表現され（三二八頁）、義教と満済を特に区別していない。

(19) 田辺久子『上杉憲実』（人物叢書　吉川弘文館、一九九九年）五九頁。

(20) 田辺久子「鎌倉府政所執事二階堂氏について」（『日本歴史』四五〇、一九八五年）参照。

(21) 青山氏は、この時の大名らの意見がほぼ同一であったことを、「管領の意向が強くはたらいている」とみなされたが（註13前掲論文）、当時の管領義淳が他の大名、なかでも父親ほどの年齢差があり、義持・義教の絶大な信頼を得ていた幕閣の重鎮畠山満家・山名時熙を自説に従わせるようなことは考えにくく、管領の機能を過大に評価しすぎている。ここは、むしろ、「毎事無為」という、大名らの共通理念の所産と解釈すればよいのではあるまいか。

(22) 『満済』応永三十二年十月十四日・二十三日・二十四日・二十六日・十一月二日・十二月三日条、『看聞日記』応永三十二年十一月三十日条。

(23) 後述するように、この時の幕府側への満直の返事には重大な提案が含まれており、満済が知ったとしたら当然これを記録しなんらかのコメントを残すと思われるのに、満済は自分宛の満直の返状の内容をまったく日記に紹介していないので、満済宛の返状にこの提案はなかったといえる。また、翌年三月二十日、満済が義教からこの満直の提案を打ち明けられた際、永享二年閏十一月八日付の満直の返状を、石橋宛のもの（同三年正月二十九日付）と共に義教から「賜」わっている。このことは、前年九月に満済が義教に進上して返された満直の返状とは別の内容であったが故に、義教はこれまでの満直との交渉の経緯を説明するため、この段階で満済に見せたものと解釈できるのである。なお、前年閏十一月に満済の上進した満直書状を義教が中身を見ずに返す際、管領宛のと細川宛のが同じであったからと言っていることについては、疑う余地もある。つまり、細川は幕府における満直の代弁者であったので（註14）、満済や管領義淳への返事とは異なって、心底を率直に述べて義教への披露を要請する内容であった可能性もある。また、これに対する義教の返事が石橋の書状と共に満直に送られているところから、満直は石橋にも同様の依頼をしていたものと推測される。ちなみに、永享二年七月一日「管領以下内々申談」じ、満直に義教と東使の対面を認めるよう説得する書状を出す際、管領と満済の書状を細川の下した使僧に持たせて送ったところ、後日義教からクレームがつき、管領の書状は石橋の下す使者に持たせるべきであるとして詰問された満済が、改めて管領に伝えて書状を石橋に遣わしたことがある（同月六日条）。これは、幕府と満直との公的連絡ルート上に石橋氏が位置づけられていたことを物語っている。石橋氏は、奥州の「京都扶持衆」の一人塩松石橋氏と同族であり、満直にとっては、細川と並ぶ京都における重要な支援者であったと思われる。家永遵嗣氏は、京都石橋氏と塩松石橋氏とは、独自の連絡関係を維持していたと指摘されている（註14前掲書、二四一頁）。

（24）但し、前註でふれたように、石橋はこの交渉に関わっていたらしく、また細川もその可能性はある。

（25）渡辺氏は、この憲実の書状は「関東の事情を具して義教が早く盛秀に面謁せん事を懇願せるもの」で、この書状によって「劇かに幕府の態度一変」したとされた。それは、『満済』の六月二十五日条（六月二十七日条と誤認されている）の「関東使節御對面事可申沙汰旨、條々申旨在之」という記事を、「幕府の意向は急遽に変じて持氏の誓書をも徴せず無条件にて盛秀に面謁を許さんとする事となりしなり」と解釈されたからであるが（三四六〜三四七頁）、この記事の直前に「畠山・山名・畠山修理大夫三人同道来」とあることから、これは畠山らが満済に対して東使との対面実現のため義教に働きかけるよう申し入れたことを示すものであって、幕府の決定ではなく、渡辺氏の誤解である。

（26）渡辺氏は「答申の意味判然し難しと雖も、この記事丈けに就きて考ふれば両者共に問題の急所を避けたりしならんか」（三五〇頁）とされているが、本文に述べたように、鎌倉府が罰文は出さないと申し入れたために畠山や大名らが対面をしきりに勧めたとする風聞の真偽を、義教は確かめたかったものと考えられる。

（27）『看聞日記』永享三年七月十九日条。

三　東使対面問題の意義

これまで述べ来った東使対面問題の経緯、ならびに結末には、義教期初期の将軍権力と管領、さらには重臣会議の関係が忠実に投影されていると思われるので、以下それらを整理しておきたい。

まず、この問題の決着のあり方について、青山英夫氏は、「結局、諸大名はもとよりついには管領も義教の意向に同意せざるをえなかったのである」と述べられ、義教の専制化の前に重臣会議が押し切られたと解釈されている。(1) しかし、つとに渡辺世祐氏が正しく「(義教は) 止むなく満貞 (満直) との約束を棄て自己の主張をも枉げて一向に宿将等の懇請に従はんと決し盛秀に面謁せんとせり」と指摘している如く (三四九頁)、明らかに義教は、管領義淳を始めとする宿老らの諫止によって「自己の主張をも枉げ」ざるを得なかったのであり、敗北したのは義教の方である。この東使対面問題は、重臣会議が専制化を志向する義教をよく掣肘し得た事例であったことをまず確認しておきたい。

それでは、これが実現した要因はどこにあったのであろうか。渡辺氏は、①九州における大内・大友両氏の争乱の深刻化により宿老らの間に鎌倉府との和解を期待する気運が起こったこと、②永享三年 (一四三一) 六月九日から同十二日にかけて宿老らが「天下無為政道」を訴えたことによって、義教は「其態度急転するに至」ったとされている (三四七〜三四八頁)。①②ともに義教に決断を促した背景としては考えられるとしても、最終的に義教が鎌倉府の罰状提出を対面の条件から除外するという苦渋の決断をしたのは、七月十六日のことで、直接の契機は、畠山満家・同満則・山名時熙の三人から対面の即時実現を義教に要請するよう求められた満済が、七月十日と同十六日の二度にわたって義教にこれを強く申し入れたことにある。つまり、義教の背中を最後に押したのは満済であり、畠山・山名であった。満済はいうまでもなく、畠山満家 (六〇歳)・山名時熙 (六五歳) の二人も、前代義持以来将軍のもっとも厚い信頼を得ていた幕閣の長老で、その発言の重みは他大名を圧倒していた (後述)。いかに専制化をもくろむ義教とて、満済・畠山・山名の三人が一致して強く諫言すれば、これに従わざるを得なかったのである。

義教は罰状に関する満直の提案を容認するのに、満済や宿老に諮らず自筆の御内書で処理している。これは、一見義教の専断の徴証とみなすこともできそうであるが、他方、宿老らに諮れば当然反対論が噴出することは容易に予想されたが故にとった窮余の策であり、いわば宿老らの構築する防御線を正面突破する自信がなかったことの証左と理解することもできるのである。罰状に関する満直の提案を認めたことを、四か月も経ってから初めて満済に打ち明けた際、義教をして「乍卒爾被一決上ハ」と言わしめたのは、満済も含めた重臣会議の将軍義教に対する規制力だったのではあるまいか。

ところで、罰状提出が対面の条件として浮上したあとの満済の立場について渡辺氏は、「満済も亦初めより義教の意を受け頑強に之（罰状提出を対面の条件とすること）を主張して紛争せり」（三四五頁）、「満済も亦旨を受けて義淳及び宿将等に対し頑強に争ふ所ありしに」（三四七頁）などと、終始義教の代弁者であったように評価されている。確かに満済は、永享三年三月二十日から二十三日にかけて、管領義淳の義教への披露要請を再三却下しているけれども、その際義淳に、関東罰状の件を東使に伝えることを非とする明確な論理と、「（大名）面々一同儀」を求めている。これは、満済は無条件で義教の企図を容認していたのではなく、宿老の一致団結と論理性によって義教の暴走を規制しようとの意図を示すものではあるまいか。

この問題で義教に直接決断させたのは満済と畠山・山名であったとしても、ここまで義教を追い込んだのは、いうまでもなく管領義淳であった。伏見宮貞成親王が「自去三月上洛御対面有無様々有其沙汰、管領懸生涯云々」と耳にしているのは[2]、該問題に対する義淳の異常なまでの熱意と彼の果たした役割が、巷間にも正確に伝わっていたことを物語っている。彼の管領としての活動は、およそ尋常を越えていた。大名の意見聴取を命じられても、反対が予想されるからといってしなかったり、大名間の意見に明白な相違があっても「面々意見大略一同候」と満済に報告したり、果ては罰状の件を東使に伝えることに他の大名は賛成していても自分は反対だからその旨を義教に披露してほしいなどと言っているのは、重臣会議を無視する暴挙とさえいえるものである。しかし、こうした強引な手法での抵抗が、その過程で畠山の新提案（満直に大名連署状を送って対面容認を説得する）を引き出したり、罰状の件を東使に伝えるのをあらゆる策を弄して引き延ばしたことが、上洛した東使二階堂が四か月も空しく時を過ごしている状況を作り出し、そのことが結果として、畠山・山名らに対面の早期実現の必要性を認識させることとなり、最後には義教に不本意な譲歩をさせるに至ったのである。その手法の是非は別として、東使対面を実現させた功績の第一は、だれよりも義淳に認めなければならないだろう。

それでは、義淳をしてこれ程までに執念を燃やして東使対面の実現に奔走せしめたのはなんだったのだろうか。まず義淳の個人的気質が少なからずあずかっていたことが想定できる。かつて小泉義博氏は義淳が先天的精神障害者であったと論じられた。この結論に従い難いことは前稿で述べたが、義淳がかなりの偏執で頑迷な人物であったことは否定できない。宿老間の「毎事無為」という共通認識を楯に、どこまでもそれを純化し徹底的に追求した彼の行動は、一切の妥協を許さないもので、その強引な運営はやはり常識からは外れていたといわなければならない。しかし、彼の行動を、そうした個人的資質からのみ説明することもまた正しくないであろう。そこになんらかの政治的背景がなかったか考えてみる必要がある。つまり、当時の斯波氏にとって、京・鎌倉の融和がいかなる意味があったのか、という視点で義淳の行動を解釈してみなければならない。その場合、「京・鎌倉融和」という原則に限れば、これは宿老すべてが一致して掲げるスローガンであり、それ自体に斯波氏固有の意味を想定することは困難である。しかし、より具体的には、鎌倉府の実権奪取をもくろむ篠川公方満直が、義教と東使との対面を阻止しようとしていたのに対して、義淳が対面の即時実現を目指して奮闘したという構図であり、そのことからすれば、義淳のねらいは、篠川公方の策謀を封じることにあったという解釈もできる。当時の斯波氏にとって、篠川公方はいかなる存在であったのだろうか。

この点に関しては、家永遵嗣氏の所論がきわめて有益である。(3) 氏は室町期の奥羽・東国の政治情勢を分析される中で、篠川公方と奥州探題斯波大崎氏の「険悪」な関係、大崎氏と対立関係にある南奥の国人や篠川公方、さらには関東の京都扶持衆らが細川氏を介して京都幕府と結んで鎌倉府と対抗しようとしていたこと、などを詳述されている。応永六年（一三九九）に篠川・稲村両公方が陸奥に下向してからも、斯波大崎氏の奥州探題としての権能はそのまま維持されたとされているが、(4) 両公方、とりわけ野心に満ちた篠川公方満直は、南奥のみならず大崎氏のテリトリーたる北奥までも勢力下に収めんとする志向を持ち続けたであろうことは容易に推測し得る。篠川公方の強大化は大崎氏にとって脅威であり、これを阻止することは焦眉の課題だったはずである。

家永氏によれば、永享十二年（一四四〇）の篠川公方滅亡以前の幕府の東国政策は、大崎氏を無視し、もっぱら篠川公方との関係を優先して展開されており、斯波本宗家もこれに従っていたとされる一方、斯波氏と大崎・最上氏ら奥羽の斯波一族との間には独自の連絡体制が維持されていたとも推測されている。また、出羽の豪族大宝寺武藤氏が、斯波氏・健氏の父子二代にわたって斯波本宗家の義淳・義健から偏諱を受けていたことを明らかにされた。これは、斯波氏が義淳の代になって奥羽諸勢力と積極的に関係を取り結び、もって、それらの諸氏をして一族の大崎・最上氏を側面から補弼せしめんとしていたことをうかがわせるものである。これらのことを勘案すれば、義淳が管領として

「京・鎌倉融和」に奔走し、義教と東使の無条件対面の実現に固執し続けた背景の一つとして、篠川公方満直の野望を封じ込め、その政治的地位を失墜させることによって、はるかに奥羽の一族大崎・最上氏を支援しようとする深謀があったのではなかろうか。

今一つ義淳の行動を背後で支えていたものとして、関東管領上杉憲実の存在を忘れてはならない。憲実は京都幕府との対抗心を燃やす鎌倉公方持氏をよく諫止して、京・鎌倉融和に腐心していたことは、周知のところである。そもそも東使派遣自体憲実の判断であったとされるし、(5)管領義淳と独自に連絡をとっていた可能性もある。(6)義淳の行動には、この憲実の要請を受け、その期待に応えようと奮闘した側面もあったことを想定しておかなければならない。

四　義教期初期の管領・重臣会議と義淳

今谷明氏は、義持期から義政期初期に当たる応永三十年（一四二三）～文安四年（一四四七）の重臣会議の事例を収集、検討された結果、管領と重臣会議の関係について、次のように述べられた。(7)すなわち、当該期の管領は名誉職、儀典職と化し、管領の重臣会議への「出席」（「諮問先に含められる」とすべきであろう）はなんら会議の成立要件となっておらず、その実体は重臣会議に奪われていたとされ、この重臣会議を中心とした政治体制を「宿老制」と称された。また、管領斯波義淳の再三の辞意表明は、しばしば義教によって枢機から疎外された鬱憤によるものとされた。この今谷氏の所論に関し、前稿において、管領制の形骸化については賛意を表したものの、義淳の上表の背景としては、義淳固有の問題というより、管領在職そのものが三管領家から一様に忌避されていたことを想定した。しかし、義淳が義教から本当に疎外されていたのか厳密に確認したわけではないし、(8)管領制の形骸化にしても、義教の諮問相手に義淳が含まれない事例が少なくないことのみをもって安易に結論づけた反省をもっているので、これらの点を、先に検討した東国対策以外にも範囲を広げて、義教期初期の政策決定過程における将軍・管領・重臣会議の関係を概観することで、改めて確認してみたい。

表1は、今谷氏が作成されたもののうち、義教嗣立から義淳死没までの期間に限って、若干の修正と追加をして作成したものである。いうまでもなく、これらは満済（一部は万里小路時房）の知り得た（より厳密には記録した）情報に限定されるものであり、過度の意味を持たせることはできない。また、義教の諮問相手を「面々」「諸大名」としか表記しない例は除外したため（今谷氏の表には含めてある）、義教がどのような政策課題を重臣会議に諮問したかを俯瞰するものともなっていない。あくまで、重臣会議の構成員八人と義教との関係の相対的差異を概観する程度のものであることを、まず確認しておかなければならない。

さて、表1によれば、畠山満家の管領在任期には義教の諮問を受けるのも意見を具申するのもほとんどの場合満家単独である（但し満済を介して）。これが必ずしも当時の管領制が本来の機能を発揮していたことの証左でないことは、あとの斯波義淳・細川持之の管領在任期に、単独の◎●がほとんどないことで容易に証明される。両管領期においても、畠山満家単独、もしくは山名時熙との二人で諮問を受けたり意見具申しているケースが合わせて五二回（満家単独二一回、二人三一回、他に山名単独九回）を数え、全体の半分を占める。これは、この二人が重臣会議構成員の最長老（年齢のみならず政治家としての経験・資質もあったであろう）として、前代の義持以来将軍のもっとも厚い信頼を得ていたことに由来するものである。義教が大名らに諮問する際、あらかじめ畠山、もしくは畠山・山名の二人にまず

表１　将軍足利義教の大名への諮問・大名の義教への意見具申
―斯波義淳の死没以前―

No.	大名／年月日	斯波義淳	細川持元	畠山満家	山名時熙	赤松満祐	一色義貫	畠山満則	細川満久	諮問（意見）内容
1	正長元.正.18	○	○	◎	○			○		（新将軍決定の伝達）
2	正.24			◎						故義持の初七日関係の諸行事
3	〃			●						山徒乗蓮の赦免（満済の執沙汰で）
4	2.10			●						無断出家の今川播磨守の赦免下国、越後への備えとして越中松岡城への防備強化指令の承認、辞意表明の鹿苑院主を慰留
5	4.23			◎						山名氏家督のこと
6	5.13			◎						義持代に神社領とされた所領の御家人への返付
7	5.26			◎						評定衆・引付頭人の復活
8	7.11			●						重事（天皇死去の際の措置、小倉宮の逐電先等）
9	8.23			◎						山門の要求する３か条の裁許と閉籠解除交渉のいずれを先とすべきか
10	9.22	○	○	◎	○	○	○	○	○	関東等に関する条目７か条
11	9.29	○	○	◎	○	○	○	○	○	関東に下す使節の口上内容
12	10.16			◎	○					鎌倉へ征夷大将軍の院宣が出たとの情報につき、朝廷に対する対応（ただちに申し入れてよいか）
13	永享元.　2.１			●						伊勢国司跡、関氏退治作戦と両佐々木の出陣問題
14	2.６			●						伊勢国司跡のうち長野氏に与える１郡は一志郡に
15	2.10			●						義宣の元服式
16	〃			◎						伊賀守護への御内書発給の是非
17	2.16			◎						大和宇陀郡に発向した国民の勢見知のための幕府奉行派遣、及び多武峰への軍勢催促の両使派遣の要・不要
18	2.24			◎						衆徒国民ら宇陀郡の沢・秋山らを駆逐するにつき御感御教書の発給方
19	3.９			◎						上杉七郎の赦免の是非、義宣の元服

No.	大名／年月日	斯波義淳	細川持元	畠山満家	山名時熙	赤松満祐	一色義貫	畠山満則	細川満久	諮問（意見）内容
20	永享元．3.22			◎						石清水神人の境内での自害につき楼門造替の諾否
21	〃			●						御太刀帯番における京極六郎と弥九郎の順位
22	4. 4			●						自判による沙汰の開始を進言
23	6.19			◎						伊勢守護・長野への恩賞
24	7.11				○					駿河国のこと
25	〃			●						越後・信濃への白河氏合力の御教書発給は大名の意見を聴取すべし
26	7.24	○	×	◎	○	○	○	○	○	篠川公方足利満直よりの合力要請の諾否
27	7.28			◎						大和国民の私闘制禁のため使者派遣の要・不要
28	8.22				○	○			○	管領畠山満家上表につき後任人事
29	9. 2	◎		○	○	○	○	○	○	篠川公方満直よりの要請に対する返答
30	9. 8	◎		○						満直の要望通り結城等に御内書を出す事の是非
31	10.24	◎		○						筑前国御料国事（「管領・畠山等」）
32	10.25	●								（これ以前）関東使節西堂と対面すべし
33	10.28			○						伊勢守護土岐の進軍遅滞
34	11.15			○						伊勢の関弥四郎のこと
35	11.24			●						大和国民退治を明春まで延期すべし
	（大名年齢）	34	31	59	64	58	31	59	32	義教＝37歳
36	永享2. 2. 1	◎		○	○	○				小倉宮近日出京につき、御料所の手当
37	2.24	◎	○	○	○	○	○	○	○	篠川公方の要請による3か国勢発向の是非
38	4. 2			○						伊勢国司赦免、小倉宮入洛の是非、管領在職中の御教書無断発給
39	4. 2	◎	○	○	○					伊勢国司赦免・小倉宮入洛の是非
40	5.28		●							越後国事、畠山三郎の遁世、乞食小屋のための神木伐採、富樫介への加賀国安堵

No.	大名 年月日	斯波義淳	細川持元	畠山満家	山名時熙	赤松満祐	一色義貫	畠山満則	細川満久	諮問（意見）内容
41	永享2.　6. 9	◎		○	○					相国寺造営の財源
42	6.17	◎		○	○					義教の右大将拝賀の際の供奉
43	8. 6			○	○					拝賀一騎打不参の一色義貫に対する処分
44	8. 7			○	○					一色氏に対する処分（義教反論し再度意見を求む）
45	10. 4			○					×	土蔵から徴収している日野栄子御料の停止の是非　12.1 の大名への小袖下賜における一色氏の扱い
46	⑪.24			○						一色氏のこと
47	永享3.　3.20	◎	○	○	○	○				関東使節との対面問題
48	〃	●								〃（罰状のことを命じる前に対面すべし）
49	5.12			●	●					関東使節との対面の早期実現
50	6. 6			○	○					九州への上使下向のこと等
51	6.11			●	●					「天下無為御政道可為珍重」との告文提出
52	6.12		●			●	●			「大名知行分国政道‥‥各可令存知」の告文提出
53	6.25			○						重体の日野栄子を向御所へ移送することの是非
54	〃			●	●			●		関東使節との対面の早期実現
55	7.10			●	●					〃
56	7.13			○						大内盛見敗死後の対応策（先ず今夜畠山一人に）
57	7.14	◎	○	○	○					〃
58	7.16			●	●					関東使節との対面の早期実現
59	7.17			○	○					反大友諸士へ大内合力を命じる御教書発給の是非
60	7.20	◎	○	○	○	○	○	○	○	篠川公方に東使対面の了承を求める書状案文提出
61	7.23			○	○					日野栄子が死んだ場合の触穢のこと
62	7.28			●	●					義教の上御所移徙を提案
63	8. 4	●	●	●	●			●		御所移徙費用の分担方法（畠山満家が代表して）
64	永享3.　8. 9			○	○					大内からの３か条の要請に対する対応策

No.	大　名 / 年 月 日	斯波義淳	細川持元	畠山満家	山名時熙	赤松満祐	一色義貫	畠山満則	細川満久	諮　問（　意　見　）内　容
65	8.10	●	●	●	●			●		新御所の候補地を提案（畠山満則が代表して）
66	8.11			○						畠山から菊池に下す書状の文言、関東への贈り物
67	8. 16	◎		○						御所新造惣奉行の人選
68	8.22			○	○					大友の使者上洛につき、対応策
69	8.24			○	○					中誓恕中の相国寺入寺の期日
70	8.30			●						筒井方合力の幕府勢仕は尚早
71	〃	◎	○	○	○					上記の畠山の意見に対する意見
72	〃	◎	○	○	○					義教批判の伊勢貞経に対する処分
73	9. 3				●					畠山の勧めで撤兵を決めた箸尾が奉行折紙を要求してきたのに対して、公方として改めて折紙発給を命じることはできないとする義教の説を批判
74	9.14			○	○					大友への返事
75	9.26			○	○					大友への返事・返礼
76	11.21	◎		○	○					菊池への御内書下付の是非、大友・少弐の振る舞いを確認した上での治罰の是非
77	11.28				●					五山領への段銭賦課中止、追放した相国寺僧・喝食の赦免
78	12. 5			○	○					下御所番衆の編成方法
79	永享 4. 正 .10			○	○					義教の富士山遊覧の是非
80	正 .17			○	○					大内の要請する安芸・石見勢出陣の是非
81	正 .22	◎		○	○					大内合力のため安芸・石見・伊予勢の即時発向
82	正 .24		○			○	○	○		〃
83	〃	◎	○	○	○	○	○	○		大友・少弐に対する治罰の是非
84	正 .28			○	○					義教の南禅寺・五条法喜坊への渡御の是非
85	2.10	◎		○	○					大友の申状上進をうけ、以後の九州対策
86	永享 4.　2.10			○						大友申状の尋問に当たり、伊勢を加えるか否か
87	2.13		○			○	○	○		大友の申状上進をうけ、以後の九州対策

No.	大名／年月日	斯波義淳	細川持元	畠山満家	山名時熙	赤松満祐	一色義貫	畠山満則	細川満久	諮問（意見）内容
88	〃			○						大友・大内への下知の次第
89	2.29			○	○					大内持世への合力の是非
90	3. 6			○	○					大内持世支援の是非（他の大名に先んじて）
91	3. 9			○	○					大友・少弐が大内新介に味方した場合の情勢認識
92	3.16			○	○					山名から芸石勢への内々の大内持世合力の是非
93	3.17			○	○					鎌倉府が関東における幕府御料所を返付し代官下向を請うてきたことへの対応
94	3.18			○						畠山から菊池への大内持世合力指示、関東管領上杉憲実より申し入る上杉七郎の赦免のこと
95	3.29			○						足利満直が代官を務める越後紙屋荘に上杉憲実が執心していることへの対応、同国鵜河荘の上杉中務大輔への渡付
96	〃				○					駿河守護今川範政の後嗣問題
97	4. 8				●					上御所造作用脚大名支配分以外の免除返上を申出
98	4.23			○	○					大饗実施の是非
99	4.26			○	○					〃
100	〃			○						大内持盛跡を同刑部少輔に下すことの是非、畠山から菊池・河野への書状発給、大内刑部少輔の官途
101	5. 2			○	○					大友のこと（4.28に大友使節上洛）
102	〃				●			●		去年相国寺を追放された喝食40余人の赦免
103	5. 8	◎	○	○	○	○	○			将軍家重代の剣等盗難につき対策
104	〃			●						宝剣盗犯の容疑者を密告し内密の尋問を進言
105	永享4. 5. 9			○	○					大友・大内への対応（先に両人に尋ぬべし）
106	〃	◎	○	○	○	○	○			〃
107	5.10			●						山徒戒光に対する処罰の猶予
108	5.19			○	○					九州探題の人事、大友からの礼に対する返状に大内新介扶持停止を載せることの是非

No.	大名 ＼ 年月日	斯波義淳	細川持元	畠山満家	山名時熙	赤松満祐	一色義貫	畠山満則	細川満久	諮問（意見）内容
109	6.25			○						義淳の管領職上表
110	8.30			○	○			×		島津氏惣領・庶子の紛争に対する対応
111	9. 2		●	●	●	●			●	義教の富士遊覧の期日占定を満済に要請
112	〃	●		●						義教の富士遊覧の前に管領を遠江に下すことにつき「枝葉の事」と諫言
113	10. 8				○					九州対策
114	10.10			○						〃
115	10.21			○	○	○				下国教秀と南部守行の和睦不調につき再度下命することの是非
116	〃				●					大内に渡海を命ずべし
117	11.10			○	○					南部へ和睦を命じる御内書を発給することの是非　伊賀守護人事等
118	11.15				●					今川範政子息千代秋丸の相続に反対
119	永享5. 2.21		◎	○	○					半転倒状態にある外宮神居仮殿造営のための役夫工米賦課
120	3.10				●					伊賀のこと
121	4. 2		◎	○		○				伊賀守護職人事
122	4.14		◎	○	○					小早川氏家督相続相論の裁定
123	〃				●					今川弥五郎の同千代秋丸攻撃を難じ、事実調査を申し入る
124	〃			○						今川弥五郎と千代秋方の相論への対応
125	5.20	○	◎	○	○	○				唐人（明使）の宿所を鹿苑寺とすることの是非
126	5.30	○	◎	○	○	○				今川氏家督（嫡子彦五郎か弟弥五郎か）
127	永享5. 6. 1		◎	○		○				今川氏家督（前日の諮問で全面賛成でない3人に）
128	7.24		●							山訴につき「無為御成敗」を諫言
129	⑦. 5	●	●	●		●	●			〃（まず以前約束した3か条を裁許すべし）
130	⑦.10	●	●	●	●	●	●			山訴に関する意見状を管領のもとで調える
131	⑦.12	●	●	●	●	●	●			〃

No.	大名／年月日	斯波義淳	細川持元	畠山満家	山名時熙	赤松満祐	一色義貫	畠山満則	細川満久	諮問（意見）内容
132	⑦.25		●							献秀法師の配流先を丹波から四国に変更すべし
133	8. 6		●							山訴につき座禅院らの早期裁許（諸大名の意見）
				×						
134	11.16	●	●							山門への出陣に反対
135	11.22		●							〃
136	11.26		●							〃
	12. 1	×								斯波義淳没（37）

注（1）○は義教からの諮問相手（◎は管領）、●は義教への意見具申者、×は死没、点線は管領の交替期。
（2）出典はNo.28（『建内記』）を除き、すべて『満済准后日記』（⑦⑪は閏７月・閏11月）。
（3）諮問相手が「諸大名」「面々」「管領等」などと表記されて人物の特定が困難なものは除外した。
（4）満済が単独でかかわる諮問や意見具申は除外した。なお、◎○●のほとんどが満済を介している。
（5）◎○には義教の命令を、●には義教からの諮問に対する回答をそれぞれ含めていない。
（6）今谷明「室町幕府の評定と重臣会議」（岸俊男教授退官記念会編『日本政治社会史研究』下、塙書房、1985）の「表１　重臣会議の構成員と議案（応永30〜文安　４年）」を参照した。

意見を求めているのはその好例である（表1 №56・90・105）。今谷氏は、このような状況をとらえて「宿老制」と呼ばれたのであり、この点は十分首肯し得るところである。

ただ、だからといって、制度としての管領制が機能していなかったわけではもちろんないし、義教として、管領制をまったく無視し否定していたわけではなく、むしろ、管領制の規制を受けていた面もあったことを見逃すべきではない。先にみたように、永享元年九月三日、義教が篠川公方満直の要求に対する対応を大名に諮問した際、義教の意に反する意見を具申した畠山満家と斯波義淳の二人に再度意見を徴しているのは、「管領并先管領意見簡要」という認識からであった。また、同二年九月十日、満直に東使対面に対する態度を明確にするよう促す際、義教は満済・細川持之だけでなく管領義淳にも満直宛の書状を出させているし、同三年三月二十日、前年の満直からの書状を渡して彼との交渉経緯を満済に打ち明けた際には、わざわざ義淳を通して畠山・山名・細川・赤松の四人に伝えるよう指示している。さらに、同月二十八日「罰状の件を東使に伝えられない」とする義淳の意見状を退けるのに、義教は「管領雖為申入事」と付言して、管領の発言に対する配慮を見せている。表1をみると、義教の諮問相手として、畠山満家と山名時熙が群を抜いているものの、義淳の管領在任期は義淳が、細川持之の時期には持之が、それぞれ二人目または三人目として加わっている例が少なくない（№30・31・41・42・67・76・81・85・119・122）。これは、義教にとって父の世代に当たる畠山・山名の意見をもっとも重視しながらも、自分より若年の義淳や持之も、唯一管領であるという一点をもって、諮問の相手に含めなければならなかったことを物語っている(9)。以上挙げた事例は、いずれもこの段階の義教が管領制の枠組みを前提とした幕政運営を強いられていたことを示すものに他ならない。当該期の幕政を、義教による管領権限の抑止、将軍専制の実現という図式として理解するのは一面的に過ぎるのであって、枠組みとしての管領制はどこまでも幕府の根幹として厳存していて、義教に対しても一定の規定性をもち得たとみるべきではあるまいか。義淳が東使対面問題において、あれほど執拗に義教に食い下がり、満済・畠山・山名の後援があったにせよ、ついに義教に不本意な妥協を強いることができたのも、義淳が管領に在任していたからであり、管領の地位が単なる「儀典職」とまでは化していなかったからこそとみることも可能なのである(10)。

それでは、義淳はなに故に管領職上表を繰り返したのかが改めて問われなければならない。その際、義教からの疎外に対する鬱憤とする今谷説の吟味も必要となる。前稿では、先にもふれたように、義淳の管領職上表を、ひとり義淳固有の問題ではなく、管領職そのものが三管領家にとって忌避すべきものとなっていたことの表象ととらえ、その背景として、a管領職の形骸化、b管領在職に伴う経済的負担、の二点を想定した。しかし、aは今谷説の安易な援用であったし、ｂも実証はきわめて不十分であった（但しｂの実証は事実上困難）。そこで、改めて義淳の辞意表明の意味を、管領義淳にとって重要な政治課題であった東国対策、東使対面問題の時系列の中で考えてみたい。

義淳の管領職上表は、確認できるだけで、少なくとも一〇回見られる（詳しくは前稿参照）。すなわち①永享二年九月頃、②同年十一月、③同三年五～六月、④同年九月頃、⑤同四年三月、⑥同年四月、⑦同年五月、⑧同年六月、⑨同年七月、⑩同年八月、である（⑤～⑩は満済が義教への上表披露を拒否したり義教が却下したりして先延ばしにされているもので一連のものとみてもよい）。まず①の時期の東国問題は、「義教と東使の対面には反対であるが諸大名の意見であれば鎌倉府討伐容認を条件に受諾する」という篠川公方満直からの意向が京都に伝えられた時に当たり、義教は義淳・満済・細川の三人に命じて、満直にもっと「サハサハト」心底を開陳するよう書状を送らせている。つまり、この段階の義淳は、のちのように義教と厳しく対立するような関係にはなかったのであり、また、義教から疎外されていたともいえない。義淳は義教の慰留に対して、しばらく上表は「堪忍」する代わり「計會過法」の善処方を求めているところから（永享二年九月十日条）、この上表は、前稿で推定したように、経済的保証を獲得しようとするものであったとみられる。次の②は満済を通して申し入れたものの義教によって却下されたものであるが、この時期は東国問題に格別進展はないので、①の上表で成功しなかった所領獲得をねらったものかも知れない。③は、東使二階堂盛秀が三月に上洛したものの罰文の件で義教との対面が暗礁に乗り上げていた時期に当たる。この時の義淳にとって、管領の座を捨てることが、東使対面の実現という眼前の政治目的を果たすためにとるべき選択肢とは考えにくいので、この辞意表明は、東使対面を渋る義教への揺さぶり、示威行為と解釈した方がよさそうである[11]。これに対して義教は、義淳の重臣甲斐・織田両人に命じて義淳を「諷諫」するよう命じている（永享三年六月六日条）。④は東使対面が実現した直後にあたるところから、懸案の政治課題が解決し、義淳にとってもはや管領に留まる理由がなくなったので、就任前から表明していた通り上表したのではあるまいか。⑤以降は、早く管領の座を降りたい義淳と、おそらく管領の上表を安易に許すことで任命権者たる将軍の権威が失墜することを避けたい義教の攻防と理解できる。以上のように、義淳の上表の企図は必ずしも一様ではなく、これをすべて「管領職の形骸化」と「経済的問題」という管領職一般の問題としてのみ説明した前稿は不十分なものであった。特に③の上表は、東使対面問題の打開をねらって義淳が仕掛けた政治的駆け引きの意味があったとすれば、むしろ、これは管領制の形骸化というより、管領職のもつ政治的地位が一定の取引価値を持っていたことを意味するともいえよう。

最後に、今谷氏のいわれる「義淳の鬱憤」についてであるが、表1による限り、少なくとも永享四年二月頃までは、義教が義淳をことさら疎外したようには読み取れない。義淳は当初から畠山・山名に次ぐいわば形式的な諮問相手として管領であることを唯一の理由に指名されているにすぎないのであり、その点は次の細川持之と同様である。但し、永享四年二月十日（表1№85）のあとは、大名全員（畠山・細川両家の庶家を除く）への諮問（表1№103・106）を除けば、◎が途絶えていて、義教が義淳を意図的に忌避するようになったことを想定することは可能である。これは、先にみた義淳の⑤の上表の影響が考えられる。この時は満済が義淳の披露要請を断っているけれども、義淳の辞意表明はすでに幾度も繰り返されていて、義教にはかねてから十分認識されていた。そして、同四年五月二日満済の披露を受けた義教は、義淳に七月まで職に留まるよう説得しているのである（上記の⑦）。このように義淳の辞職が具体的日程に上った状況下では、いかに管領といえども義淳を特に諮問の相手に加える理由などほとんどないといってよかろう。義教からの疎外が義淳の辞意表明をもたらしたのではなく、辞意表明が疎外を生んだのである。

むすび

斯波義淳は、管領就任に当たって、かたくなに将軍義教の要請を固辞したが、一旦就任してからは、ときあたかも幕府にとっての重要課題となっていた東国政策をめぐって義教と厳しく対立した。特に東使対面問題段階における義淳の強引な手法は尋常ではなく、確かに彼の気質には常軌を逸している面がなかったとはいい難い。しかし、だからといって、彼を先天的精神性障害者と認定するのは行き過ぎであろう。

義淳は「毎事無為」という重臣会議のコンセンサスを最大の楯として、「京・鎌倉無為」「天下万民安穏」のいわば象徴的儀礼である義教と東使二階堂盛秀との対面実現に奮闘した。途中義教が篠川公方満直の要求を容れ、鎌倉府が独断で京都扶持衆を討つことをしない旨の罰状提出を対面の条件に設定したことを知るや、「偏以無為御祝着御使」たる東使に対面もしないうちから罰状のことを持ち出すのは「不可然」と言い放つ義淳の主張は、どこまでも正論そのものである。たとえ、それが、京都幕府との融和に腐心する関東管領上杉憲実の強い要請に応える面があったにせよ、また、満直の政治的地位を失墜させその野望を阻止して奥羽の同族大崎・最上氏を支援しようとする斯波本宗家としての企図であったにせよ、義淳の政治活動の成果は正しく評価すべきものである。

義教期の政治状況は、ともすれば守護大名の合議制の解体、管領権限の抑止、将軍専制の進展という図式による理解に傾きがちであるが、義教は、軍事活動や人事といった幕府としての重要な政策決定にあたっては、満済の他、政治経験豊富な畠山満家・山名時熙を中心とする重臣会議に意見を徴することが多く、けっして将軍専制化が直線的に進行したわけではない。東使対面問題で義教をして不本意な譲歩を余儀なくさせたのが、義淳の管領としての奮闘であり、満済・畠山・山名の諫言であったということの中に、義教期初期の将軍、管領、重臣会議の関係が象徴的に示されている。この時期の管領は、まだ奉行人を指揮して評議する場を確保しており、義教はこれとの合議、連携を通してしか自らの権限を強化することができなかったことが、設楽薫氏によって明らかにされている[12]。つまり、管領の特に訴訟における権限はけっして完全に形骸化していたわけではなく、単なる「儀典職」とまでは化していなかったといえよう。義淳の奮闘がそれなりに成果を生んだのも、こうした当時の管領の置かれた地位と無関係ではなかったと思われる。ただ、幕府の最重要政務に関して義教がもっとも頼みとしたのは、満済を除けば、幕閣の重鎮畠山満家と山名時熙であり、諮問相手としての管領の順位は二人の後ろに置かれたのである。今谷氏のいわれる「宿老制」と呼ぶにふさわしい政治体制である。このように、この段階の将軍義教は、重要な政策決定にあたって、畠山・山名、そして管領を中心とする重臣会議の意見を徴する姿勢を棄去していなかったが故に、管領義淳と畠山・山名が連携し、満済が支持すれば、義教もこれに従うしかなかったのである。かかるあり方は、あくまで畠山・山名・満済らの個人的器量に負うところが大きいのであって、管領制の機能はあくまで二次的にすぎない。そのために、畠山・満済・山名らの相次ぐ死没とともに義教の専制化は加速していくのである。

註

（1）青山英夫「室町幕府将軍権力に関する一断面―義教・義政初政期の場合―」（『上智史学』二六、一九八一年）。

（2）『看聞日記』永享三年七月十九日条。

（3）　家永遵嗣『室町幕府将軍権力の研究』（東京大学日本史学研究叢書1、東京大学日本史学研究室、一九九五年）第二部第一章第二節「斯波本宗家と奥州」。

（4）　『福島県史』第一巻、通史編1、第三章第一節第一「足利満直・満貞の下向」（渡部正俊・小林清治氏執筆）七四三〜七四八頁。

（5）　田辺久子『上杉憲実』（人物叢書　吉川弘文館、一九九九年）五九頁。

（6）　永享元年十一月二十一日、義淳は上洛中の東使某西堂の在京延長とともに関東管領上杉憲実へ書状を遣わすことの許可を満済に申し入れているほか、同三年三月十四日東使二階堂盛秀が上洛すると、同十六日、義淳は憲実からの書状を義教に上進し、さらには、同年六月九日にも憲実の書状を満済に届けて義教との対面の早期実現を訴えている。これらはいわば公的ルート上の義淳と憲実との交信といえるが、それとは別に、私状の交換もあったことは十分想定できよう。

（7）　今谷明「室町幕府の評定と重臣会議」（岸俊男教授退官記念会編『日本政治社会史研究』塙書房、一九八四年、のち今谷『室町幕府解体過程の研究』岩波書店、一九八五年、所収）。

（8）　今谷氏の作成された表によって、永享三年六月頃以降、義淳が義教の諮問相手に含まれない例が多くなる、と述べた程度である（前稿註52）。

（9）　表1によって義淳、細川が管領就任前と在任期の諮問を受けた回数の全体における比重の変化を算出すると、義淳が八・九％（畠山満家期）→一一・九％、細川が六・七％（満家期）→七・五％（義淳期）→二〇・〇％（但し義淳死没以前）と、いずれも増加している。

（10）　前稿では、「『東使対面』問題への関わりの中で、管領という職が自己の政治的主張の実現にとって特別のメリットをもたらさないことを思い知らされた」としたが（七四頁）、短慮に過ぎた。

（11）　義淳の辞意表明が義教への「揺さぶり」たり得るには、義教にとって義淳の管領辞任が好ましからざる事態でなければならない。それは、おそらく、義淳を管領に就ける際義淳の強い抵抗で思わぬ辛苦をなめさせられた義教にとって（前稿参照）、易々とその上表を許したのでは、任命権者としての将軍の面子がつぶされるという思いがあったのではなかろうか。

（12）　設楽薫「将軍足利義教の『御前沙汰』体制と管領」（『年報中世史研究』一八、一九九三年）。

【付記】『満済准后日記』永享元年九月八日条の記事「管領幷畠山ハ無益之由申入了、雖然就余意見被成遣了」をもって、「義教の意志決定に満済の意見が大きな影響を与えたことが知られる」としたが（二一三頁）、「余」を「予」と混同した誤解であり、「満済の意見」ではなく、「管領義淳・畠山満家以外の宿老の意見」とすべきであった。なお、この事例を除いても、義教の意志決定に対する満済の影響力が大きかったことは間違いなかろう

第3部

斯波義敏・義寛の時代

Ⅰ

『大乗院寺社雑事記』『文正記』に見る長禄・寛正の内訌

瀬戸祐規

はじめに

長禄・寛正の内訌とは、武衛家と称され越前・尾張・遠江の三ヶ国の守護職を有する斯波氏の家督をめぐる一連の抗争であり、この内訌は斯波義健の早世に端を発する。享徳元年（一四五二）、義健が急死すると、斯波氏の老臣で、守護代であった甲斐常治と朝倉孝景らによって庶流の斯波持種の子義敏が擁立されたが、甲斐常治の専横をめぐって義敏と常治が対立することとなる。この対立は、康正二年（一四五六）幕府の裁決によって常治に利ありとされたが、この裁決は将軍足利義政の寵臣で幕府執事である伊勢貞親が、妾《しょう》が甲斐常治の妹であるという縁によって関係したことによるものであった。裁決を不服とした義敏は、洛東に籠り常治と対峙するが、長禄二年（一四五八）、義政の命により和談となる。翌三年、かねてよりの古河公方足利成氏追討を命ぜられた義敏は、これを契機として越前に侵攻し、敦賀の常治を攻めたが大敗を喫した。このことが義政の勘気を蒙り、義敏は守護職を罷免されて大内教弘を頼って周防に逃れ、家督は義敏の子松王丸が継ぐこととなった。しかし、常治の死により家督を継いだ甲斐敏光と朝倉孝景が、渋川義鏡の子義廉を擁立したため、寛正二年（一四六一）十月、義政は松王丸を廃し、義廉を斯波家の家督とし、三ヶ国守護とした。これに対し、周防に逃れていた義敏は、義敏の妾と伊勢貞親の新たな妾とが姉妹であることを頼りとし、寛正六年（一四六五）十二月、貞親の介入により赦免された。翌文正元年（一四六六）七月、義敏赦免に反発した義廉が義敏の被官数名を殺害すると、同年八月義政は義廉を廃して義敏を家督とし、三ヶ国守護とした。しかし、義敏の家督は長くは続かず、同年九月山名宗全・細川勝元らによる伊勢貞親排斥とともに義敏は越前へ逃れることになり、家督は再び義廉とされた。その後、文正二年（一四六七）正月、山名宗全の推挙により義廉は管領に任じられた。応仁・文明の乱が勃発すると、義敏は細川勝元方である東軍に、義廉は甲斐・朝倉とともに山名宗全方である西軍に属し、家督争いは決着を見ないまま、分国は家臣で守護代であった甲斐・朝倉・織田が支配するところとなっていった(1)。

興福寺大乗院門跡である尋尊は、越前国における興福寺領として重要な地である大乗院領河口・坪江荘の支配に関する実態を『大乗院寺社雑事記』に克明に記している(2)。その中で、この両荘の支配に重大な影響を及ぼす越前国での斯波義敏と甲斐常治との争いを記し、また両者の対立に関連してであろうか、長禄・寛正の内訌の一端も記している。また、前大乗院門跡である経覚も、河口・坪江荘に隠居方料所を有し、支配が困難な状態となっていく両荘の経営について、たびたび尋尊と相談をしている。彼も尋尊と同様、両荘の実態・越前国の動向を『経覚私要鈔』に記しているのである。

小論では、次の三つの観点から考察を試みることとする。第一に、『大乗院寺社雑事記』にみられる斯波氏の家督に関する記事に注目し、尋尊がこの内訌をどのように捉えたのかについて、『経覚私要鈔』の記事と比較しつつ考察を進めていく。

一方、この内訌について記したものはこれらの日記だけではない。『文正記』は一連の内訌の中、文正元年の義敏赦免・家督相続に関する騒動を中心に記した軍記であるが、事件の直後に成立したとされ、その作者は日記に記した尋尊や経覚と同時期を生き、この内訌を伝聞したのである。描かれたものではあるが、『文正記』作者が内訌をどのように捉えたのかについて考察することは、この物語を作者がどのように描こうとしたのか、またこの時期を生きた人々が内訌をどう捉えたのか、それらの一端を窺い知る上で重要なことであると思われる。このような観点から、第二に、『文正記』作者の内訌の捉え方についても考察を進めていく。

また、斯波氏の内訌は、『文正記』以後も物語のなかで描かれていく。それらは『文正記』のように物語の主題とはなっておらず、一章段に集約されてしまったものである。個々の作品における意味は薄れてしまうが、第三に、時を経ることでこの内訌はどのように描かれていくのか、その様相についても触れていきたい。

一　『大乗院寺社雑事記』に見る斯波氏の内訌

『大乗院寺社雑事記』における長禄・寛正の内訌に関する初出記事は、管見の限りでは長禄元年（一四五七）十一月十一日条である。そこでは、四日に「田上所」[3]において東山東光寺[4]に籠居した斯波義敏方の堀江らと甲斐・織田・朝倉勢とが争ったことが記されている。『大乗院日記目録』における初出記事はこれよりも少し早く、康正三年（一四五七）正月に「義敏没落、親父修理大夫（斯波持種）同」と、幕府による不利な裁決が下った後、持種・義敏父子が東光寺へと没落・籠居する様を記す。(5) その後、『大乗院寺社雑事記』長禄二年二月には、将軍の命による義敏と甲斐常治の和談が記される。(6)

この「田上所」における争いを初めとして、尋尊は斯波義敏と甲斐常治の対立・斯波氏家督をめぐる抗争を日記に留めていくのである。以下、『大乗院寺社雑事記』にみられる関係記事を検討しつつ、尋尊がこの内訌をどのように捉えたのかについてみていく。

『大乗院寺社雑事記』長禄二年（一四五八）九月二十日条によれば、十七日に甲斐・朝倉・織田が将軍義政に出仕し、斯波義敏においては早々関東へ出陣するよう命ぜられたが、これは義敏にとっては「以っての外の迷惑」であったという。『経覚私要鈔』には、以前に義敏と甲斐常治に関東出陣の命が下されたが、その際、ともに従わなかったこと、また、この後義敏は十二月に再三の命により関東へと出陣するが、江州小野に留まっていたことが記される。(7)

長禄二年七月より、越前において義敏方の堀江石見守と甲斐・朝倉の間で合戦となり、(8) 翌三年（一四五九）正月にも、越前・尾張において義敏方と甲斐方の合戦が行われており、経覚は正月の合戦について記すとともに、「主従合戦未曾有次第也、可謂澆季」と述べている。(9)

これらの合戦については『大乗院寺社雑事記』には記されておらず、次に、長禄三年五月、関東出陣の命に反し義敏自ら敦賀の甲斐方を攻めた記事がみられる。(10) これによると、五月十三日に義敏は敗れたとされる。さらに、この後義敏は、命に背いたことにより義政の勘気を蒙り、大内教弘を頼って周防に逃れ、家督は義敏の子松王丸に定められるのであるが、『大乗院寺社雑事記』からはこのことを窺い知ることはできず、『経覚私要鈔』に「右兵衛佐(斯波義敏)扶持により、大内介(教弘)退治すべきの由、西国者共十三人に奉書を成さる」とあることから、(11) 大内を頼って逃れたことがわかる。

また松王丸が家督となったことについては、長禄四年三月二十七日付管領細川勝元施行状[12]や寛正二年四月十一日付管領細川勝元施行状など[13]によって窺い知ることができる。

次に、『大乗院寺社雑事記』は長禄三年八月の越前における堀江方と甲斐方の合戦について記す。同月十六日条には「堀江石見守越前において打死すと云々、甲斐方の大慶する者也」と、甲斐方の立場に立った記事がみられる。前年十月、直務が認められた河口荘に討ち入り、荒居郷・細呂宜郷下方を奪い取ろうとした堀江石見守に対して、この二郷と新郷の代官職を結果的に与えざるを得なかったこと[14]に対する尋尊の思いもそこには含まれているのではないだろうか。

長禄三年、斯波氏家督は義敏から松王丸となったが、『大乗院寺社雑事記』寛正二年（一四六一）八月二日条には、

次武衛事又渋川息（斯波義廉）十五六、之躰被仰付、既被移屋形、元息（斯波松王丸）ハ被成僧分云々、依之甲斐八郎二郎（敏光）被召上、朝倉弾正（孝景）可罷上分及其沙汰云々、

と書かれ、家督を渋川義鏡の息義廉として武衛屋形に移し、家督であった松王丸は出家させたことがわかる。また、義廉の家督相続に際して、甲斐敏光・朝倉孝景が関与していたことが窺える。同年十月十六日条には、義廉が将軍義政に参賀し、甲斐・朝倉の上洛もこのためであったと記している。

寛正四年（一四六三）十一月、長禄三年に義政の勘気を蒙って周防に逃れていた義敏が赦免される。

『大乗院寺社雑事記』寛正四年十一月条

十九日、飯尾肥前守為数近年失面目籠居之處、京中出頭御免、今日又出仕御免云々、為門跡大慶者也、武衛御免云々、伊勢守（伊勢貞親）申沙汰也、甲斐・朝倉之可成生涯云々、誠以天下可為珍事歟、

二十五日、今度高倉殿（日野重子）百ケ日ニ、此間失面目輩共、数輩被免除、飯尾肥前守・前祭主・京極之多田・斎藤遠江守・熊谷・武衛兵庫頭義敏以下也、

『経覚私要鈔』寛正四年十一月条

十九日、飯尾肥前（為数）此間被止出仕、今日御免云々、仍出仕、又武衛右兵衛佐（斯波義敏）同御免間、遣飛脚於西国云々、

二十日、武衛右兵衛佐被召返云々、又飯尾肥前守為数昨日出仕之由、自尊藤方申給了、

義敏の赦免は高倉殿（義政生母日野重子）の百箇日によるものであったこと、飯尾為数の赦免も同じく行われたことがわかる。飯尾為数の出仕停止について、『大乗院寺社雑事記』によれば、長禄三年九月二十三日からであり、その原因は「越前守護武衛事幷新田庄事」であった[15]。『経覚私要鈔』には長禄三年九月の記事がないため、出仕停止がどのように記されていたかを窺い知ることはできない。この赦免を尋尊は、「伊勢守申沙汰」であるとし、赦免によって「甲斐・朝倉の生涯と成るべし」と記し、また、「誠に以て天下珍事たるべきか」と評していることに注目すべきであろう。

赦免された義敏は、寛正六年（一四六五）十二月、上洛して義政に参賀する。

『大乗院寺社雑事記』寛正六年十二月条

二十九日、兵衛督義敏御免、今日参賀云々、

晦日、兵衛督御免除、昨日御対面、自九州上洛、伊勢守（伊勢貞親）申沙汰故云々、然之間治部大輔（斯波義廉）依申沙汰、所々ニ被成奉書則寺門領知可下知旨奉書到来、此牢人と云ハ兵衛督披官人事也、上意儀太不得其意候、

越前国牢人等事、近日及出張企云々、事実者太不可然、厳密可被相鎮之旨成奉書訖、若有自然之儀者、可申合

守護代之趣、可被加下知同国寺門領候也、仍執達如件、

（寛正六）十二月卅日　　　　　　　　　　之種（飯尾）判

貞基（斎藤）判

興福寺雑掌

先の寛正四年の義敏赦免と同様、ここでも「伊勢守申沙汰」であるとする。義敏の上洛・参賀に対し、義廉の申沙汰により、越前国の義敏被官人の出張を鎮めよという内容の室町幕府奉行人連署奉書が興福寺雑掌宛てに出された。しかし、尋尊はこれを「上意の儀太だ其意を得ず」としている。赦免された義敏に対する義廉の反発により、文正元年（一四六六）三月、越前国は「物忽以っての外」という状況であった(16)。このような義廉の行動に対し、義政は義廉を廃して義敏を家督に定めようとする。

『大乗院寺社雑事記』文正元年七月条

二十三日、今日被退武衛治部大輔（渋河）（斯波義廉）、給物領職於兵衛佐義敏畢、朝倉壇（弾）正教景（孝景）、雖成治部大輔方、向参兵衛佐方云々、可及一天下大儀之由、兼日雖令風聞、不可有殊儀云々、

二十五日、楠葉新衛門自京都（下向脱カ）武衛方事無殊儀、兵衛佐御免事自上意不興事也、仍山名・一色・土岐等令同心、可扶持治部大輔之由一決云々、不審事共也、

二十八日、（中略）武衛方儀、兵衛佐義敏御免出仕去廿四日、然而当武衛治部大輔事、細川右京大夫勝元・山名入道宗全（持豊）加扶持之間、一天大儀歟、武衛方軍勢於京都路頭狼藉、押取売買物、珍事此事云々、（中略）如今者義敏仁雖給御判、不可任上意云々、義敏御免事、伊勢守（伊勢貞親）并茲（蘂）（季瓊真蘂）西堂申沙汰云々、

晦日、光宣法印来、対面、
武衛下屋形如上意打渡兵衛佐云々、昨日廿九日事也、如今者不可有殊儀歟、但始終事ハ惣領分事可被仰付基也
云々、
九州大内(政弘)事、依伊勢守申沙汰御免、此事細川失面目之間、右京大夫可隠居之旨造意、珍事、但先思止歟云々、
来月四日古持之十七年云々、号佛事一向止出頭了、

文正元年七月二十三日、義敏が家督とされた。しかし、山名・細川ら諸大名は「上意より不興の事」なるによって義廉方となり、世上は「一天下の大儀」とも言うべき事態となった。これにより、義敏を家督と定めても、その意に従う者はなかった。義敏の赦免は伊勢貞親・季瓊真蘂によるものであって、このような世上となった原因は家督を義敏に定めたことにあると記されている。

これに対し、近衛政家は『後法興院記』文正元年七月二十四日条に次のように記す。

是日筑紫武衛(斯波義敏)令出仕、可為家嫡由、昨日自武家(足利義政)被仰出云々、退京武衛(斯波義廉)治部大輔云々、可合力筑紫武衛由被仰付諸大名云々、山名(持豊)可合力治部大輔由有世間、此間有所縁子細云々、可及大乱歟、珍事也、

『後法興院記』は山名持豊と義廉の間に「所縁子細」があることを記す点、『大乗院寺社雑事記』と異なっているが、両者を比較することで、いかに尋尊が世上に対して危機感・不安感を抱いていたか、この出来事を重要視していたかがわかる。

同年八月二十五日、義敏は三ヶ国守護となる。

『経覚私要鈔』文正元年八月二十六日条[17]

自柚留木重芸方注進云、昨日右兵衛佐（斯波義敏）義俊（敏）・親父（斯波持種）・竹王丸（斯波竹王丸）三人令出仕、三ヶ国越前、尾張、遠江、御判拝領之間、武衛方事令露顕、仍於治部大輔（斯波義廉）者可被向打畢由、被仰付云々、於山名入道（持豊）者、治部大輔一所号可切腹之由、治定之間、内者共可被成御敵之条者、不可然由、雖教訓、不承引間、可為同科之、至細川、山名御退治事御持者、可隠居令申云々、又一色・土岐者、日比雖山名・治部大輔同意者、今度者難申成御所方云々、此由申剋注進了、

『大乗院寺社雑事記』文正元年八月二十六日条

柚留木（重芸）注進夕方到来、越前国以下二ヶ国守護職事、昨日被仰付兵衛佐（斯波義敏）之間、修理大夫（斯波持種）父子為御礼参申云々、一天下大儀出来、珍事云々、就之、山名（持豊）進退珍事也、細川（勝元）又可隠居旨申入云々、

義敏の守護職拝領について、興福寺雑掌柚留木重芸から経覚と尋尊のもとにそれぞれ注進があった。同じ人物からの注進に対して、内容に大きな相違はないものの、これだけ記され方が異なっていることは注目すべきである。『大乗院寺社雑事記』には、同年七月の義敏の家督相続関連記事において記された「一天下の大儀」が、ここでも「一天下の大儀出来、珍事と云々、」として記されている。このことは、経覚と尋尊の間における、注進に対する捉え方の相違に基づいているのではないだろうか。

尋尊は、この箇所以外においても「天下」や「大儀」といった語を多く用いている[18]。ここに世上の有様を客観的に判断することを心掛け、自らの判断を書き留めていくことに関心を寄せるさまを窺い知ることができる。

他方、経覚について、この記事から窺い知ることは難しいが、次の記事からその一端を垣間見ることができよう。

『大乗院寺社雑事記』応仁元年六月二十一日条

安位寺殿（経覚）渡御、□可有御上洛之由□之、今度京都物忩無是非、無御心元儀、且又御見物之御用也云々、且

不可然次第也、

応仁元年（一四六七）六月、応仁・文明の乱が勃発し、京都は物騒以ての外という状況であるにも関わらず、経覚は尋尊の許を訪れ、見物のために上洛する旨を述べている。尋尊からすれば、それは「然るべからざる次第」なのであるが、ここに尋尊とは対照的に積極的に騒動に関わっていこうとするさまを窺い知ることができる。

尋尊と経覚の対照的なあり方については、既に酒井紀美氏によって興味深い考察がなされている。[19] 酒井氏によれば、尋尊は、出来事に対し距離を置いて冷静な目で記事を書き、関係する事柄を集めてできるだけ客観的に物事を描こうとし、また、自身が関係する事柄にも軽々には関与しない。二つの対立する勢力に対しては、一方に積極的に肩入れをすることのない人物であり、これに対して経覚は、好奇心旺盛で行動的で、求められない事に対しても自ら渦中に入っていく。生まれながらに持った特権的地位を何の疑問を持つこともなく行使して生きる。対立する二つの勢力に対しては、自身の判断で一方に荷担して貫き通す。信義には信義で応えようとする義侠心に富んだ矛盾をはらんだ人物なのである。

義敏守護職拝領の記事に続き、文正元年（一四六六）九月六日、伊勢貞親・季瓊真蘂・義敏らが京都から没落するさまが、『大乗院寺社雑事記』文正元年九月七日・八日条に記される。

その後の義廉の家督相続、守護職拝領についての記事はみられないが、文正二年（一四六七）正月八日の義廉の管領就任が、『大乗院寺社雑事記』文正二年正月十一日条に記されている。

以上、『大乗院寺社雑事記』にみられる斯波氏の家督に関係する記事を検討してきたが、尋尊はこの内訌を身の回りに起こっている出来事としてではなく、客観的な立場に立ち、天下の大儀であるという意識でもって折々に自身の判断を書き留めているのである。また、尋尊はこの内訌の原因ともいうべき人物を伊勢貞親・季瓊真蘂に求めているように思われる。ただし、彼らに対して批判的ではなく、それはあくまで客観的に判断した結果なのであろう。

二　『文正記』に見る斯波氏の内訌

『文正記』は、文正元年（一四六六）七月の義敏赦免・家督相続に際して起こった洛中での騒動を始めとして、同年九月の義敏・伊勢貞親の没落、義廉の出仕までを叙述の対象とし、洛中における義廉方の尾張守護代織田一族の動向や、甲斐・朝倉氏について記述するとともに、この内訌の原因を詳述する軍記である。

この作品については、既に石井由紀夫氏・松林靖明氏によって研究がなされている。[20]それらによると「文正元季丙戌九月晦日録焉」とあることから、叙述内容の直後の成立であると考えられる。作者は未詳であるが、義廉に味方し、義敏を斥けていること、義廉を擁立する甲斐常治を中心とした甲斐一族に対する記述の多さから、斯波義廉方の甲斐常治に近い立場の者であろうとされている。本書の特徴として、作者の立場が明瞭に記されていること、この内訌を承久の乱・明徳の乱に二度も比していることから、作者がこれを重大な出来事として捉えていること、『大塔物語』などと同様、真名本であることから国語学的価値を有すること、[21]また、『大塔物語』の訓みと共通する用例を見出すことができること、などが挙げられる。

先に述べた尋尊や経覚と同様、この内訌の直後に成立したとされる『文正記』の作者は、今現実に目の前で起こっている内訌を伝聞していた。『大乗院寺社雑事記』などとは異なり描かれたものではあるが、この時期を生きた『文正記』作者が、内訌をどのように捉えたのかについて考察することは、この物語を作者がどのように描こうとしたのか、またこの時期を生きた人々が内訌をどう捉えたのか、それらの一端を窺い知る上で重要なことであると思われる。以下、『文正記』作者の内訌の捉え方についてみていくこととする。(22)

『文正記』作者は、まず始めに「文正元季丙戌躁動史之序」において、この騒動の原因を、

文正丙戌、大乱ノ根源ハ、甲斐ノ常治・伊勢ノ貞親《サタチカ》、将《モ》テ二聟舅《ムコシウト》ノ好《ヨシミヲ》一同心ニ議定シ、追《ヲイ》二退《シリソケ》義敏《ヨシトシ》一ヲ、登《トウ》二用《ヨウ》ス義廉《カト》一ヲ。今亦松王丸之姑《ヲハ》・貞親之妾《ヲモイモノ》、就テ二姉妹ノ漸《ナシミニ》一欲下却《シリソケ》二義廉一ヲ許《キヨ》中達義敏上ヲ。肆《コヽニ》都鄙《トヒノ》猥雑《ワイサウヨリ》徒レ是起《ヲコル》矣。

と、甲斐常治と伊勢貞親が斯波氏の家督を義敏から義廉にしたものの、貞親が妾の関係から義敏を再び家督にしようとしたことに求めており、物語の冒頭で作者の内訌に対する捉え方が簡潔に示される。

これに続き、作者は世上の有様を歎くに際し、「八耳太子（聖徳太子）ノ未来記」なるものを引用する。

八耳太子ノ未来記ニ曰、吾当テ二入滅之后《ノチ》七百余載《サイ》一ニ、君臣失レ道ヲ、父子違《チカイ》レ礼ニ、殺《コロシ》レ君ヲ殺レシ親ヲ、立テレ邪ッ立テレ非ヲ、僧者非レ僧ニ、俗ハ非レ俗ニ。今是其時也、

『文正記』作者と同じく、尋尊も、応仁・文明の乱が起こり始めたころ、日記に「天王寺瑪瑙記碑文」と称する「聖徳太子未来記」を引用して世上の有様を歎いている。

『大乗院寺社雑事記』応仁元年（一四六七）五月十七日条

京都事以外物忩、山名入道(持豊)・畠山衛門佐(義就)・斯波治部大輔(義廉)・土岐(ママ)・一色(義直)五人同心、一色在所室町殿四足前各会合、今一方畠山小弼(政長)・細川右京大夫(勝元)・京極入道(持清)以下、自余之大名・近習者云々、又去正月如世改可有之云々、佛法・王法・公臣之道此時可断歟、可歎々々、所詮聖徳太子未来記云、

天王寺馬脳記碑文

本朝代終《リ》　百王《ノ》盡《テ》レ威　二臣論《シ》レ世《ヲ》　兵乱不レ窮《スキハマラス》
王政不レ収《ラ》　王命《ヲ》不レ用　悪政《ヲ》為《ス》レ宗《ト》　竭《ツキテ》神祇《ノ》威一
無《シ》祭礼《ノ》法一　王法《ハ》為《ニ》レ臣《ノ》　破《テ》レ之不《ス》レ用　正法《ハ》為《ニ》レ禅《ノ》
毀《ソシリテ》レ之不《ス》レ崇《アカメス》　佛法滅《ルカ》故《ニ》　王法即竭《ツク》　上者《ハ》為《ニ》レ下《ノ》
謀《タフラカス》レ之《ヲ》加《フ》レ怨《ウラミ》　臣者為《ニ》レ民《ノ》　卒《ソムイテ》レ之《ヲ》不《ス》レ随　王法亡《ホロフル》故《ニ》
為《ニ》レ失両《フタツノ》　法《ヲ》一　異国《ノ》君王　欣《ネカイ》　祈《テ》変レ生《ヲ》　生《ス》日域夷《ニ》
為《ニ》レ侵《ヲカサンカ》　正法一　軽賤勅許《ヲ》一　謀犯《タフラカシテ》　王位一　堪落《シテ》王膳《ヲ》一
成《ス》武勇《ノ》物《ト》一　為《ニ》レ失正法《ヲ》　皈《リ》達磨《ノ》教《ニ》　出《テ》正法《ノ》家《ヲ》一
好《ミ》興《ソ》魔法《ヲ》一　没《ホロホシテ》　正法《ノ》物一　加《ヘ》與《ウ》禅家《ニ》一　倒《タヲシテ》　弓箭賞一
成禅行《ノ》類《ニ》一　盡《テ》弓箭《ノ》器　奪《レン》蒙古《ニ》国《ヲ》

さらに、酒井紀美氏は、『経覚私要鈔』長禄元年（一四五七）十月二十七日条において、京中の土蔵に押し寄せて徳政を実行する土一揆に対し、「下として上を計らうの条、下剋上の至り、狼藉所行、未曾有のもの哉、黒鼠、牛腸を食らうべきの由、野馬台に見ゆ」と、経覚が「野馬台詩」の一節を引用することを示し、「聖徳太子の未来記と「野馬台詩」とは背中合わせのように、作用しあい、影響しあって中世の未来記の中核を担い続けた」という小峯和明氏の指摘[23]を受けた上で、次のように指摘する[24]。

経覚と尋尊は、期せずして、二人とも、土一揆と戦乱によって自分たちの立っている地盤が大きく動揺し始めた同じ時期に、世の終末を予言する「未来記」に注目した。ここでも、経覚は「野馬台詩」、尋尊は「聖徳太子未来記」というように、二人は対照的な「未来記」を選んだ。もちろん、そのこと自体は、たまたま、彼らのなかに思い浮かんできたものを、ただ日記に書き付けたにすぎないのだ。けれども、経覚の選んだのが「野馬台詩」の断片であり、尋尊の選んだのが、「聖徳太子未来記」の全文であったというところに、やはり二人のあいだの違いがクッキリと示されている。

「聖徳太子未来記」と「野馬台詩」、この二つの対照的な未来記のうち、『文正記』作者は「聖徳太子未来記」を選んだ。『文正記』の未来記が全文であったかどうかは分からない。また、内容も尋尊のそれとは異なるものであり、『文正記』と『大乗院寺社雑事記』との間には直接的な関係を窺うことはできない。しかし、たまたまであったのかもしれないが、『文正記』作者が、「野馬台詩」ではなく「聖徳太子未来記」を選んだことは、必然的なことであり、尋尊の価値観と何かしら通ずるところがあったのではないかとも思わせるのである。「聖徳太子未来記」を選んだ『文正記』に対し、「野馬台詩」を選び、その注釈を行うことで歴史的叙述を展開していった、『応仁記』の存在が一層その思いを強くするのである。

未来記の引用に続き、「下刻上」ともいうべき世上の有様を記して歎く『文正記』作者がみられる。また、本書の所々において、「噫噫《アヽ》唯願ハ久如《イツカ》本復シ、侍ハ者侍、凡下者凡下ナラン。海安○《河》清・天長地久・皇帝萬歳・朝臣千秋者歟」、「於戯《アヽ》且《タヽ》願ハ天長地久・両将合体《カツテイ》・諸卒帰国・四海平穏・兆民歓娯、《弓》囊《フクロ》ニ弓矢一ヲ戢《オサメン》二干戈《カンクハ》一ヲ者也」、「唯願ハ掛《カケ》レ弓ヲ軍務ヲ休《ヤメン》」と、世上があるべき姿となることをひたすらに願う作者の姿も認められる。

物語の冒頭において記されているように、この騒動の原因は、伊勢貞親やその妾らにあり、『文正記』作者は彼らを批判的に描いている。文正元年（一四六六）九月六日の義敏らの没落について、「剽《ヲヒヤカシテ》劫追《ヲイ》二落《ヲトス》義敏貞親以下之讒臣《サンシン》等一ヲ」と記し、義敏と貞親を「讒臣」であるとする。

また、文正元年七月、九州に逃れていた義敏が赦免され、上洛して家督に定められた経緯は、次の様に描かれる。

然而嫡《チヤク》男松王殿之姨《ヲハ》・貞親之妾《ヲモヒモノ》、衒《テライ》二色一ヲ巧《タクミ》レ言ヲ、治《ツクリ》レ容《カタチヲ》招レ姪ヲ、惑《マトハシ》二讒臣《サンシン》一ヲ、媚《コヒ》二佞《ネイ》者一二惟《イ》帳之《ノ》中二、運《ハコヒシ》二種々ノ籌《ハカリ》一ヲ、排《ハイシ》二於上意一ヲ、又令二帰洛一、長々欲《モトノマヽ》レ移二ト屋形一ニ

貞親の妾らに対して批判的な表現がなされ、貞親はここでも讒臣と評される。この部分において注目すべきは、義敏の帰洛が上意を排した上で行われているとすることである。

讒臣と評されている貞親について、『文正記』作者は次のような注目すべき評も記している。

伊勢ノ貞親者、比叡愛宕《ヒエイアタコノ》天狗也。為《ナス》二諸国万民ノ煩一大率《ヲウムネ》横《ホシイマヽ》ニ執二行ヒ天下ノ諸御公事一ヲ、耽《フケリ》二於賄賂《ワイロ》一ニ、淫《インシ》二於女色一ヲ、将《モテ》レ非為レ理ト取レテ邪ヲ為レ正ト、肆《カルカユヘニ》引起国土ノ大乱一ヲ自由ノ所行、雖二言語之外一ナリ、亦者可レ謂二忠臣一トモ哉。取二テ於一事両様ノ諸公事一ヲ、為二己一人之罪科一ト、蔵《カクシ》レ身ヲ晦《クラマシ》レ跡ヲ、進《スヽメ》二退《シリソケ》義廉一ヲ、出二シ内《イル》義敏一ヲ。依二テ斯科理《コノクワリ》一ニ、遂《ツイ》ニ失二フ己《レ》カ身一ヲ。悲矣《カナシキカナヤ》平生一念ノ失《アヤマリ》、受二ク此ノ百季之譴《セメヲ》一

前半部分はこれまでと同様、『文正記』作者の貞親に対する批判的な態度が窺える表現である。しかし、後半部分において、『文正記』作者は、すべての罪を一身に被り、「百季之譴」を受けることとなった貞親を哀れに思い、そのような面において貞親を忠臣であると評している。このような相反する評価は貞親にのみみられる。『文正記』作者にとって、もう一方の批判的な評価の対象であった貞親の妾に対しては、一貫して批判的な評価がなされているのである。

では、このような矛盾した貞親に対する評価をどのように捉えるべきであろうか。このことを考える上で、次の表現が大きな意味を持ってくると思われる。

今度洛中ニ無二シ合戦儀一。義敏貞親無レク恙《ツヽカ》下国ス。是又諸大名等、為レ恐二公方御威勢一ヲ也。然者終竟《ツイニ》上意ハ合レ為《ベキ》二ル上意一掲焉《ケツエンナリ》。

今度合戦の儀がなく、義敏・貞親が何事もなく無事に下国したのは、諸大名が公方の威勢を恐れたためであると『文正記』作者は記す。さらにこのことによって、今までややもすれば軽視されてきた上意が、上意として重んぜられるようになったとする。

これにより、世上は、「天下泰平・国家安楽・直慮《チヨクリヨニ》伝レ箭ヲ、弩《ト》台ニ早ク掛《カケン》レ弓ヲ者也」という、『文正記』作者が本書の所々においてひたすら願っていたあるべき姿となったのである。『文正記』作者はこれをもって物語を終えている。

『文正記』作者は、世上があるべき姿となることを重要視し、上意が重んぜられるようになったことで、世上はあるべき姿になったとする。では、上意が重んぜられるようになった契機は何か、それは、幕府執事伊勢貞親の下向である。貞親が下向する以前は、貞親や貞親の妾らにより、天下の諸公事が恣に執り行われ、義敏上洛の経緯において記されていたように、上意が軽んぜられていたのである。讒臣や佞者のもとで行われてきた将軍義政の失政は、最終的には、讒臣である貞親自身がすべての罪を被ることで解消されたのである。そのことを示しているのが、先の矛盾を孕んでいるかのように思われた『文正記』作者による評であり、『文正記』作者は、上意を軽んじてきた讒臣である貞親に対し、批判的な評価を下しつつも、世上をあるべき姿へと導くことに貢献した貞親に対して、「または忠臣とも謂うべきか」という評価を下したのである。

三　『文正記』以後

斯波氏の内訌は『文正記』だけではなく、それ以後も物語のなかで描かれていく。それらは『文正記』のような物語の中心としてではなく、一章段に集約されてしまったものである。個々の作品において、斯波氏の内訌が持つ意味は薄れてしまうが、時を経ることでこの内訌がどのように描かれていくのか、ここでは三巻本『応仁記』・小出本『朝倉始末記』を取り上げ、その様相の一端について触れておく。

三巻本『応仁記』は、先に触れた「野馬台詩」の注釈を行うことで歴史的叙述を展開していく『応仁記』と『応仁記』の影響を受けることなく、それとは別に成立した『応仁別記』の二書の影響を受け、両書の本文を参酌することで成立した作品である[25]。斯波氏の内訌に関する記事は三書ともにみられ[26]、当該記事における本文の関係は先に記した三書の関係と同様である。

既に先学によって指摘されているように、三巻本『応仁記』においては、『応仁記』の「野馬台詩」を中心とした歴史的叙述は払拭されてしまっている[27]。斯波氏の内訌を中心に描く『文正記』は「聖徳太子未来記」を用い、その叙述を展開していた。『応仁記』においては、斯波氏の内訌は、畠山氏の内訌とともに応仁の乱の一因と位置付けられることとなったが、作品全体を通じて「野馬台詩」を意識した叙述が展開されている。三巻本『応仁記』の段階に至り、作品全体における「野馬台詩」による叙述が払拭されることで、斯波氏の内訌に関する記事においても未来記を意識した叙述から離れていくこととなるのである。

斯波氏の内訌は『文正記』以後、一章段に集約されてしまうが、三巻本『応仁記』には『文正記』にはみられなかった注目すべき点がある。それは山名持豊入道の言動とそれに対する家臣の諫言が記述されていることである。

文正元年（一四六六）夏、斯波氏家督は義敏となり、貞親の意向による将軍義政の命で義廉は出仕停止となり、屋形を義敏に渡すよう命ぜられた。これを不服とした義廉方の甲斐・朝倉以下の者たちが、義廉の舅という縁を頼りに山名入道へこの旨を告げて歎いた。これを聞いた山名入道は大いに怒り、「奇怪也。於二此義一ハ如何ニ雖レ為二上意一、我モトモニ義廉ガ館へ入テ、上使ヲ相待合戦アルベキ」と述べる。これに対し家臣達は、「上意於二御違背一偏ニ御家ノ瑕瑾不レ過レ之」などと諫言するが、聞き入れられない。さらに山名入道は次のように罵る。

抑大名ノ身ニヲヒテ不儀不忠ノ子細アラバ、管領ニ仰出サレ、諸大名ト評定有テ、随二其過失一被レ停二止出仕一者歟、又ハ寛宥アル者カ、否ニテ可レ有。彼伊勢守ガ計ヒトシテ、三職ノ家ヲカク進退シ、先畠山ノ家ヲ進退シ、又武衛家ヲ押著ス。依彼念之バ今日ハ義廉ガ身ノ上、明日ハ又我等ガ子孫ヲ進退センコト踵ヲ不レ可レ廻矣。各ハ残リ玉へ。入道一人義廉ガ館ニ入テ、一所ニ腹ヲ可レ切。

この山名入道の貞親に対する批判は、「三職ノ家ヲ進退」したこと、つまり畠山氏のみならず斯波氏の家督相続にも関与していたことによる。『文正記』においては、斯波氏の家督相続への関与のみが記され、そのことが批判対象となる要因であったが、三巻本『応仁記』においては山名入道の言動を通して、畠山氏の家督相続への関与も斯波氏の家督相続と同様、批判対象となる一因であるとする。このことは、巻第一「乱前御晴之事」にもみられ、

如二此ノ一錯乱セシ間、畠山ノ両家義就政長モ文安元年甲子ヨリ今年ニ至迄廿四年ノ間ニ、互ニ勘道[当歟]ヲ蒙ル事三ヶ度、赦免セラル、事三ヶ度ニ及ブ。何ノ不儀ナク又何ノ忠モナシ。依之京童諺ニ勘道ニ科ナク赦面[免歟]ニ忠ナシト笑ヒケ

ル。又武衛両家義敏義廉、ワヅカニ廿年ノ中ニ改動セラル、事両度也。是皆伊勢守貞親色ヲ好ミ婬着シ贔屓セシ故也。
加之大乱ノ起ルベキ瑞相ニヤ、公家武家共ニ大ニ侈リ、（以下略）

と、斯波・畠山両氏の家督相続の原因を貞親に求め、「色ヲ好ミ婬着シ贔屓セシ故」であるとし、また同時に、これらを、応仁の乱の要因の一つであると位置付けている。

これらの引用部分は既に『応仁記』の段階においてみられる記述であり、『文正記』以後、斯波氏の内訌は『応仁記』に至って、畠山氏の内訌とともに応仁の乱の要因のうちの一つとして位置付けられ、描かれるようになるのである。また、このような位置付けを行う上で、『文正記』にはみられなかった山名入道の言動とそれに対する家臣の諌言が付加され、山名入道の貞親に対する批判などによって、斯波氏の内訌と応仁の乱とが結び付けられているのである。

次に、小出本『朝倉始末記』を取り上げ、三巻本『応仁記』以後、斯波氏の内訌がどのように描かれるのかについて触れておく。

『朝倉始末記』は、斯波氏の被官であった朝倉氏の由来を始めとして、越前国における朝倉氏の動向、特に十一代義景を中心とした朝倉氏の興亡について描いた軍記であり、現在十数種の伝本が残っており、それらは大きく四つに分類することができる(28)。

その内の一つ、現在小出氏が所蔵されている小出本『朝倉始末記』は、部分的にではあるが最も古態であると考えられる本文を有し(29)、全体的にも他の伝本とは異なり簡潔な本文となっている。また、随所に他の伝本にはみられない記述を有することから非常に興味深いものであり、『朝倉始末記』の成立やその変遷を考える上で重要な伝本である。

この小出本『朝倉始末記』にのみみられる記述の内の一つに、斯波氏の内訌についての記事がある。小出本『朝倉始末記』については、既に永岡義一氏によって全文翻刻され、一九九七年に『小出本「朝倉始末記」』として刊行されているが、私家版であろうか、容易に目にすることができないため、小論ではその紹介も兼ねつつ、該当箇所の全文を翻刻し引用する。(30)

巻一「斯波武衛家之養子附孝景台命ヲ蒙越前国中ヲ討平事」

其頃、越前・尾張・遠江三ヶノ国主、武衛家斯波義健ノ世嗣之子息千代徳丸、不慮ニ早世家督断絶ニ付、家臣各及相談、斯波之一家修理太夫持種ノ子息義敏ヲ申請、左兵衛督ニ任シテ武衛家ヲ継シム。其後、尾張居住ノ家老織田一党・越前居住ノ家老・杣山ノ城主増沢甲斐守祐徳・千福ノ城主千福中務少輔・大野城主二宮左近将監・舎弟駿[河脱カ]守、是等ノ輩、日々義敏ヲ難シテ追出サン事ヲ巧。将軍家ノ執事伊勢伊勢守貞親ハ、増沢甲斐カ妹聟ナレハ、貞親ヲ以テ、義敏ノ事ヲ義政将軍へ思フ図ニ訴へ、追出シテ後、渋川左兵衛佐義紀ノ息義廉ヲ養君トシテ、斯波治部大輔トソ申ケル。義敏力不及追出サレ、慍リヲ胸臆ニ含ミ、五六年ヲ経テ、為謀計ニ容色無双ノ妹ヲ以テ、出処ヲ隠シ、伊勢守貞親カ妾トナス。案ノコトク愛ニ溺テ類ナク、貞親後ニハ本妻ト不和ニナリ、増沢ニ到ルマテ、漸疎遠ナル時ヲ持テ、彼妾、貞親尋ニ随出処ヲアラハシ、且義敏元来非義ナキ趣ヲ能々歎語レリ。其頃、前ノ斯波義敏ハ、大内介ヲ頼テ筑紫ニ在シカ、此節ヨリ貞親方内通親切ヲ到シ、猶微細ニ上聞ニ達スレハ、公儀ニハ貞親本妻不和ノ儀ハ御存シナク、貞親賢法ヲ守縁類ノ非ヲモ顕ト思召、貞親ニ仰合サレ、前ノ斯波義敏帰参ヲ御赦免成サレ、増沢・二宮・千福等ヲ深ク御悪、急キ誅戮セシムヘシト、密ニ朝倉孝景へ御内書ヲ成下サレ、孝景頭戴、早速御請申上ラル。然而、文正元年丙戌四月、義敏筑紫ヨリ上洛之処、増沢・二宮・千福等、後難ヲ存シ謀ヲ廻シ、路次ニテ誅セント巧シニ、大内助ヨリ人数ヲ指添、上洛ノ儀式ヲ調送ルニ付、道中無難ニ京着、既ニ出仕ヲ遂、大名廻リ儀式事畢。依之、後ノ斯波義廉ノ出仕ヲ止ラレケリ。義廉ノ居住セラル、館モ義敏ニ可被渡上意ノ由、世間隠ナシ。義廉ハ、此頃山名右衛門督持豊入道宗全カ聟ノ契約アルユヘ、義廉幷家老増沢カ一党、山名入道ニ便シテ、執事貞親カ処為タル始終ヲ告ル。山名入道大ニ怒テ、「元来、大名ノ身ノ上ニ過失アレハ、時ノ管領ニ仰出サレ、諸大名評定之上可被決処、貞親カ謀意トシテ三管領ノ家ヲモ進退シ、彼方此方ヲ撰択セシムル事奇怪ナレ。今日ハ義廉カ身ノ上、明日ハ我身ノ上ニテ可有。如何ニ上意ナリトモ、今度義廉ト一味シテ、此謀計ヲ廻セシ奴原ニ、箭一ツ射付テ無念ヲ散シ、腹ヲ切ルヘシ」トテ、以ノ外違乱強義ニ及、一家眷属騒立用意スル処ニ、四職同輩ノ好ナレハ、土岐・一色・六角ノ人々モ、山名ニ一同シテ馳集ル。此故ニ、昨日マテ出仕ヲ遂シ前ノ斯波義敏、今日ハ落所ヲ隠シ、公儀ニモ御心ナラス是非ノ沙汰モナク、御了簡ノ及ヘキニモ非ハ、却テ程ナク、後ノ斯波義廉ヲ元ノ如ク出仕ヲ遂シメ給フニ極ヌ。

小出本『朝倉始末記』が描く斯波氏の内訌には、先に取り上げた三巻本『応仁記』、あるいは『応仁記』の影響が窺える。しかし、三巻本『応仁記』などにみられた山名入道の家臣の諫言は省略され、山名入道の言動においても、畠山氏の内訌に関与した貞親に対する批判はみられない。また、斯波氏の内訌を描いた箇所以外においてみられた、貞親に対する批判、斯波・畠山両氏の内訌に対する応仁の乱の要因としての位置付けはみられない。小出本『朝倉始末記』においては、先行作品の影響は指摘できるものの、それらが持っていた意味は失われてしまっており、物語の展開のみが利用されているのである。

先行作品による影響の一方で新たに付加されたもの、それは朝倉孝景の記述であり、朝倉氏の立場である。『文正記』・三巻本『応仁記』などにおいては、朝倉氏は甲斐氏とともに義廉方に属するものとして描かれていたが、ここでは義廉方である増沢・二宮らを将軍義政の命により誅戮する者として描く。朝倉氏にとって増沢・二宮らは以前より敵対する立場にあり、ここにおいてもこの関係を描き、朝倉氏が幕府の意向を背景に彼らを討伐するだけの大義名分を有していたことを示すことで、斯波氏の内訌を以後の両者の対立・朝倉氏の台頭という展開の中に位置付けているのである。

むすび

小論では、長禄・寛正の内訌と称される斯波氏の内訌を三つの観点からみてきたが、それぞれについて次のようにまとめることができる。

①『大乗院寺社雑事記』

尋尊は、大乗院領河口・坪江荘の支配に関する実態とともにこの内訌を日記へ書き留めた。そこからは、この内訌を今現実に目の前で起こっている出来事としてではなく、客観的な立場に立って、「一天下の大儀」という意識でもって重要視しつつ、自身の判断とともに事の子細を詳細に書き留めようとする姿が窺えた。尋尊はこの内訌の原因ともいうべき出来事を義敏の惣領職への再任に求め、その再任に深く関与していた伊勢貞親・季瓊真蘂を内訌の張本人であるとする。なかでも伊勢貞親は、尋尊にとっては主導者ともいうべき人物として映っていたのであろう。ただし、彼らに対して批判的ではなく、尋尊が日記に記したのは、あくまで出来事に対する客観的な判断の結果であったのであろう。

この内訌を客観的に判断しようとする一方で、長禄三年（一四五九）八月の越前における堀江方と甲斐方の合戦についての記事には、堀江石見守の討死を「甲斐方の大慶する者也」と、甲斐方の立場に立った記述がみられた。この記述の背景には、押領ともいえる堀江石見守の行動と要求に対し、結果的に応じざるを得なかった尋尊の思いを窺い知ることができ、そこに尋尊の出来事に対する主体的な姿も垣間見ることができた。

また、酒井紀美氏が指摘する尋尊と経覚の対照的な性格の一端も、興福寺雑掌柚留木重芸の注進に対する記事などから窺い知ることができた。

②『文正記』

尋尊や経覚と同時期を生きた作者は、応仁・文明の乱を間近にした物騒な世上に対し、彼らと同様に未来記を意識し、偶然か必然か尋尊と同様、「聖徳太子未来記」を選んでこの内訌を描き始めていた。

本書には、伊勢貞親とその妾らに対する批判的な評価が記されているのであるが、内訌の原因を求め、批判を行うことだけに意義が見出されているのではなく、そこには、随所に世上があるべき姿となることをひたすらに願う作者の姿も認められた。

そして、作者は、世上があるべき姿となったのは上意が重んぜられるようになったからであるとし、その契機を貞親の下向に求めた。貞親とその妾を始めとした讒臣や佞者のもとで行われてきた将軍義政の失政は、讒臣であった貞親自身がその罪を一身に被ることで解消されたとし、この点で貞親に対して「忠臣とも謂うべきか」という一見相反する評価を下したのである。この貞親に対しての相反する評こそが、本書の二つの意図を示すものであったのである。

③『文正記』以後

「聖徳太子未来記」を意識した『文正記』以後、三巻本『応仁記』の段階に至って『応仁記』にみられた「野馬台詩」による叙述が払拭されることで、斯波氏の内訌に関する記事においても、未来記を意識した叙述から離れていくこととなった。

斯波氏の内訌は、『文正記』以後、一章段に集約されてしまうが、『応仁記』・小出本『朝倉始末記』には叙述に大きな変化を見出すことができた。新たな記述を付加させることで、畠山氏の内訌とともに応仁の乱の要因の一つとして、あるいは、朝倉氏の位置付けとその台頭を示すものとして、それぞれの作品の展開の中にこの内訌を重要な出来事として位置付けようとしていることが窺えた。

以上が小論において主に述べてきたことであるが、『文正記』以後の作品、とりわけ応仁の乱関係軍記における斯波氏の内訌の描かれ方の変遷など、なお詳細な検討を行っていく必要があるが、これらについては別稿に譲ることとする。

註

（1）『国史大辞典』（吉川弘文館）。
（2）森田恭二氏「室町・戦国期の大乗院領河口・坪江庄」（『大乗院寺社雑事記研究論集』第二巻、和泉書院、二〇〇三年）参照。
（3）「田上所」は不詳。『大乗院寺社雑事記』には義敏方で討たれた者として「堀江石見子兄弟二人・嶋田子兄弟二人」とあり、堀江・嶋田は越前の国人であることから、越前国でのことであるか。また、加賀国には田上郷（石川県金沢市田上町など）があり、『石川県の地名』（平凡社、一九九一年）には、「「官知論」に長享二年（一四八八）の一向一揆で守護富樫政親に殉じた家臣として

「金子田上入道」の名が載り、「加国官知論」には木越（光徳寺）従弟「田上兵部」の名もみえる。」と記すことから、斯波氏の領国ではないが、あるいはここを指すのではないだろうか。確証は得られないが、参考迄に記しておく。

（4）『大乗院寺社雑事記』には「東光寺」と記すのみであるが、『京都市の地名』（平凡社、一九七九年）は、「翠紅館」の項において、東光寺について、「室町殿家記」に康正二年（一四五六）のこととして、「斯波義敏、遷二居東山東光寺一」とあることを指摘する。

（5）『大乗院日記目録』康正三年正月一日条。

（6）『大乗院寺社雑事記』長禄二年二月三十日条。

（7）『経覚私要鈔』長禄二年六月十九日条および同年十二月一日条。

（8）『経覚私要鈔』長禄二年八月二十三日条および同月二十九日条。

（9）『経覚私要鈔』長禄三年正月十四日条。

（10）『大乗院寺社雑事記』長禄三年六月一日条。

（11）『経覚私要鈔』寛正二年正月二十二日条。

（12）『経覚私要鈔』長禄四年四月十日条。

（13）内閣文庫蔵「大乗院文書」および『大乗院寺社雑事記』寛正二年七月二日条。

（14）『経覚私要鈔』長禄二年十月二日条および同月二十五日条。『大乗院寺社雑事記』長禄二年十月二日条、同月四日条および同月二十五日条。

（15）『大乗院寺社雑事記』長禄三年九月二十三日条。

（16）『大乗院寺社雑事記』文正元年三月八日条。

（17）『愛知県史』資料編9 中世2（二〇〇五年）所収のものを引用した。なお、同書には『安位寺殿御自記』として所収されているが、ここでは他の史料との統一上、『経覚私要鈔』とした。

（18）『大乗院寺社雑事記』寛正三年八月三十日条、同四年十一月十九日条、文正元年七月二十三日条、同月二十八日条、九月二日条、同月六日条、同月十日条、同二年正月二十三日条、応仁元年五月二十一日条、同年六月一日条等。

(19) 酒井紀美氏『夢から探る中世』(角川書店、二〇〇五年)。
(20) 石井由紀夫氏「校本『文正記』と解題」(『中世説話の世界』北海道説話文学研究会編、笠間書院、一九七九年所収)、『室町軍記総覧』(古典遺産の会編、明治書院、一九八五年)「文正記」の項(松林靖明氏による解題)。
(21) 近年、橋村勝明氏によっても、その国語学的価値が注目され、「松平頼武氏蔵『文正記』影印幷に漢字索引」(『広島文教女子大学紀要』第38巻、二〇〇三年一二月)として、石井氏が前掲註(20)において底本とした松平頼明氏蔵本(現在、松平頼武氏が所蔵)の影印と漢字索引を掲載している。
(22) 小論では、前掲註(20)書(松平頼明氏蔵本)を使用し、適宜前掲註(21)の松平頼武蔵本の影印を参照した。
(23) 小峯和明氏『「野馬台詩」の謎—歴史叙述としての未来記』(岩波書店、二〇〇三年)。
(24) 前掲註(19)参照。
(25) 前掲註(20)『室町軍記総覧』「応仁記〈三巻本〉」の項(松林靖明氏による解題)参照。
(26) 『応仁記』「武衛騒動之事」(和田英道氏『応仁記付、応仁別記』古典文庫381、一九七八年、底本は宮内庁書陵部蔵写本による)、『応仁別記』(同書、底本は内閣文庫林羅山旧蔵本による)、三巻本『応仁記』巻第一「武衛家騒動之事附畠山之事」(『群書類従』第二十輯所収による)。なお、三巻本『応仁記』の引用は『群書類従』による。
(27) 前掲註(25)参照。
(28) 『朝倉始末記』については、松原信之氏「朝倉始末記の成立とその変遷」(『福井県地域史研究』4、一九七四年三月)、笹川祥生氏「『朝倉始末記』の本文を考える—作者の批評精神その他—」(『女子大国文』117、一九九五年六月、同氏『戦国軍記の研究』和泉書院、一九九九年に再録)、拙稿「後期軍記『朝倉始末記』—伝本の分類、その性格—」(『国文学』〈関西大学〉87、二〇〇三年一二月)、拙稿「『朝倉始末記』と『太平記』—『太平記』の影響と享受の観点からの変遷—」(『国文学』〈関西大学〉90、二〇〇六年一月)等参照。
(29) 前掲註(28)拙稿参照。
(30) 松原信之氏より拝借した紙焼資料による。また、福井県立図書館所蔵の紙焼資料も参照した。引用に際して、私に句読点等を付し、振仮名等を省略した。

【付記】貴重な資料を拝借させて頂きました松原信之先生、資料の参照等に際しお世話になりました福井県立図書館 郷土・環日本海班、ならびに小論をなすにあたってご指導を頂きました、鶴崎裕雄先生・森田恭二先生・湯川敏治先生に深謝申し上げます。

Ⅱ

斯波氏三代考

小泉義博

はじめに

応仁の乱の一因として斯波義敏と義廉の家督争いが考えられることは、『応仁記』等の記述によって周知のところである。この乱を契機にして斯波氏の勢力が衰退していったことも、つとに説かれるところであって、それは守護領国制あるいは幕府守護体制の崩壊と理解されている。

ところで、文明三年五月二十一日に朝倉氏が越前守護職を獲得したという〝事実〟については、重松明久氏が「蓮如の吉崎進出の経緯」[1]および「朝倉孝景と越前守護職」[2]において詳細に検討されて、それを公家や僧侶の日記等で確認することはできず、後世の創作にかかる虚構なのではないかと述べておられる。そして文明末年〜長享年間に至っても、越前における斯波氏の守護的地位は依然として存続していたとされるのである。

重松氏のかかる見解はきわめて妥当なものと思われ、氏が述べられるように、足利政権が斯波氏に替えて朝倉氏を越前守護に任ずるがごとき下剋上容認の態度をとることはまず考えられない。しかしながら氏の論考において、その細部では斯波義廉と義寛とを混同されるなどの混乱が見られ、いま少し再検討する余地があるように思われる。また応仁の乱以後も斯波氏は越前守護的地位を維持していたとされるのであるが、それが誰で、またその実体がいかなるものであったかということも、検討すべき課題であろう。

この小稿では、越前・尾張・遠江三箇国の守護職を保持した斯波義敏・義廉・義良《よしすけ》（後に義寛《よしとう》と改名）の三人について、その動向を追い、合わせて応仁の乱以後の越前における斯波氏の守護的地位について考えてみたいと思う。

斯波氏略系図（主に『武衛系図』に拠る）

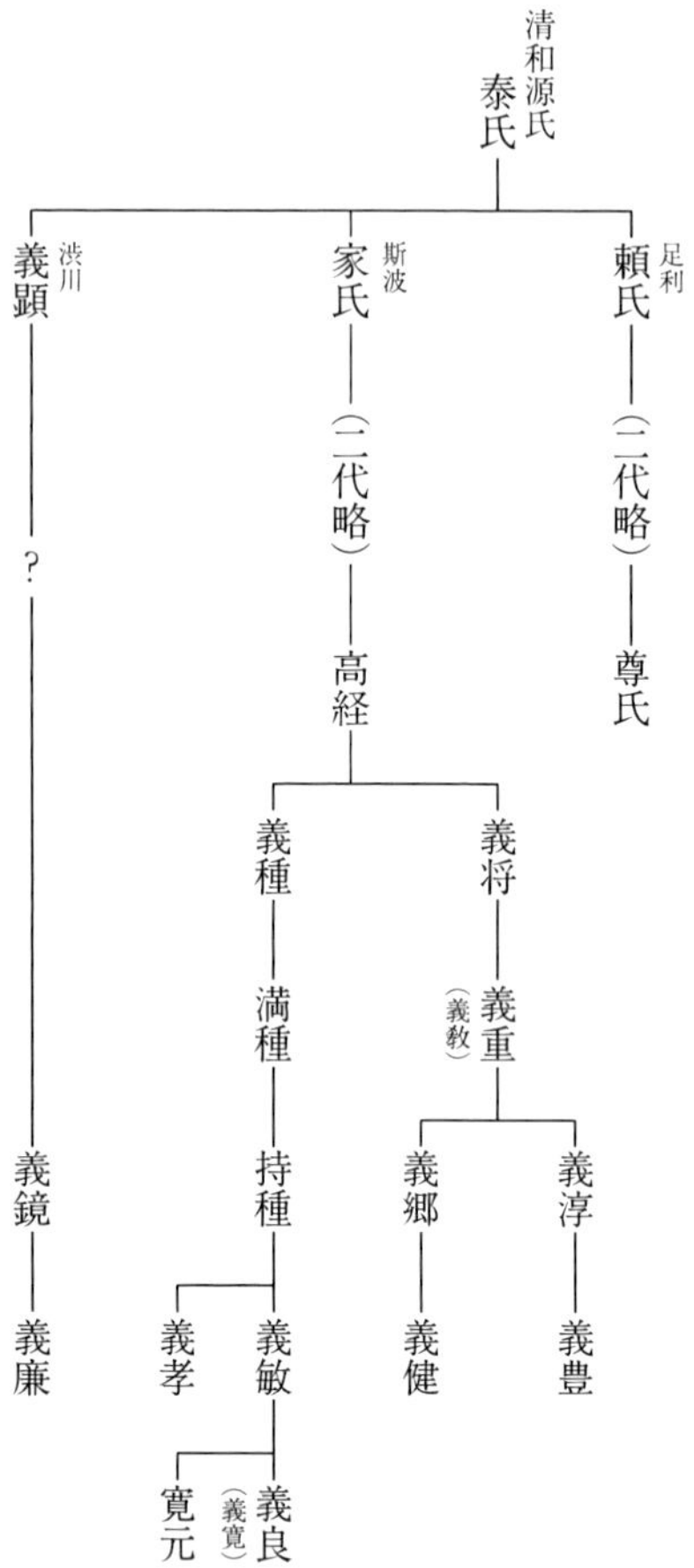

一　義敏

義敏は斯波氏の支族持種の子息で、永享九年に誕生し、宝徳三年十二月二十二日に十五歳で元服する（『康富記』）。幼名は不明である。翌享徳元年九月一日に斯波氏の惣領であった治部大輔義健が死去し、その遺跡の三箇国守護職は義敏が継承することとなった。

義敏の官途については兵衛佐と記される場合がもっとも多いが、『武衛系図』『清和源氏系図』『斎藤親基日記』『蔭凉軒日録』等においては左兵衛佐とされ、『尊卑分脈』『応仁記』『応仁別記』『応仁略記』『安位寺殿御自記』(3)および『大乗院寺社雑事記』（以下『雑事記』と略す）の一部においては右兵衛佐とされている。しかるに管見の及んだ六点の御教書もしくは管領施行状(4)では、その宛名はいずれも左兵衛佐と記されており、また右兵衛佐から左兵衛佐に昇進した徴証も見い出せないので、左兵衛佐が正確な官途と思われ、右兵衛佐と記す史料はなんらかの理由で誤認あるいは誤記したものであろう。なお『雑事記』は文正年間以前に四箇所以上で兵衛頭あるいは兵衛督と記しているが、これは誤りと思われる。

ところで斯波氏の惣領の官途については、『満済准后日記』永享五年十一月三十日条に「官途毎度初度治部大輔」と記されていることから、まず治部大輔に任ぜられるのが先例であったと思われる。ところが義敏に関しては、『史料綜覧』巻八が『斯波家譜』を典拠にして、享徳元年十一月に「斯波義敏ヲ従五位下ニ叙シ左兵衛佐ニ任ズ」と記すのをはじめとして、『尊卑分脈』『武衛系図』『清和源氏系図』等いずれにおいても、義敏が治部大輔に任ぜられたという記載は見い出すことができない。このことについて考えられる理由としては、義敏は義種・満種・持種と続く斯波氏の支族に生まれており、この系統における官途はまず民部少輔に任ぜられるのが通例になっていたと思われるから[5]、元服とともに義敏は民部少輔に任ぜられたと考えられ、そののち斯波氏の家督を相続するにあたって、治部大輔に任ぜられることなく、直ちに左兵衛佐に任ぜられ、そしてさらに諸系図おいて民部少輔の官途が記載漏れになったということなのではなかろうか。

さて義敏および彼に属する堀江氏等は、守護代甲斐氏や朝倉・織田氏等と対立することが多く、長禄元年十一月四日には、「東《東山》光寺住武衛方者共四十余人、向田上所、取質物令乱妨之間（中略）、甲斐・朝倉・織田三人勢、山名少弼手者相加、取巻之間、四十余人者共、一人モ不残、於二条町辺被打了[6]」という事件が発生している。いわゆる長禄合戦の発端である。この時に打たれた者は、「堀江石見子兄弟二人、嶋田子兄弟二人、細川と申者兄弟二人、能宇と申者兄弟三人、其外廿七人、三ヶ国侍共にて候[7]」ということであった。この事件に怒った義敏は、翌長禄二年正月に東光寺へ出奔してしまい（『碧山日録』）、二月二十九日になって管領細川勝元の調停でようやく和睦して帰第した（『在盛卿記』）。ところが同年七月になって、越前では守護方と守護代方とが合戦を開始する（『安位寺殿御自記』）。守護方の堀江石見守利真は八月七日に越前に下向し、守護代甲斐方の大谷将監を敦賀で破って優勢であった。翌長禄三年五月に義敏は幕府から足利成氏の征伐を命ぜられるが、その関東下向の途中で軍勢を敦賀の甲斐氏の城塁に向かわせ、かえって敗北を喫してしまう（『碧山日録』）。この義敏の行動に対して、幕府は義敏に斯波家の家督を子息松王丸（義良のち義寛）に譲って周防大内氏のもとへ下向するよう命ずる。一方越前における合戦も、八月十一日にその勝敗が決せられ、「屋形方ニ打死輩、堀江石見兄弟父子五人、朝倉豊後守父子、同新蔵人、同掃部《遠江入道子》、平泉寺大性院、豊原寺成舜坊、其外雑兵不知其数云々、甲斐方ニハ、本庄、細呂宜、朝倉孫衛門、皆以薄手云々[8]」という注進が尋尊にもたらされている。

ここでまず斯波氏の家督が義敏から松王丸に譲られた時日について考えてみたい。義敏が敦賀に軍勢を向けたのは長禄三年五月十一日のことであるから（『碧山日録』）、それ以後であることは確かである。降って八月十二日に守護代甲斐常治が死去してその遺跡は孫千喜久丸に安堵されているが、『文正記』によれば義敏は甲斐常治の弟の甲斐近江守を甲斐家物領にしようとしていたとされるから、もし義敏がこの時点で家督にあったならばかかる措置はとられなかったと思われ、斯波家の家督継承は八月十二日以前のことと考えてよいであろう。

さて『華頂要略門主伝』長禄三年七月条に次の文書が記載されている。

越前国気比庄半済分事、任去年六月六日御施行之旨、可被沙汰付　青蓮院門跡雑掌之由候也、仍執達如件、

長禄三年七月十九日　　　沙弥判

甲斐八郎三郎殿

この文書は管領施行状を受けて発給された守護代遵行状で、沙弥とは甲斐常治のことである。守護遵行状を経ることなくして直ちに守護代が遵行状を発給する事例としては、永享十一年十一月二十六日の守護代甲斐常治の遵行状[9]があげられ、この時は守護斯波千代徳丸（義健）がわずかに五歳であったために、甲斐常治が後見として遵行状を発給したのであった。この事例に基づいて考えれば、前掲遵行状の発給された長禄三年七月十九日には、斯波家の家督はすでに義敏から松王丸に譲られており、わずか三歳の松王丸の後見として甲斐常治がかかる措置をとったと言えるのではなかろうか。つまり、斯波家の家督が義敏から松王丸に継承されたのは、長禄三年五月十一日から七月十九日ま

での間であり、松王丸は甲斐氏等に擁立されて義敏の跡を継いだということになるのである。

　このことをふまえて前述の長禄年間の一連の事件（いわゆる長禄合戦）を考えてみるならば、外見的には守護と守護代との争いであるが、その実体は前掲長禄三年八月十八日条[10]から窺えるように、甲斐・堀江・朝倉氏等の国人層が一族分裂して相対立し、これに旧仏教系大寺院が加わって両派を形成し、その一方は義敏を守護として推戴し、他方の守護代方は後に松王丸を守護に擁立してその名目を得、そしてそれぞれが在地での支配力拡大を目指して合戦に及んだ、と言えるのではないだろうか。つまり、長禄年間の守護方と守護代方の対立の根底には、在地の領主勢力相互の対立があったと思われるのである。

　かくして斯波家の家督は義敏から松王丸に継承され、降って寛正二年九月二日にはさらに松王丸から義廉に譲られるが、このことは後述する。

　家督を追われて大内氏のもとへ没落した義敏は、その後しきりとその赦免を幕府に願い出、ついに寛正六年十月二十三日になって上洛許可の御内書が出され、十二月二十九日に義敏は入京して、翌日に持種と共に将軍に対面する（『蔭凉軒日録』）。そして翌文正元年七月二十三日に斯波家の惣領職は義敏に給与され（『雑事記』）、八月二十五日に義敏・持種・松王丸（一説では竹王丸、後述）の三人が、三箇国拝領に対して参謁拝謝している（『蔭凉軒日録』）。

　ところが九月六日になって早くも義敏は再び退けられ、九月十四日には義廉が出仕する。永島福太郎氏の『応仁の乱』によれば、この義廉出仕は山名宗全による伊勢貞親追放の政変によって強行されたものとされている。伊勢貞親をはじめ斯波義敏父子三人、蔭凉軒真蘂、赤松政則らが相伴って近江へ没落して行った（『雑事記』）。義敏はその後まもなくして越前に打入っており、応仁元年五月二十一日には、「越前国斯波兵衛佐方打入之注進、官（管）領斯波治部大（義廉）

輔迷惑[11]」との報告が尋尊にもたらされている。義敏は東軍細川方に属し、義廉・甲斐・朝倉氏は西軍山名方であったから、義敏は付近の国人達を糾合して西軍の地盤に侵攻したのであろう。翌応仁二年閏十月十四日には「越前国大略義敏打取[12]」という状態になり、西軍の越前勢は危機に立ち至った。

この事態に対処するために、義廉は朝倉氏を越前に下向させる。「子息（氏景）一人ニ手者二百計相加、可置京都云々、明年三月ニ可上洛之由、惣大名ニ申置[13]」いて朝倉氏は下向して行く。しかし朝倉氏は義廉の期待には沿わずに義敏との連携を図り、文明元年七月十日には、朝倉氏が立町氏（千秋伊豆守か）と合体して義敏方に加わったという風聞が経覚にもたらされている。『雑事記』文明三年二月二十九日条には、「自細川方申下云々、朝倉弾正孝景、背治部大輔義簾（廉）命、為直奉公分、令参東方公方、子息同没落、下向越州、成兵衛佐義敏被官、神妙云々」とあって、朝倉氏の東軍帰属がほぼ確定的となり、それは「直奉公分」になるということが名目になっていた。そして京都に残留していた氏景が公然と東軍に降ったのは、文明三年六月八日のことであった（『親長卿記』『見聞雑記』）。

ところで『応仁記』巻第三には、「越州ヘハ武衛義敏下向シケル。甲斐八郎、山名方ニテ土橋城ニ籠ケル。如何シタリケルニヤ、義敏モ土橋城ニ籠ラル。」と記されていて、義敏は甲斐氏と合体したとしている。もしこうした事態になっていたのであれば、西軍の甲斐氏が東軍に寝返ったか、あるいは義敏が西軍に属することになったということであるが、そのように記す史料は他に全く見い出せない。また『応仁記』は朝倉氏の東軍帰属に一切触れるところがなく、そこに掲載される御教書と御内書には多くの疑点が残る。こうしたことから、『応仁記』の言う義敏・甲斐氏合体説は採用できないのではなかろうか。

東軍の義敏方に加わった朝倉氏は、直ちに西軍の甲斐氏一党を攻撃しはじめるが、義敏自身は朝倉氏の合力を喜ばなかったようで、文明三年十月二十一日付の尋尊宛ての某書状には、「義敏ハいま多《た》朝倉と不与同候云々、内者共ハ大略朝倉と一所ニ成候哉と申候」(14)と記されている。しかし義敏も内者の動向を阻止することはできなかったと考えられ、まもなく朝倉氏との与同を受け入れたと推測してよいであろう。

　義敏はこれ以後そのまま越前に在国していたと思われるが、文明十一年閏九月になって、義良が孫三郎とともに朝倉退治のために越前に下向してくると（詳細は後述）、義敏は朝倉氏のもとを離れて義良方に加わった。それがいつのことかを考えてみると、文明十二年六月十八日の兼雅書状(15)に、「越前之儀、志王《しわ》并堀江《惣領》、屋形方へ降参候、兄之志王《しわ》者、未朝倉方候、屋形方へ降参候者、弟尓《に》て候」と記されていて、越前に在国している斯波氏が屋形義良のほかに兄・弟二人おり、そのうちの弟と堀江安芸守光利が義良方に降っていることがわかる。これに先立って『雑事記』文明十一年十二月七日条には、「義敏父子ハ、甲斐以下、豊泉・平泉寺ニ在之云々、一国中ハ朝倉成敗也」と記されていて、すでに義敏とその子義良とが合体していることが知られるから、兼雅書状に見える弟とは義敏に比定できるのかもしれない。もしこの推測が妥当ならば、義敏は文明十一年十二月七日以前に朝倉氏のもとを離れて義良方に走ったことになるが、しかしその場合には義敏に兄がいたこととなり、こうした血縁関係を示す史料は今のところ得られていない。しかるに、義良とともに下向した孫三郎とは義敏の弟義孝と思われるから、右の『雑事記』文明十一年十二月七日の記事を留保するならば、兼雅書状に見える兄・弟とは義敏・義孝に比定することができるので、その結果、義敏が朝倉氏のもとを離れたのは文明十二年六月十八日以後のこととなるであろう。ところで、さらに降って『雑事記』文明十三年十一月四日条には、「屋形治部大輔義廉息ハ、十日可入国云々」と記されていて、屋形が義廉息であり、その彼がまもなく越前の朝倉氏のもとに下向しようとしていることがわかる。こうした事態の原因としては、義敏が朝倉氏のもとを離れてしまったために、朝倉氏が義敏に替えて義廉息を守護として推戴しようとしていること以外には考えられないであろう。しかりとすれば、義敏は遅くとも文明十三年十一月にはすでに朝倉氏のもとを去っていると言えるのである。義敏が朝倉氏から離れた時日をこれ以上追うことはできないが、それが文明十三年十一月以前であったということは断定してよいと思う。なお、義良は文明十一年閏九月に越前に打入り、文明十五年三月十九日に越前から尾張へ退去するが（後述）、その間彼は一貫して屋形と呼ばれている。一方、文明十三年十一月に越前に下向した義廉息もまた屋形と呼ばれているから、文明十三年十一月から十五年三月までは、越前には二人の守護が存在したことになるのである。

さて朝倉氏のもとを去った義敏は、それからまもなくして京都に戻り、文明十七年七月八日に出家して道海と名乗り、また即源院と称する。四十九歳であった（『親元日記』）。この時義敏は従三位で左兵衛督とされており、『尊卑分脈』によればその叙任は文明十六年八月八日のことであった。義敏が従三位に叙せられたことは『新撰菟玖波集』によっても確認できるが、『公卿補任』にはその記載がない。『武衛系図』はこれ以前に正四位下に叙せられたとしているが、それがいつのことかは不明である。

出家後の義敏は文化的活動に専心したようで、山科言国と立花を通じて交際しており、延徳二年三月四日には禁中猿楽興行に参列している（『実隆公記』）。延徳三年八月十九日には豊原統秋によって笙血脈に加えられており（『山科家礼記』）、そのほか『武衛系図』によれば一切経転閲人になったとされている。

義敏の死去は永正五年十一月十六日で（『実隆公記』）、七十二歳であった。三条西実隆は享年を七十四歳と記しているが、これは誤りである。『続本朝通鑑』等は延徳二年正月の死去とするが、『実隆公記』の信頼度には及ばない。かかる誤説の根拠は不明である。

二　義廉

義廉は足利支族の渋川左兵衛佐義鏡の子息で（『執事補任次第』）、文安三年ないし四年の誕生である。幼名は不詳である。寛正二年九月二日に、義廉は松王丸の跡を受けて斯波家の家督を継承し、同年十月十六日に将軍に参賀している。十五・六歳のことであった（『雑事記』）。おそらくこの時に元服して義廉と名乗り、治部大輔に任ぜられたものであろう。幕府は甲斐・朝倉氏に義廉援助を命じ、特に朝倉氏に対しては、「自公方、越中・越前両所ニ、領所七ヶ所分、朝倉ニ給之了、越前守護代事、可被仰合之由、御内書同給之云々[16]」という措置がとられている。小葉田淳氏の「越前を中心とする甲斐朝倉二氏勢力の消長について[17]」によれば、この時は朝倉氏の守護代任命は実現しなかったようであるが、この措置が義廉の将軍参賀の翌日に行われていることから考えれば、家督に義廉を擁立することは、おもに朝倉氏の運動によって実現したことなのではなかろうか。

文正元年七月二十三日に至って義廉は退けられ、斯波家の家督は西国から上洛して来た義敏に宛行われる。義廉は山名氏の女との婚姻の儀も差し止められてしまっている（『蔭凉軒日録』）。しかし同年九月になって山名宗全が伊勢貞親追放の政変を引き起こして義敏が没落すると、義廉は再び取り立てられて、九月十四日に幕府に出仕する。ついで翌文正二年正月八日に義廉は管領に任ぜられ、十一日に評定始が行われる（『執事補任次第』『雑事記』『蔭凉軒日録』）。そして応仁元年五月一日に義廉は左兵衛佐に任ぜられる（『斎藤親基日記』）。

応仁元年六月二十一日に義廉は東寺衆徒御中に宛てて下知状[18]を発しており、彼はそれに左兵衛佐と署名しているから、この任官は確実である。『安位寺殿御自記』応仁元年十月二十九日条には、「左兵衛佐判　管領」と記されているから、経覚もこの任官については承知していたようである。ところが近衛房嗣や尋尊はこれ以後も義廉の官途を治部大輔と記していて、文明四年十二月二十日に治部大輔に任ぜられる義良と（後述）、この義廉とが混同されるおそれがあり、このことが史料の理解を著しく困難にしている。例えば、すでに掲げた『雑事記』応仁元年五月二十一日条の「越前国斯波兵衛佐方打入之注進、官（管）領斯波治部大輔迷惑」の記事や、文明三年二月二十九日条の「朝倉弾正孝景、背治部大輔義簾（廉）命、為直奉公分、令参東方公方」の記事などに見える治部大輔の官途は、いずれも左兵衛佐に訂正されるべきものなのである。こうした誤認がなぜおこったのかはわからないが、いまは尋尊らがこのことを知らなかったのではないかと考えておきたい。今後の検討すべき課題である。

さて、文正元年九月十四日に義廉が再び家督を継ぎ、翌年正月八日には管領に任ぜられ、さらに『雑事記』正月十六日条には「今出川殿并諸若君、悉以奉入室町殿、而山名入道・畠山義就等、防禦申云々」と記されているように、山名方が足利義視を擁立するようになって、山名宗全・斯波義廉・畠山義就などの西軍の勢威は大いにあがった。しかし東軍細川方もただちに反撃を開始し、今出川邸に戻っていた足利義視が今度は東軍に擁されて、応仁元年六月三日には義視を大将とした山名方追討軍が出陣している。永島氏が前掲書で述べられるように、この時点で西軍山名方は反乱軍化したわけである。義廉はかかる情勢の変化を見て直ちに降参しようとしたが、「朝倉之頭取之テ、可令降参之旨、被成御下知云々、仍引籠屋形畢[19]」と尋尊が記しているように、その和解申入れは拒絶されてしまった。

その後西軍は大内政弘の上洛などで勢いを盛り返すが、翌応仁二年になると戦線は膠着状態になる。将軍家を擁するのは東軍であったから、七月十日になって管領義廉は罷免されて細川勝元が管領に任ぜられる。ついで同年九月八日には次のような幕府奉行人連署奉書が発給される。

御敵蜂起尾張国云々、早合力松王殿手、相催近所族令発向、可被致忠節、若有難渋在所者、可為御敵同意之由、被仰出候也、依執達如件、

応仁二

九月八日　　貞基《（布施）》判

忠郷《（諏訪）》判

飯尾弥三郎殿(20)

すなわち細川勝元が管領に任ぜられることによって、東軍は名実ともに幕府そのものとなったわけであって、東軍の松王丸（義良）に属して、かつての尾張守護で西軍の義廉方を攻撃するよう飯尾弥三郎に命じたのがこの文書である。実質的にはともかく、名目的には義廉の管領罷免の時点をもって、斯波家の家督は松王丸に宛行われたと考えてよいであろう。ただし越前へは義敏が下向しているから、越前守護職は義敏が安堵されたということも考えられるが、少なくとも尾張に関してはこのように推定しうると思う。

さてここで足利義視について考えてみると、応仁元年六月八日に東軍の大将となって西軍を攻撃した彼は、まもなく伊勢国へ出奔し、ついで上洛して来て比叡山に入り、応仁二年十一月二十七日には「今出川殿《（義視）》、西方陣義廉之在所ニ入御之由」(21)という風聞が尋尊のもとにとどけられている。この西軍による義視の擁立は事実であって、永島氏前掲書によれば、応仁の乱が将軍家継承戦の意味をもつのはこの時からであるとされる。西軍は文正元年九月から翌応仁

元年六月まではその勢威が大いにあがったが、東軍の反撃によってたちまち反乱軍の立場に立たされ、応仁二年七月には管領義廉が罷免されて、いよいよその立場は決定的となる。この立場を返上するとともにその勢力を挽回するためには、義視を西軍の将軍として擁立する以外に方法がなかったのである。また義視にとっても、義政の跡を襲って将軍に就任するためには、西軍に擁立されてその戦勝を期するのがもっとも容易な方法と思われたのであろう。かくして義視は西軍に属することとなり、義廉は西軍における管領となる。文明二年正月二十二日の益田治部少輔に宛てた義視の御教書[22]は義廉によって奉ぜられているから、西軍の将軍が義視で管領が義廉であったことが確認できるであろう。また『雑事記』文明二年五月二十一日条には、「西方管領斯波治部大輔義廉」と明記されているのである。なおこの官途が左兵衛佐の誤りであることは前述の通りである。

京都での合戦はその後も両軍が一進一退をくりかえすが、ここではこれ以上触れないでおく。『和漢合符』によれば、義廉は文明七年十一月十八日に尾張に下向して行ったとされている。『清須合戦記』は清洲に居住したとしているが、確認できていない。同書では義廉と義良が親子だとされており、このことは全くの誤りであるが、義廉と義良がともに尾張に在国したことは事実であるから、彼らの間に何らかの連絡がとられていたのかもしれない。義廉の没年もまた不明である。『雑事記』延徳三年六月三十日条には、「渋川殿―義廉―息《越前》」と記されており、義廉の所在地が不明なのが注目される。このことは、義廉がすでに死去していて、記入の仕様がなかったことを示すのではなかろうか。

三　義良（義寛）

義良《よしすけ》は義敏の子息で、長禄元年に誕生し、幼名を松王丸と称した。すでに述べたように、松王丸は長禄三年五月十一日から七月十九日の間に、守護代甲斐氏等に擁立されて、斯波家の家督を義敏から継承していたと思われる。長禄三年十二月十八日に行われた勝定院（義持）三十三回忌仏事のために、松王丸は百貫文の仏事銭を上納しているが（『蔭凉軒日録』）、こうしたことは甲斐氏や朝倉氏、あるいは祖父持種の後見によって執り行われたのであろう。

寛正二年九月二日になって、松王丸は退けられて義廉が取り立てられる。「元息（松王丸）ハ被成僧分」[23]と尋尊は記しているが、相国寺で剃髪して宗成喝食と称したのは寛正四年十一月十九日のことで、助成の所領として美濃中河庄・三河碧海庄（近江庄とも記す）が与えられる（『蔭凉軒日録』）。

文正元年七月二十三日になって、斯波家の家督は西国から上洛して来た義敏に宛行われ、八月二十五日に義敏・持種と共に松王丸も将軍に拝謁している（『蔭凉軒日録』）。『安位寺殿御自記』には、この時出仕したのは義俊・持種・竹王丸の三人であったと記されている。義俊とは義敏のことであるが、松王丸と竹王丸とは混乱がある。竹王丸は持種の子息で、義敏の舎弟にあたり（『後法興院記』『雑事記』）、『武衛系図』に見える孫三郎義孝のことである[24]。松王丸は義敏の子息で、かつては斯波家の惣領であったが、竹王丸は義敏の舎弟であるにすぎないから、この日に出仕したのは松王丸だと思われる。南都にいた経覚の記録よりも、幕政に参画している真蘂の記録のほうが、より正確度が高いということも考えねばならないであろう。

文正元年九月六日に、山名宗全の引き起こした政変によって義敏は近江に没落し、ついで越前に下って行く。松王丸は持種・竹王丸と共にしばらく残留していたが、翌文正二年正月二十一日に義廉の兵によって宿所が焼き払われ、落失を余儀なくされている（『後法興院記』）。前掲の応仁二年九月八日の幕府奉行人連署奉書によって考えれば、松王丸は尾張に打入っていたものと思われる。すでに述べたように、義廉が管領を罷免された応仁二年七月十日をもって、斯波家の家督は名目的には松王丸に宛行われたものと考えてよいであろう。『山科家礼記』には次のような幕府奉行人連署奉書が記載されている。

山科内蔵頭家雑掌申、尾張国井上庄領家職事、多年被官人等押領云々、太無謂、早止其妨、可被沙汰付雑掌之由、所被仰下也、仍執達如件、

文明三年十月五日　　　　加賀守判
　　　　　　　　　　　　肥前守判
松王殿代

同日に山科内蔵頭家雑掌に宛てて出された奉書には「守護被官人等押妨」と書かれているから、松王丸がこの時に尾張守護であったことは確実である。越前守護職が義敏・松王丸のいずれに宛行われたかは、未だに確認できていない。重松氏が前掲論文で考察されたように、少なくとも朝倉氏が越前守護でなかったことは確かである。

文明四年十二月二十日に松王丸は十六歳で元服して義良《よしすけ》と名乗り、従五位下に叙せられる（『雑事記』『山科家礼記』『歴名土代』）。文明五年十二月二十日に行われた足利義尚の征夷大将軍宣下に参列している治部大輔とは（『親元日記』）、この義良のことと思われるから、元服すると同時に治部大輔の官途が与えられたのであろう。

文明三年以後、義敏は朝倉氏に擁立されて越前を平定するのであるが、朝倉氏も「直奉公分」[25]になってその地位を

高め、「称国司、立ヱホシ・狩衣等ニテ成殿上人、緩怠振舞(26)」を行っていた。経覚はこのことを「朝倉為守護分(27)」と記しているから、義敏の実際の権力はほとんどなかったと見てよいのではなかろうか。こうした状況を聞いた義良は文明八年九月十四日に、甘露寺親長に対して朝倉退治の決意を明らかにしているが、実際に越前に発向するのは文明十一年閏九月五日のことであった（『長興宿祢記』『晴富宿祢記』『後法興院記』）。義孝と甲斐・二宮氏が同道し、同年十一月一日には豊原寺へ入部している（『雑事記』）。すでに述べたように、朝倉氏のもとにあった義敏はまもなく義良方に加わっており、それは遅くとも義廉息が越前に下向して来る文明十三年十一月以前のことと思われる。

さて、入部して来た義良方と朝倉氏との間で文明十二年七月には激戦が展開されて、義良方は優勢であったが、翌文明十三年九月になると義良は敗北を喫して加賀へ没落してしまう（『雑事記』『後法院興記』）。翌文明十四年に義良は再び越前に打入って龍沢寺を陣所にしたと思われるが(28)、もはや戦況は好転せず、ついに文明十五年三月十九日に義良は越前から尾張へ去って行く（『親元日記』）。ところで義廉息が下向して来た文明十三年十一月から、義良が尾張に退去する文明十五年三月までの間には、越前には屋形が二人いたことになるとすでに指摘しておいたが、このことは『雑事記』文明十四年閏七月十二日条でも確かめることができる。そこには「去三日昼八時より朝倉館一乗大焼亡、自火也云々、随分者共焼死云々、但屋形并朝倉城ハ無為云々、甲斐方屋形以下牢人、自加州又可打入之由、近日支度云々」とあって、一乗谷に火災が発生したが屋形は無事であったこと、加賀にいる屋形以下牢人が越前入部の支度をしていることが知られる。つまりこの記事においては、朝倉氏のもとにいる屋形と甲斐方の屋形との二人が並記されていて、越前守護が明らかに二人いたことが確認できるのである。朝倉方屋形とは義廉息であり、甲斐方屋形とは義良である。

義良が尾張に退去してまもなく、越前では和与が成立して、『雑事記』文明十五年四月三十日条には、「越前国甲斐・朝倉和与也、越前国守護代朝倉、遠江国守護代甲斐、尾張守護代織田、主人屋形ハ治部大輔義簾（廉）治定、仍無為御成敗也云々」と記されている。この記事は、朝倉氏の地位が越前守護代に確定したことを示していて、極めて重要なものであるが、主人屋形が治部大輔義廉とされているのはまことに奇妙である。義廉の官途治部大輔が左兵衛佐に訂正されるべきものであるということは、今はさして問題ではない。問題なのは、ここに義良と記されずに義廉と記されていることである。前述したように、義廉の管領罷免の時点をもって、斯波家の家督は名目的には東軍の義良に宛行われたものと考えられ、文明三年十月五日の幕府奉行人連署奉書によって、すでに義良が尾張守護になっていることが確認できた。義良が朝倉退治のために越前に入部して来たことも、越前守護として当然の行動であったのである。こうしたことから考えれば、前掲の和与の記事においては、治部大輔義良が主人屋形と記されるべきものと思われるのであるが、それが義廉となっているのはなぜなのであろうか。

この理由については未だ充分に検討できず、ここではその理由として考えられることを列挙するにとどめたい。

①まず考えられることは、尋尊が聞きまちがいや書き誤りをおこしたか、あるいはもたらされた情報自体が不正確であったのではないかということである。

②こうしたことがなかったとして、この記事における尋尊の主たる関心が越前についてのみであったと仮定するならば、つまり、この記事で尋尊が述べたかったのは、越前で甲斐・朝倉の和与が成立し、守護代朝倉、主人屋形義廉という体制が確定したということだけであって、遠江・尾張については付け足し程度の記述にすぎないと仮定するならば、この記事はこれで整合的となる。なぜならば、この時越前には守護として義廉息が下向しており、

その父義廉を主人屋形と見なしてもなんら不適当ではないからである。

③文明七年十一月以後に義廉・義良がともに尾張に在国することになったことから、義廉と義良の間になんらかの連絡がとられていた可能性もあると先に述べておいたが、『清須合戦記』が誤って義廉と義良とを親子としたような密接な関係が、もし両者の間にとり結ばれていたのであるならば、この記事において主人屋形が義廉だとされても不適当ではないであろう。

前掲の和与の記事に見られる混乱の原因を考えてみたのであるが、これらはいずれも憶測の域を出るものではない。今後の課題としておきたい。

さて尾張へ退去した義良は、文明十七年四月七日に名を義寛《よしとう》と改め、従四位下に叙せられ、左兵衛佐に任ぜられる（『親元日記』『実隆公記』『歴名土代』）。改名と官位の礼銭はいずれも尾張から上納されているので、越前から尾張へ移って後そのまま在国していたのであろう。

長享元年九月になって、将軍足利義尚は六角高頼征伐のために近江へ出陣し、義寛もその陣に加わっている（『在陣衆着到』）。織田一族を主力にした馬上三百九十一騎、総勢八千人の軍勢は、九月三十日に大津に着到し、十月三日に義寛は坂本の将軍義尚に見参している（『蔭凉軒日録』）。翌長享二年二月十三日に義寛は東山の足利義政に拝謁し、同年九月二十六日には尾張へ下向して行ってしまう（『蔭凉軒日録』）。なおこの近江の陣へ朝倉氏も加わっているが、朝倉氏と義寛との間にはもはや命令・服従の関係は見い出せず、直奉公分として朝倉氏は将軍に直属して行動していたものと思われる。

足利義煕（義尚の改名）の跡を継いで将軍となった足利義材は、延徳三年八月二十七日に再び近江へ出陣する。これに先立って八月十五日に義寛は遠江から上洛して来て、二十二日に幕府に出仕している（『雑事記』『蔭涼軒日録』『後法興院記』『山科家礼記』）。義寛は長享二年九月に尾張へ下向した後、その居住地を遠江へと移していたようで、『雑事記』延徳三年六月三十日条には「義助《遠江・尾張》」と記されている。義助とは義良の誤りで、しかもすでに義寛と改名していることは前述の通りである。

遠江から参陣した義寛は延徳三年十月十一日、越前における失地の回復をはかるために「越前国朝倉孫次郎貞景退治[29]」の御内書を賜っている。この御内書には初め「貞景御退治」と記されていたが、織田大和守の進言によって前者のように書き改められたという（『蔭涼軒日録』）。しかもこのことによって「弥武衛御面目之至也[30]」と認識されていることから考えれば、義寛はあくまでも自身が越前守護であり、越前の支配権は朝倉氏によって奪われたものと考えていたのである。しかしこの頃、越前守護として義廉息が越前に在国していたことは、前掲『雑事記』延徳三年六月三十日条によっても確認でき、また朝倉氏自身も直奉公分として斯波氏の配下から脱していたのであった。『雑事記』明応元年十月十日条に「甲斐可入国之支度」とあるのは、この御内書の遵行のための動きと思われるが、越前における朝倉氏の支配権力はもはや揺るぎないものとして確立していたのである。

さて延徳四年五月四日になって、足利義材は義寛を総大将とする軍勢を甲賀に発向させている（『後法興院記』『在陣衆着到』）。そしてそれまでの合戦に一応の成果を見い出した義材は、明応元年十二月十四日に京都へ戻り、ついで翌年には畠山基家（義就の子息）を追討するために河内へ出陣するが、足利義遐を擁する細川政元に捕らえられてしまい、やがて越中への没落を余儀なくされている。

明応三年になって、今川氏はかつての領国を奪還しようとして、伊勢長氏を中心とする軍勢を遠江へ侵入させた[31]。

『後法興院記』明応三年十一月一日条に「去廿八日、武衛下国」と記されているのは、今川氏の遠江侵入に対処するために義寛が下向していったことを示しているのであろう。この今川氏の西進はその後急速にすすめられて、ついに文亀元年に今川・斯波氏の激突がおこる。義寛は弟の寛元を征討軍として派遣し、また信濃の小笠原定基には合力依頼の書状を出している(32)。この書状が今のところ義寛を確認できる最後のものであり、その後の義寛の消息はまったく不明となる。没年もまた明らかにできない。

おわりに

本稿の検討で明らかにできた点を最後にまとめておく。

享徳元年九月一日に義健が死去し、斯波家の家督は支族持種の子息義敏が継承する。守護代甲斐氏らとの対立によって、家督は長禄三年五月十一日から七月十九日の間に義敏から松王丸（義良のち義寛）に譲られ、義敏は周防大内氏のもとへ没落して行く。文正元年七月二十三日に再び義敏が家督を嗣ぐが、九月六日に山名宗全のクーデターによって追放され、やむなく越前へ下って行く。文明三年六月に朝倉氏は西軍から東軍に寝返って義敏を擁立し、西軍の甲斐氏を攻撃して越前を平定する。しかるに文明十一年閏九月に義良が越前に入部して来ると、義敏はまもなく朝倉氏のもとを離れるが、それは遅くとも文明十三年十一月以前のことと思われる。京都へ戻った義敏は、文明十七年七月八日に出家して道海と名乗り、永正五年十一月十六日に七十二歳で死去する。

義廉は渋川義鏡の子息で、寛正二年九月二日に松王丸から家督を受継ぐ。文正元年七月二十三日に義廉は退けられるが、九月六日には再び取り立てられ、翌文正二年正月八日に管領となる。応仁二年七月十日に義廉は管領を罷免されるものの、まもなく西軍は足利義視を擁立することとなり、義廉は引き続いて西軍の管領の地位にあった。文明七年十一月十八日に義廉は尾張へ下向して行き、その後の消息はわからなくなる。

義良は義敏の子息で、幼名を松王丸といい、義敏の西国没落によって三歳で家督を継承する。寛正二年九月二日に家督は松王丸から義廉に受継がれ、松王丸は相国寺に預けられた。文正二年正月に京都を没落した松王丸は、尾張へ打入って西軍義廉方を攻撃する。義廉が管領を罷免された応仁二年七月十日をもって、家督は松王丸に宛行われたものと考えてよいであろう。文明四年十二月二十日に松王丸は元服して義良と名乗る。文明十一年閏九月になって、義良は朝倉退治のために越前に打入るが、朝倉氏の越前における支配体制はもはや揺らぐことなく、文明十五年三月に義良は尾張へ退去する。文明十七年四月七日に義良は義寛と改名し、将軍足利義尚・義材の近江出陣に尾張勢を引連れて参加している。明応三年以後の今川氏の遠江侵入に対抗して、義寛は小笠原定基に合力要請の書状を出しているが、これを最後にして義寛の消息はわからなくなる。

義敏は朝倉氏に擁立されて越前を平定するのであるが、朝倉氏が直奉公分となることによって、越前における幕府―守護―守護代―国人という命令系統は崩れてしまったものと思われる。義敏の守護としての地位は、朝倉氏の擁立によってはじめて維持しうるものにすぎず、朝倉氏にとってそれは甲斐氏攻撃のための名目でしかなかった。義敏が朝倉氏のもとを去って後は、代わって義廉息が守護として朝倉氏に擁立されるが、それはいっそう名目的な存在でしかない。朝倉氏の越前国一統はまさに実力によってなされたと評しうるものの、しかしその行動を正当化するために、こうした名目的存在としての守護が必要とされていることは留意すべき点であろう。

註

（1）『真宗史の研究』（一九六六年）所収。

（2）『若越郷土研究』十八―三（一九七三年）所収。

（3）『北国庄園史料』所収。

（4）①「久我文書」康正元年十一月二十八日御教書（『新編一宮市史』資料編六所収、以下同じ）、②「久我文書」康正元年十二月二日御教書、③「南禅寺文書」長禄二年三月九日施行状、④「妙興寺文書」長禄二年四月二日施行状、⑤「大徳寺文書」長禄二年四月二十一日施行状、⑥「妙興寺文書」長禄三年四月十一日施行状。

（5）義種の官途は修理大夫・伊予守、満種は民部少輔・左衛門佐、持種は民部少輔・修理大夫であり、さらに義孝も民部少輔に任ぜられている。義種の場合を除けば、満種以下はまず民部少輔に任ぜられているから、これが通例になっていたと考えられる。

（6）『安位寺殿御自記』長禄元年十一月五日条。

（7）『雑事記』長禄元年十一月十一日条。

（8）『雑事記』長禄三年八月十八日条。

（9）「河口庄兵庫郷公文政所間記」（『北国庄園史料』所収）には次の三点の文書が記載されており、その③がここで問題となる。

①
　御判普広院殿
大乗院家雑掌申、越前国河口庄兵庫郷寺門分在之事、早為守護使不入地、可被全領知之状如件、
永享十一年十一月七日

②大乗院家雑掌申、越前国河口庄兵庫郷寺門分在之事、早任今月七日御判之旨、可被停止使者入部之由、所被仰下也、仍執達如件、
永享十一年十一月廿一日　　右京大夫《細川持之》判
　千代徳殿

③大乗院家雑掌申、越前国河口庄兵庫郷寺門分在之事、早任今月廿一日御施行之旨、可被止使者入部之状、仍執達如件、
永享十一年十一月廿六日　　沙弥《甲斐入道常治》判

狩野修理亮殿
池田勘解由左衛門尉殿

(10)(8)に同じ
(11)『雑事記』応仁元年五月二十一日条。
(12)『雑事記』応仁二年閏十月十四日条。
(13)(12)に同じ。
(14)『雑事記』文明三年十二月十九日条の裏文書(『大日本史料』第八編之四所収)。
(15)『雑事記』文明十二年七月二十五日条の裏文書(『大日本史料』第八編之十二所収)。
(16)『雑事記』寛正二年十月十七日条。
(17)『歴史地理』四十九巻二号所収。
(18)『東寺百合文書』リ―二百十号(『大日本古文書』家わけ第十―四)。
(19)『雑事記』応仁元年六月十三日条。
(20)『後鑑』第三編所収。
(21)『雑事記』応仁二年十一月二十七日条。
(22)『大日本史料』第八編之三所収。
(23)『雑事記』寛正二年九月二日条。
(24)『蔭涼軒日録』によれば、この時竹王丸は十三歳(異本では十二歳)であったというから、享徳三年(異本によれば康正元年)の誕生ということになる。彼はそれまで延暦寺に預けられていたが、文正元年八月十三日に下山し(『雑事記』)、八月十七日に幕府に出仕して越前大野郡(大野村とも大野庄とも記す)を拝領している(『蔭涼軒日録』)。
(25)『雑事記』文明三年二月二十九日条。
(26)『雑事記』文明三年八月五日条。

(27)『安位寺殿御自記』文明四年九月条。

(28)「龍沢寺前住帳」（『曹洞宗古文書』所収）には、「廿九世、太年椿錦江法嗣、入院文明十四年壬寅、此代当国錯乱、当寺武衛陳（陣）所」とあり、これは義良の越前再入部の時のことと思われる。

(29)『蔭凉軒日録』延徳三年十月十一日条。

(30)（29）に同じ。

(31)秋本太二氏「今川氏親の遠江経略―とくに信濃小笠原氏と関連して」（『信濃』第二十六巻第一号所収）による。

(32)「小笠原文書」（『信濃史料』第十巻所収）にある次の文書が、義寛を最後に確認できるものである。

遠州之儀、近年無正体様候之条、加下知候喜、就其大概無為之趣候、仍自其国（信濃）之合力之事、万一雖申談之輩候、無御許容之旨
候者、可為祝着候、恐々謹言、
（文亀元年カ）三月廿四日　　義寛（花押）
小笠原左衛門佐（定基）殿
進之候

Ⅲ

斯波氏と室町幕府儀礼秩序
―書札礼を中心に―

小久保嘉紀

はじめに

室町期において、斯波氏は尾張国などの複数の守護職を有し、またその血統の高さから高い家格を有して、当該期の幕府政治にも重きを成していた。その斯波氏が、室町幕府の儀礼秩序において、具体的にどのように位置付けられていたのか、また、その位置付けは、室町・戦国期を経る中で、どのように変化していったのかという点について、小稿ではとくに書札礼などを中心にして考察する。

斯波氏については、南北朝期から室町前期にかけての小川信氏の一連の研究により(1)、以下の点が明らかにされている。小川氏によると斯波氏は、鎌倉期の足利泰氏の庶長子家氏に始まり、斯波高経は観応の擾乱において足利直義へ接近するものの、室町幕府政治初期において斯波高経・義将父子は重要な政治的役割を果たし、それにより、斯波氏による分国支配の基礎を築いたとされる。しかし、義将以後の斯波氏当主の政治的立場については研究者により評価が分かれるものの(2)、概して室町中期から戦国期にかけての斯波氏は、当主の夭死や家督不安が続き、前代と比較して、その幕政における影響力や領国支配の徹底については不安定なものであったとされる。(3)また、斯波氏とその流れをくむ奥州探題大崎氏との関係、そして室町期奥羽地域の政治情勢との関係や、応仁・文明の乱における斯波義廉の入嗣と関東地域の政治情勢については、家永遵嗣氏による研究がある。(4)

しかし、これらの研究について、とくに南北朝・室町前期の斯波氏の幕政などへの登用において、当該期の政治的要因に加えて、斯波氏の血統の高さによる家格の高さから説明されることが多いが、具体的に室町幕府の儀礼秩序においてどのように位置付けられていたのか、という点においては、三職（後に御相伴衆に包摂される）の家格を有していたという言及にほぼ止まっている。また、室町中期以降の、とくに戦国期における斯波氏と室町幕府との関係についてはなお不分明であり、当該期に政治権力として衰退したとされる斯波氏が、儀礼秩序においてはどのような点が変化し、あるいはどのような点が維持されていたのか、という点について、解明されてはいないように思われる。幕府儀礼秩序における斯波氏の位置付けについての考察を通じて、戦国期斯波氏の政治的性格についても考えたい。

そこで、儀礼秩序を体現するものとして書札礼があり、(5)小稿ではとくに斯波氏についての書札礼を中心に、その周辺の諸事例も踏まえて、幕府儀礼秩序における斯波氏の位置付けについて考察する。室町幕府の儀礼秩序については、二木謙一氏による研究があり、(6)また同氏による室町・戦国期における室町幕府の書札礼についての研究が挙げられるが、(7)幕府儀礼秩序の推移とその契機について、また書札礼の規定と実際の文書との関係については、なお論究する必要がある。小稿において、武家では室町将軍に次ぐ高い家格を有していた斯波氏を研究の対象とすることは、如上の課題を克服するために有効であると考える。斯波氏の幕府儀礼秩序における位置付けの推移の分析を通して、室町・戦国期における幕府儀礼秩序の性格についても考えたい。

一　斯波氏についての書札礼上の規定と幕府儀礼秩序における位置付け

斯波氏の出自については、小川信氏の研究に明らかなように[8]、名字の地は陸奥国斯波郡であり、鎌倉期に当地を所領とした、足利泰氏の庶長子である家氏を祖とする[9]。これは、後に足利氏の所領となった三河国の地名を名字の地とする、細川氏や一色氏ら他の足利一門とはその成立の事情を異にするものである。また、斯波氏は鎌倉幕府から、一個の独立した御家人として把握されていたことが、同様に小川氏により指摘されている。したがって、斯波高経も足利高氏（尊氏）と同様に、執権北条高時から偏諱を授与されていたと窺えるのは[10]、両氏が一御家人として、建前の上では並立していたためと考えられる。

このように、南北朝期まではむしろ足利本家と対等のものとして独立していたという点が、斯波氏が室町幕府体制に組み込まれた後も、高い家格を有する素地となったと考えられる。

ここでまず、室町幕府を構成する人員の歴名である、各番帳などに見られる斯波氏の分析を通して、幕府儀礼秩序における斯波氏の基礎的な位置付けについて整理したい。なお、秋元大補氏が指摘するように[11]、各番帳の表題は必ずしも当該期の実態を表すものではなく、時期的に差異がある部分もあり、その点に留意する必要がある。

斯波氏は、三管領家の一つとして、三職の家格を有する家として知られている。こういった家格は、義持期に勢力を有した有力守護が素地となり、義教期に家格としての形成が始まり、義政期に整備が成されたとされる[12]。ここで実際に、義教期以降の番帳などの歴名を見ていくと[13]、永享三年（一四三一）の実態を表すとされる『永享以来御番帳』

では[14]、斯波義将の孫の義淳が三職としてその名が見られ、長禄二年（一四五八）の実態を表すとされる『長禄二年以来申次記』では[15]、斯波氏に入嗣し、後の応仁・文明の乱では東軍に属した義敏が三職としてその名が見られる。しかしその後、三職は御相伴衆に包摂され、文明二年（一四七〇）から六年の間の実態を表すとされる『文安年中御番帳』の「諸大名衆御相伴衆」では[16]、「勘解由小路右兵衛督」である西軍の義廉の名が見られ[17]、『永享以来御番帳』の「文明十二、三年比御相伴衆」の項では、「在国衆」として義敏の子の義良の名が見られる。そして、長享元年（一四八七）の将軍義尚の六角討伐の際の『長享元年九月十二日常徳院殿様江州御動座当時在陣衆着到』では[18]、三職として「勘出小路兵衛佐義遠《義寛》」（義良の改名）の名が見られ、それから年代的にやや降るとされる『東山殿時代大名外様附』では[19]、三職としても御相伴衆としても、「斯波左兵衛佐殿」、即ち義寛の名が見られる。また、実際は延徳三年（一四九一）頃の実態を表すとされる『長禄年中御対面日記』では[20]、御相伴衆として「左兵衛佐」、即ち義寛の名が見られる。しかし、戦国期の『永禄六年諸役人附』においては[21]、御相伴衆としても他の家格としてもその名が見られない。『永禄六年諸役人附』においては、室町幕府下の家格構成員を網羅的には記載していないという可能性も考えられるが、であるとしても、本来であれば斯波氏の名は最前に記載するべきであり、ここでその名が見られないということは、戦国期において斯波氏は、既に従来の室町期の儀礼秩序における位置付けとは異なる立場にあったものとして考えることができる。

　これらのことからつまり、斯波氏は義教期から義政期にかけては三職として位置付けられていたが、応仁・文明の乱以降、三職は御相伴衆に包摂されるようになり、相対的にその地位は低下したと言える。また、従来の御相伴衆は『長禄二年以来申次記』の歴名に見られるように[22]、山名氏・赤松氏・一色氏・京極氏・阿波細川氏・能登畠山氏に限定されていたが、文明年間の『文安年中御番帳』では大内氏[23]、長享年間の『東山殿時代大名外様附』では島津氏が加入している。そして、戦国期には三好氏など、戦国期に勃興した多くの大名権力が、新規に御相伴衆の家格を獲得したことが知られており[24]、それが『永禄六年諸役人附』の歴名のような状態に表れている。その段階において、御相伴衆に補任されるためには、多額の礼物を幕府に納めることができ得る勢力基盤を保持している必要があり、その理由からも斯波氏は、戦国期において御相伴衆になり得なかったと考えることができる。

また、その他に注意するべき点としては、同じ三職の細川氏や畠山氏はそれぞれ、御相伴衆には阿波細川氏や能登畠山氏、御供衆の中でも一際「賞翫」の家とされた典厩家細川氏など、とくに細川氏は各庶流が各地の守護職を獲得して、国持衆・准国持・御供衆に多くその名が見られるのに対し、斯波名字の者は、『長禄二年以来申次記』に斯波義敏の実父である大野斯波氏の持種の名が国持衆に見られる以外見られない。このことから、斯波氏は細川氏や畠山氏のように、有力な庶流を形成することができず、その結果、幕府儀礼秩序においても、同族を高い家格に布置することができなかったと言うことができる。

次に、斯波氏の書札礼についてであるが、斯波氏を基軸としたいわゆる「斯波家書札礼」なるものは伝存しない。したがって、各書札礼に見られる斯波氏宛ての書札礼の規定に注目することで、当該期における斯波氏の書札礼上の位置付けについて考察する必要がある。

室町・戦国期の書札礼としては、斯波氏と同じく三職である、細川氏の書札礼の『細川家書札抄』があり[25]、その成立年代については、文中に「勝仙院」と見られることから、その追号が成立する畠山尚順没後の大永二年（一五二二）以降であると考えられるが、三職・御相伴衆宛ての書札礼の規定の箇所は、寛正二年（一四六一）から四年までの間の実態を表すものである。[26]ここでのその規定の内容としては、「三職はもともと小路名をあそばしたる也、進覧とも進之共被遊たるなり、但、御職御持なき以前ハ、自余の御人数の事、可有御賞翫候、御職御持候時は、自余の方方へハ進之候と被遊候而も不苦候歟、三職衆之外、御相伴衆へハ皆、進候と可在之」とある。即ち、三職・御相伴衆相互の書札礼においては、まず三職は宛所としてはその居所の小路名を記すべきであるとし、宛所の脇付は「進覧」か「進之」であるが、「御職御持なき以前」、即ち自らが管領職に就く以前は、自分以外の三職に対して礼を尽くすべきであるとする。しかし、自らが管領職に就いた後は、脇付「進之」で差し支えないとする。そして、三職から御相伴衆に対しては、それから一段下がった脇付「進候」であるべきとする。したがって、三職と御相伴衆との間の差異や、同じ三職でも管領職に現任しているかどうかで、書札礼上の厚薄が生ずることが読み取れる。

次の書札礼として、将軍義晴期の幕府内談衆であり、故実家としても著名な大館常興の手による『大館常興書札抄』がある。[27]これは、御供衆の家格である大館氏を基軸とした書札礼であるが、そこでの三職宛ての書札礼の規定としては、書止文言は「恐惶謹言」で、宛所は官途書とし、脇付は「参人々御中」であるとする。また、通常は直状であるが、特別な事情があればさらに厚礼なものとして、披露状であるべきとする。このように、やはり三職と御供衆との間には、書札礼上における多大な格差が存在したことが窺える。

その他の書札礼として、室町中期の奥州探題大崎氏の書札礼を表すものとして、『余目氏旧記』があるが、大崎氏から三職宛ての書札礼の規定を以下に挙げる。

史料一　『余目氏旧記』

一、京都公方様江ハ進上書、時之御指南之名を被遊思候を武衛御指南、取分武衛御舎弟三条烏丸ニ御座候て、下

屋形と申候、其御指南之時者如此、
是ハ洲賀御事
　　進上　烏丸殿　左衛門佐教兼
裏書ハ無御申
（中略）
武衛様へハ
謹上　烏丸殿　左衛門佐教兼
　　御宿所
アナタヨリハ　互ニウラカキナシ
謹上　左衛門佐殿　左兵衛佐義俊（敏）
　　　　御報
はたけ山殿ハ御同輩也
謹上　畠山殿　左衛門佐教兼
　　御宿所
謹上　斯波殿　左衛門佐殿　御名乗
　　　　御報
武衛也、如大崎、是ハちとこなたヲ御賞翫候

細川殿へハ如斯
謹上　細川殿　左衛門佐教兼
御宿所
謹上　斯波左衛門佐殿　右京太夫勝元
勝元
御宿所
互ニウラカキナシ

このことから、大崎氏は室町将軍への仲介を、本家である斯波氏、とりわけ「下屋形」である斯波氏に依頼しており[29]、宛所の上書は「進上」あるいは「謹上」であり、宛所は居所書で、脇付は「御宿所」という厚礼なものであった。それに対して、畠山氏や細川氏は大崎氏と同格としている。ここで『細川家書札抄』によると、細川氏から大崎氏宛ての書状は、披露状であるべきであるとしており、いずれにしても、大崎氏より細川氏が上位に位置付けられることはない。したがって、大崎氏より上位に位置する斯波氏は、もちろん細川氏や畠山氏より上位に位置することになる。

このように、室町・戦国期の書札礼において斯波氏は、幕府儀礼秩序における最高の家格である三職の中でも筆頭として、また庶流である奥州探題大崎氏より当然上位に位置付けられていたことが分かる。

ただし、応仁・文明の乱以降に作成された土岐氏の故実書である『家中竹馬記』においては[30]、「三管領の書札は相互に恐々謹言、進覧候、裏書きはなし、御返礼之時も進覧候」とあり、三職は相互に同格であるとしており、応仁・文明の乱以降、斯波氏が三職の中で突出した存在ではないように変化していたことが窺える。

二　室町期における斯波氏の書札礼の実態と幕府儀礼秩序

次に以下、室町期から戦国期にかけての、実際の斯波氏関係の書状についての検討を行い、また幕府儀礼秩序との関係について、それらの変遷とその契機について考察することとする。なお、近年は戦国期の始点を明応二年（一四九三）の明応の政変に置くことが多いが、こと武家儀礼に関しては、二木謙一氏が説くように[31]、応仁・文明の乱を契機として、武家が故実に対してより自覚的になってきたとされており、実際に各種の故実書が各大名家などにおいて盛んに作成されるようになる[32]。また、各故実書などにおいて、応仁・文明の乱を経て儀礼秩序のあり方が改変したという記述はまま散見されるところであり、私も武家儀礼に関しては、応仁・文明の乱が一つのメルクマールとなると考えるので、小稿では応仁・文明の乱の前後で室町・戦国期の時期区分を行うこととする。

まず、室町期の斯波氏宛ての将軍御内書としては例えば、将軍義満の「（年未詳）五月十八日付足利義満御内書[33]」、将軍義持の「（応永十八年）四月二十八日付足利義持御内書案[34]」・「（応永三十四年）六月二日付足利義持御内書案[35]」、将軍義教の「（正長二年）八月二十四日付足利義教御内書案[36]」・「（永享元年）十二月二日付足利義教御内書案[37]」、将軍義政の「（寛正六年）十一月二十七日付足利義政御内書案[38]」・「（寛正六年）十二月八日付足利義政御内書案[39]」・「（文正元年）十一月十一日付足利義政御内書案[40]」が挙げられるが、一部の例外を除き[41]、いずれも書止文言は「之状如件」であり、宛所は官途書で、敬称は「殿」である。宛所の官途書は、『大館常興書札抄』に見られるように、武家社会では厚礼であるとされ、逆に公家社会では無礼であるとされる。将軍御内書において、このような厚礼の書札礼が適用されていたのは、斯波氏の他には武家では、将軍一族の鎌倉・篠川・古河・堀越公方や、将軍一門の吉良氏に限られる[42]。

次に、斯波氏と各守護との文書の授受において、今川了俊については、南北朝期における大内氏から今川氏への書札礼の低下を是正するのを一つの契機として、『今川了俊書札礼』を作成したのは著名であるが[43]、その了俊も、斯波氏に対しては、書止文言は「恐惶謹言」、宛所の上書は「進上」、宛所は官途書、敬称は「殿」を適用している[44]。また土岐氏との関係については、斯波氏から土岐氏宛ての書状に着目すると、永徳元年（一三八一）の段階では宛所の上所に「謹上」を付す謹上書であるのに対し[45]、至徳二年（一三八五）[46]、嘉慶元年（一三八七）の段階に至ると[47]、宛所の上所にも脇付にも何も付さない、打付書に薄礼化している。これは、当該期に斯波氏が管領として、次第に勢力を拡大する動向と関係するものとして考えることができる。

そして、斯波氏と公家との関係については、斯波義将は万里小路仲房に対して[48]、書止文言は「恐惶謹言」であるが打付書であり、斯波義淳は九条満家から[49]、書止文言は「謹言」、宛所は小路名という、武家では異例の厚礼の書札礼を適用されている。このように斯波氏は、公家からも一程度の書札礼でもって遇されていたことが窺える。

次に、書札礼以外の側面からも、室町期の幕府儀礼秩序における斯波氏の位置付けについて考察する。

まず、「武衛系図」には[50]、歴代斯波氏当主の元服について、義将・義重（義教）・義淳・義豊・義健・義良（義寛）と、元服時に斯波氏当主になるとは目されていなかった義郷・義敏・義廉を除き、室町期の歴代当主は皆、「元服公家」と、公家式の元服を遂げたとされている。この斯波氏の公家式元服先例は、義将の代から始められたことが、『尊卑分脈』や『斯波家譜』からも確認できるが[51]、実際にその先例を築いたのは、当該期に幕政において多大な影響を及ぼしていた義将の父高経であろうと考えられる。斯波氏の公家式元服について、実際に当該期の記録から確認すると、『教言卿記』応永十四年十一月十九日条に義淳が日野義資とともに元服したことが見られる[52]。また、義健は公家社会の例に倣い、読書始を行っている[53]。いずれも、室町将軍以外の武家では異例のことであり、斯波氏の特殊性を窺うことができる。

また、義将以降、歴代の斯波氏当主は、元服の際などに室町将軍から「義」字の将軍偏諱の授与を行われている[54]。義豊の元服における将軍偏諱の授与の際に、「義字当時諸人輙不付之也」とあるように[55]、「義」字の授与は下字の授与よりも格段に格式が高く、同じ三職の細川氏の当主では「義」字の授与を受けた者はおらず、下字の授与のみであり、また畠山氏の場合は、「義」字の授与と下字の授与とが半々である。斯波氏は室町・戦国期に一貫して「義」字の授与を行われており、ここでも斯波氏の家格の高さを窺うことができる。ただし、永享五年（一四三三）十一月の義郷の元服の際には動揺が生じており[56]、斯波氏からは当初、下字の授与の申請をしている。結局は「義」字の授与となったが、斯波氏からの自主的な、斯波氏の従来の先例とは異なる、格下の下字の授与の申請の背景には、当該期における義豊・義淳の相次ぐ死亡に伴う家督継承という、斯波氏の家督の動揺が挙げられる。

そして、斯波氏の官職については、元服時には治部大輔が授与され、左兵衛佐から左兵衛督へと昇進するのが家の例となっている。義将の場合は右兵衛督となっているが[57]、このような官職昇進ルートは義将以前には形成されてはおらず、義将の例が斯波氏の先例となったことが窺える[58]。このように、衛門府の督を家の官職とするのは、他には堀越公方らや吉良氏などに限られており、斯波氏の彼らと同格の家格を窺うことができる。また、斯波氏の官位授与の際に、特権的な対応がなされている場合が見られる。例えば、正長元年（一四二八）六月[59]、義淳の弟の持有への左衛門佐の授与の際に、職事である四条隆夏から、土御門嗣光が左衛門佐の現任であるため難色が示されたが、土御門嗣光が現任のままではあるが、持有に官位授与の口宣案を発給することに成功している。

これらのように、斯波氏の公家式元服・「義」字の将軍偏諱の授与・官職昇進ルートは、義将の代におけるあり方を規範としたものであるが、後世において義将のあり方が、斯波氏のみならず、広く幕府内において先例として認識されていた、ということを窺うことができる。例えば、永享三年三月に[60]、満済が広橋宣光から、石橋入道が所望する絹直綴の先例について尋ねられた際に、「故道将入道（斯波義将）絹直綴着用事、自嵯峨被召出之時、被下御服、其以来着来様、見及由計申了」と、義将の先例を答えている。またその他にも、先例として義将の名が見られるが、その多くは「任永徳鹿苑院殿御例」[61]や、「近比鹿苑院殿北山ニ御座時分」のように[62]、将軍義満の先例と組み合わされて引用されている。この将軍義教の永享期には、義満の先例が殊更に尊重されていたことが著名であるが、義将はそれを支える管領として、その先例も広く認識されていたと言うことができる。

それと同時に、義将以降の斯波氏においては、儀礼秩序における特権的な位置付けにも低下が見られる。例えば、正長二年三月の将軍義教の参内の際に、供奉する大名の序列についての相論の事例が挙げられる。『看聞御記』正長二年三月二十三日条に、「管領（畠山）与武衛（勘解由小路）座次前後相論、仍一向ニ被止」とあるように、畠山満家方と斯波義淳方とが、その供奉の前後について相論を行っている。その結果については、『満済准后日記』の同日条に「一番管領（尾張守為代官参）、次小侍所同左馬助、次侍所赤松左京大夫入道（為法体間、舎弟伊予守代官）」とあるように、畠山一族と赤松氏が勤めており、斯波義淳方は供奉自体から撤退したようである。当時、畠山満家が管領であったという点を考慮に入れる必要があるが、そうであるとしても、斯波氏の儀礼秩序における以前のような特権的な地位からは、このような事態を想定することはできず、その地位の低下として見なすことができる。同様の地位低下の事例は、幕府年頭行事である一月十四日の松囃においても見られ、その松囃に出演する割当として「当方計をハ除候」と義淳だけが除外されており、[63] 長禄年間には、「細川殿ハ雖非当職伺公云々、兵衛佐殿・畠山殿などハ非当職ニ者無祇候云々」と、[64] 細川氏は管領職にあるとき以外も伺候できるが、斯波氏と畠山氏は管領職にあるときのみであるとする。ここに見られるように、長禄年間の幕府儀礼において、斯波氏の地位低下と細川氏の台頭が存在したことが窺える。また、当該期において、斯波邸への室町将軍の正月御成の式日は一月十二日に固定するが、[65] それ以前の一月五日が畠山邸への御成の式日であり、正月御成においてとりわけ斯波氏が優遇されているという訳ではない。

以上のことから、斯波氏においては、将軍義満期において義将が斯波氏の先例を形成しており、将軍義教期には斯波氏のみならず幕府儀礼における規範ともなったが、それと同時に将軍義教期や将軍義政期において、現今の斯波氏に対しては、その幕府儀礼秩序における地位低下が始まっていたと言える。そこには、当該期における斯波氏の家督不安がもたらす、幕政への影響力の低下が、その背景として存在したと考えられる。

なお、斯波氏頼が、執事（管領）に就任することを、「家の瑕瑾」、即ち斯波氏は足利氏の庶兄の家を祖とするが、執事になるのはその風下に立つことであると称して遁世したという説が著名であるが、同様の記述は同時代史料には見られず、『斯波家譜』や「武衛系図」などの、斯波氏の手による編纂物にしか見られないので、斯波氏による自己の権威化のための言説である可能性が高い。[66] 斯波氏はこのように、幕府儀礼秩序から逸脱する志向を持っていたのではなく、これまで見てきたように、幕府儀礼秩序において極めて高位に位置付けられながらも、その編成下にあったものとして考えることができる。なお、室町期において、斯波氏関係の実際の文書の分析から見るに、その書札礼の低下までには至っていない。

三　戦国期における斯波氏の書札礼の実態と幕府儀礼秩序

次に、斯波氏は幕府儀礼秩序において極めて高位に位置付けられながらも、室町中期においてはその地位低下が始まっていたが、戦国期においてそれがどのように推移したかという点について考察したい。

まず、書札礼と実際の文書との関係について見ていくこととする。

当該期の斯波氏宛ての将軍御内書としては、応仁・文明の乱中の、「(文明三年) 六月十二日付足利義政御内書案」(67)・「(文明三年) 九月三日付足利義政御内書」(68)・「(文明三・四年) 十二月三日付足利義政御内書案」(69)が挙げられる。これらはいずれも、室町期と同様に、書止文言は「之状如件」であり、宛所は官途書で、敬称は「殿」である。これは、例えば他の畠山氏宛ての御内書で(70)、書止文言は「候也」で、敬称は「とのへ」と薄礼であるのと比較すると対称的である。つまりこの段階においても斯波氏は厚礼の書札礼を維持していたということになるが、それ以降の斯波氏宛ての御内書の存在については、管見の限りでは見出すことはできない。これは、史料の残存状態の問題も関係するであろうが、当該期において室町将軍は、守護代である織田氏に対して、斯波氏を介さず直接的に御内書をより発給するようになっており(71)、そのため斯波氏宛ての御内書の実数が減少したのではないかと考えられる。そのこと自体が、当該期における斯波氏の書札礼の低下と言えるのではないだろうか。

また、守護代の織田氏や甲斐氏の、幕府儀礼秩序における位置付けについては、まず書札礼の規定については、『大館常興書札抄』によると、「諸大名被官少々交名之事」の中で、「斯波殿内」として「甲斐・織田・二宮」の名前を挙げ、「進之候をいかにもすみぐろにちと大きに書べし、恐々謹言もさのみ草になき程にあるべし」と、その後に記載されている他の大名家の被官よりも、厚礼であるべきであるとする。実際に、先述の織田氏への将軍御内書の書札礼について見ると、書止文言は「候也」で、敬称は「殿」と、他の守護宛ての書札礼と比較しても遜色ないものである。また甲斐氏は、室町中期には幕府儀礼においても、他の守護被官の中でも特権的な立場を有するようになってきており、毎年六月十九日前後に甲斐邸への将軍御成が行われるのが通例となっていたり[72]、室町邸での将軍対面の際には、将軍陪臣は庭上での拝謁が定められていたが、その中でも甲斐氏は特別に、三間の御厩で拝謁するのを許可されていたりした[73]。このように、室町中期から戦国期にかけて、斯波被官の織田氏や甲斐氏の、儀礼秩序における位置付けが向上していると言うことができる。この動向は、当該期における織田氏・甲斐氏の台頭と関係するものとして考えられる。

ここで、戦国期における斯波氏の元服のあり方について見ていきたい。先述したように、室町期では義将以来、公家式元服を行ってきたが、戦国期ではその様相は次第に変化する。つまり、文明四年（一四七二）十二月の義敏の子の義良（後に義寛）の元服の際には[74]、「旧冬十二月廿三日、斯波義敏之息松王丸十六歳、元服令出仕了、初度出仕ハ如殿上人、第二度ハ武家儀、直垂大口、第三度着上下、三箇度之出立、誠以見物云々」とあるように[75]、元服儀式が計三回行われ、一回目は公家式で、二回目は武家式で行われている。これは折衷式と言うべきものであり、これ以降の斯波氏当主の元服においては、公家式元服の徴証は見られない。応仁・文明の乱以降、斯波氏は領国の尾張国に下向しており、将軍義尚の六角討伐の際には義良は参陣しているものの[76]、それ以降の斯波氏は基本的に在国を続けていて[77]、中央における直接的な活動は見られなくなる。このような状態を背景として、斯波氏は京都で行う公家式元服をするのは不可能になったのである。

次に、戦国期の斯波氏への将軍偏諱の授与については、戦国期の斯波氏当主である、義良（義寛）・義達・義統・義銀の実名からも明らかなように、「義」字の将軍偏諱の授与を、室町期に引き続き行われている。また、文明十七年四月に[78]、義良が従五位下治部大輔から従四位下左兵衛佐に昇進した際、実名を義良から義寛に改名するが、その場合であっても「御字御礼」として室町将軍や幕府関係者に対して礼物を納めており[79]、以前から「義」字を含む改名の場合でも、改めて「義」字の授与を室町将軍から行われるという斯波氏の認識が存在したことが窺える。したがって、戦国期の斯波氏においても、僭称ではなく厳密に「義」字の将軍偏諱の授与を行われ続けていたと考えられる。他の場合においては、室町中期から戦国期にかけての幕府儀礼秩序における斯波氏の動揺が見られるが、ことに将軍偏諱の授与に際してはその限りではなく、依然として先例通り行われていたと言うことができる。これは、実名の決定という、より根幹的なものであったため、斯波氏において先例の維持が他の場合よりもより優先的に行われていた結果なのではないだろうか。また、戦国期には他の新興勢力も将軍偏諱の授与を請うようになり、「義」字の授与も行われる中で、将軍偏諱の申請を取り止めるということは、そういった新興勢力との対抗関係上[80]、彼ら新興勢力よりも幕府儀礼秩序でも下位に位置するということが明確になるため、斯波氏の場合においても、将軍偏諱の授与の申請は室町期に引き続き、戦国期でも行われていたと考えられる。

そして、斯波氏当主の官職昇進ルートについては、先述したように室町期においては、元服時は治部大輔が授与され、そして左兵衛佐から左兵衛督へと昇進するのが家の例となっていた。戦国期においても、系図類では戦国期の斯波氏当主もそのように昇進したとされ、実際に戦国期の義統も「左兵衛佐」と自著している[81]。しかし、『歴名土代』

から裏付けられるのは義良（義寛）の代までであり、それ以降の義達・義統・義銀の代には、正式に任官申請したという形跡が見られない。恐らく、僭称である可能性もあるのではないだろうか。

ここで、十六世紀における幕府儀礼や栄典授与と、斯波氏との関係について考察することとする。

幕府年頭行事においては、一月一日に管領・御相伴衆・国持衆・外様衆・御供衆が、裏打直垂を許可されて出仕する例となっていた[82]。しかし、永正十三年（一五一六）の正月の「裏打出仕人数注文」には[83]、細川高国・畠山稙長・大内義興・細川高基・細川尹賢・細川政春・一色尹泰・一色弥五郎・大館政重・伊勢貞陸・伊勢貞忠・伊勢貞辰・伊勢貞泰・伊勢貞遠・益田宗兼の名が見られ[84]、斯波氏の名は見られない。またこの歴名は、「永正七年在京衆交名」に載せられたものと重なっている[85]。つまり、先述したように、当該期において斯波氏は在国しており、幕府儀礼には参加しておらず[86]、そのため裏打直垂の許可を得ることができていなかったということとなる。このようなことからやがて、『永禄六年諸役人附』において、斯波氏は幕府から御相伴衆として認識されないという状態へと至るものとして考えることができる。

このような斯波氏の幕府儀礼への不参加の他にも、幕府儀礼の要脚納入の減少という点が挙げられる。文明十七年の将軍義尚の任大将祝賀の際に[87]、斯波義寛は二千疋を納めているが、畠山政長や細川政元は三千疋を納めており、赤松政則や大内政弘も同様である。他に二千疋を納めているのは、能登守護家の畠山義統や一色義直らが挙げられる。つまり、ここで三千疋を納入する歴名は、より複数の守護職を有する者たちであり、二千疋を納入する歴名は一、二か国の守護職を有する者たちであると言うことができる。即ち、経済基盤の強弱が、ここでの幕府儀礼の要脚納入の多寡に表れていると考えられる。当時の斯波領国としては、越前国の実質的な支配を朝倉氏に奪われ、尾張国においては織田氏の台頭を許し、遠江国では今川氏による侵蝕が開始されていた。また、ここでの三千疋納入の畠山氏・細川氏・赤松氏・大内氏は、先述した裏打直垂を許可された家と重なっている。つまり、幕府儀礼の要脚負担と栄典授与とは密接な関係があるのである。

このように、戦国期においては、斯波氏の幕府儀礼の要脚納入が、他の家と比較して必ずしも多いものではなかったが、室町期においては、永享元年十一月の将軍義教の新造御会所移徙祝賀の際に、「管領（斯波義淳）以下、三、四ヶ国大名各三千疋」と[88]、他の三・四ヶ国守護とともに三千疋を負担している。また、同三年八月の九条満家への幕府からの八朔贈与においては、斯波義淳は「絵二幅舜挙官女・杉原三十」を贈っており[89]、これは細川持之・畠山満家・赤松満政のものよりも多いものであり、将軍義教のものに次ぐものである。このように、室町期の場合と比較して、戦国期の斯波氏の、幕府儀礼の要脚納入は減少しており、それが幕府儀礼秩序における地位低下の一因となったのではないかと考えられる。

最後に、戦国末期において、斯波氏が織田信長により尾張国から追放された後の、斯波氏の位置付けについて考えたい。

尾張国守護職家としては最後の斯波氏当主である義銀が追放されたのは、永禄四年（一五六一）とされるが、その七年後の同十一年、信長に推戴されていた将軍義昭が、斯波氏の家督を信長に譲ろうとしている。

史料二　「（永禄十一年）十月二十四日付足利義昭御内書案[90]」

三職之随一、勘解由小路家督可令存知之、然上者、任武衛訖、今度之忠恩依難尽如此候也

十月廿四日

織田弾正忠殿

ここでの将軍義昭の意図としては、信長に斯波氏の家督を継承させて管領に就任させ、幕府の政治体制や儀礼秩序に組み込もうとするというものであると考えられる。したがって、「三職之随一」という将軍義昭の表現は、その意図のための言説であり、その実態についてはこれまで考察してきたように、斯波氏の三職の中でも随一であるという位置付けは室町中期から次第に失われてきており、また三職という家格は戦国期には既に御相伴衆に包摂されてから久しい。さらに、『永禄六年諸役人附』の歴名から明らかなように、当該期において斯波氏は、幕府から御相伴衆としても認識されてはいない。したがって、ここでの「三職之随一」という表現はまったくの虚構であり、信長の受け容れるところではなかったと考えることができる。(91) 戦国末期において、幕府儀礼秩序における斯波氏の位置付けは、著しく低下していたものとして考えられる。

結語

結びに、小稿で述べたことについてまとめておく。

斯波氏の幕府儀礼秩序における位置付けについて、その三職という家格から、書札礼や幕府儀礼の規定において、極めて厚礼に位置付けられていた。その位置付けの素地を成したのは、将軍義満期に管領として活動し、斯波氏の発展の基礎を築いた義将であり、後世の斯波氏はもちろん、広く幕府内において、義将のあり方を元に先例が形成された。また、義将の公家式元服・「義」字の将軍偏諱の授与・官職昇進ルートが、後の斯波氏の家の例となっている。

しかし、将軍義教期や将軍義政期においては、義将のあり方を先例とする一方で、現今の斯波氏の幕府儀礼における様相からは、幕府儀礼秩序における斯波氏の位置付けの低下は始まっていると言える。これについては、斯波氏のたび重なる家督不安や、細川氏の台頭という政治的背景が、その要因として考えられる。

実際の文書上における斯波氏の書札礼については、室町期には一貫して厚礼の書札礼が適用されていたことが窺えるが、戦国期においては、将軍御内書が斯波氏を介さずに、直接的に守護代の織田氏などに発給されるようになる。また戦国期においては、「義」字の将軍偏諱の授与は維持されるものの、公家式元服は改変を余儀なくされ、官位も正式に叙任されているかどうかも判然としない。また、戦国期の斯波氏は在国を続けていたことから、幕府儀礼には参加できておらず、またその要脚の負担能力も低下しており、そのため、幕府からの栄典授与にも乏しく、戦国末期には幕府から御相伴衆としても認識されなくなっていた。

ただし、小稿では論じ得なかった論点も挙げられる。小稿ではとくに、斯波氏と室町幕府との関係から、その儀礼秩序における位置付けの変遷の意義について考察してきた。しかし、例えば斯波氏と他の守護権力との間にどのような礼式が存在し、それはどのように変質し、あるいは維持されていったのか、という点について、より具体的に解明する必要がある。今後の課題としたい。

註

（1）　小川信「守護大名斯波氏の発祥」（初出、『国史学』八六号、一九七一年）、同氏「観応擾乱前後における斯波氏―足利（斯波）高経の動向を中心として―」（初出、『国学院雑誌』七四巻一〇号、一九七三年）、同氏「足利（斯波）高経の幕政運営」（初出、

『国学院大学紀要』一一巻、一九七三年)、同氏「斯波義将の分国支配と管領斯波氏の成立」。後にいずれも、同氏『足利一門守護発展史の研究』(吉川弘文館、一九八〇年)所収。

(2) 例えば、義将の子の義重(義教)の評価については、秋元信英氏はその幕政への一程度の影響力を指摘するものの(同氏「斯波義重の動向」『歴史教育』一六巻一二号、一九六八年)、小泉義博氏はその政治的能力の欠如を説いている(同氏「室町期の斯波氏について」『北陸史学』四二号、一九九三年、同氏「第三章第一節　斯波氏の領国支配」、『福井県史　通史編二　中世』、一九九四年)。

(3) 下村信博「第六章第一節　守護斯波氏の失墜」(『新修名古屋市史』二巻、一九九八年)。

(4) 家永遵嗣「斯波本宗家と奥州」、同氏「斯波義廉の斯波氏入嗣と堀越公方」。いずれも、同氏『室町幕府将軍権力の研究』(東京大学日本史学研究室、一九九五年)所収。

(5) 以前、中世における故実書としての書札礼の成立の契機について考察し、戦国期には実用性を離れる傾向があることを指摘した。拙稿「日本中世書札礼の成立の契機」(『HERSETEC』Vol.1　No.2　二〇〇七年)。

(6) 二木謙一「室町幕府の支配体制と武家の格式」(初出、『国史学』一六五号、一九九八年。後に、同氏『武家儀礼格式の研究』、吉川弘文館、二〇〇三年)。

(7) 二木謙一「室町幕府における武家の格式と書札礼」(初出、『古文書研究』四十九号、一九九九年。後に、同氏註(6)前掲書所収)。

(8) 小川氏註(1)前掲論文(一九七一年)。

(9) なお、斯波高経・義将父子は、南北朝期までの同時代史料では、斯波名字を付されて呼称されてはおらず、足利名字で呼称されている。斯波名字を使用するようになるのは、室町幕府が成立し、その体制下に組み込まれていった結果であると考えられる。ただし、小稿では、鎌倉・南北朝期の斯波氏も、便宜上、斯波氏と呼称する。

(10) 得宗専制に伴う、北条氏から幕府御家人に対する偏諱授与の拡大過程については、紺戸淳氏の研究がある。紺戸淳「武家社会における加冠と一字付与の政治性について―鎌倉幕府御家人の場合―」(『中央史学』二号、一九七九年)。

(11)　秋元大輔「室町幕府諸番帳の成立年代の研究」(『日本歴史』三六四号、一九七八年)。
(12)　二木謙一「室町幕府御相伴衆について」(初出、『日本歴史』三七一号、一九七九年)、同氏「足利将軍御供衆の成立」(初出、『日本歴史』四二四号、一九八三年)、同氏「室町幕府御供衆の推移」(初出、国学院大学文学部史学科編『坂本太郎博士頌寿記念日本史学論集』下、吉川弘文館、一九八三年)。後にいずれも、同氏『中世武家儀礼の研究』(吉川弘文館、一九八五年)所収。
(13)　以下の番帳などに載せられた歴名の年代比定については、秋元氏註(11)前掲論文と二木氏註(12)前掲論文(一九七九年)による。
(14)　『群書類従』雑部所収。
(15)　『群書類従』武家部所収。
(16)　『群書類従』雑部所収。
(17)　ここで、西軍の義廉の名を載せるのは、『文安年中御番帳』の作成時において、作成者が義廉を正統な斯波氏の当主として認識していたということになり、興味深い。
(18)　『群書類従』雑部所収。
(19)　京都大学文学部所蔵。今谷明氏による解説がある。今谷明「『東山殿時代大名外様附』について―奉公衆の解体と再編―」(初出、『史林』六三編六号、一九八〇年。後に、同氏『室町幕府解体過程の研究』、岩波書店、一九八五年)。
(20)　『続群書類従』武家部所収。
(21)　『群書類従』雑部所収。長節子氏が説くように(同氏「所謂『永禄六年諸役人附』について」、『史学文学』四巻一号、一九六二年)、必ずしも永禄六年(一五六三)当時のものではないが、概ね永禄年間前後のものとして考えて差し支えないと考えられる。なお、黒嶋敏氏は、その後半部分は、永禄十年における将軍義昭の政権構想を反映しているとする。(同氏「「光源院殿御代当参衆并足軽以下衆覚」を読む―足利義昭の政権構想―」、『東京大学史料編纂所研究紀要』一四号、二〇〇四年)いずれにしても、斯波氏はその歴名から外されており、信長により尾張国から追放されていた斯波義銀は、既に幕府儀礼秩序にも、将軍義昭の政権構想にも位置付けられる存在ではなかったと見なすことができる。

(22) ただし、『長禄二年以来申次記』の段階においては、赤松氏は赤松満祐の乱により一時的に滅亡していたため、その名は見られない。
(23) ただし、三職を包摂した後の御相伴衆の内部において、塗輿御免の規定に際して『宗五大草紙』(『群書類従』武家部所収)には、御相伴衆の中でも赤松氏・京極氏・大内氏は幕府に許可を得た上で使用することができるとあるように、赤松氏らを一段階下に位置付けるなど、一定の秩序が存在した。しかし、そのような御相伴衆の内部秩序は、以後の戦国期にはとくに見られなくなるため、やがて解消されたものと考えることができる。
(24) 二木氏註(12)前掲論文(一九七九年)。
(25) 『群書類従』消息部所収。
(26) 秋元氏註(11)前掲論文。
(27) 『群書類従』消息部所収。
(28) 『仙台市史　資料編一　古代中世』所収。
(29) 大野斯波氏を「下屋形」と称したことは、『長禄二年以来申次記』にも見られる。
(30) 『群書類従』武家部所収。
(31) 二木氏註(12)前掲著書。
(32) 土岐氏の場合は、『家中竹馬記』や『土岐家聞書』(『群書類従』武家部所収)の作成が挙げられる。
(33) 『醍醐寺文書』一五三三号。
(34) 『昔御内書符案』。
(35) 前掲(34)。
(36) 『満済准后日記』正長二年八月二十四日条。
(37) 前掲(34)。
(38) 『御内書案』。

(39) 前掲（38）。
(40) 前掲（38）。
(41) 註（36）所載文書の書止文言は「候也」であるが、記録中の写しであるので、注意が必要である。
(42) ただし、大崎氏や渋川氏にも適用されることがある。両氏はいずれも斯波一族である。
(43) 『続群書類従』武家部所収。
(44) 『大日本古文書　家わけ九　吉川家文書』一一〇号。
(45) 『愛知県史　資料編9　中世2』（二〇〇五年、以下『中世2』とする）四〇〇号。
(46) 『中世2』四六九号。
(47) 『中世2』五〇二（二）号。
(48) 『大日本古文書　家わけ一九　醍醐寺文書』一五二号。
(49) 『九条満家公引付』（『九条家歴世記録』二所収）。
(50) 『群書系図部集』所収。
(51) 『大日本史料』七―一三、応永十七年五月七日条。
(52) その他、義豊の元服については『薩戒記』応永三十二年十一月二十日条に、義健の元服については『康富記』宝徳三年十一月二十一日条に明らかである。
(53) 『康富記』宝徳二年二月二十八日条。
(54) 戦国期における将軍偏諱の授与については、二木謙一「戦国期室町幕府・将軍の権威―偏諱授与および毛氈鞍覆・白傘袋免許をめぐって―」（初出、『国学院雑誌』八〇巻一一号、一九七九年。後に、同氏註（12）前掲著書所収）。
(55) 『薩戒記』応永三十二年十一月二十日条。
(56) 『満済准后日記』永享五年十一月三十日条。
(57) 『荒暦』応永二年七月二十六日条。「武臣右衛門督未聞事也」とし、武家被官では前代未聞のことであるとされた。

(58) なお、木下聡氏は（同氏「室町幕府の官位叙任」、初出、『東京大学史料編纂所研究紀要』一九号、二〇〇九年。後に、同氏『中世武家官位の研究』、吉川弘文館、二〇一一年）、「足利氏以外では応永九年の斯波義教従四位上昇進が叙位小折紙に載せられている」という事例を挙げているが、これも実際には義教の父である義将の意向によるところが大きいと考えられる。
(59) 『建内記』正長元年六月二十五日条。
(60) 『満済准后日記』永享三年三月三十日条。
(61) 『満済准后日記』永享四年五月二日条。
(62) 『満済准后日記』永享四年六月六日条。
(63) 『当流式』、『大雙守』（ともに内閣文庫蔵）。小泉氏註（2）前掲論文（一九九四年）、四五七ページ。
(64) 『長禄二年以来申次記』。二木謙一「室町幕府将軍御対面儀礼と格式の形成」（初出、『国学院雑誌』九八巻一・二号、一九九七年。後に、同氏註（6）前著掲書）、六九ページ。
(65) 『長禄二年以来申次記』。『満済准后日記』によると、実際に応永二十三・三十・三十二〜三十四年、正長二年、永享二〜五・七年に斯波邸への正月御成を行っている。なお、応永三十五年は将軍義持の体調不良のために見送られている（同月十八日死去）。
(66) 小川氏によると、氏頼の遁世は、父高経の弟義将の重用がその原因であるとする。小川氏註（1）前掲論文（一九七一年）、四〇八・四〇九ページ。
(67) 前掲（34）。
(68) 前掲（34）。
(69) 前掲（34）。
(70) 「（文明三年）六月二十五日付足利義政御内書案」（『昔御内書符案』）。
(71) 例えば、『愛知県史　資料編10　中世3』（二〇〇九年、以下『中世3』とする）二〇号。
(72) 例えば、『満済准后日記』応永二十一年六月十九日条。
(73) 『常照愚草』（『続群書類従』武家部所収）。

(74)『大日本史料』八―六、文明四年十二月二十日条。
(75)『大乗院寺社雑事記』文明五年二月十五日条。
(76)『長享元年九月十二日常徳院殿様江州御動座当時在陣衆着到』
(77)『永享以来御番帳』の「文明十二・三年比御相伴衆」の項で、「在国衆」として義良の名が見られる。この頃には、尾張国に下向していたことが窺える。
(78)『大日本史料』八―一七、文明十七年四月七日条。
(79)『親元日記』文明十七年四月十六日条。
(80)戦国期における、他氏との対抗関係上における幕府栄典への諸勢力による希求性の動向については、山田康弘「戦国期栄典と大名・将軍を考える視点」(『戦国史研究』五一号、二〇〇六年)が挙げられる。
(81)『中世3』一五二九号。
(82)「殿中年中行事記録」(『大日本古文書　家わけ二二　益田家文書』二六一号)。
(83)『大日本古文書　家わけ二二　益田家文書』二六〇号。
(84)ただし、一色弥五郎と大館政重は病のため不参とある。
(85)『大日本古文書　家わけ二二　益田家文書』二六三号。
(86)文明年間までの幕府儀礼に斯波氏が参加していたことは、「殿中祇候人数記録」(『大日本古文書　家わけ二二　益田家文書』二六二号)の「文明十一年正月十七日御的」の「祇候人数」の項に、斯波義良と比定される人物が見出されることから確認できる。
(87)「足利義尚任大将祝要脚進納注文」(『大日本古文書　家わけ二一　蜷川家文書』二一三・二一四号)。
(88)『満済准后日記』永享元年十一月十三日条。
(89)『九条満家公引付』(『九条家歴世記録』二所収)。
(90)『和簡礼経』四(『改訂史籍集覧』二七冊)。なお、同文書案は『古今消息集』(内閣文庫蔵)にも収められており、この御内書案が収められている『和簡礼経』は、実際に将軍義昭の側近として御内書作成に携わった曽我氏の手によるものであるため、実際に発給されたものとして見ることができる。

（91）『和簡礼経』ではこの御内書案に続けて、「右一通ハ有辞退而返上」あり、またこれ以降、実際に信長が斯波氏を称した事例は見られないので、信長は斯波氏の家督の継承を拒否したと考えられる。

表　斯波氏歴代家督

	生没年	管領在任期	守護職	官途	家格	主な所在	元服	備考
高経	嘉元三年（一三〇五）―貞治六年（一三六七）	なし	越前・若狭	尾張守・右馬頭・修理大夫	不詳	在京・在国	武家式	幕府の家格秩序は未形成。
義将	貞和六年（一三五〇）―応永十七年（一四一〇）	康安二年（一三六二）―貞治五年（一三六六）、康暦元年（一三七九）―明徳二年（一三九一）、明徳四年（一三九三）―応永五年（一三九八）	越前・越中・信濃	治部大輔・左衛門佐・右衛門督	三職	在京	公家式	
義重（義教）	応安四年（一三七一）―応永二十五年（一四一八）	応永十二年（一四〇五）―応永十六年（一四〇九）	加賀・越前・信濃・尾張・遠江	治部大輔・左衛門佐・左兵衛督	三職	在京	公家式	
義淳	応永四年（一三九七）―永享五年（一四三三）	応永十六年（一四〇九）―応永十七年（一四一〇）、正長二年（一四二九）―永享四年（一四三二）	越前・尾張・遠江	治部大輔・左兵衛佐	三職	在京	公家式	
義豊	応永二十二年（一四一五）―永享四年（一四三二）	なし	なし	治部大輔	三職	在京	公家式	家督継承以前に死没。

義郷	応永十七年（一四二〇）—永享八年（一四三六）	なし	越前・尾張・遠江	治部大輔	三職	在京	武家式	
義健	永享七年（一四三五）—享徳元年（一四五二）	なし	越前・尾張・遠江	治部大輔	三職	在京	公家式	
義敏	永享九年（一四三七）—永正五年（一五〇八）	なし	越前・尾張・遠江	左兵衛佐・左兵衛督	三職	在京	武家式	
義廉	不詳—不詳	文正二年（一四六七）—応仁二年（一四六八）、応仁二年—文明五年（一四七三）	越前・尾張・遠江	治部大輔・左兵衛佐	御相伴衆	在京	武家式	二度目の管領就任は西軍方として。
義良（義寛）	康正三年（一四五七）—永正十一年（一五一四）?	なし	越前・尾張・遠江	治部大輔・左兵衛佐	三職・御相伴衆	在京↓在国	公家式・武家式	
義達	不詳—大永元年（一五二一）	なし	尾張・遠江	治部大輔	不詳	在国	武家式	『歴名土代』に見られず。
義統	不詳—天文二十三年（一五五四）	なし	尾張	治部大輔・左兵衛佐	不詳	在国	武家式	『歴名土代』に見られず。
義銀	天文九年（一五四〇）—慶長五年（一六〇〇）	なし	なし	治部大輔・右兵衛佐	不詳	在国	武家式	『歴名土代』に見られず。

注記　・表には、家督継承以前に死没した嫡子も含めた。

〈斯波氏系図〉　※『尊卑分脈』・「武衛系図」（『群書系図部集』所収）・『室町幕府守護職家事典』（新人物往来社）所収系図を元に作成。

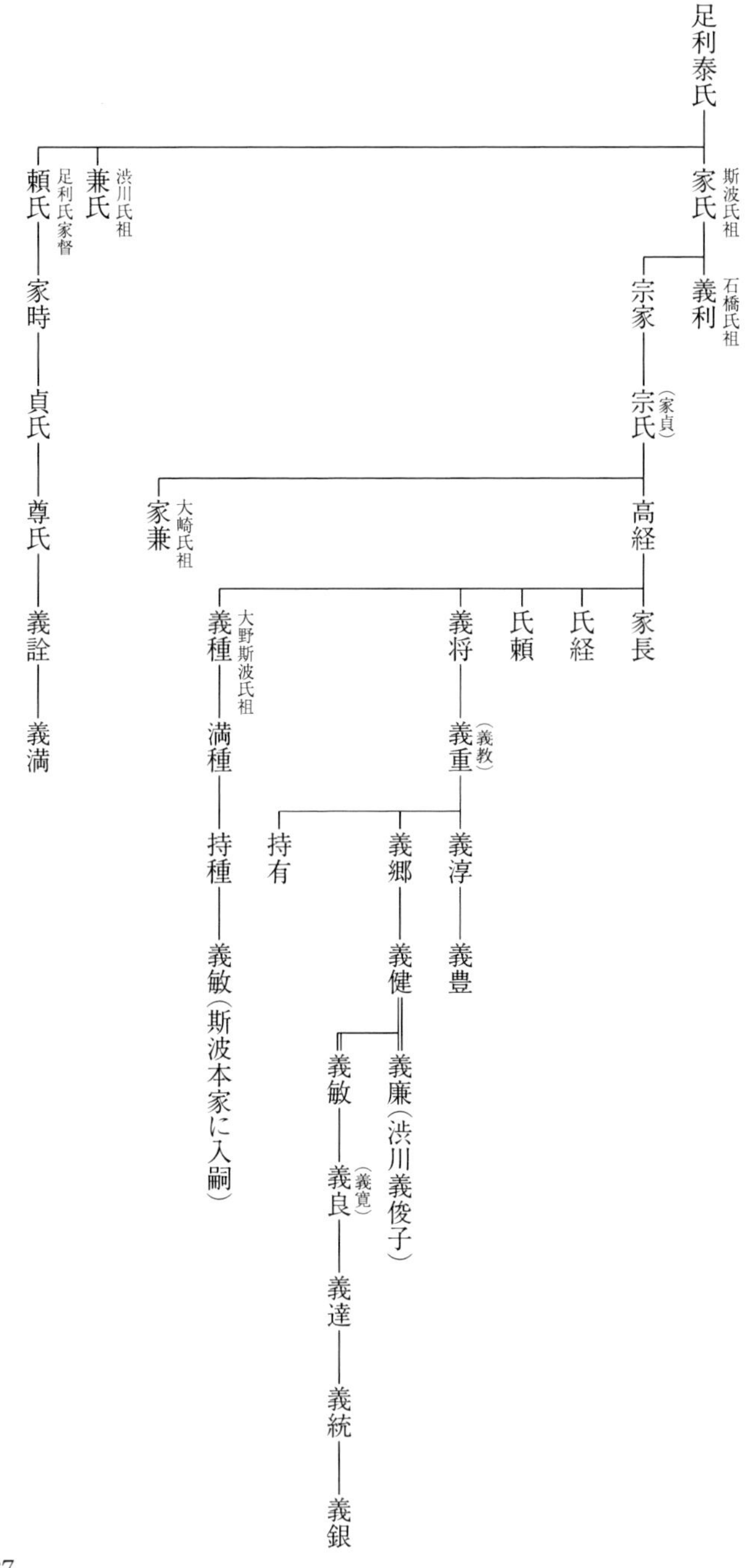

第４部

戦国期の斯波氏

Ｉ　守護斯波氏の失墜

下村信博

織田敏定の尾張進攻

一一年に及んだ応仁・文明の乱も、文明九年（一四七七）一一月一一日に、大内政弘、土岐政頼などの西軍方（西幕府）の諸将が、京都の陣所を引き払って帰国したことでようやく終息し、同二〇日には京都鎮静を禁裏や室町幕府（東幕府）では祝賀した。翌一〇年七月には前将軍足利義政は、土岐成頼に同行して美濃に赴いた弟義視と和解し、美濃守護土岐成頼、能登守護畠山義統ら、西軍方諸将も赦免された。

このの ち室町幕府は、文明七年冬以降尾張を勢力下に置いていた斯波義廉方への大攻勢を計画する。乱前には越前・尾張・遠江三カ国の守護だった義廉は、西軍方諸将中の最強硬派で、（西幕府）管領も勤めて、足利義政の政治に鋭く敵対してきた。越前・遠江両国を東軍方に奪われたのち、義廉は、京都から尾張に下向して、義廉を支持する守護代織田伊勢守敏広とともに尾張国内を勢力下に置き、幕府の支配に服していなかった。

足利義政を中心とする室町幕府は、斯波氏の家督をめぐって義廉と対立した義敏の子、義良を斯波氏の家督（当主）と認めており、義良派の尾張守護代織田大和守敏定に尾張進攻を命じた。敏定は、伊勢守敏広とともに尾張守護代伊勢入道常松の子孫で、伊勢守の系統が守護代を世襲したのに次ぐ有力な織田氏の一族の系統だったと推定される。

敏定は、文明八年に東軍方斯波義良を支持して尾張国内で伊勢守敏広と戦ったが、その後上洛していたらしい。

室町幕府は、文明一〇年八月に、幕府奉行人飯尾為修に、「尾張国凶徒」である斯波義廉・織田敏広ら退治のため、織田敏定に加勢することを命じた。さらに幕府は、七月に赦免したばかりの美濃守護土岐成頼と守護代斎藤（持是院）妙椿にも、敏定の尾張入国に合力を命じた。妙椿は、幕府奉公衆でもあり、美濃・尾張・伊勢・近江・越前の武士を動員でき、その軍事力は乱中に「東軍・西軍の勝敗は、持是院の意志で決定する」（『大乗院寺社雑事記』）といわれたほど強力であった（『岐阜市史』）。信濃伊那郡松尾の領主小笠原家長にも加勢が命じられており、幕府は、敏定の尾張入国を支援するため、隣国美濃・信濃の兵力を動員しようとしたのである。また、敏定は、文明一四年まで幕府の御経料所尾張国山田庄の代官職を預け置かれたことが知られており（蜷川家文書）、敏定の尾張入国の際にこの幕府御料所を預け置くことで、敏定を経済的にも支援したと思われる。

こうした室町幕府の支援を受けた織田敏定の尾張進攻は、京都の公家・寺社からの期待も大きかったようで、尾張二宮社（大縣神社）領を所領として持つ摂関家九条家では、乱中に尾張を勢力下に置いた西軍方斯波義廉・織田敏広らに礼物・礼銭を贈って年貢徴収を保障されていたのに代わって、織田敏定の下向に際して酒二荷を贈り、さらに尾張入国を祝賀する使者を派遣して、敏定の好意を得ようとした。

文明一〇年九月九日に織田敏定は、京都から尾張に下向した。一〇月には尾張国内で、織田伊勢守敏広に対して有利に戦いを進めた。しかし、土岐成頼とともに敏定支援の請文《うけぶみ》（誓約書）を幕府に提出したはずの斎藤（持是院）妙椿が、婿《むこ》伊勢守敏広加勢のため尾張に入った。強勢を誇る妙椿の美濃勢に対して、敏定は清須に「城墩《じょうとん》」を構えた。一二月四日に敏広・妙椿勢は同城を攻めて、双方に多数の死傷者が出る激戦が続き、敏定も矢を受けて左眼を失明したと伝えられる。幕府は、妙椿に停戦を命じる使僧を派遣したが、妙椿は使僧に会うこともせず、城攻めを続けた。幕府・敏定は、重ねて信濃の小笠原家長に支援を求めている。

尾張の「分割支配」

翌文明一一年（一四七九）正月に入ると、織田敏定に尾張国内のうち二郡分を安堵《あんど》するという条件で斎藤妙椿・織田敏広方との和談が成立して、妙椿勢は帰国した（『大乗院寺社雑事記』）。幕府の望んだ織田敏広らの征討は、同じく両軍方であった斎藤妙椿が婿敏広に加勢したために失敗したが、短期間に決着をつけられなかった妙椿側も、幕府の支援を得ている敏定とこれ以上戦いを続けることは得策ではないと判断したと思われる。いわば、敏定・敏広両派の妥協で、敏定は二郡を確保して尾張国内に足がかりを得たことになる。二郡がどの郡に当たるのかは明証がないが、前述の山田庄がある山田郡はその一つであった可能性が強い。敏定は、以後も清須を拠点とし、敏広の方はその北の丹羽郡岩倉を新たに拠点とすることになる。『信長公記』がいう、岩倉城の織田伊勢守家が上半国《かみはんごく》四郡、清須城の織田大和守家が下半国四郡を支配するという尾張の分割支配の起点といえよう。上四郡が丹羽・葉栗・中島・春日井、下四郡が海東・海西・愛知・知多と一般に理解されているようだが、後に述べるように分郡守護の存在もあり、また、明確に郡界を支配境界としているようにもみえない。

その翌二月に斎藤妙椿は隠退《いんたい》し、明くる文明一二年二月二一日に病死した。その家督継承をめぐる戦いが起き、同年一一月に妙椿の甥で養子の斎藤利国（持是院妙純）が勝利を得た。斎藤氏の尾張への影響力が弱まった好機にもかかわらず、斯波義良・織田敏定方の尾張での動きは、史料に残されていない。むしろ、尾張の平静を見越したかのように、文明一一年閏《うるう》九月から一二年にかけて斯波義敏・義良父子は、甲斐八郎とともに越前へ進攻した。西軍方斯波義廉被官から乱中に東軍方に転じて、越前守護に成り上がった朝倉孝景と戦って、越前をとりもどすためである。乱中は同じく東軍方であったが、乱の終息により斯波氏にとって最も重要な分国である越前を実力で奪回しようと、もと同国守護代だった甲斐氏ともども乗り出してきたのである。

文明一三年三月に尾張で再び戦いがあり、織田大和守敏定が勝利を得たことが知られる（『梅花無尽蔵《ばいかむじんぞう》』）。新井喜久夫は、この戦いで岩倉方の織田伊勢守敏広は戦死したのではないかと推定する。乱前から斯波義廉を支持して斯波義良・織田敏定と戦ってきた敏広の死後、敏広の子千代夜叉丸《ちよやしゃまる》（のち兵庫助寛広）は、斯波義良に帰服し、同年七月足利将軍家等に礼物銭《れいもつせん》を献上している（『親元《ちかもと》日記』）ので、幕府からも公認された帰参だったことは明らかである。同年一〇月にも千代夜叉丸は、叔父遠江守広近とともに将軍家へ御内書に対する礼物を献上している（同前）ので、岩倉方は一族挙げて帰服したと考えられる。

織田伊勢守敏広が支持した斯波義廉は、これより以前に尾張を去って、斯波義良と戦っていた越前朝倉氏の許に身を寄せたと推定される。千代夜叉丸らの帰服により、尾張国に関しては、守護斯波義良、守護代織田敏定の体制が定まったことになる。

幕府の寺社本所領回復策

応仁・文明の乱以降、漸《ようや》く尾張国全体が室町幕府支配下に回復されたというわけで、乱中に西軍方に所領を奪われていた公家、寺社、奉公衆などの所領回復要求が幕府にもちこまれたと思われる。近江や美濃の事例からみても、もと西軍方武士らに対して、乱中の押領《おうりょう》所領の返還が帰参の条件になっていたはずで、幕府は所領回復要求を支持したと考えられる。

尾張国内に関して、こうした所領回復の動きを具体的に明らかにできるものは少ない。たとえば、奉公衆の所領に関しては、尾張国内に所領を持つ奉公衆の多くは東軍方だったので、乱中に所領を保持するのは相当に困難だったと想定される。しかし、後述する今川那古野《なごや》氏はじめ、ほとんどの奉公衆は乱後も健在であるので、大勢としては大した打撃を受けず、所領を回復あるいは保持できたと思われる。

ただし、乱中から知多郡北部・愛知郡南部には水野氏一族の新たな進出がみられるので、地域によっては乱による領主交替をみたところも存在したであろう。

また、岩倉方の織田千代夜叉丸ら、もと西軍方に属した武士たちの場合はどうであろうか。幕府御料所山田庄の代官職の推移が興味深い事例を示している。先述したように、同庄代官職は、織田敏定に尾張進攻の際に幕府から預け置かれた可能性があるが、千代夜叉丸らの帰服の翌年、文明一四年（一四八二）閏七月に幕府は、東山山荘料木の件を理由に、敏定に代えて斎藤利国（妙純）に同庄代官職を補任《ぶにん》した（蜷川文書）。幕府が足利義政の「当年御移徙《ごいし》」のために東山山荘造営に苦心していたことは確かであるが、延徳二年（一四九〇）にも妙純が同庄代官を勤めていることからみて、幕府の妙純に対する優遇策と考えられる。敏定が納めた同庄年貢は八〇〇貫文であり、代官としての収入も相当だったと推定される。妙純と岩倉方の織田伊勢守家との結びつきを考えると、代官妙純に代わって現地を支配したのは伊勢守家だった可能性が強い。同庄代官職の交替は、伊勢守家＝妙純の帰服に対する褒賞という面があるのではなかろうか。織田伊勢守家は、守護代ではなくなったが、丹羽郡岩倉を拠点に丹羽・葉栗・春日井・山田（山田庄）・中島各郡に勢力が及んでおり、帰服後も相当の勢力を保持できたのである。

　室町幕府は、公家や寺社の要求により、所領の回復を守護・守護代を通して指示した。文明一四年（一四八二）と推定されるが、等持寺領中庄《なかのしょう》（海東郡）を同寺に還補《げんぽ》するよう守護斯波義良・守護代織田敏定に命じた。長享元年（一四八七）一二月に妙興寺（中島郡）に将軍足利義尚が尾張国散在の寺領を安堵したのをうけて、幕府は織田敏定に同寺の「尾張国散在の寺領、并《なら》びに末寺領」を安堵させた。延徳二年（一四九〇）八月に幕府は、南禅寺領杜《もり》庄（中島郡）の違乱停止を敏定に命じた。室町幕府が公家・寺社領の回復に熱意を見せた、乱後から長享・延徳年間にかけて、こうした命令が尾張にも出されたが、現存史料からみる限り、幕府の命令を遵行するのは守護斯波義良と守護代織田敏定である。岩倉方の織田氏の勢力下に対しても、守護代敏定を通して岩倉方に伝達されて執行されたと思われるが、関係史料が乏しく明証は困難である。

　守護・守護代の権限にかかわるもう一つの問題としては、海東郡への遵行《じゅんぎょう》についてである。尾張国内でも、海東・知多両郡は乱前には一色氏が分郡守護であり、尾張守護斯波氏の管轄を離れていた。ところが、一色氏が西軍方となったため、応仁二年（一四六八）に幕府は両郡を没収したと推定される。知多郡は幕府御料所（料郡）として政所執事伊勢貞宗に預け置かれたことが知られているが、海東郡については明らかでなかった。文明一四年（一四八二）の海東郡中庄への遵行からみて、鳥居和之の指摘するように、海東郡は分郡守護が解消されて、尾張守護の管轄にもどったと推定されるのである。恐らく、文明一〇年の織田敏定の尾張進攻の際に、幕府からその支援のために同郡を付与されたのではなかろうか。残る知多郡については、斯波氏や敏定らの活動を示す史料はみられない。

　ところで、現市域より西の地であるが、海東郡中庄の事例を具体的に紹介しておきたい。中庄は、海東中庄ともいい、乱前には足利氏と関係の深い京都の臨済宗寺院等持寺の所領であった。しかし、「一乱以来」、守護斯波義良の被官が押領しており、文明一四年に等持寺は幕府に訴えて、同庄還補の「御判」を得たと推定される。さらに、多額の礼物を贈って、守護斯波義良の「遵行」と守護代織田敏定の「出状《しゅつじょう》」の両通を授かったにもかかわらず、押領人は同庄を明け渡さなかった。長享二年（一四八八）正月二四日に等持寺を訪れた前将軍足利義政に対して、同寺住持は、同庄押領人について厳重な措置を訴えた。住持が、「彼の押領人は、この一所を懸命（の地）としているので、渡さないと言っている」と話すと、義政は一笑して「謂れ無し」と答えた（『蔭凉軒日録』）。

足利義政が笑った理由にもならない返答で押領地の引渡しを拒んだのは、名も知れぬ地方の武士ではなかった。『鹿苑日録《ろくおんにちろく》』の同日条によれば、中庄の押領人は飯尾彦右衛門と知られる。室町幕府奉行人《ぶぎょうにん》飯尾氏から分かれて守護斯波氏の被官となった一族で、彦右衛門は、明応二年（一四九三）五月に守護斯波義寛の幕府出仕の際に、織田備後守とお供を勤めた有力被官であった。その彦右衛門が、同庄を「一所懸命の地」と称するのは、誠に人を喰《く》った返答といえよう。

足利義政は、近江鈎《まがり》の陣所に出陣中の将軍足利義尚に中庄についての措置を依頼した結果、義尚から等持寺に、厳重の措置を命じた「御自筆御書」が正月二九日までに下された。その結果については残念ながら史料が残されていない。けれども、守護被官でありながら幕府や守護・守護代の命令にも従わず、ただ実力で中庄を保持し続けようとした飯尾彦右衛門の姿は、乱後の尾張の武士たちに共通したもののように思われる。足利義政・義尚父子が公家や寺社の所領回復を守護や守護代を介して実行しようとすればするほど、逆に守護や守護代をまきこんで、地方の武士たちの不満が高まることになった。足利義政は、飯尾彦右衛門の言動を笑ったが、室町幕府・守護体制そのものが大きく揺らぐ時代が、まもなく来ようとしていたのである。

長享二年の戦乱

さて、文明一三年（一四八一）の岩倉方の織田氏一族の帰服まで筆をもどすと、尾張国内での戦乱が終息した結果であろうか、翌文明一四年に織田敏定は、清須城内で日蓮宗の法論をたたかわせた。当時尾張の日蓮宗内では、甲斐身延山《みのぶさん》の久遠寺《くおんじ》と京都六条の本国寺《ほんこくじ》の両派で本末の争いがあった。守護代敏定は、両派の寺僧を招いて館の対面所にて問答をさせて、その理非を判断させた。敏定自身は本国寺派の檀方《だんかた》となり、奥田四郎次郎泰範、同蔵人佐《くろうどのすけ》貞泰、蜂須賀彦四郎直泰、同右京亮《うきょうのすけ》胤泰《たねやす》、山田次郎左衛門尉《さえもんのじょう》広豊、斎藤次郎五郎近久、同又五郎利重、太田式部丞《しきぶのじょう》広中、織田与三郎広忠の九名が身延派の檀方となって、法論の結果に従う旨の起請文《きしょうもん》を互いに取り交わした。法論の判者ないし奉行には、蜂須賀豊前守俊家、那古屋《なごや》丹後守敏信、織田弾正忠《だんじょうのじょう》（弾正左衛門）良信、同又七郎良縁、また、山本左京進《さきょうのじょう》広顕、織田次左衛門尉広貞、同左京亮広長がいた。法論は、本国寺派の勝ちとなり、身延派は本国寺派に帰伏する旨の起請文を提出する結果となった。

織田敏定は、清須に本要寺を建立したと伝えられ、明応二年（一四九三）には萱津の実成寺に敷地を寄進するなど、日蓮宗の保護に手厚かった。尾張における日蓮宗の混乱を鎮める目的があったのであろう。清須城内の法論に参加した武士たちに織田敏定の勢力がうかがえるが、蜂須賀氏一族のように海東郡の武士が参加していることが注目される。

文明一五年（一四八三）三月には、守護斯波義良が越前での朝倉氏との戦いをあきらめて、尾張清須城に入った。これ以降、清須城に守護斯波氏と守護代織田大和守家が居住する体制となった。文明一七年斯波義良は、義寛と改名し、官職は治部少輔《じぶのしょう》から左兵衛佐《さひょうのすけ》に転じた。在京中の父義敏は、足利義政とともに出家して法名道海となり、永正六年（一五〇九）に七五才で死去した（「東寺過去帳」）。文明一四年の清須法論に列席した弾正忠良信、又七郎良縁は義良の時代にその偏諱《へんき》「良」を授かったとみられ、延徳、明応年間にみえる寛定、寛村、寛広、寛近などは、義寛に改名後に「寛」字を授かったものであろう。

長享元年（一四八七）に、将軍足利義尚は、近江守護六角高頼が乱中に奪った寺社本所領の回復を名目に、自ら近江に進攻して高頼を攻めた。守護斯波義寛はこれに従軍し、その軍勢は「織田与次郎、同じく大和守を首《しゅ》として、人数五千ばかり」（『蔭凉軒日録』）とある。守護代織田大和守敏定と並ぶ与次郎（兵庫助とも）は、岩倉方の千代夜叉丸が元服した寛広と推定されるので、清須・岩倉両勢が参加したわけである。『蔭凉軒日録』の別の記事では、斯波義寛の軍勢は「三百九十一騎、人数八千ばかり」とさらに大規模なものと伝えられている。義寛がこのように積極的に従軍したのは、将軍義尚に対する忠誠を顕示することで、朝倉氏に奪われた越前回復を有利に進めようとしたためと推察される。義尚の六角氏攻めが、寺社本所領の乱前への回復を名目としていることは、朝倉氏に敗退した斯波氏が幕府に越前回復を訴訟する好機であった。もと越前守護代甲斐氏などは、越前進攻をうかがう状況となった。

しかし、甲斐氏の越前進攻は幕府から停止を命じられ、斯波・朝倉双方からの主張がなされたのち、同年末に出された幕府の裁定は、朝倉氏の主張を乱中に押領した寺社本所領の返還などを条件に認め、斯波氏の越前回復要求を実質的に退けるものであった。義政・義尚父子を中心とする幕府としては、越前守護にという褒賞で東軍に転じさせた朝倉孝景の忠功を無視することはできなかったのである。斯波氏としては、実力で朝倉氏の越前支配をくつがえすことができない以上、越前回復をいったんはあきらめざるを得なかった。長享二年三月、織田敏定らは尾張に帰り、九月には守護斯波義寛も帰国している。

長享元年から二年にかけての近江六角氏攻めに代表されるように、将軍足利義尚を中心とする幕府の寺社本所領の回復要求は厳しかった。尾張でも、等持寺領中庄の事例ですでに紹介したとおりである。守護斯波義寛も、越前回復を目的として、こうした幕府の政策に迎合的であったと考えられる。そうであるとすれば、押領地の返還を余儀なくされた地方の武士たちの不満は、募っていたにちがいない。とくに、乱中に西軍方として所領を獲得していた岩倉方の織田氏一族の払う代償がより大きかったと予想される。幕府・守護の政策が、尾張国内のもと東西両軍の対立に再び火をつけた可能性が強い。長享二年の後半に、尾張国内が「国之忽劇《くにのそうげき》」と呼ばれる戦乱状態となったのは、こうした背景があったと推測される。

長享二年九月二六日に、京都相国寺《しょうこくじ》の蔭凉軒主は、尾張に赴く僧に織田敏定方への「国之忽劇」について尋ねた書状を託した。一一月一日には、同軒主は織田次郎右衛門尉の戦死を弔問し、一二月六日にも同軒主は、織田敏定に「国之大敵織田与九郎の城、悉《ことごと》く攻め殺すの事」について賀状を送った（『蔭凉軒日録』）。長享二年の尾張の戦乱について具体的に知り得るのは以上に過ぎない。

江戸時代の文献には、この織田与九郎を兵庫助寛広に比定して、織田敏定による岩倉城攻略を説くものがあるが、この後も岩倉方の織田伊勢守家は健在で敏定との対抗関係を持ち続けているので、にわかには信じがたい説と思われる。現在のところ、与九郎の織田系譜上の位置づけについては不明といわざるを得ない。

守護斯波義寛と将軍足利義材

延徳三年（一四九一）八月に将軍足利義材《よしき》は、再び近江六角高頼を攻めて寺社本所領を回復し幕府の威信を高めようとして、自ら近江に出陣した。もう一つの分国遠江に出征中だった守護斯波義寛は、八月一五日に尾張より京都に着いた。その率いる軍勢は「四千ばかり」（『大乗院寺社雑事記』）、「凡そ七十騎、人数三千人ばかり」（『蔭涼軒日録』）、「雑兵以下二千人ばかり」（『後法興院記』）と確定しないが、従軍したものには、敏定父子、兵庫助寛広、与十郎寛近（遠江守広近子）、紀伊守広遠《ひろとお》といった清須・岩倉両方の織田氏一族の名が挙がっている。その軍装の華美さは、「武衛衆の壮麗、山名衆に勝る、同日に語るべからず」と賛嘆されている（『蔭涼軒日録』）。

守護斯波義寛・守護代織田敏定ら主従は、六角氏相手に奮戦し、織田次郎左衛門敏貞の戦死など死傷者を出している。翌延徳三年五月に、将軍義材に代わって、甲賀に逃れた六角高頼を攻めるため、義寛は幕府軍を率いて近江大津から守山に進出して布陣している。義寛の将軍義材への積極的な忠勤は、義材が応仁・文明の乱で西軍方に擁立された足利義視の実子であり、西軍方を裏切って東軍方に転じた朝倉氏を将軍義材が憎み、逆に斯波氏に同情的なのを利用して、越前を回復しようという目的を持ったものと考えられる。

延徳三年に斯波義寛は幕府に越前回復を訴え、もと越前守護代甲斐氏は再び越前進攻を企てた。同年一〇月一一日に将軍義材は、越前の朝倉貞景退治の御内書を斯波氏に与えた。翌日義寛は、礼のため義材の陣中に参り、太刀、馬、折紙を献上し、将軍義材の越前出馬の噂が伝わった。

しかし、朝倉氏側も、細川政元被官上原賢家《かたいえ》・元秀父子や赤松氏被官浦上則宗《のりむね》を通じてまき返し、同氏の越前支配の証拠文書を延徳四年三月に提出した。結局、幕府は朝倉氏に有利な裁定を下し、斯波氏の越前回復の望みは再び実現しなかった。斯波氏に同情的だった将軍義材も、越前を実力で支配する朝倉氏攻めを斯波氏のために実行する用意はなかったのだろう。実力で朝倉氏を倒す力がない斯波氏としては、越前回復のために、なお将軍義材に期待を持ち続けた。しかし、尾張守護代織田敏定にとっては、同じ斯波氏被官で同輩だった朝倉氏が越前守護となったことを屈辱に感じてはいても、幕府の決定を受け容れるとの立場であった。尾張に拠点を保持できた敏定には、斯波氏やもと越前守護代甲斐氏、もと越前大野郡の豪族だった二宮氏などのように越前に執着する利害がないので、本気で越前に進攻する気持ちがあったかどうかは疑わしい。

明応元年（延徳四、一四九二）一二月に、近江六角氏攻めを終えた将軍義材は帰京し、ついで河内畠山基家（西軍方だった畠山義就《よしなり》の子）攻めに着手することになった。翌明応二年二月一五日に将軍義材は、諸軍を率いて河内へ出陣した。なお義材に期待をつなぐ斯波義寛は、これに従軍した。しかし、義寛の率いる軍勢については、前年の近江六角氏攻めの時よりもかなり下回っていたのではないかと推測される。

ところが、明応二年四月二二日に、京都にとどまっていた細川政元は、将軍義材の従兄弟にあたる清晃《せいこう》（堀越公方政知《まさとも》の子、還俗して足利義遐《よしとお》を名のる）を新たに将軍に擁立し、河内の陣所にいる将軍義材・畠山政長らを討つための軍勢を派遣した。幕府の権威を高めようとする将軍義材とそれを支持する畠山政長に反発した細川政元が、畠山基家と結んで幕府の実権を掌握しようとした明応二年の政変である。河内にあった諸守護・奉公衆よりなる軍勢は離散し、孤立した将軍義材は同年閏四月二七日に降伏し、畠山政長は自殺した。

河内にいた斯波義寛は、不意を討たれた上、弱少の軍勢では細川政元派に対抗できず、やむなく政元派に与《くみ》し、新将軍義遐に出仕することになった。ところが、政元により京都竜安寺《りょうあんじ》に幽閉された前将軍義材は、六月二九日に京都を脱出して北陸に逃れ、政元派を討つために諸国に呼びかける事態となったため、両派の争いは全国の戦乱を激化させ、戦国の様相は一挙に深くなっていく。斯波義寛の幕府における立場は将軍義材の時の親しい関係が一転して、新将軍義遐を擁立した細川政元派からは、常に亡命中の義材との内通を疑われる苦しい状況となった。斯波義寛の幕府内での孤立は、国外勢力の攻勢と尾張国内の戦乱を招いて、厳しい立場に立たされることになったことを家永遵《じゅん》嗣《じ》は指摘している。

船田合戦と尾張

明応初年、尾張国内は比較的平穏であった。清須方の織田大和守敏定は、明応二年（一四九三）七月一〇日付で、海東郡実成寺《じつじょうじ》に敷地などを寄進した。さらに、敏定は、同寺に愛知郡日置《ひおき》内の公文名《くもんみょう》を寄進したことが、明応五年九月二三日付の織田寛村判物で、実成寺に「尾州愛知郡日置内公文名の事、敏定寄進状之旨に任せ」安堵していることから知られる。この寄進は、明応四年の敏定死去までに行われたと考えられるが、清須方の織田大和守家が愛知郡内に関係した、初見の史料として注目される。

他方、岩倉方の織田寛広は、明応二年一一月一四日付の判物で、春日井郡の篠木《しのき》下郷密蔵院の年貢の内で「荒符（?）河成《かわなり》」の分を同寺に免除した。清須・岩倉両方による尾張国内の分割支配も、それなりに安定したようにみえる。明応三年六月三日付の高松宮家蔵源氏物語奥書によれば、従四位下藤原朝臣某は、織田近江守寛定（敏定子）の懇望《こんもう》により同書を与えたとあるので、文芸に関心を寄せられるほどに尾張国内は平穏だったともいえよう。

しかし、戦乱は国外勢力よりもたらされた。明応三年に、駿河守護今川氏親と後見伊勢宗瑞（早雲）が、将軍足利義高（義遐から改名）、細川政元と提携し、幕府内部で孤立している斯波義寛のもう一つの分国遠江に進攻し、親斯波勢力を亡ぼし、同六年には遠江中部までの中小領主を服属させたのである。斯波氏は、直ちに遠江を奪回しようとしたのであるが、翌明応四年に尾張国内で戦乱が起こり、それが果たせなくなった。

この尾張の戦乱の発生も、隣国美濃の戦乱が引き起こしたものであった。斎藤利国（持是院妙純）と、その被官で船田城主石丸（斎藤）利光との対立が激化して、同年六月守護所革手城《かわてじょう》の北、正法寺《しょうほうじ》内で合戦となった（船田合戦）。妙純は、公家甘露寺《かんろじ》元長の娘を養女にして岩倉方の兵庫助寛広に嫁がせていた。岩倉方の織田伊勢守家は敏広・寛広の父子二代にわたって美濃斎藤氏と密接な結びつきを持っていたので、一族の織田十郎が妙純を救援した。他方、『船田戦記』によれば、守護代織田大和守敏定の子近江守寛定が石丸利光の婿である関係から、敏定は利光救援のため出陣した。しかし、岩倉方の織田十郎の弟与三郎は、兵庫助寛広と相談して途中で敏定勢を遮《さえぎ》った。この陣中で敏定は病死（戦死と伝える文献もある）したと伝えられる。近江守寛定は、父の遺志を継ぎ与三郎と対陣を続けた。同年石丸利光は敗北し、船田城を焼いて近江へ逃亡したので、織田十郎は急ぎ尾張に帰国した。船田合戦を契機に、尾張国内で清須・岩倉両方の戦いが再燃したといえよう。九月に入ると、近江守寛定は、岩倉方に大敗して、寛定とその弟一人を含めた数百人が戦死したと伝えられる（「東寺過去帳」ほか）。寛定の後継者は弟六郎寛村であり、大和守を称し法名は常巨といった。

しかし、奇妙なことに、清須方の大敗にもかかわらず、『船田戦記』は、「下強上弱」、すなわち、岩倉方が翌明応五年に至って劣勢だったと述べている。そのため、斎藤妙純は美濃勢を「上郡」に派遣したとあるので、岩倉方が守勢に立たされていたのは事実であろう。三月二日に戦いがあり、清須・岩倉両方で多数の戦死者が出た（『大乗院寺社雑事記』）。妙純の調停により翌四月一〇日に和約がなり、両軍勢は引き退いたという。しかし、その後も両者の戦いは続いたようで、大乗院門跡尋尊は、美濃からの同年五月二〇日付の書状により、「尾帳（張）は又両人取合う」と、両方の戦いについてその日記に記している。

他方、美濃でも斎藤妙純の尾張出兵の留守をついて、近江に逃れていた石丸利光が、細川政元、近江六角氏、伊勢北畠氏などの支援を得て、明応五年五月に尾張津島から竹鼻を経て、墨俣を渡り、守護土岐成頼のいた城田山舎衛寺《しゃえいじ》に入った。妙純は、近江の佐々木政高・浅井氏、越前の朝倉貞景（妙純の娘婿）、尾張の織田与十郎兄弟（先述した十郎・与三郎兄弟か）や同又太郎らの同盟軍を募って、利光を包囲した。力尽きた利光一族は自害した。利光に与した守護土岐成頼は降伏し、子元頼は自害するなど伝統を誇った美濃守護土岐氏の勢威は衰えた（『岐阜市史』）。

勝利を得た斎藤妙純は、利光を支援した六角高頼に報復するために同年九月に近江に進攻したが、意外にも蜂起した土一揆勢のために同年一二月七日に斎藤氏一族・主だった家臣とともに全滅してしまうのである。応仁・文明の乱以来、強盛を誇った美濃斎藤氏の軍事力がここに潰《つい》えたことは、近隣諸国にも大きな影響を与えた。乱以来、岩倉方の織田伊勢守家と結んで介入してきた斎藤氏の圧力から、尾張は漸く免かれることができ、逆に国外へ攻勢に出ることも可能となった。なお、斎藤氏の支援を失った岩倉方の織田氏にとっては、清須方に対する劣勢を挽回することは困難になったと思われる。

戦乱の深まり

実際、しばらくは尾張国内は平穏だったように思われる。織田寛村は、明応五年（一四九六）九月二三日付の判物で、実成寺に父敏定が寄進した愛知郡日置内の公文名を安堵しており、尾張国内の戦乱が落ち着き始めたところで、清須方大和守家の後継者の立場を示したものといえる。さらに、熱田神宮寺座主《ざす》の笠寺別当職《かさでらべっとうしき》知行に対する笠寺寺僧の訴えに関して、同七年十一月三日付の判物で、寛村は熱田座主に笠寺別当職を安堵した（密蔵院文書）。清須方守護代大和守家が、愛知郡熱田にかかわったことを示す史料の初見で、以後歴代当主の判物等が、熱田に出されている。

他方、岩倉方では、伊勢守敏広の子、兵庫助寛広が引き続き当主であり、明応八年一一月一九日付の判物で、中島郡妙興寺領と末寺等について安堵しており、妙興寺が岩倉方の勢力下にあったことをうかがわせる。

尾張国内の平穏をよそに、東海北陸から中国地方にかけての地域では、前将軍足利義尹（義材から改名）を支持する勢力と、将軍足利義高を支持する細川政元らの勢力が各地で争う戦乱が続いている。尾張の戦国の動乱も新たな段階に進む前夜を迎えていた。

京都五山東福寺の末寺の長母寺（東区）の状況について、明応八年四月に鹿苑院主《ろくおんいんしゅ》の眼病の治療に訪れた抬蔵主《たいぞうす》は、「今則ち荒廃す。長母（寺）は則ち乱後寺産を豪奪さるるといへども、絶えざる也、徒衆六十輩住居す」と語っている（『鹿苑日録』）。五山派の地方禅院として幕府・守護の保護が厚かった長母寺は、応仁・文明の乱により武家領主たちの実力による寺領奪取の危機にさらされたが、明応八年の当時は全寺領を奪われたわけではなく、まだ六〇人の住僧がいたという。

ところが、一六世紀の前半に入ると、同じ五山派の有力寺院妙興寺（一宮市）の寺僧が、武家領主に寺領の多くを奪われたあげく、現在はわずかに残る「二段・三段候処共を、拾ひ集め」て奪い取られようとしていると嘆く有様となった。長母寺も同様で、残った寺領も奪われて急速に衰退していったと考えられる。

実力で領地を維持する手段を持たない寺社にとって、一六世紀前半に入って一層厳しい状況を迎えることになったのである。中小の武家領主たちにとっても、実力で領地を保持するため、在地の拠点の役割はこの時期に増大したと想定される。しかし、国内争覇戦の舞台となった清須城や岩倉城などの有力領主の拠点とは相違して、その具体的な姿は、恐らく「屋敷」とも「城」とも区別しがたいものであったと考えられる。とすれば、中小領主は、単独では有力領主に対抗することはできず、領地保持のためには有力領主に結びつく必要があったことになろう。一五世紀末の水野氏、一五、六世紀の織田弾正忠家（勝幡《しょばた》系織田氏）などの有力領主の急激な台頭も、こうした中小領主との新たな結びつきを抜きにしては、考えられないのではなかろうか。

遠江をめぐる今川氏との戦い

秋本太二《たいじ》・家永遵嗣らの研究によれば、美濃斎藤氏の圧力から解放され、尾張国内の戦乱も落ち着いた明応九年（一五〇〇）ごろから、斯波氏は今川氏に奪われた分国遠江の回復に本格的に着手する。将軍足利義高支持を明確にして幕府の実力者細川政元の支援を得、信濃小笠原氏に救援を求め、関東管領山内上杉顕定にも働きかけて、今川氏を東西から挟撃しようとした。守護義寛の弟寛元・義雄は遠江に下向し、文亀元年（一五〇一）に遠江中部で攻勢に出た。今川氏親・伊勢宗瑞（早雲）は、斯波氏への対抗上、前将軍足利義尹《よしただ》（義材から改名）支持に切り換えて、将軍足利義高・細川政元派勢力を攻めることとなった。

今川氏親・宗瑞の変身を見ると、将軍への忠誠も領国拡大のための大義名分に過ぎなくなっていた一面が現れているが、前将軍足利義尹と将軍足利義高両派の争いの厳しさはこのころの尾張にも影を落としている。明応八年五月に朝廷から蔵人頭《くろうどのとう》に補任されたばかりの公家《くげ》烏丸冬光が、「今度御敵致され、既に没落」したため、その所領尾張国星崎庄（南区）が幕府に没収されて、同年一二月に一色式部少輔に宛行われた（一色家古文書）。冬光は、永正五年（一五〇八）六月足利義尹が入京、将軍に復帰して、翌七月に参議に任じられているので、明応八年当時西国の大内義興に頼っていた義尹の許へ亡命したものと考えられる。明応末年には、室町幕府奉行人も何人かが義尹の許に亡命している。

さらに、明応九、文亀元年（一五〇一）ごろには、尾張那古野（中区）の領主今川国氏の「没落」が京都にまで聞こえ、彼が代官として請け負っていた勾当領《こうとうりょう》（長橋局領《ながはしつぼねりょう》）愛知郡井戸田・市部《いちべ》の年貢が届けられなくなった。今川国氏の「没落」と年貢未進の背景は、足利義尹・義高両派の争いがあったと考えられる（『新修名古屋市史』第二巻第六章 戦国の争乱と尾張第三節 今川那古野氏）。駿河今川氏と斯波氏の争いが激しくなれば、尾張国内における今川那古野氏の勢力も影響を受けずには済まないと想像されるが、具体的な事実を物語る史料は乏しい。いずれにしろ、足利義尹・義高両派の争いは、尾張国内でも、守護斯波氏をはじめ今川那古野氏などの奉公衆たちもまきこんで、厳しい対立を生み出していったといえる。

さて、守護斯波氏の遠江中部での攻勢に筆をもどすと、関東管領山内上杉顕定は結局動かず、信濃小笠原氏の救援も十分ではなかった。遠江中部以東の中小領主を従えた今川氏は、文亀三年末までに斯波勢を遠江からほとんど撃退してしまった。さらに、新行紀一・家永遵嗣らの研究によれば、前将軍足利義尹の入京支援のため、今川氏親・伊勢宗瑞（早雲）は、遠江から西進して三河に進攻した。永正三年（一五〇六）に三河今橋（豊橋）城を攻略し、同五年には西三河に進攻して、岩津城（岡崎市）を攻めるに至った。同年六月に足利義尹は、大内義興の軍勢とともに入京して将軍職に復帰を果たしており、入京直後の将軍義尹は今川氏親を遠江守護に補任した（「永正御内書案文」）。遠江は名実ともに今川氏の手に帰し、斯波氏にとって最悪の事態となったわけである。

永正年間の尾張

残念ながら、この間の尾張国内の詳しい状況はわからない。同国内の事件を聞き記した記録も、国内に残っている文書も乏しいためである。守護斯波義寛は、文亀元年（一五〇一）に尾張にあって遠江進攻の指揮を取ったが、そののち死去したと推定される。子の義達が家督を継承している。清須方の守護代織田大和守寛村の跡を継いだ五郎達定の「達」字は、義達の偏諱《へんき》を授かったものである。永正七年（一五一〇）に達定の名がみえる（密蔵院文書）ことから、遅くともこれ以前に義達が家督を相続したと考えられる。永正年間に入ってからの今川氏の攻勢に対して斯波氏側が全く不活発にみえるのは、斯波氏の家督交替の影響も可能性として有り得る。

尾張守護代も、先に述べたように、この間に織田大和守寛村から五郎達定に替わったが、その時期や両者の系譜上のつながりは明確ではない。文亀三年（一五〇三）一一月付の妙興寺あての禁制を発給した織田五郎（妙興寺文書）を、永正七年（一五一〇）の五郎達定（密蔵院文書）と、その花押が相違するけれども、同一人と見れば、五郎達定の初見は文亀三年ということになろう。

確実な織田五郎達定の史料となると、永正七年三月五日付の達定判物で、熱田神宮寺座主に笠覆寺《りゅうふくじ》別当職《べっとうしき》を安堵し、笠覆寺僧が別当に無断で開帳に及んだことを不法と断じている。清須方の守護代達定が、寛村の代に引き続いて、愛知郡内（熱田・笠寺）に威令を及ぼしていたことを示す史料でもある。他方、永正元年一一月一三日付の寄進状で、岩倉方の織田寛広は密蔵院（春日井市篠木）に、連日祈祷《きとう》を条件に篠木下郷の年貢拾石と銭拾貫文を永代寄進している。岩倉方の寛広が引き続き春日井郡内を勢力下に置いていたことを示す史料といえ、清須・岩倉両方の尾張分割支配が揺るぎないようにみえる。

しかし、尾張国内の諸勢力の変動は既に現れ始めていた。永正二年一〇月、四、五年に及ぶ勾当（長橋局）領尾張国井戸田・市部代官今川国氏の年貢未進にたまりかねた長橋局は、公家三条西実隆《さねたか》に相談した（『実隆公記』）。実隆は、松波左衛門大夫《だゆう》を介して、当時井戸田・市部周辺を領有していた水野氏に働きかけて、冥加上分《みょうがじょうぶん》を納めさせようとしたのである。第三節（『新修名古屋市史』第二巻第六章 戦国の争乱と尾張第三節 今川那古野氏）で詳しく述べるように、永正二年当時、愛知郡井戸田・市部の代官を勤めていた今川国氏の勢力は後退し、同地周辺は水野氏一族が領有するところとなっていたことが、都にまで聞こえていたことになる。水野氏は、一五世紀末に知多郡小川・三河刈谷城主となっていたが、この時期にその勢力は北上して、愛知郡井戸田・市部周辺にまで進出していたのである。

斯波氏と駿河今川氏との争いの中で、今川那古野氏の一時的滅亡を主張する説も出されているが、残念ながら、現在見ることのできる史料では、そこまで言い切ることは難しい。しかし、愛知郡井戸田・市部付近における今川那古野氏・水野氏の勢力交替は、明応から永正年間の尾張国内の変動をうかがわせるに足りる。今後は関係史料の検討をさらに進める必要があると思われる。

遠江での敗北と織田達定敗死

今川氏親が将軍足利義尹から遠江守護に補任されたことは、斯波氏にとって耐えがたいものがあったと思われるが、新たに斯波氏の家督を継いだ義達は、永正七年（一五一〇）に入ると遠江で再び反撃に出た。秋本太二の研究によって戦いの経過をたどると、三河吉良氏の被官で浜松庄代官大河内備中守貞綱をはじめとする武士たち（引間衆《ひくましゅう》）や、井伊谷《いのや》の武士たち（井伊衆）といった遠江西部の反今川派勢力が立ち上がり、義達も直属の軍勢（武衛衆）とともに遠江に下向し、同八、九年は遠江西部で激戦が続いた。しかし、翌永正一〇年に斯波氏の拠点深嶽山城《みたけさんじょう》が落城して、大河内貞綱らは降伏し、義達は逃れて尾張に帰った。同城落城の日付は異説もあるが、通説は同年三月七日としている。

とすれば、『定光寺年代記』の永正一〇年の記事にある、「四月一四日夜、尾州織田五郎、害される所となり、尾州尽《ことごと》く乱る」という事件は、その直後に起きたことになる。

「東寺過去帳」によれば、もう少し詳しい事情が明らかになる。

尾張国に於いて、武衛屋形衆《やかたしゅう》、織田五郎と合戦す。五郎惣領也生涯（生害）す。侍衆三十余人討死す。

その裏書にも、以下のようにある。

永正十年五月五日合戦なり。武衛屋形、織田五郎惣領と取合《とりあい》なり。然れども五郎生涯天命なり。

『定光寺年代記』の四月一四日に対し、五月五日とあって月日が相違しているが、同じ事件を述べていると考えられる。それによれば、遠江から帰国した守護斯波義達は、守護代織田五郎達定と争い、守護方（屋形衆）と達定方との合戦となったという。「織田五郎惣領」とあるのは、達定が守護代として織田一族の惣領の地位にあったことを注記したものであろう。斯波氏の惣領（家督）をめぐる争いとの解釈は正しくない。合戦の結果、敗北した達定は殺され、侍衆十余人（三十余人とも）も戦死した。恐らく、その多くは達定方で戦った武士たちであろう。

守護義達が守護代達定と戦って殺害するに至ったという極めて深刻な事件であり、応仁・文明の乱以来の守護斯波氏・守護代織田大和守家という国内支配体制を大きく揺るがすこととなった。『定光寺年代記』のいう「尾州尽く乱る」という事態が生じたのも当然であろう。守護義達を支持して守護代達定を倒したのはどのような勢力か、美濃守護土岐氏にそむいて尾張織田氏の許に逃れていた斎藤彦四郎の軍勢が合力《ごうりき》して、多数の死傷者を出した（「東寺過去帳」）というほかには、具体的な状況は明らかではない。義達の遠江における敗北が契機となったことが推測され、守護代織田大和守家内部の対立が関係して、守護代達定の敗死という結果となった可能性が考えられよう。

達定の後継者については、永正一三年（一五一六）にみえる大和守達勝《みちかつ》と考えられる。達勝については第二節で詳しく述べることにして、最後に、斯波義達の遠江奪回の企ての結末について簡単に触れておきたい。

永正一三年三月に、大河内貞綱が、遠江西部の引間城によって再び今川氏に対して立ち上がった。斯波義達は、同年八月自ら引間城に入城して大河内氏を支援した。しかし、当時の尾張国内外の状況からすれば、義達の行動は無謀といってよかった。『名古屋合戦記』によれば、

（大河内貞綱が）又斯波殿の出馬を請ひければ、義達再び進発なりし。清須の城には織田大和守敏信を留守とし給へり。されども織田伊勢守信安、遠州進発の事を止《とどめ》しに、義達許容なかりしかば、不和の事出来して。上四郡の兵は参陣せざりし故、斯波家の軍無勢なりし。

斯波義達の遠江進攻への家臣の非協力を物語る史料として興味深いが、清須方（大和守家）を敏信、岩倉方（伊勢守家）を信安としている点が同時代史料と相違しており、『名古屋合戦記』の記事をそのまま事実と受けとることはできない。また、義達の指示が、清須方の大和守は留守として尾張国内にとどまり、岩倉方の伊勢守のみを遠江へ従

軍させるという内容であったならば、伊勢守側がその不公平に怒るのも当然であろう。

実際は、二回の将軍家による近江六角氏攻めへの従軍を除くと、斯波氏による国外進攻に、織田氏一族を始め尾張の武士たちが参加した明証がみられないのである。越前朝倉氏との戦いには旧守護代甲斐氏や同国越前大野郡の豪族二宮氏が、遠江における今川氏との戦いには大河内氏などの遠江の武士たちが主力となっていたと思われる。もちろん、守護斯波氏が直率する軍勢（武衛衆）には尾張の武士たちが参加していたはずであり、さらに国内武士の動員だけではなく、守護斯波氏の国外進攻は陣夫《じんぷ》・兵粮《ひょうろう》の徴発や戦費の負担など様々な面で尾張国内に影響を与えたことを忘れてはならない。『名古屋合戦記』の記事は、斯波義達の短慮を示すものと受け取るべきであろう。尾張国内の混乱が沈静化するのを待ち、幕府の支援を得て近隣諸国の諸勢力に働きかけるという文亀年間の斯波義寛の周到な配慮に比べて、今回の義達の企てについてはそうした配慮を史料からうかがうことはできない。

尾張国内の武士を十分に動員できず、遠江西部の反今川派勢力に頼るほかはない斯波義達勢は、駿河のみならず遠江の大半の中小領主を従えて、戦国大名としての体制づくりを進めつつある今川氏親の本格的な反攻に敵すべくもなかった。翌永正一四年（一五一七）八月一九日に引間城は落城し、大河内氏一族は滅び、降伏した義達は同じ足利氏一門ということで一命を助けられ、出家姿で尾張に送還される結果となった。明応三年（一四九四）から始まった、遠江をめぐる斯波・今川両氏の戦いもようやく決着がつき、斯波氏は分国遠江の回復を断念せざるを得なかったのである。それのみならず、斯波義達の敗北は、三管領斯波氏（武衛家）の誇る「武威」への大打撃となったと考えられる。こののち、斯波氏が自ら軍勢を率いて行動する姿はみられなくなる。

永正一四年（一五一七）の敗北後に帰国した斯波義達は、その後もしばらくは守護の地位にとどまったらしく、天文二年（一五三三）に「武衛義敦」（義達から改名、『言継卿記《ときつぐきょうき》』）とみえる。子の義統は、天文六年に妙興寺領を安堵しているので、その間に守護の地位を継承したと思われる。斯波氏は、守護代織田大和守家に国内支配の実権を委ねていた上、遠江での敗北で守護としての権威も失墜したといえるが、守護代家がそれに取って代わるという下剋上がただちに実現したわけではない。実際は、守護代大和守家もこののち弱体化がみられる。守護家・守護代家がともに衰退していくという事実は、両者が従来尾張国内支配で補完し合う関係が存在したことをうかがわせる。

【付記】本稿は、一般市民向けの通史ということで、註はなく先行文献や関係史料の引用は最少限にされたため、例えば先行研究を批判する際には個人名を記載しないなどの制約が少なからずあります。

Ⅱ　戦国期の越前斯波氏について

佐藤　圭

はじめに

斯波氏は陸奥国斯波郡を名字の地とする足利一門の名族である。その惣領家は室町幕府の政治に重きをなし、越前の守護を南北朝期から相伝し、室町期には尾張や遠江の守護も併せ兼ねた。しかし応仁の乱に至る混乱の中で有力庶家大野氏の義敏が惣領家をついだり、また同族の渋川氏の義廉が起用されたりして斯波氏の家督は分裂し、その政治的地位も低下した。そして朝倉氏の台頭により越前を失い、また今川氏により遠江も奪回されて戦国期の斯波氏宗家はわずかに尾張守護家として続いていった。

斯波氏一族の広がりは、こうした惣領家を中心として、奥羽地方に在国して室町幕府の奥羽支配に力をつくした奥州探題大崎氏や羽州探題最上氏、そして本貫地の斯波郡に在国したいわゆる奥州斯波氏などに及んでおり、彼らは一定の地域的権力と相当の権威を保持した[1]。

斯波氏の分国越前のうちの大野郡は早くから有力庶家大野氏の分郡としての所見があり[2]、応仁・文明の乱の最中には一時大野持種・義敏父子がここに在国した。ただ大野氏の他に戦国期の越前に斯波氏の一族が在国し存続していたことはあまり知られていない。わずかに鞍谷氏の存在が注目されているが[3]、その出自や実体そのものについても検討の余地がある。本稿はこれまでの斯波氏研究の中でほとんど実像が明らかにされていない戦国期越前に在国した斯波氏の一族を新たに「越前斯波氏」と呼ぶことにして彼らの実体や動向について確実な史料に基づいた基礎的な考察を行なう。

註

（1）斯波氏に関する概説は太田亮『姓氏家系大辞典』、一九三四年、『室町幕府守護職家事典』下巻遠藤巖「斯波氏」の項、新人物往来社、一九八八年、『岩手県の歴史』菅野文夫「室町の秩序と戦国の争乱」の章、山川出版社、一九九九年などにみられる。また総体的な研究として小川信『足利一門守護発展史の研究』吉川弘文館、一九八〇年がある。また近年の研究には小泉義博「室町期の斯波氏について」『北陸史学』第四十二号、一九九三年、河村昭一「管領斯波義淳の就任・上表をめぐって」『兵庫教育大学研究紀要』第十八巻第二分冊、一九九八年などがある。

（2）河村昭一「南北朝・室町期越前守護沿革・支配機構に関する諸問題（三）」『若越郷土研究』四四の二、一九九九年。

（3）松原信之「朝倉氏雑録」◎鞍谷庄と鞍谷氏『福井県地域史研究』第八号、一九七八年。笠嶋怜史『鞍谷御所考—伝説にかいまみる—』一九九八年。

一、二人の「斯波政綿」

越前斯波氏の重要人物として時期を異にしてあらわれる二人の「斯波政綿」に注目される。まず一人目の政綿については史料に斯波氏とあらわれるにもかかわらずこれまでに充分に検討されていない。その初見史料は幕府政所伊勢貞親に仕えた蜷川親元の日記『親元日記』の寛正六年（一四六五）三月二十八日条である。

斯波四郎三郎殿政綿為改年御礼鱒五被進之、仍御太刀糸・御返事宛所山崎右京亮、申次野主、

斯波政綿は将軍足利義政に改年の御礼として鱒五（隻）を進上し、この日義政から返礼がなされた。政綿に対して記主が「殿」の字を付けて呼んでいること、返事がなされ、しかもそれが政綿の老臣（執事）とみられる山崎右京亮宛の披露状の形式をとっていることなどから足利氏からみた斯波政綿の高い地位がうかがえる。その実名「政綿」の「政」の字も、恐らく足利義政が享徳二年（一四五二）六月に本名の義成から義政に改名して以後に下賜された一字であろう。また改年御礼の贈答が書札でなされていることから政綿が在国していることも確かめられる。

この政綿が越前の在地の文書にあらわれるのはその九年後の文明六年（一四七四）のことである。今南東郡の大滝寺に宛てた二通の古文書が残っている(1)。

越前国与河郷之内御神領栗林事、任往古之旨令寄附之処也、仍聊不可有相違之状如件、

文明六年五月七日　政綿（花押）

大滝寺

越前国与河郷之内御神領仁王講田事、任往古之旨令寄附処也、仍不可相違之状如件、

文明六

潤五月廿五日　政綿（花押）

大滝寺

この二通の文書は斯波政綿が今南東郡の与河郷内の神領の栗林と仁王講田を従来通りに寄付したものである。後の時期の「大滝寺寺庫収納田数帳」によれば、栗林は一町という広大なもので、仁王講田の所当米は計四石であった。また与河郷は鞍谷川の上流部にあたり、江戸時代の余川村・鞍谷村・檜尾谷村などを含む一帯に比定される。斯波政綿は与河郷の代官といった低い地位ではなくむしろその領主として神領の寄進を行なったとみられる(2)が、さらにこれらの寄進状の末尾が「不可有相違之状如件」といった安堵状の文言になっているところをみると、この行為は単なる個人的な寄進ではなくより上級の政治的な権力に基づくものと考えられる。

斯波政綿が大滝寺に神領を寄進したこの文明六年という年は越前平定を進める朝倉氏と旧守護代家の甲斐氏一族が激しい戦闘を繰り広げた年であった。正月十八日には南仲条郡杣山で大規模な合戦がなされ、朝倉方は敵多数を討ち取り、首六十一を京都に上せた。また五月十六日には吉田郡の殿下・桶田口で合戦がなされ、朝倉氏景は敵を討ち取った。そして閏五月十五日には吉田郡の岡保と足羽南郡の波着山で決戦がなされ、千福中務少輔や増沢甲斐法華院兄弟以下多数の敵が朝倉氏によって討ち取られた。まさにこうした合戦の最中にこのような斯波政綿の寄進・安堵がなされていることは、彼がこの今南東郡の地に確実で安定した基盤を持っていたことを示している。またこのころ大

野郡では大野持種・義敏父子が立てこもって朝倉氏に反撥していたが、政綿は彼らとは別個の存在であり、かつ朝倉・甲斐両氏の戦闘に直接巻き込まれないような身分状況だった(3)。

次に二人目の政綿は『上杉家文書』に二通の書状があり、また彼の意を奉じて出された文書が八戸の『音喜多文書』にあり、遠藤巖氏によって詳しく紹介されている(4)。しかしながら本県においてはこれらの文書は全く知られておらず、参照されていないので長文であるがその本文を引用して検討する。まず前者の一通は次の文書である(5)。

（封紙ウハ書）

「　「大永四　十卅到」　斯波新三郎

長尾信濃守殿　　　　政綿

進之候　　　　　　　」

今度者高梨方為合力、則被達本意候、大慶察申候、軈而使者可差下候之処、越中雑説に付て、于今延引、非本意候、仍已前者使者上着之砌、無其煩御懇之儀、祝着無他候、随依鷹所望、時枝源次郎差下候、上給候者、可為喜悦候、就中鷹・馬望候て、仁加保へ助大夫下候、定而来春可上候、然者、於貴国路次之儀被仰付候者、別可令祝着候、次うつほ五っ進之候、尚源次郎可令申候、恐々謹言、

十月九日　政綿（花押）

長尾信濃守《（為景）》殿

進之候

この書状は大永四年（一五二四）十月九日斯波政綿が越後守護代長尾為景に宛てて出したものである。長尾為景は

上杉氏の支配に反撥して長尾氏を戦国大名へと発展させた人物としてよく知られている。彼はこれよりさき大永元年（一五二一）十二月越中国新河郡守護代職を守護畠山卜山から宛行われている。斯波政綿の用件は彼の使者が長尾為景の分国内を安全に通行すること（路次確保）を要請したものである。越後国は南北に長く、越中新河郡を加えるとその路程はきわめて長い。為景への路次確保の依頼は効果的だったであろう。また政綿の使者はこの書状に書かれているだけでも已前の使者、時枝源次郎、助大夫と三人にも及び、きわめて頻繁に越後やそれ以北の地に使を遣わしていたことがうかがえる。その目的地は助大夫の場合出羽の仁加保であり、彼や時枝源次郎の使命は鷹や馬の入手にあった。

もう一通の書状は年未詳である。

（封紙ウハ書）
「　　　　　　新三郎
長尾信濃守殿　　政綿
　　進之候　　　　　」

其後者不申通候、御床敷候、仍従奥州為物詣、来春上落（洛）之仁体候、是等数年申承候、定而鷹・馬数多可有之候、於国中上下無其煩被仰付候者、可為本望候、随而太刀一腰輻輪・紵三疋進之候、委曲猶大熊方可被申入候、恐々謹言、

八月十五日　政綿（花押）

長尾信濃守殿

進之候

この文書も用件は長尾為景の分国内の路次確保を要請したものである。奥州から物詣のために来春上洛する予定の人物が鷹や馬を多数もたらすことを予想してそのために預め依頼したものである。斯波政綿はその奥州の人物と「数年申承」関係にあるという。

第三の文書はもと八戸藩南部家中湊家に伝わったものの中の一点で遠藤氏の紹介によれば宛所の人物は出羽檜山城主下国家の執事的立場の者とみられるという。この下国氏は安倍氏で室町期の「奥州十三湊日之本将軍」安倍康季は若狭羽賀寺の再建に奉加したことで有名であり、戦国期は本拠を移して主として出羽の檜山や湊で栄えた。

就政綿被仰通度之由候、御懇書之旨、則致披露候、御懇之段、祝着被申候、馬・鷹年来望之儀候条、必可被申由候、私より心得可申入候由候、猶新二郎可申入候、

十一月十九日　直次（花押）

下国紀伊守殿

人々御中

参

この書状は政綿の意を奉じてその老臣（執事）とみられる直次という人物が書いたものである(6)。この書状で注意されるのは下国氏の側から政綿に「御懇書」を寄せて通好を求め、政綿もそれに応じて馬・鷹のことに言及していることである。政綿の要望は前掲の二通の長尾為景宛の斯波政綿の書状にみえる奥羽国人に対するものと同様であるからこの書状もまたすでに指摘されているように斯波政綿（新三郎）にかかるものとみられる。

以上三通の文書にみえる斯波政綿は奥羽の国人や越後守護代とかなり手広く交際し、奥羽地方の鷹や馬の入手に努めている。これらの通好文書には政綿の華々しい一面があらわれており、相当な権威と実力を持った人物であることがうかがえる。遠藤氏はこの斯波政綿を「幕府三職斯波家」とし、在京していたとされている。果たしてそうであろうか。

この『上杉家文書』の斯波政綿の花押は『新潟県史資料編3中世一文書編Ⅰ付録』二〇六ページに掲載されているが、この花押は『福井県史資料編6中・近世四』に収められた池田町の「上島孝治家文書」四・五・八号の永正十六年（一五一九）から大永四年（一五二五）に至る三通の文書の袖花押、及び同じく池田町の「飯田広助家文書」一号の大永五年十二月朔日の裏花押に一致する。

これらの越前の在地に伝えられた四通の文書の花押について『福井県史資料編』は「上島孝治家文書」の解題で同文書の永禄九年（一五六六）正月二十九日付の地下証文預状がそれらの花押の文書を在地領主の池田殿などと区別して「御上様之御判」としていることなどから鞍谷氏の花押であろうとしている。また池田庄の個別研究を進められた松原信之氏や竹間芳明氏もそう判断されている。(7) ちなみにこの花押の初出文書の「上島孝治家文書」四号は左の通りである。

（斯波政綿）
（花押）

池田上庄之□（内）月ケ瀬薬師堂之神田之事

壱段　□（おこない田カ）

半　　九日田

弐百文本　　修理田
如先之為取沙汰、於末代ニ不可有相違□（状）如件、
永正拾六年八月二日
月ケ瀬
村人中□
恒安

この文書は池田上庄の月ケ瀬・恒安村人中に月ケ瀬薬師堂の神田を安堵したもので惣村の村堂を保護したものと意義付けられている。またこれとは別に鞍谷氏が池田の稲荷大明神（須波阿須疑神社）の神事にも下行をしていることが知られ、鞍谷氏が池田庄内に知行地を持っていたことも知られる。この花押の人物を池田庄の地の上級権力である鞍谷氏のものであるとした松原、竹間氏らの判断は首肯される。

これらの在地の文書から斯波政綿（新三郎）は越前に在国し、今南東郡に一定の公権を有した鞍谷殿と判断される。越後や奥羽地方と手広く交際した人物が在地では池田の村堂のわずかな神田の安堵をしているという事実がわかる。ただ彼の根拠地は山間の池田ではなく、鞍谷という府中の東方六、七キロメートルに位置する要地だった。

註

（1）「大滝神社文書」『福井県史資料編６中・近世四』四〇五ページ。なお「大滝寺寺庫収納田数帳」は同書四〇六～四二三、四二五～四四一ページに掲載されている。

（2）松原氏は前掲論文でこの政綿は与河郷の代官であった可能性があるとしている。
（3）平法中条流の研究家山嵜正美氏の研究によれば、越前山崎氏の「山崎右京亮昌巖」という人物は大橋勘解由から中条流を伝授され、文明五年（一四七三）八月八日の日山蓮浦合戦で朝倉方として討ち死にしたと伝えられる。この山崎氏は近江本佐々木氏で南北朝期に斯波高経に従って越前に入り、新庄保に拠り、その嫡流は代々右京亮を称したという。「越前新庄と平法中条流」『平法中条流資料集〔二〕』一九九六年。こうした所伝については同時代の文書では確かめられないが、ここにいわれる山崎右京亮昌巖と斯波政綿の老臣の山崎右京亮はその官途や年代からみて同一人物の可能性があるのではなかろうか。もしそうだとすれば斯波政綿と朝倉氏との近い関係がうかがえる。
（4）遠藤巖「ひのもと将軍覚書」『小川信先生古稀記念論集日本中世政治社会の研究』続群書類従完成会、一九九一年、「音喜多勝氏所蔵八戸湊文書覚書」『弘前大学国史研究』第一〇七号、一九九九年。
（5）「上杉家文書」『新潟県史資料編3中世一』五〇号。また次に引用した文書は同書五一号。
（6）この「音喜多文書」は『能代市史資料編古代中世一』四二五ページの写真による。
（7）松原信之「越前国池田庄と池田氏」『福井県地域史研究』第十号、一九八九年。竹間芳明「戦国期越前における領主層と村落」『戦国史研究』第二十九号、一九九五年。

二、越前斯波氏の系譜

戦国期の越前斯波氏の系譜については、鞍谷氏の研究史の中で『奥州斯波系図』の斯波高経の玄孫詮教の子郷長が鞍谷家に入嗣したという記載と『鞍谷系図』の足利義満の子義嗣の子嗣俊が味真野に下向して鞍谷御所を称し、嗣時、嗣知と続いたという記載が知られている。しかしながらこれらの系図の人名や記事は良質の史料ではひとつも確認できず、ただ江戸時代の越前で『鞍谷系図』の説がかなり流布していたことがわかるだけである。研究方法として戦国時代の同時代史料に注目すべきである。これまであまり言及されていない越前斯波氏の同時代史料が若干存在する。

まず文明十三年（一四八一）七月二十二日斯波義敏によって記された『斯波家譜』がある。本書は当時の斯波氏の当主義良の父義敏が将軍足利義尚の求めに応じて斯波氏の由緒を自ら書いてまとめたものである[1]。その一節に次の記載がある。

又斯波か先祖ハ高経の弟に左京権大夫家兼と申候を、関東にて斯波郡を知行候程に、彼郡に家兼を置候しにより在名を斯波と申付て、其子孫今日関東に候、近年越前へも其流越候て斯波と名乗候、高経は等持院殿様御座候郡に候し程に、其旨を以て申来候、

この記事は本書の最初の斯波高経の項にあり、高経が足利を称し弟の家兼が斯波を称したことをいっている。歴史的事実としては家兼は斯波郡までは行っておらず、一方高経の嫡子家長が斯波郡に在郡したことがあるのでやや不正確な面もあり、また文中の「関東」という言葉も広義の用法で恐らくは明徳二年（一三九一）陸奥・出羽両国を鎌倉府の管轄としたことによる認識ではなかろうかと思われる。しかし末尾の「近年越前へも其流越候て斯波と名乗候」と断言している部分は著者が自ら経験して知っている同時代の事実によっているものとみられる。この文面によると家兼流の子孫が奥州から越前に移ってきて斯波氏を称した――これが斯波義敏のいうところである。当時の斯波氏の長老が自らこういっているのであるからこれ以上確かなことはない。

次に越前に斯波氏のどのような一族が在国していたのかについては、『奥州余目記録』（続々群書類従『余目氏旧記』）に記事がある。本書は永正十一年（一五一四）に本文部分が成立し、また左に引用する巻末の大崎氏と諸氏の書札礼を記した部分についてはそれより早く大崎教兼の時の文明三年（一四七一）から同五年の間の時期のものとみら

れている。(2)

越前ニハ武衛様御一家、斯波殿・仙北殿・五条殿・末野殿へハ謹上書候

奥州探題大崎教兼が越前斯波氏に宛てた書状には「謹上書」という厚礼の書札礼をとるとされている。また同書には「武衛様」（斯波義敏）に宛てた書状には「謹上　烏丸殿御宿所」という宛名を書くとされている。このことについては斯波義敏自身『斯波家譜』の中で「当時も出羽・奥州て（二而）両大将、其外鎌倉の諸大名の中よりの書礼（札）の当所にも烏丸と書候かたも候、是は義重管領にて候し時の例をおひ候也」と述べているのに合致する。このように『奥州余目記録』の巻末部分の大崎氏の書札礼の記載は史料的な信頼性がきわめて高い。

この記事で越前には「斯波殿・仙北殿・五条殿・末野殿」という四家の越前斯波氏の一族が在国したとされている。まず単に「斯波殿」と呼ばれる家は越前斯波氏の本流と考えられるから、斯波義敏が『斯波家譜』で「近年越前へも其流越候て斯波と名乗候」といっている家柄に近いものと思われる。次に「仙北殿」は越前の南仲条郡の千福に拠った千福氏のことを指すとみられ、これについては後述する。「五条殿」については未詳であるが、奥州斯波氏の関係史料に五条殿がみえるので(3)斯波郡の高水寺城に拠った奥州斯波氏と何らかの関係があったものと思われる。「末野殿」は『武衛系図』に家長の弟氏経から出たものとされており、また斯波義敏の四男又三郎義延は末野氏のあとをついだとされている。

次に『奥州余目記録』の異本ともいうべきものでそれより三年早く永正八年（一五一一）に成立したとみられる『大崎家鹿島社古記録』には「奥州のしハ殿者、越前之斯波ヲ御持候而しハ殿とハ申候、当こく之斯波之郷江下候而者四代御座候」という一項がある。(4)これによれば奥州斯波氏が越前斯波氏の家を保持しているとされ、また越前から

奥州へ下向したように書かれており、当時で四代目になるといわれている。

最後に『今川家譜』（続群書類従）はかなり新しい時期の成立であるが、連歌師宗長がその編集に関係したことが奥書にみえ、同時代史料としての性格を帯びている。これによれば越前に在国する斯波氏の一族として鞍谷氏と大野氏があげられている。

一男家氏ノ子孫、奥州斯波、同国ノ大崎、出羽ノ最上、越前鞍谷、同国ノ大野、尾張ノ武（衛）等也、但シ尾張ノ武衛ハ此家ノ嫡流ナリ、是ヲ尾張流ト申、

ここにみえる尾張の武衛とは当時尾張に在国した守護斯波氏のことであろう（古い時期に斯波氏が尾張を称したこともあったが、それは別のことである）。すなわちこの記事は戦国期の斯波氏全体の構成に関する認識を示しており貴重である。

これらの同時代史料によれば、戦国期の越前には「越前斯波氏」と呼ぶことのできる斯波氏の一族が在国しており、斯波義敏本人や奥州、そして駿河の人々から明確に認識され、記録されていた。その一族諸氏の相互関係については必ずしも明らかでないが、越前斯波氏の中には『奥州余目記録』にたんに「斯波殿」と呼ばれる人物、『斯波家譜』に「斯波と名乗候」といわれるかなり格の高い家柄のものがいた。これは具体的には前節で検討した二人の「斯波政綿」の家柄を指しているものと考えられる。彼らは越前斯波氏の中で最も高い格式を持ち、また二人目の政綿は在地ではその居所から「鞍谷殿」と呼ばれたことがうかがえる。彼らの系図は良質のものが残っていないが、同時代史料からみて系譜的には陸奥に在国した斯波氏との関係が認められる。足利義満の子孫などといった話は全くみえないのである。

註

（1）本書の基本的な性格については小川信氏の前掲書三七〇ページに紹介されている。
（2）伊藤信「留守家旧記の成立をめぐって」『歴史』第五十九輯、一九八二年。
（3）「稗貫状」。本書については遠藤巖「いわゆる稗貫状について」第二回大崎氏シンポジウム「大崎氏研究―もう一つの見方―」報告集所収、一九九七年参照。
（4）伊藤信「大崎家鹿島社古記録について」『東北学院大学東北文化研究所紀要』第二十三号、一九九一年。

三、鞍谷氏について

今のところ鞍谷氏の初見文書の年号は文亀元年（一五〇一）であり、この年の二通の文書が残っている。まず一通は朝倉氏の家臣鳥居氏に伝わった次の文書である。(1)

猶々彼在所之百姓出府仕候間、時宜相尋候処、巨細者代官可被存之由申候、
太田保内けいけん院領并名河分事、鳥居与一方以目安被訴訟申候付而、御裏判候条、鞍谷殿御知行之由候間、先彼御方江尋申候処、氏家三郎左衛門方より如此返事候、可有如何候哉、御披露候て可蒙仰候、恐々謹言、
文亀元　　青木隼人佑
四月廿九日　　康忠（花押）
印牧新右衛門尉
広次（花押）

前波藤右衛門殿

御宿所

これは太田保内けいけん院領并名河分の所領の知行に関する鳥居与一の訴訟について府中両人（印牧広次・青木康忠）が一乗谷の朝倉貞景の近臣前波藤右衛門尉に宛てて出した連署状である。この所領をめぐって朝倉貞景の臣鳥居与一と「鞍谷殿」が争っている。府中両人は鳥居与一の目安により知行主の鞍谷氏に事情を尋ねた。またその後、在所の百姓が出府し、詳しいことは代官が存知していると答えたという。府中両人はこれらのことを前波を通じて朝倉貞景に報告してその後の訴訟の進行に関する指示を仰いでいる。

府中両人がこの訴訟に関与しているのは係争地と一方の当事者の鞍谷氏が府中両人の管轄郡内に所在したからであろう。したがってこの太田保は丹生北郡で江戸時代の上太田村・下太田村・太田新保村などの村々に連なるところとみられる。鞍谷氏は府中両人から尋ねられ、それに対して「氏家三郎左衛門」が返答をしている。この人物は鞍谷氏の老臣（執事）でその意を奉じて返事を書いたものであろう。こうしたやりとりからも鞍谷氏の地位と身分の高さがうかがえる。

「氏家」といえば、越前では現在の鯖江市上氏家町・下氏家町、すなわち中世の丹生北郡宇治江村を名字の地とする千秋氏家（宇治江）氏が有名である。しかし鞍谷氏の家臣の氏家氏はこれとは別であろう。『越前国古城跡并舘屋敷蹟』（城跡考）によれば、鞍谷御所の北約二キロメートルのところに「氏家将監」の屋敷跡があったといわれる。また「大滝寺寺庫収納田数帳」の末尾には「氏家左近将監」に歳暮巻数を進上する旨の大滝寺別当の書状が掲載されている。この氏家左近将監は永禄十一年（一五六八）五月十七日の足利義昭の御成を記した『朝倉義景亭御成記』に辻固の人数として見え、朝倉義景の家臣でもある。彼は鞍谷氏の臣であると同時に義景の臣に取り立てられたのであろう。その他前述の「大滝寺寺庫収納田数帳」や『鵜甘神社原神主家文書』には氏家石見守や氏家美作守といった人名が見える。彼らの活躍の場はいずれも今南東郡の地であり、前掲の府中両人連署状の「氏家三郎左衛門」もこれらの氏家氏と同族と考えられる。

この氏家氏は下野国芳賀郡氏家郷を名字の地とする関東御家人の出である。氏家氏の祖とされる氏家公頼の三男公継（草苅基近）は足利家氏に属し、父公頼と共に陸奥国に下向し、斯波郡草苅郷の地頭職を賜り、これを名字とし、文永二年（一二六五）に七十六歳で没したという(2)。足利家氏は斯波高経の曽祖父にあたる。こうした伝承から氏家氏が早くから斯波氏に従っていたことがわかる。南北朝期氏家公頼の曽孫氏家重定（道誠）は斯波家長・兼頼らに従って陸奥で活躍し、その子重国は新田義貞の首級を上げたと『太平記』で語られている。そして室町期の氏家氏は管領斯波氏の直臣としてはあまり目立たないが、奥州探題大崎氏や出羽の最上氏に従い、それぞれの重臣となり執事を務めている(3)。文亀元年という比較的早い時期の文書に鞍谷氏の老臣として氏家氏が見えることは、前節で検討した越前斯波氏が奥州から来たという確実性の高い史料的所見を併せ考えると、奥羽地方の氏家氏の一派が主家と共に越前に来たことをうかがわせる。そうしてみると第一節で紹介した鞍谷氏と判断される斯波新三郎政綿の老臣「直次」もこの氏家氏の一族の可能性が大きい(4)。

さてもう一通の鞍谷氏の初見年の文書は池田町の在地に伝えられたものである(5)。

奉祈料事兵庫分

日宮大明神為御祈料御山、東者尾おさかい、南者滝上有、西者尾おさかい、北者土居おさかい、くら谷殿御地行（知）

分也、彼祝しんたい、しゝ孫々ニ至迄いらん有間敷候、仍祷料状如件、

文亀元辛酉年霜月十三日　井田（花押）

日宮祝方へ

渡候

この文書は井田という人物が池田庄の在地の日宮大明神に祈禱料として山林を寄進したものである。その具体的な位置は明らかでないが、池田庄内で東と西の尾根を境界とし、南には滝があり、北は鞍谷殿知行分の土居を境界としていたという。恐らく井田は北に向って開いた谷あいの山林を寄進して、その北側には鞍谷氏の知行地があったのであろう。このように鞍谷氏はかなり早くから今南東郡内の池田庄に知行地を持っていた。

鞍谷氏と判断される斯波政綿（新三郎）は池田庄の神田を安堵したり、田地や所職を安堵したり、土地相論を裁許したりして袖判や裏書を加えている。[6]『福井県史』資料編編集の時点ではこの袖判に検討が加えられず、「某袖判安堵状」などという文書名で片付けられてしまい、鞍谷氏の研究を停滞させた。『鵜甘神社原神主家文書』の永禄三年（一五六〇）十二月十八日付大兵衛名田預け状に「くら谷殿御らう（うら）をふんしさせられ候証文我ら方に御さ候」と見えるのは鞍谷氏が裏を封じた証文、すなわち裏書を自分が持っていることをいっている。[7]このように鞍谷氏は池田庄の在地の上級権力というにふさわしい。そして当時の鞍谷氏の知行地の分布も池田・鞍谷・太田と東西に並んでおりある程度の地理上のまとまりを有していた。

武生市池泉町の霊泉寺に次のような禁制が伝えられている。[8]

禁制

一草木伐採事
一殺生之事
一狼藉之事
右之趣相背愚人者、告代官可行科者也、
延徳二庚戌年
三月十五日　義俊（印）
倉谷
霊泉寺

『越前国名蹟考』に収められた「寺院縁起」や「味間野名跡志」などに記される江戸時代初期の伝承によれば、霊泉寺は斯波義俊の菩提所で彼が鞍谷御所であるとされる。一方松原信之氏はこの義俊を当時越前に在国した渋川義廉の子に比定し、鞍谷氏の系譜をここに求めている(9)。渋川義廉の子栄棟喝食が当時一乗谷の板倉備中入道の所に居たことは連歌師正広の歌集『松下集』に見え、延徳二年（一四九〇）七月二十三日栄棟は正広に対面して共に和歌・漢詩を詠み交している。松原氏は義俊と栄棟を同一人物とみておられるようであるが、同じ年の三月の文書で「義俊」と署名し、七月には「栄棟」と称しているところをみるとこの二人は一応別人であり、松原氏の比定が意味を持つかどうか留保される。さらに前掲の義俊禁制も後世の写しであり、文言にもやや落ち着かないところがあり、検討を要する文書といえるから義俊の実在についても留保される。私見によれば渋川氏と鞍谷氏の直接的な関係は認められず、むしろ渋川氏の所領は北陸では加賀や越中に分布しているから、戦国期に渋川氏やさらに管領斯波氏の一族が在国した可能性が強いのは加賀方面と考えられる[10]。

さて鞍谷氏のあり方について注目すべきことは越前朝倉氏との姻戚関係である。まずすでに指摘されているように、『宗滴夜話』の「英林様御子息達」の項によれば初代朝倉孝景の長女は鞍谷氏に嫁している。この記事を紹介された松原信之氏はこの鞍谷氏を渋川義廉としている[11]。しかし前述のように渋川義廉と義俊の関係が留保されることからこの比定は検討を要する。私見によれば朝倉孝景（初代）の長女が嫁した鞍谷殿とは、本稿の第一節で紹介した一人目の斯波政綿（四郎三郎）に比定される。二人目の斯波政綿（新三郎）が鞍谷殿と判断されることはすでに述べたが、一人目の政綿も以下の理由により鞍谷殿であることが類推される。第一に「政綿」という同じ実名を持つことからこの二人は世代の離れた親族関係にあるものとみられる（父子同名は想定しづらい）。また一人目の政綿も鞍谷の位置する与河郷の領主であり、かつ今南東郡に公権を持っていることから積極的に鞍谷殿と見做すにふさわしい。そして一人目の政綿の活躍した年代は朝倉氏景よりやや早く、氏景の姉を室としたとみて年代的に無理がない。恐らくこの斯波政綿（四郎三郎）が初代朝倉孝景の聟になっていたのであろう。

次に『朝倉家伝記』（朝倉時代末の永禄十二年（一五六九）成立）には、朝倉貞景の四女が「蔵谷女中」すなわち鞍谷氏の室になったとされている。永正九年（一五一二）に四十歳で没した朝倉貞景の末娘のことであるから、その夫の鞍谷氏は第一節で見た永正十六年（一五一九）から大永五年（一五二六）に文書所見のある二人目の斯波政綿（新三郎）か、あるいはその子の世代にあたるのではなかろうかと思われる。ちなみにこの斯波政綿（新三郎）の花押はその構成と各部の描線の特徴が朝倉貞景の晩年の花押に近似しており、貞景の花押の影響を受けているものと判断される。そしてそのことはこうした姻戚関係を重要な背景としているものと考えられる[12]。

この鞍谷氏が朝倉氏の出陣に従ったとされるのは朝倉義景の代の弘治元年（一五五五）のことで『賀越闘諍記』に「蔵谷衆」が総大将の宗滴に従い加賀出兵し、七月二十四日大聖寺に陣取ったと記されている。ここに鞍谷氏は一定の軍事力を保有して朝倉氏に従う家臣的な存在になったことがうかがえる。そして朝倉義景はその側室に「鞍谷氏ノ類葉」小宰相局を迎え、永禄五年（一五六二）には嫡男阿君をもうけている。[13]また前述のように鞍谷氏の執事氏家氏とみられる氏家左近将監は義景の直臣にもなっている。

このように朝倉氏は代々鞍谷氏と婚姻関係を結んだ。朝倉氏の当主は代々主として近隣諸国の大名との通好、連合関係から大名どうしの縁組を重ねてきたが（貞景・孝景・義景の母親はそれぞれ尾張織田氏・美濃斎藤氏・若狭武田氏）、越前に在国した鞍谷氏は斯波氏の一族として他の国人や大名から卓越した地位と身分を持っており、朝倉氏はこうした越前斯波氏の権威を利用するために親戚関係を続けたとみられる。第一節で明らかにした二人の斯波政綿の権勢は朝倉氏をも上回る面があり、従来実態のわからなかつた越前斯波氏の家柄の伝統的な権威が根強く戦国期も保たれていたことがうかがえる。

江戸時代の奥州斯波氏の伝承によれば、越前朝倉氏の一族といわれる斯波詮高は明応二年（一四九三）斯波郡の高水寺城に来住し、以後奥州斯波氏の全盛時代を迎えたという。また別の所伝では越前の鞍谷氏から詮基という人が下向して奥州斯波氏をついだともいわれている。そしてまた奥州斯波氏の滅亡後、その子孫は八戸南部家に仕えたが、当初「朝倉源太左衛門秋邦」と称し、寛文九年（一六六八）に紫波氏に改めたという。[14]これらの伝承の真実性については同時代史料では確かめられないけれども、恐らく朝倉氏と一族関係にある鞍谷氏が奥州斯波氏の家に送り込まれ、長く朝倉氏としての意識を伝えていたものと想像されるのである。

註

（1）拙稿「新出の「鳥居文書」について」『一乗谷朝倉氏遺跡資料館紀要１９９８』一九九九年。

（2）『萩藩閥閲録』第一巻八二一ページ。

（3）氏家氏については、河村昭一「南北朝期における守護権力構造―斯波氏の被官構成―」（一）（三）でふれられている。『若越郷土研究』二十三の二、四、一九七八年。また一九九七年にミュージアム氏家（栃木県塩谷郡氏家町）で行なわれた廃城四〇〇年特別展「勝山城～氏家氏　栄光の時代～」でも関連史料がまとめられ、同展の図録に収められている。

（4）系図等によれば戦国期の奥州氏家氏の実名には一字目に「直」のつく人物が多く見え、通字とみられる。

（5）「日野宮文書」『福井県史資料編６中・近世四』六七三ページ。

（6）本稿第一節参照。

（7）『福井県史資料編６中・近世四』六三六ページではこの部分を誤解して注記と訓点が付けられたようである。

（8）木に墨書されたものと紙に書かれたものがある。同文だが後者には署名の下に壺印が押されている（『武生市史資料編神社・仏寺文書』口絵）。木札は宝暦二年（一七五二）の山門再建の際に作られたものであることが裏面に記されている。

（9）松原氏前掲論文。

（10）観応三年（一三五二）六月二十九日渋川直頼譲状写によれば、その本領のなかに加賀国野代村・越中国目良保・春日・吉江保などがある。小要博「「賀上家文書」について」『埼玉地方史』第三十一号、一九九三年。また加賀に斯波氏もしくは渋川氏が在国していたことは、『上杉家文書』一二三号の永正十六年に推定される二月二日付長尾為景書状や『証如上人日記』天文五年十月九日条などからうかがえる。また渋川氏の一族で重臣でもあった板倉氏については、度々引用する「大滝寺寺庫収納田数帳」に「板倉式部殿」という人物が大滝寺から歳暮の巻数を贈られており、今南東郡に在国した可能性が考えられる。

（11）松原信之「朝倉氏女系譜―朝倉氏の妻妾・子女―」『福井県史研究』第十二号、一九九四年。

（12）こうした花押の構成の類似、模倣関係は朝倉孝景（四代）とその妹の夫の土岐頼武についても認められる。拙稿「朝倉義景の花押について」『福井県史研究』第十六号、一九九八年。

（13）　朝倉義景の妻妾に関する筆者の見解は「義景をめぐる四人の妻妾の虚実を探る」『別冊歴史読本㉔戦国武将一〇四傑　鎧に隠された男たちの実像』一九九八年で述べた。

（14）　工藤隼人『奥州斯波氏と家臣物語（上）』、一九九八年。

四、千福氏について

千福氏は「三崎玉雲家文書」の年未詳卯月十八日朝倉孝景（初代）自筆書状に「千福殿」とみえるのが初見であろう。花押の形状から文正元年（一四六六）以前とみられるが、当時朝倉方と敵対していた。その後文明六年（一四七四）閏五月十五日「千福中務少輔」が討ち取られた。『武衛系図』（続群書類従）には、斯波義敏の三男「寛元」の項に「中務少輔、弥三郎、於越前国北郡討死」という注記が付けられている。この斯波寛元は古文書によれば通称を「又次郎」といい、文亀元年（一五〇一）の斯波義寛の遠江進攻に参加している。[1] したがって右の注記は斯波寛元にかかるものではなく、官途からみて千福中務少輔にかかるものであろう。彼は斯波義敏の子、あるいは養子として当時甲斐氏方についていたとみられる。また同系図にはそのすぐ下の弟の「義延」が末野氏の跡をついだと記されており、斯波義敏が越前斯波氏の千福氏や末野氏を自己の家に取り込もうとした様子がうかがえる。

この千福氏の朝倉時代の同時代史料が度々引用する「大滝寺寺庫収納田数帳」である。末尾の「巻数之事、歳暮分」という項に記事があり、大滝寺は毎年十二月二十日に「千福殿」に箱巻数を進上することになっていた。箱巻数は巻数進上の特に丁重な仕方であり、大滝寺では「鞍谷殿」と「千福殿」、そして「朝倉殿」（義景）だけに箱巻数を贈ることになっていた。ここに鞍谷・千福両氏の当時の地位の高さがうかがえる。

朝倉氏滅亡後の千福氏の動向は『千福文書』などによってかなり明らかになる。(2) 朝倉義景が亡びた天正元年（一五七三）八月織田信長が越前の各地に出した禁制の中に次のものがある。

禁制　　別印村千福知行方

一濫妨狼藉之事

一陣取・放火之事

一伐採竹木之事

右条々於有違犯輩者、速可処厳科者也、仍下知如件、

天正元年八月　日（朱印）

別印村は今南東郡で今立町の月尾谷にあり、千福氏の名字の地である武生市の千福の東方約十二キロメートルのところに位置する。ここに千福氏の知行地があり、信長方についた千福氏はその保護を求めて禁制の発給を申請したのである。

翌天正二年（一五七四）正月国中の一揆が蜂起し、信長政権下の越前守護代桂田長俊（前波吉継）は一乗谷を囲まれ、彼の跡をついだ富田長繁も二月十八日討たれた。その後の府中近辺の状況は『越州軍記』に「鞍谷ノ屋形・千福・真柄・北村・氏家・瓜生・千秋・佐々布光林坊已下、或ハ敵方へ内通スト号シ、或ハ別心ト号シテ、一揆等推寄、追払ヒケルトカヤ」と記されるように、旧勢力は次々と一向一揆によって駆逐された。この『越州軍記』の一文で筆頭にあげられているのが鞍谷氏でその次に千福氏が並んでいることに注目される。そして鞍谷氏は「屋形」号を持つ

別格とされ、千福氏はそれに続くものとして意識されていた。

千福式部大輔に宛てられた織田信長の朱印状がある。

> 注進之趣、委細令披見候、仍府中近辺一揆坊主等内々相催之処、息又三郎令調儀、悪逆之族搦取之由、尤以神妙候、弥方々無由断才学《覚》専一候、以面祝着之旨可申候、謹言、
>
> 正月十六日　（朱印）
>
> 千福式部大輔殿

千福式部大輔の子又三郎は府中近辺の一揆の首謀者を搦め取った。信長はこのことの報告を千福式部大輔から受け、後に対面して祝着の旨を述べるつもりだといっている。この文書はこれまで天正二年に比定されていたが、最近別の文書から天正四年に比定する説も出されている。[3] 確かに天正三年（一五七五）八月織田信長が越前に出馬して一向一揆を平定した後も一揆は完全には止まず、こうした状況が天正四年正月の段階であり得たとも思われる。

その後千福氏は越前に在国して柴田勝家に属したが、信長は安土城の留守居等を勤めさせるために家族と共に在城を命じた。天正十年（一五八二）五月二十九日信長最後の上洛の時、千福遠江守は安土城二の丸の番衆の任にあり、その名が『信長公記』に記される。

この千福遠江守は式部大輔の子で「城跡考」に「城跡　千福遠江守　千福村際南方畑之内東西四十五間南北六十五間計之所、堀切土居之形有之、自福井五里半計」とその館跡が伝えられていた。天正十年六月の本能寺の変の後、千福遠江守は安土から伊勢へ逃れて織田信雄を頼った。その後同年八月信雄は彼が信長の嫡孫三法師（秀信）に奉公することを丹羽長秀と堀秀政に斡旋している。丹羽も堀も秀吉派であり、千福氏も秀吉側についた。翌天正十一年（一

五八三）四月の賤ケ岳の合戦の時、彼は江北に出陣した堀秀政に見舞いの書状を出している。当時彼は病気でまた入道していたと秀政の返事に見える。

最後に注目されるのは千福遠江守と出羽横手城主小野寺輝道との通好である。小野寺氏は下野国都賀郡小野寺を名字の地とする名族で鎌倉時代出羽国に移住し、仙北地方の大豪族となった。室町時代出羽小野寺氏は京都御扶持衆として本領の出羽国雄勝郡地頭職と丹後国倉橋郷地頭職を知行し、しばしば上洛し、また貢馬を務めた[4]。その子孫の小野寺輝道は、天正十年八月一日千福遠江守に返事を送り織田信長への御礼進上のとりなしを依頼している。当時まだ信長の訃報が届いていなかったようであるが、これ以前から小野寺・千福両氏の通好関係があったことが確認される。豊臣政権下でもこうした関係は続いた。

追而令啓達候、如何様自是当年中ニ御音信申度よし定勝被申候、其元可然様ニ自今以後御取合可憑入候事候、
以上、
去冬自孫四郎（前田利勝）殿南部口へ為鷹取使者就下向、即御音札示給事本望不少候、将亦先年上田以御音信候キ、内々自是可及注進候処、郡中取乱故遅延、御床舗候、殊更関白殿（豊臣秀吉）江小野寺可申上之処、一両年何与哉以取紛延引之事、一点非疎意候、此旨羽柴殿（前田利家）之至御前ニ可然様ニ御取成可本望候、随而天下一之笛小野寺検ニて承之、偏祝着之由申事候、事々恐々謹言、
弥生七日　輝道（花押）
千福遠江守殿へ
御報

この書状は前年冬に千福遠江守が、前田利勝（利長）の南部信直への使者に託して小野寺輝道に音札を送ったことに答えた返事である。その主旨は豊臣秀吉への小野寺の御礼言上が一両年延引してしまったことは少しもそれをないがしろにする意はないことを前田利家にとりなしてほしいと千福に依頼したものである。遠藤巖氏によればこの書状の年代は天正十五年（一五八七）に比定され[5]、そうだとすればこの書状は同年二月十日に三戸を出発して四月二日金沢に着いた南部信直の重臣北信愛に託されたものと推測される。

これによれば千福遠江守は豊臣政権の奥羽大名取次役だった前田利家にとりなしできるような立場にあったことがわかる。遠江守の子長左衛門義春は天正十二年前田利勝に仕え、高千五百石、足軽頭を務めたと加越能文庫の『諸士系譜』に見える（金沢市立玉川図書館近世史料館蔵）。『千福文書』には「千長左」宛の日根野勝就（備中守）・三好秀勝（駿河）の書状がある。この「千長左」は彼のことであろう。

このように千福氏は豊臣期も前田家に属して生き延びていった[6]。一方鞍谷氏についても鞍谷民部少輔・諏方三郎兵衛尉両人宛の天正十年の佐々成政書状が二通残っており、信長時代末に武士の家柄として存続していたことが確かめられる。

註

（1）関係史料は『小笠原文書』にあり、『静岡県史資料編7中世三』一〇七、一〇九ページに掲載されている。

（2）『千福文書』は『栃木県史史料編中世三』三九六～四〇三ページに掲載される。以下の引用文書もこれに依った。

（3）旧説は奥野高広『増訂織田信長文書の研究』上巻七三四ページ。新説は尾下成敏氏の説でこの朱印状と同日付の羽柴筑前守宛朱印状写（前掲奥野著下巻九二ページ）が天正四年に比定され、これに加越両国の一揆が見えることから天正四年正月に越前で一揆が蜂起したとして千福式部大輔宛の朱印状も天正四年の可能性があるとした。尾下成敏「織田信長発給文書の基礎的研究」、同その二、それぞれ『富山史壇』一三〇、一三二号、一九九九、二〇〇〇年。

（４）遠藤巌「京都御扶持衆小野寺氏」『日本歴史』第四八五号、一九八八年

（５）遠藤巌「戦国大名小野寺氏―稙道・輝道関係史料の検討―」『秋大史学』三四、一九八八年。

（６）「佐野てる子家文書」『福井県史資料編３中・近世二』四二八、四二九ページ。

おわりに

後半の二節で鞍谷氏と千福氏についてまとめたが、五条氏と末野氏に至ってはほとんど叙述の材料が見当たらなかった。しかし右の両氏で代表させても充分に「越前斯波氏」という概念は成立するものと考える。彼らはいずれも今南東郡に知行地を持ち、府中近辺の地に根拠地を持って地域社会に勢力を保つと共に、奥羽大名との通好や奥州斯波氏との交流にみられるように個別の戦国大名をも超越するような権威を持っていた。

越前戦国史といえば、斯波氏の没落と朝倉氏の台頭という図式で説明されることが多いが、伝統的な家柄の権威はぬぐい難いものがあり、朝倉氏もこれを無視することはできず、積極的に婚姻関係を結んで利用しようとしたのである。

【付記】　本稿の概要を、平成十二年六月十一日福井県立図書館で行なわれた福井県郷土誌懇談会総会記念講演会で話させていただきました。発表の機会を与えられた主催者に感謝いたします。

本稿をなすにあたり遠藤巖・伊藤信・小要博の諸氏の御教示に預りました。また文献の閲覧につき福井県総務部文書学事課公文書館建設準備グループの吉田健氏、武生市史編さん室の真柄甚松氏のお世話になりました。厚く御礼申し上げます。

Ⅲ　朝倉氏戦国大名化の過程における「鞍谷殿」成立の意義

松原信之

一、はじめに

約三〇年程前に「鞍谷庄と鞍谷氏」[1]について発表した論稿も、当時は研究も浅く十分な論旨を展開できなかった。しかし、その後、朝倉氏の戦国大名化の過程を研究する中で鞍谷氏（鞍谷殿）の存在意義の重要性を認識するに至ったため、改めて鞍谷氏について稿を起こすことにした。なお、稿を草するに当たって、その前提となる朝倉孝景の戦国大名化の過程について、まず、以下で概述しておきたい[2]。

二、朝倉孝景の「戦国守護」化と斯波氏の動向

長禄合戦を勝利に導き、守護斯波氏・守護代甲斐氏をも凌駕して幕府内でも強い発言力を保持するに至り、応仁の乱を契機に一国人領主層から一躍にして戦国大名化の道を歩むこととなった孝景は、当時すでに衰亡期に入っていた

室町幕府守護体制の中でも、幕府将軍の権威に依存した守護職にこだわざるをえなかったのは当然のことであった。そこで問題となったのが、文明三年（一四七一）の孝景の越前国守護職補任状で、その真偽は学界でも種々問題とはなった。しかし、越前国守護職補任の御内書と管領副状の二点が、近年、発見された「朝倉家記」所載文書(3)の中に収載された八点の支証文書のうちに存在していて、応仁・文明の大乱中に西軍で活躍した孝景が、東軍からの勧誘で東軍へ寝返る過程で発給されたことを前提にして総合的に検証すると、この二点のみを直ちに偽文書とするには不自然となる。ただ、当時の門閥斯波氏による伝統的な越前国守護職世襲を当然とする世相から、孝景のような身分が一躍にして守護に就任することなどありえないという前提に左右してか、孝景の守護職補任はなおも容認されず、精々「守護代」格であったとされた。従って、御内書に示す「越前国守護職事、任望申之旨訖」の趣旨を、改めて視点を変えて解釈する必要があった。

元来は将軍足利氏の上意によって決定されていた守護職任命も、当時、すでに管領の細川勝元の専権に左右され、越前守護の斯波氏が弱体化する中で長禄三年（一四五九）の斯波義敏の家督罷免から以後の約八年間に義敏方と義廉方との間で家督は転々と再任改替が繰り返された。このような越前守護職自体の権威が益々失墜する過程で孝景の越前守護職補任の問題が浮上したと考えるべきであろう。越前の統治能力を失っていた斯波義敏を見限っていた勝元は孝景の強い要望に期待を掛けたのであろう。恐らく密約として一代限りの守護職を孝景に委任させたのも、斯波方のいう勝元の「策略」であった。孝景の東軍への強引な勧誘工作に対し、早くから東軍帰属を決意していた孝景が二年有余にわたって明確な態度を示さなかった背景には、この御内書に示されている「望み申すの旨」、すなわち、孝景が東軍へ帰属するために要求していた条件が整わなかったからであろう。

孝景が密かに要求していた第一の条件こそ「守護職」にこめられた守護公権行使の許可であったと思われ、密々の委任状に等しい文面から考察すると、御教書による正式な守護職補任状ではなく御内書による発給であったことも理解される。孝景が第一に望んだ「守護公権」とは、将軍家よりの半済の実施の許可であったが、これは東軍に帰属して越前平定に乗り出した直後の同四年八月末に実現し、早くも朝倉は「守護分」になったと噂された。このように守護公権の行使と武力でもって越前を平定してしまった孝景の主権は、当時すでに上意でも改替できない下剋上の時勢となっていたのである。

斯波義良・義孝ら反朝倉陣営との対陣中の文明十三年七月二十六日、孝景が五十四歳で亡くなり、一時、朝倉方は危機に直面したが、嫡男氏景を中心とした朝倉一族の団結によって勢力を挽回して孝景の死後二か月にして九月十五日の合戦で完勝すると、反朝倉勢を悉く国外に追放して朝倉による国中の厳重な成敗のもと以後百年の朝倉氏の基盤を確立した[4]。しかし、幕府は氏景の実質的な越前支配を認めざるをえなかったとしても、孝景の守護公権行使の継承は認めなかったとみるべきであろう。このため氏景は、文明十三年七月の孝景の死の直後の十月に美濃国守護代の斎藤妙純（利国）の調停によって「斯波義廉之息（子息）」を名目的な主人に推戴して越前に迎え入れ[5]、氏景は形式的な守護代に収まったが、従来の上意下達という室町守護体制は少なくとも越前では通用せず、孝景時代から始まって氏景にも継承された「戦国守護」ともいうべき下達支配は越前ではすでに始まっていた。旧来の制度や因習が崩壊するなかで、従来の名門の守護を世襲させるという室町守護時代は、少なくとも越前では終焉を迎えたのである。

一方、旧越前国守護の斯波氏は、その後どのような経緯を辿ったのであろうか。文明の乱で東軍方と西軍方に分立した斯波義敏と斯波義廉のうち、大野郡土橋城に立て籠もって孝景に抵抗した義敏は、文明七年（一四七五）十二月に土橋城が落居すると、孝景により京都へ送致された。一方、斯波義廉は応仁の乱が終息し始めた文明七年二月、斯波氏の守護領国のうち最も西軍勢力の強い尾張国へ下国するが、同十年東軍の織田敏定が尾張へ入国した頃から義廉の動静は不明となる。代わって、義敏の子の斯波義寛が尾張へ入国している。

三、擁立された斯波義廉の息「栄棟喝食」（「含蔵寺殿」）

斯波義廉は始め山名持豊の女と婚約していたが、文正元年（一四六六）八月、将軍足利義政は持豊を諭して、その婚約を破棄させたという（『文正記』）。巨頭山名持豊と斯波義廉との結びつきを恐れてのことであった。その後、応仁か文明初年頃か、正室か側室かは別として孝景の女（氏景の姉）が義廉へ入室したらしい。とすれば、先の「斯波義廉之息（子息）」とは氏景の甥であった可能性が高い。このように、義廉の息が越前に迎えられたのも生母が孝景の息女であったからであろう。(6) 延徳二年（一四九〇）五月、越前に下向した歌人正広が、七月二十三日、板倉備中入道宗永所で右兵衛佐義廉の子息「栄棟喝食」と対面して歌会を催しており、『雑事記』延徳三年六月晦日条にも「渋川殿―義廉―越前息」とあることなどから「義廉息」が在越していたことは明らかであった。(7)

応仁・文明の大乱以来、六角高頼によって押領されていた寺社領・諸庄園の回復を望む幕臣や公家・寺社の本所らの要求を入れて、長享元年（一四八七）八月、将軍足利義尚は六角氏征伐のため近江へ出陣した。この時、将軍の命に応じて尾張から出陣した斯波義寛は、越前国の「朝倉進退」について将軍に訴え朝倉氏と相論になった。これが長享の相論である。この相論で細川政元が示した調停案に対して斯波義寛方の守護代の織田敏定は幕府に反駁書を提出、これに対して朝倉方もこれに逐一反論する九か条の上申書（朝倉光玖の詞書）を幕府に提出したが、結果は斯波方の強い不満を残しながらも一応治定した。延徳元年（一四八九）に将軍義熙（義尚より改名）が死去すると、次の将軍足利義材（義稙）も、前将軍の意志を継承して再び近江出陣を強行した。これに先んじて朝倉の越前進退が再び問題となり、翌四年二月、近江出陣が一段落した後に越前国の進退が再び問題となった。これが延徳の相論である(8)。

この延徳の訴訟で、幕府方から朝倉氏に提示された調停案の「武衛への参仕」が最大の問題となったが、斯波義寛への参仕を絶対に容認できない朝倉方は、すでに擁立していた斯波義廉の息への参仕をもって条項遵守を主張したものと思われる。「諏訪神左衛門代替儀礼覚書(9)」の中に「明応六年（一四九七）十一月廿六日、かんさう寺殿御ゑほし御沓形にてめされ候、名御太刀にて御礼可申上由被仰候て、御礼申上候人数次第、前波豊前守・桜井新左衛門尉・神左衛門尉・山崎長門守・小泉藤左衛門尉・則御つほねへめされ御盃被下、ことに御ふくたされ候、……明応書付者我等祖父自筆判形ニ候、かんさう寺殿と申ハ武衛之御事候、」の記述がある。この「かんさう寺殿」こそ、先の越前在住の斯波義廉の息「栄棟喝食」のことで、名目的守護「かんさう寺殿」への参仕の儀式、すなわち、条項に示された「武衛への参仕」の条件を示唆するものではなかろうか。

この「かんさう寺殿」の「がんざう寺」とは、一乗谷外の阿波賀に存在した曹洞宗宏智派の「含蔵寺」のことと思われ、ここが朝倉氏に擁立された斯波義廉の息の屋形となったらしい。文明十四年閏七月三日昼に「朝倉館一乗大焼亡、……但屋形并朝倉城ハ無為(10)」とあるが、「朝倉城」は山上にあり、「屋形」は朝倉館から遠く離れた阿波賀の含蔵寺にあったからこそ両所とも「一乗大焼亡」からは無事であった。

なお、曹洞宗宏智派は曹洞宗の一派でありながら、臨済宗五山派と深く結び付き宗勢は一時的で局地的ではあったが、越前、特に朝倉氏の保護を受けて隆盛となり、結局、朝倉氏の滅亡とともに衰滅した宗派である。宏智派は初め北条氏の庇護を受けて鎌倉諸五山で発展したが、北条氏の滅亡後は京都五山を中心に活動を開始し、越前出身の別源円旨が朝倉氏を檀越として康永元年（一三四二）越前足羽郡安居に弘祥寺を創めたことにより[11]越前でも宏智派布教の基礎が築かれた。その後、別源は五山派の南禅寺に迎えられ、次いで貞治三年（一三六四）六月、建仁寺に入寺して寺内に洞春菴を創めるが、別源の法嗣、玉岡如金も寺内に新豊菴を建てると、両菴はともに京都における宏智派の重要な拠点として繁栄し、同派から諸五山に登住する者も続出した。

長享元年（一四八七）、竺源知裔が遊訪した[12]含蔵寺は建仁寺洞春院末寺であったが朝倉の本願檀那ではなかった。しかし、応仁の乱以来、常に朝倉を援護する立場にあったらしい。延徳三年の斯波氏と朝倉氏との間の越前支配をめぐる訴訟の中で、朝倉懲罰のことが起こると、朝倉氏と関係の深い含蔵寺も懲罰が噂されたが、当時は「公界所」（一種の治外法権の地域）であるから無事だとされた。[13]従って、斯波義廉の息「栄棟喝食」を含蔵寺に入寺させたのも、このような「公界所」という特殊な権限を有した寺であったからであろう。

四、鞍谷庄と鞍谷氏

旧武生市（越前市）の東部、味真野の池泉町に鎮座する味真野神社は鞍谷氏が居館したとされる鞍谷館跡で、現在も境内の一部に往時の館跡の土塁の一部を残している。[14]「城蹟考」には「鞍谷館跡　将軍義持甥嗣俊代々居之　時人鞍谷御所ト称」とあるが、鞍谷氏は鞍谷庄の庄名に由来する。鞍谷庄は気比庄（旧丹生郡朝日町）・一品勅旨田（旧坂井郡丸岡町）とともに平安末期には八条院領[15]として見え、鎌倉末期には後宇多院の庁分に編成された大覚寺統の庄園であった。その庄域は、正保三年（一六四六）の「越前国知行高之帳」に記載される「今南東郡鞍谷村[16]」に相当し、鞍谷川の谷口に位置する池泉村から余川村・檜尾谷村を含めた地域一帯であったと考えられる。

鞍谷氏は足利義満の子、義嗣が上杉禅秀の乱に連座して応永二十五年（一四一九）正月に自殺し、その子の嗣俊が越前に逃れ鞍谷に住した子孫というが[17]、朝倉時代の鞍谷氏との関連は不明である。「城蹟考」には池泉村に「鞍谷館跡」と「本丸跡」の二か所に分けて並記されているが[18]、遺構規模や位置などから両者は同一の城館跡であることが判明した。この「本丸跡」と「斯波義敏」居城地とし背後の山を「武衛山」と称することからも斯波氏に関係した城館跡であることは事実としても、朝倉孝景と敵対関係にあった斯波義敏居城地とは考えられない。従って、当初は朝倉孝景が擁立した斯波義廉の子孫が「鞍谷殿」と称され、居館した屋形を「鞍谷御所」と呼んだと推考したが[19]、現在は、いささか論稿を変えざるをえなくなった。

五、斯波鞍谷氏より「鞍谷殿」へ

ところで、越前斯波氏については、奥州斯波郡の出自とする『奥州余目記録[20]』に記載される文明初年の書札に「越前ニハ武衛様御一家、斯波殿・仙北殿・五条殿・末野殿へハ謹上書候[21]」とあるが、「武衛様御一家」を斯波義廉（その息「栄棟喝食」）とすれば、「斯波殿」こそ文明六年五月七日付「斯波政綿（四郎三郎）神領寄進状[22]」で「与河郷之内御神領栗林」神田を「往古之旨」に任せて安堵した「斯波四郎三郎政綿[23]」と考えられる。すなわち、与河郷（鞍谷庄内）は朝倉街道と池田・美濃道（府中より美濃国へ）とが交差する交通の要衝に位置しているが、「斯波四郎三郎政綿」は守護斯波氏時代からの与河郷代官と判断される。(24)

延徳二年（一四九〇）三月十五日に次のような禁制(25)を「倉谷霊泉寺」に下付されている。

禁制

一草木伐採事

一殺生之事

一狼藉之事

延徳二年庚戌年　　義俊（壺形朱印）

三月十五日

倉谷

霊泉寺

「倉谷霊泉寺」は池泉村曹洞宗霊泉寺（村国興禅寺末寺）のことで鞍谷氏の菩提寺であり、(26)「義俊」は、「斯波四郎三郎政綿」の子で、鞍谷に居館を移して鞍谷氏を称したと考えられるが、鞍谷氏は池田氏らとともに遅くまで朝倉氏に対する抵抗勢力であった。そこで、これらの勢力を朝倉方へ取り込むべく、僧籍にあって嗣子のない斯波義廉の息「栄棟喝食」（含蔵寺殿）を名目的な守護分としながらも、「武衛」の名跡のみを同族の鞍谷氏に継承させ、一定の独自の支配権を認めることによって、「武衛」家の実名「義俊」も称することとなったのではなかろうか。ここに鞍谷氏は「鞍谷殿」、屋形を「鞍谷御所」と尊称されるようになり、池田氏など鞍谷近辺の旧守護家被官層や国人層も「鞍谷殿」に従属して、間接的に朝倉氏の支配下に入ったと思われる。

このような経緯は、斯波義廉系の代表的な被官の板倉氏の随臣関係にも見られる。応仁二年（一四六八）と推定される三月廿日付三輪殿宛の「朝倉光玖書状案」(27)に「御屋形様（斯波義廉）」の意を奉じた返状を朝倉光玖に発給したのは「板倉大和方」であるが、『晴富宿禰記』文明十一年五月二十七日条に「小原者板倉被官、板倉者斯波義廉被官」とあるように、板倉氏は斯波義廉の根本の随臣であった。先にも述べた「松下集」でも板倉備中入道宗永が「義廉息」とともに越前に在住してるが、「武衛」の名跡継承とともに板倉氏も鞍谷氏へ転身したことは明らかで、「大滝寺寺庫収納田数帳」(28)の末尾に元亀元年（一五七〇）頃と推定される「巻数之事歳暮分」として送給された「巻数」の宛先名に「鞍谷殿」とともに「板倉式部殿」が見えることなどからも知られる。

「鞍谷殿」に関する初出史料は文亀元年（一五〇一）四月廿九日付「府中奉行人連署状」(29)で、「鞍谷殿」知行所とされる府中西隣の「太田保内けいけん院領并名河分事」について鳥居与一方と訴訟となっている。また、鞍谷庄に東隣する池田庄の土豪の池田氏を検証する中で、池田氏と鞍谷殿との関係も明らかとなった(30)。池田氏は池田庄の土豪として歴代の官途（通称）を「勘解由左衛門尉」を世襲する府中在住の守護代々の一人であったから、朝倉孝景の越前平定にも服従せず、やがて「鞍谷殿」と主従関係を結んだものと考えられる。池田町月ヶ瀬の上島孝治家文書(31)の池田氏関係文書の中に伝来する月ヶ瀬・常安両村持ちの薬師・白山両堂に対する三点の寄進状・安堵状には袖花押・裏花押を署判した同一人物が確認されるが、花押から判断して朝倉氏発給の文書ではない。ところで、代々両村の地下預かりであった永禄九年（一五六六）の「地下証文預状」に「三つう御上様之御判」・「三つう　池田殿」などと記載される冒頭の「三つう　御上様之御判」の証文こそ、袖花押を署判する三点の安堵状・下知状を指し、袖花押を署判できるような人物は一般に身分が高く、将軍家か少なくとも守護家格以上の人物であるのが普通であるから、「御上様」とは、池田氏よりも上級の支配者、恐らく「鞍谷殿」のことであろう。天文十九年（一五五〇）二月廿八日付「稲荷大明神年中行事次第(32)」の一節に「三　せつく小守、くら谷殿、池田殿両より御下行」とあり、また、文亀元年（一五〇一）霜月十三日付の日野宮大明神への「山林寄進状(33)」にも「北者土居おさかい、くら谷殿御地行分也」とあり、池田庄内には鞍谷氏の知行所があったことも知られ、朝倉時代前期には鞍谷氏の支配権が池田庄にも及んだが、後に「鞍谷殿」が朝倉氏被官化とともに、池田氏も朝倉氏に服従していったと思われる。

ところが、近年、佐藤圭氏は「鞍谷氏」について新しい見解を発表された(34)。『上杉文書』（『大日本古文書』）の中に伝来する二点の「斯波新三郎政綿書状」の原本を検証した結果、この「斯波新三郎政綿」の花押と、先の上島孝治文書の「鞍谷氏」なる人物の袖花押と一致することを発見し、「斯波新三郎政綿」を「鞍谷氏」と判断された。とすれば、時期的に推考して斯波義俊の子で「斯波四郎三郎政綿」の孫であろうか。新三郎政綿は祖父の四郎三郎政綿の実名を襲名したことになる。以後、この「鞍谷氏」の確実な史料は確認されない。

六、朝倉氏の被官化した鞍谷氏

なお、壬生本「朝倉家譜」によれば、朝倉貞景の四女が「藏中女中(35)」とあり、鞍谷氏の内室になっており、さらに朝倉義景の側室には「鞍谷氏ノ類葉」小宰相局を迎えて嫡男の阿君を生んでいるから(36)、朝倉氏との婚姻関係から朝倉後期になると鞍谷氏も朝倉氏と臣従関係を結ばざるをえなかったのであろう。従って、朝倉宗滴が総大将となり天文二十四年（一五五五）に加州へ出兵すると鞍谷氏もこれに従軍しているが、[37]朝倉義景滅亡後も鞍谷氏は存続し、天正十年卯月十四日付・同年六月五日付の鞍谷民部少輔・諏方三郎兵衛尉宛二通の「佐々成政書状」の伝来から、鞍谷氏は佐々成政の家臣に転身したらしい。[38]

註

（1）松原信之「朝倉雑録」（『福井県地域史研究』８号　一九七八年）
（2）「朝倉孝景の戦国大名化（戦国守護化）の過程について」の詳細については、別稿に譲ることとしたい。
（3）『福井市史』資料編２　古代・中世に収載。
（4）『大乗院寺社雑事記』文明十三年九月二十四日条。
（5）『大乗院寺社雑事記』文明十三年十一月四日条に「屋形治部大輔義廉息八十日可入国云々」とある。
（6）『宗滴夜話』の追補記事に孝景の子女に「上様　倉谷殿」とあるが、「上様」とは女子を指し、「倉谷殿」とは、今立郡鞍谷庄に居住して「鞍谷御所」と尊称された斯波義廉の系譜を引く鞍谷氏のことと思われるから、「倉谷殿」に嫁した「上様」が氏景の姉とすれば、「倉谷殿」とは、その年齢から推算して越前鞍谷氏の始祖の父となる越前国守護斯波義廉と勘考される。松原信之「朝倉氏女系譜」（『福井県史研究』第12号　県史編さん室　平成６年３月参照。
（7）「松下集」（『福井市史』資料２、中世編年史料五九七号）。
（8）松原信之「朝倉貞景と斯波義寛との越前国宗主権をめぐる抗争について」（『若越郷土研究』二一の六　昭和五一年一一月）
（9）「諏訪公一家文書」（『福井県史』資料編３）
（10）『大乗院寺社雑事記』文明十四年閏七月十二日条。

(11)「洞春菴別源禅師定光塔銘」『五山文学新集』4巻所収)
(12)「寓含蔵寺次竺源老人韵」(「幻雲詩藁第二」『続群書類従』13輯上)
(13)『蔭凉軒日録』延徳三年十月二十六日条。
(14)昭和初年に詳細に調査された『福井県史跡勝地調査報告』に採録されており、中世戦国期の最も典型的な城館形式と伝えている。上田三平著『越前及若狭地方の史蹟』参照。
(15)八条院とは鳥羽天皇の皇女で母は美福門院藤原得子、後に二条天皇の准母の儀をもって「八条院」の院号が宣下された。父母の死後、「八条院」に莫大な所領が譲られ「八条院領」と称され、女院の没後、遺領の大部分は同内親王に伝えられた。鎌倉末期の「昭慶門院(後宇多天皇皇女)御領目録」(「竹内文平氏所蔵文書」『福井県史』資料編2)に「庁分」として「鞍谷」が見える。
(16)鞍谷館跡は池泉村にあるから、「今南東郡鞍谷村」と池泉村に挟まれた余川村・檜尾谷村も旧鞍谷庄域であったと思われる。なお、「今南東郡鞍谷村」は元禄十三年(一七〇〇)の「郷帳」からは入谷村・中居村・蓑脇村の三か村に分村した。
(17)江戸期に一般に流布していた「鞍谷氏系図」
(18)『越前国城蹟考』(杉原・松原共編『越前若狭地誌叢書』上巻所収。「城蹟考」と略記す)には、「鞍谷館跡　将軍義持甥嗣俊代々居之、時ニ八、鞍谷御所ト称ス、池泉村ヨリ南方在」・本丸跡　斯波義敏　池泉村ヨリ巽方村際、右武衛山之麓、東西九十間余、南北六十間、高一丈計之所、四方幅三間計堀土居、其外大手口裏門口之形有之」と二か所に分けて記載している。
(19)前出の註(1)(「朝倉雑録」◎鞍谷庄と鞍谷氏)(『福井県地域史研究』8号)参照。
(20)『続々群書類従』所載『余目氏旧記』
(21)「仙北殿・五条殿・末野殿」のうち、「仙北殿」は府中の西南に隣接する千福村(旧武生市)に土着した千福氏のことと思われ、「大滝寺寺庫収納田数帳」の末尾に記載される「巻数之事歳暮分」の送付先のうち「朝倉殿」・「鞍谷殿」・「千福殿」の三人に対してだけは最も丁重な箱巻数を進上していたことから、特別の家格を誇った斯波氏の一族であることを窺わせる。
「末野殿」とは、丹生郡末野谷に土着した斯波氏の一族の立神氏のことと考えられ、「城蹟考」に丹生郡末野谷寺村(旧宮崎村)に立髪兵庫頭や兵庫家来の細川武兵衛屋敷跡、同郡末野谷上野村に兵庫頭弟立髪権之助屋敷跡が記載されるのが立神氏一族であろう。

(22)「大滝神社文書」一・二号（『福井県史』資料編６）

(23)「斯波政綿」については、『親元日記』寛正六年（一四六五）三月二十八日条により「斯波四郎三郎政綿」と知られる。

(24)「大滝神社文書」（『福井県史』資料編６）の九号「大滝寺寺庫収納田数帳」の末尾に「巻数之事歳暮分」として「巻数」を送付した宛先名の中に「和田宗右衛門尉殿　与川代官」があり、朝倉時代には確実に与川代官が配置されていたからである。

(25) 越前市池泉町霊泉寺蔵。

(26)『越前国名蹟考』「文安二年（一四四五）乙末、春屋開基。斯波義俊菩提所。影像位牌判物有之。義俊法名霊泉院殿隣渓舜徳大居士と号す。寺院縁起」

(27)（応仁二年）三月二十日付「朝倉光玖書状案」（「醍醐寺文書」『福井県史』資料編２）

(28)「大滝神社文書」九号（『福井県史』資料編６）

(29)「鳥居家文書」（一乗谷朝倉氏遺跡資料館所蔵）、佐藤圭「一乗谷朝倉氏遺跡資料館紀要」一九九八年参照。

(30)「池田氏」については、松原信之「越前池田庄と池田氏」（『福井県地域史研究』第10号　平成元年）参照。

(31)「上島孝治家文書」（『福井県史』資料編６）

(32)「須波阿須疑神社文書」（『福井県史』資料編６）

(33)「日野宮神社文書」（『福井県史』資料編６）

(34) 佐藤圭「戦国期の越前斯波氏について」上・下（『若越郷土研究』45の４・５）

(35) 心月寺本「朝倉系図」では「鞍谷形部大輔副知妻女」とある。

(36) 小宰相の局は永禄四年（一五六一）三月に死没し、嫡男阿君も同十一年三月二十五日に毒殺されたらしい。

(37) 思想本『始末記』では「加州出兵　大将ハ敷地山、蔵谷衆ハ大聖寺」、市史本『始末記』では「加州出兵　蔵谷刑部大輔晴政」とある。

(38)「佐野てる子家文書」（『福井県史』資料編３）

第5部

斯波氏関係史料

義敏教訓状

天地人あらハれてより以来《このかた》、日月の光は同し、日月の光同しけれハ、人の心も相《あひ》かハらす、但《たゝ》雲《くも》の起《おこ》る時ハ、日の光のうすきと思ひ、世の乱《みたる》る時ハ、人の心のかハるとおもふにこそ、されハ君臣《くんしん》のみたれかハしき事も、神代《かミよ》よりなきにはあらす、教《おしへ》をうけさる輩《ともから》も、仏孔子《ほとけこうし》の在世《さいせ》にさへ有しをや、春の日ののとかにすめる時は、草木のみとりも立さかへ、秋の日のくもりしくるゝ比ハ、草木もみたれしほむそかし、君の心ののとかにすめる時ハ、人《にん》民《みん》の心もすなをなり、上の意《こゝろ》をくもらす事のしけき時ハ、下従《かしう》の心みたれ多《おほ》し、日長《なか》くて光つよき時を夏と名付《なつけ》、日短《みしかく》して光よハき時を冬といへとも、日の大さのかハらされハ、夏もつきせす、冬もつきせす、道の心のつよく長き時を上代と名付、道の心のよハく短き時を末《まつ》世といへとも、つゐにハ夏に帰らぬ冬あるへからす、道にかへらぬ人あるへからす、当世ハかりの趣《おもむき》を見て、末世と心得る事ハ、たとへハ一日一月の中のはれくもりはかりを見て、夏冬の時節《しせつ》をしらさるかことし、しかあれハ、冬なれとも日の光のさす屋ハ、それに随て暖《あたゝ》かなり、末世なりと云とも、道ある人ハ無為《ふゐ》なるへし、心なかくして時節を待《また》ハ、なとかすなをなる世に帰らさらむ、此心先屋《いゑ》を造《つく》る地形《ちきやう》なり、地形ゆかミなハ、家《いゑ》もかならす傾《かたふ》くへし、此心を覚《さと》らすハ、国も必《かならす》治《おさま》りかたし、

一君の君たるハ、賞罰《しやうはち》を明《あきらか》にし、臣《しん》の臣たるハ、忠孝《ちうかう》を先《さき》とすとなり、君に仕《つかへ》ん道、臣を治《おさむ》るにかハるへからす、されハ朝家《てうか》を補佐《ふさ》し、海内《かいたい》を管領《くわんれい》せん事も、従臣《しうしん》の好悪《かうを》になすらへて、公君《こうくん》の命慮《めいりよ》にしたかふへし、抑賞と申ハ、善《よきこと》を勧《すゝむ》るなり、罰と申ハ悪《あきこと》を懲《こら》さしむるなり、又忠と申ハよろつに私なくして、軍戦《くんせん》の功《こう》を励《はけま》し、官仕《くわんし》の労《らう》を致《いた》さん、是なり、孝と申ハ君のあしき事を諫《いさ》め、主《しゆ》のあやまちを救《すく》ハむ、是なり、穴賢《あなかしこ》く諫言《いさめこと》を申さんは、教訓《けうくん》に事よせて上を訕《そしる》事なかれ、下を訴《うつたふ》る事なかれ、又おもてにて機《き》にあふ事をのミ巧《たく》ミいはん物ハ、

しりそいて必すそしる事有らんと思ふへし、諫言ハかならす耳《みゝ》に逆《さかふ》ふと云へり、又進《すゝん》て争《あらそふ》事なく、退《しりそい》て譲《ゆつ》る事なかるへし、たま〳〵すゝみ出る心ある人ハ、傍輩《はうはい》をそねミあらそひ、又穏便《おんひん》なるかほをする人ハ、斟酌《しんしやく》を云て他《た》にゆつる、凡禍乱《くわらん》の媒《なかたち》大小に随て、此心の外より出来らす、又上下相待《あいまつ》者ハ功なしとて、是ハ上よりうそ蒙仰へき次第なれ、是ハ下よりうそ申上へき事なれと、大かたの順次《しゆんし》の外にさのミ互《たかい》に相待《あいまち》て、少もむつかしき子細をハ延引《ゑんいん》せんとする程に、猶々月日の重《かさな》りて、公私の労苦《らうく》ハまされは、功ハ弥成らさるなり、

一慈悲《しひ》と忿《ふん》怒《ぬ》《うつくミいかる》とハ、車《くるま》の両輪《りやうりん》のことし、一輪《ひとわ》無けれハ、車のめへらさるか如く、一かたにてハ家も治《おさま》るかことし、しかりとハ心得て、罪《つみ》の疑《うたかハ》しきをハ軽《かろく》し、功《こう》の疑《うたかハ》しきをハ重《おも》くせしに、少しの功をも賞《しやう》せされハ大功立す、少しなるうらみを赦《ゆるさ》されハ、大なる怨《うらミ》出来るなり、人をやしなふに徳《とく》を以てする者ハ集《あつま》る、人をたゝすに刑《けい》を以てする者ハ散《あらく》といへり、又おのれか行《おこなう》所、道を以てせす、礼を以てせす、而も道を以て人に教へんとする者ハ、亡《ほろひ》に及ふといへり、但仏神の慈悲《しひ》にさへ実《まこと》の道に不叶《かなハさる》事をねかひて、聊尓《れうし》おろそかにする者《ひと》ハ、かりそめの事にも罰《はち》のあたるハおほく、利生《りしやう》を蒙るハすくなきそかし、縦《たとへ》我か機に相《あひ》たる者なり共、其人のあしき事をハ知り、又我か機に背《そむ》きたる者なり共、其人のよき事をハ知れとなり、されハ罰を蒙らしむる事も、利生《りしやう》あたへんとての慈悲《しひ》なるへし、聖君《せいくん》は刑《けい》を行《おこな》ハんとて、夜もすからなけきあかし給しとかや、政《まつりこと》を務《つとめ》ん者偏頗《へんは》の意《こゝろ》あるへからす、又慈悲の中に人に物をほとこす事、殊更人主の第一とする心なり、但さして功なきを賞すれハ、へつらい詐《いつわ》れる者起《おこ》りて、労者《らうしや》もなつむ事あり、又郡国《こほりくに》に課役《くわやく》をかけて、士民百姓《とミんはくせい》をなやまさハ、縦堂社《たうしや》に寄進《きしん》すとも、僧法師《そうほうし》を供養《くやう》すとも、必す〳〵仏神の内証《ないせう》にハ背《そむ》くへし、仏神の心に背きなハ、はたして何の益《ゑき》か有らん、況《いわん》や遊人《ゆう》好色《かうしよく》のたくひにをゐてをや、只人民を悩《なやま》さすして、自然《しせん》にあつまり来ハん物惜《おし》ミ蓄《たくハふ》へからす、

其心さしハ、大なるにもよらす、少しきなるにもよらさるへし、仮令《たとへハ》戦《たゝかひ》につかれたる時、濁醪《たくらう》とてにこり酒を少し送《をくる》ものありしを、大将にてあれハとて、一人して飲《のむ》へからすとて、河の中にうち入て、其水をのミ給しかハ、諸軍勢《しよくんせい》此心さしをさかなとして、こき味《あちハひ》の酒よりも悉《ことく》く忠節をはけませしそかし、よろつに付て我ひとりたのしミ好《よ》からんと思ふへからす、人とたのしミを同ふする者ハ、人亦憂《うれへ》をともにすと云へり、人のうれへあらん時ハ、我身の事にあらされハとて、疎略《そりやく》に振舞《ふるまふ》へからす、人間のならい、昨日ハ人の上、今日は身の上なり、

一文武《ふんふ》は鳥の両の翅《つはさ》のことし、片羽《かたは》にてハ飛行《とひゆく》事のかなハさるか如く、一方にてハ政道《せいたう》も行なハれす、大かた世治《おさま》れる時ハ、文《ふん》を以て先とし、世乱《みた》るゝ時ハ、武《ふ》を以て基《もと》とす、殊に弓馬の家に生れては、朝敵《てうてき》をほろほし、勝軍《せうくん》の籌《ハかりこと》より外にならい翫《もてあそ》ふ事有へからす、但太公《たいこう》・張良《ちやうりやう》も六韜《りくたう》三略《りやく》を教《をし》へをき、頼義・義家も七書一巻を伝へ給しかハ、文《ふん》なくてハ武《ふ》も調《とゝのを》りかたし、又源平の中にも頼政《よりまさ》ハ深《ミ》山木の木するをなかめ、忠度《たゝのり》ハ長柄《なから》の山桜《さくら》をのこせしそかし、

一武勇合戦《ふゆうかつせん》の道にとりても、古《いにしへ》より二の儀あり、血気《けつき》仁義《き》是なり、吾《われ》と手を砕《くたき》て相戦《あひたゝかふ》事は、おのこと生れぬる者ハ匹夫《ひつふ》とて、夫男《ふおとこ》も心にかくる所なり、是を血気の勇者とて下甲《けかう》と申なるへし、あなかち我れと力を尽《つく》して戦ハ、され共籌《はかりこと》を帷幄《いあく》の内にめくらして、勝《かつ》事を千里の外に決《けつ》する儀、良将《りやうしやう》とも云、仁義の勇者とも名付て、上甲とハ申なるとかや、

一親族《しんそく》一家《か》の間の事、近年殊に無為なるハ少く、不和《ふわ》なるハ多《おほう》して、他人よりも猶怨敵《おんてき》と成ほとに、諸家《しよけ》の霍執《くわくしう》も絶《たえ》やらす、はたして大乱《らん》に及へり、然りと云とも、実《まこと》に其人の心底《しんてい》より企《くわたつ》る事ハ稀《まれ》なり、併《しかしなから》奸曲《かんきよく》の輩《ともから》の自他《した》相ましハるによりて、禍乱《くわらん》の起《をこ》るなるへし、然れハいくたひいかやうに聞事ありと云共、弥我言《ことハ》にハ真《まこと》を

守《まもり》て、人の口にハ疑をのこすへし、相構《あいかまへ》て〳〵卒尓《そつし》の沙汰に及へからす、されハ信《しん》をハ義《き》に近《ちか》ふせにとて、人の云事を実事そとのミ思ひ違《たか》へしとハかり心得て、用捨《ようしや》の思案《しあん》無けれハ、還《かへり》て誤多《あやまりおほ》しとなり、

一人の臣《しん》として先祖《せんそ》の忠《ちう》たてハ、子孫の忠節の上に顕《あら》ハるへし、然るを動《やゝも》すれハ、父祖《ふそ》の軍功奉公《くんこうほうこう》の忠労《らう》をハ不似《にせ》して、華職褒美《くわしよくほうひ》の事はかりを似せなんとするほとに、かりそめの事にも述懐《しゆつくわい》に過たる乱の基《もとい》ハなし、或《あるひ》ハ新《しん》参《ざん》、或ハ当敵《たうてき》の輩《ともから》さへ、真実《しんしち》の忠心顕れぬれは、恩賞《おんしやう》にも預《あつか》り、立身《りつしん》もするそかし、況《いわん》や父祖の忠功あらん子孫をや、又少も忠あれハ、早く賞せられんと心得て、自余《しよ》のあしき事をハ思ひも出さぬ事のミそ、上たる人のなけきなる、或哥に　わろしともよしともいかていひはてんおり〳〵かハる人の心を、とあれハ、ことに累祖《るいそ》の忠功あらん輩をハ、卒尓の儀なくなため教ふへきなり、いつくも調《とゝのを》りて能者《よきもの》ハ、千人にひとりも有かたし、されハ良工《よきたくミ》の木をつかふかことく、長きをハ轅《なかへ》に造《つく》り、曲《まかれ》るをハ輪《わ》に作《つく》るにこそ、

一いにしへより家《いゑ》々に随《したかい》て其家風《かふう》あるへし、尤《もつとも》是を失《うしなふ》ふへからす、此段《たん》殊更分別《ふんへつ》しかたきをや、内外よろつに付て、少も家の規模《きほ》なるやうに在《あり》来らん事ハ、絶《たえ》たるをたにも起《をこ》すへきに、たま〳〵残《のこ》りたるをさへ弥失ひなん事は無念の次第にあらすや、但礼儀《れいき》等の趣に付ては、時に随て慇懃《いんきん》なるへし、敬《うやまい》おこたりに勝《かつ》ときハ昌《さか》へ怠《おこた》り、敬に勝時ハ滅《ほろふ》と云り、又みつから身を貴《たつとう》する者ハ、必人に下さるとなり、又礼ハ対《たい》するにありとて、余りに相応せさるも還《かへり》て礼にあらす、次に武具《ふく》以下衣冠風情《いくわんふせい》の事、是亦古《これまたいにしへ》の家風《かふう》を失へからす、されハとて、余りに古躰《こてい》なるも狂忽《きようこつ》なり、然れハ先事《まつ》に触《ふれ》て古の趣を能々尋《たつね》知りて、其上にて進退用捨《しんたいようしや》《すつミしりそきもちいすつる》あるへし、

一芸能《けいのう》の事、先段《せんたん》にのするか如く、武勇兵術《ふゆうへいしゆつ》の稽古《けいこ》検見六物以下の事ハ、我家の道たる間、中〳〵申に及ハす、文にとりてハ、和哥の道第一なるへし、殊に譜代《ふたい》の名《な》をむなしうせん事ハ、無下《むけ》なる次第にあらすや、是等を専《もつハら》ら

に学得《まなひえ》て後は、蹴鞠早諷《まりさうか》以下よろつをしり知らんも随意《すいい》なるへし、返々宗《むね》と稽古《けいこ》すへき家業《かけう》を次《つき》にして、無益《やく》の雑芸《さうけい》に少の隙《ひま》をも費《ついやす》事なかれ、光陰《くわうゐん》おしむへし、時人をまたす、又万能一心と云て、縦万能に達《たつ》すれ共、一心調《とゝのを》らされハ、いたつら事なり、其一心調らさる人と申ハ、忠孝の二の薄《うす》きなるへし、されハ万能に数寄《すき》なんと思つゝ、先善《よき》人に数寄ぬへし、

一大事独《ひと》り断《ことわ》るへからすと云て、縦博覧多識《はくらんたしき》の人なり共、大儀の子細をハ一両人して量《はか》るへからす、但大儀の中に隠密《おんミつ》せて叶《かな》ハさる事のあるを、心安き人なれハとて、あまたに談合《たんかう》を加《くわ》ふれハ、誰か口より出すとハ無けれ共、当世弥事の漏《もれ》やすきのミそ迷惑《めいわく》の第一なり、又人の耳壁《みゝかへ》に付たり、仮《かり》にも無益の事を云へからす、禍《わさわい》ハ口より出、病《やまい》は口より入となれハ、禍を除《のそか》んと思ハゝ、言《ことは》を戒へし、病を除んと思ハゝ、毒《とく》を食《くう》へからす、

一世躰《せたい》仏法《ふつハう》と云て、是又人の両眼のことし、世躰の事ハ、おのつから前にしるしをく中におさまりぬ、仏法と申ハ、凡後生善処《こしやうせんしよ》のねかひなり、此世躰と仏法とハ、人の両の眼《まなこ》の別々《へちく》なるに似《に》たれ共、物を見る事の同しき様に、世躰ハ則仏法と心得へき也、五常《しやう》の外に五戒《かい》なし、されハ諸宗皆現世安穏《しよしうみなけんせあんをん》後生善処と示《しめ》さるれ共、現世と後生と隔《へたて》有やうに心得るハ、教者《けうしや》の迷《まよひ》也、現世の安穏則後生の善処なるへし、縦《たとへ》八宗を兼学《けんかく》し、三蔵《さう》を流通《るつう》するも、究竟《くきやう》に至《いた》らハ、此外有へからす、心に私曲《しきよく》あらん者現世の果報《くわほう》ありかたし、心に私曲あらん者後生の地獄《ちこく》ニ堕《をつ》へき也、相構《あいかまへ》て〳〵冠《くわん》を戴《いたゝ》き刀を横《よこ》たへん、子孫ハ弓を以て柱杖《しゆちやう》とし、馬を以て蒲団《ふとん》として、正直《しやうちき》の外に神あるへからす、慈悲の外に仏有へからす、正直の上にハ神の利生《りしやう》も有へし、慈悲の上にハ仏の納受《なうしゆ》も有へきなり、正直慈悲を薄《うす》くせハ、経《きやう》よミ念仏を申共、神事仏事を行ふ共、現当《けんたう》の功徳《くとく》有へからす、正直慈悲の二つたに心に深《ふか》く備《そな》へなハ、縦《たとへ》鵜《う》鷹《たか》をつかふ共、鹿猪《しゝいのしゝ》を狩《かり》す共、二世の願望成就《くわんもうしやうしゆ》して、弓矢の冥加《ミやうか》あるへき也、猶此外に不審のこ

りて、光をはなつ仏になりたく思ふ心あらハ、早く明眼得道《みやうけんとくとう》の知識《ちしき》を求《もとめ》て、頂門一着《ちやうもんいちちやく》の眼《まなこ》を尋《たつ》ぬへし、四海《かい》を管領《くわんれい》し、万民《はんミん》を撫育《ふいく》せん者ハ、此外に仏法あるへからす、

右条々併愚孫の心を励さんか為ハかりに、後の哱をかへりみす、記しをく所也、猶々教誡へき事いくらも有ぬへけれとも、中々事多く、書載ハいかゝと見るに、懶く成ぬへし、其上政の大綱ハ、聖徳太子の憲法の註に究尽されぬれハ、重てしるすに及はす、千巻の書を学と云ても、彼十七箇条にハ過へからす、又上智と下愚ハうつらすと申せハ、教たるにもよるへからす、但中根の人ハ、訓へけるによりて、惑ふ事も有ぬへし、二条の摂政殿のあそハしたりし書にも、鍛冶番匠の類わか業を失ハさるか如きハ、家々道々の芸能も絶へからすとなん、此旨ふかく信すへきにこそ、又或書ニ云、知事のかたきにハ非す、行事の難なり、おこなふ事のかたきとにハあらす、能行ことの難と也、又云其近きを以て、いるかせにすへからすと、是ハ遠路も出たつ足もとよりはしまる如く、国家を治る事も、先我意を誡にして、少きなる事をも慎より初ると也、人ことにおもてにて大なる事をこそ、慎意せられんすれ、内々の事ハくるしからすと心得るほとに、少なる事さへくたりにのミ成ぬれハ、大なる政道もいよ〳〵行られさる也、相かまへて〳〵予か孫葉として、追善を行んと思ハん者ハ、幾度も此一巻を読覚て、心に深く染ひへし、若此旨を疎にする意あらハ、縦毎日に一代蔵経を転閲して、三宝衆僧を供養すとも、予を打科とひとしうして、天雷の罰を蒙らしむへし、穴賢々々、軽しめ怠る事なかれ、外見に及つけ事なかれ、

藻しほ草かきをく人もしら浪に浮しつむとて思ひかさなる

応仁二年戊子二月十五日

従四位下行左兵衛佐源朝臣義敏 行年三十二歳（花押）

又此一巻をは還愚童訓と号すへき由存候如何々々

斯波家譜

修理大夫高経卜書始官職巻物　斯波家伝

修理大夫高経朝臣《シユリノタイフタカツネノアソン》と申候ハ、御《オン》けいすともにも見え候ことく、清和天皇《セイワテンヲウ》より十二代《タイ》、尾張守泰氏《ヲハリノカミヤスウチ》十人の御連枝《コレンシ》の御嫡子《チヤクシ》、家氏《イエウチ》と申候、その曾孫《ヒコ》にて候　等持院殿様《トヲチイントノサマ》関東《クワントウ》より御上洛《シヤウラク》の時《トキ》、北陸道《ホクロクタウ》の大将《タイシヤウ》にてまかり上《ノホ》り候て、越前国《エチセンノクニ》において新田義貞《ニタノヨシサタ》を討取《ウチトリ》て、恩賞《オンシヤウ》の　綸旨《リンシ》を　賜《タマハ》り候て、上洛《シヤウラク》の時分《シフン》昇殿《セウテン》候、其外忠節《ソノホカチウセチ》の次第《シタイ》共、大かた太平記《タイヘイキ》なとにも見え候ほとに、委《クハシ》くしるすに及《オヨ》ハす候、尾張守高経《ヲハリノカミタカツネ》、後《ノチ》ニハ道朝禅門《タウテウセンモン》なと、、かの記録《キロク》ニかきて候、おなし人の事《コト》ニて候、錦少路殿御例《ニシキノコウチトノコレイ》にまかせて、天下《テンカ》の御政務《セイム》の事をとり　行《オコナイ》ひ申へき由仰付《ヨシオホセツケ》られ候て、洛中《ラクチウ》ニ屋形《ヤカタ》をつくり候、其間東山玉泉寺《ソノアイタヒカシヤマキヨクセンシ》と申所《トコロ》に候し程《ホト》ハ、玉堂《タマノタウ》と諸《シヨ》人申候、その、ち七条《テウ》の屋形へうつり候てハ、七条と申候、其比京中《ソノコロキヤウチウ》ニ御用心《ヨウシン》の事候し時分、かの七条の屋形より　御所様《コシヨサマ》へ程とをく候とて、佐々木《ササキノ》近江守《アフミノカミ》か宅《イエ》をあけさせてかし候時、しハしの間《アイタ》も上土門《アケツチカト》か候ぬうちにハ、あるまじき事とて、先《マツ》かりそめに上つち門を立《タテ》候つる、それより六角《ロッカク》にかきり候て、板屋《イタヤ》つくりのいゐに上土門を立候、ちかき比、かの宅《イエ》をあたらしくつくる事候し時、もとの如《コト》く上土門をたて候ところに、山門《サンモン》よりさゝへ候間、まゐニ申候いはれを佐々木かたより申ひらき候て作《ツク》り候しほとに、かの子細《シサイ》弥《イヨ〳〵》そのかくれなく候つる、又斯波《シハ》か先祖《センソ》は、高経の弟《ヲト〳〵》に左京権大夫《サキヤウノコンノタイフ》家兼《イエカヌ》と申候を、関東《クハントウ》にて斯波郡《シハノコヲリ》を知行《チキヤウ》候ほとに、かの郡《コヲリ》に家兼をゝき候しより、在名《サイミヤウ》を斯波《シハ》と申つけ候て、其子孫《シソン》いまも関東《クハントウ》に候、近年越前《キンネンエチセン》へも其流《ソノリウ》こえ候て、斯波と名のり候、高経《タカツネ》ハ　等持院殿様御座《トウチイントノサマコサ》の郡《コヲリ》に候し程に、其旨《ムネ》を以《モ》て申来《キタリ》候、左《サ》候て高経朝臣ハ貞治《チヤウチ》六年七月十三日ニ、とし六十三にて逝去《セイキヨ》候、追号《ツイカウ》ハ東光寺《トウクハウシ》、法名《ホウミヤウ》ハ道朝《タウテウ》、字《アサナ》つねニ道号《タウカウ》と申候事ハ日峰《ニッホウ》と申候、其後《ソノヽチ》義将朝臣の夢《ユメ》ニ、我《ワカ》ある所をハ霊源院《レイケンイン》といふそと見え候しより、追号《ツイカウ》をれいけん院《イン》とハあらため候、

一左兵衛督義将朝臣《サヒヤウヱノカミヨシユキノアソン》ハ、道朝禅門《タウテウセンモン》の子《コ》にて候、十一のとし元服《ケンフク》候、公家《クケ》の儀式《キシキ》にて、従五位下治部大輔《シユコイケノチフノタユウ》に任《ニン》し候、この時ハしめて管領職《クワンレイシヨク》を仰付《オホセツケ》られ候を、高経《タカツネ》かたく辞退《シタイ》申候ところニ、猶錦少路殿《ナヲニシキノコウチトノ》の御例《レイ》として、当家《タウケ》の事ハ自《シ》余《ヨ》の方《カタ》へ執事《シツシ》なと仰付られ候にハ、相《アイ》かハるへく候よし、別《ヘチ》して仰出《イタ》され候しほとニ、領状《リヤウシヤウ》申候、其時義将《ヨシユキ》朝臣の兄《アニ》に、左衛門佐氏頼《サエモンノスケウチヨリ》と申す候しか、当時《タウシ》の儀《キ》ハなにとも候へ、末代《マツタイ》にハ御遠族《エンソク》のたくひニ、世間《セケン》の心得《エ》なり行《ユク》へく候とて、終《ツイ》に遁世《トンセイ》候つる信旗菴主《シンキアンシユ》、玉田《キヨクテン》と申候　さて義将朝臣、勘解由少路室町《カケノコウチムロマチ》ニ屋敷を造《ツク》り候しより、称号《セウカウ》を勘解由少路とハ申候、又此《コノ》義将朝臣の第《ヲト〳〵》ニ、修理大夫義種《ヨシタネ》義敏実《シツ》の曽祖父《ヒヨウチ》と申候ハ、凡《オヨソ》天下に武勇《フヨウ》の名を得《エ》てと、後福光園摂政家《ノチノフクカウヲンノセツシヤウケ》雲井《クモイ》の見のりにものせられ候、その旧院様《キウインサマ》御仏事《フツシ》の時、大逆人《タイキヤクニン》の下腹《キユメノ事歟》巻着《キ》て、刀《カタナ》あまたさしたるか、内裏《タイリ》の堂上《タウシヤウ》にまきれてあかり候を、義種見つけ候て、からめとり候しあひた、則《スナハチ》義将朝臣と兄第《ヲトヽイ》なから昇殿《セウテン》候て、御

盃《サカツキ》を給り候くハしく雲井の御法ニ見えたり、又大内《オウチ》ノ義弘《ヒロ》いつミの堺《サカイ》にて謀反《ムホン》の時、義種《ヨシタネ》みつから疵《キス》をかうふり候へハ、鹿苑《ロクヲン》院殿様より御自筆《シヒツ》の御書《シヨ》を下され候とて、一人当千《イチニンタウセン》とたのミおほしめし候ニ、御手《テ》をおハれ候なと、あそはされ候、まことに〳〵かたしけなき　上意《イ》にて候、又桃井播磨守直常叛逆《モヽノイノハリマノカミタヽツネホンキヤク》の時も、義将・義種両人《リヤウニン》まかりむかひ候て、対治《タイチ》を加《クハ》へ候しほとに、義将ハ越中国《エチウノクニ》を拝領《ハイリヤウ》し、義種ハ加賀《カカノ》国を給り候つる、両人なからかやうの勲功《クンコウ》のミならす、新後拾遺集《シンコシウイシウ》・新続古今集《シンシヨクコキンシウ》いつれにも数首《スシユ》の詠哥《エイカ》をのせられ候て、名をのこし候、源氏物語《ケンシモノカタリ》一流《リウ》の講談《カウタン》をも致《イタ》し候ける、惣《ソウ》して此義将朝臣ハ越前《ヱチセン》・越中《ヱチウ》・能登《ノト》・若狭《ワカサ》・信濃《シナノ》・佐渡《サト》六か国を歴任《レキニン》候し、法苑寺道将雪渓《ホウヲンシタウシヤウセツケイ》応永十七年五月七日逝去六十一歳と申候ハ、義将の事にて候、広徳院道守高節《カハウトクインタウシユカウセツ》応永十五年二月二日逝去五十一歳とハ、義種を申候、

一正三位右衛門督義重《シヤウサンミウヱモンノカミヨシシケ》と申候ハ、義将朝臣の子にて候、これも元服公家のきしきにて、従五位下治部大輔に任し候、母ハ吉良左兵衛督満貞《キラノサヒヤウヱノカミミツサタ》の女《ムスメ》にて候、父《チヽ》義将朝臣存在《ソンサイ》のうちに管領職《クハンレイシヨク》をつとめ候て、中御門烏丸《ナカノミカトカラスマル》に屋形をつくり候いまの屋形これなり但いまたおかた住の処にて略儀の子細おなし、その時この義重をハからす丸と称号《セウカウ》を申候つる、当時も出羽《テハ》・陸奥《ミチノク》の両大将《リヤウタイシヤウ》、其《ソノ》外鎌倉《ホカカマクラ》の諸大名《シヨタイミヤウ》の中よりの書札《シヨサツ》のあて所《トコロ》に烏丸とかき候かたも候、これハ義重管領にて候し時の例《レイ》をおひ候哉《ヤ》、しかりといへとも、勘解由少路ハ本《ホン》屋形にて候あひた、今《イマ》に其称号を申きたり候、鹿苑院殿様の御時、山名氏清《ヤマナウチキヨ》謀叛内野合戦《ムホンウチノカツセン》の事を記録《キロク》候明徳記《メイトクキ》には、勘解由少路ノ治部大輔義重とかきて候、それハ義重いまた管領にも任《ニン》せす、烏《カラス》丸の屋形をもつくり候ハぬ以前《イセン》ニ、義将ハ越前ニ在国《サイコク》にて、義重はかりを勘解由少路の屋形にのこしをき候し時の事にて候、其刻《ソノキサミ》義将の北国《ホツコク》より上洛候へハ、はや内野の御合戦《カツセン》さんし候、十二月卅日の夜京着《チヤク》候なる、其後鹿苑院殿様義重を御猶子《ユウシ》ニせられ候て、腕丸《ウテマル》と申候御剣《キヨケン》義敏御成申候時進上つかまつり候に、御自筆《シヒツ》の御書をそへられ候て下され候、并《ナラミ》ニ遠江国《トヲタウミノ》をも拝領《ハイリヤウ》候、又尾張国《ヲハリノ》を給り候事ハ、義弘和泉《ヨシヒロイツミ》の堺《サカイ》に楯籠《タテコモリ》候時、義重もみつから疵《キス》をかふり候し

勲功《クンコウ》の賞《シヤウ》にて候、又かの御猶子《ユウシ》ニ成《ナリ》候てハ、名のりを義教《ヨシノリ》とあらためさせられ候へとも、普広院《フクワウイン》殿様の御字《シ》と同しやうに候ほとに、そのはゝかりにより候て、新続古今集にも正三位義重といりて候、内の昇殿《セウテン》をも仕《ツカマツ》り候ける、其後入道《ニウタウ》候て、父《チヽ》義将朝臣の追善《ツイセン》のために、五部大乗経《コフタイセウキヤウ》をミつから一筆《ヒツ》ニ書写《シヨシヤ》候、又左兵衛佐よりおなし督《カミ》ニ任《ニン》し候ハぬ事ハ、外祖父吉良ノ満貞当官《タウクハン》にて候しあひた、右衛門督に任し候、早々逝去候なる、興徳寺道孝太純《コウトクシタウカウタイシユン》応永廿五年八月十八日逝去四十八歳と申候、

一左兵衛佐義淳《サヒヤウヱノスケヨシアツ》ハ義重の嫡子《チヤクシ》にて候、十三のとし元服《ケンフク》候、これも公家のき式《シキ》にて、従五位下治部大輔に任し候、同し年管領職《クハンレイシヨク》をつとめ候、義将・義重共《トモ》に存生《ソンシヤウ》の時にて候、しかりといへとも、いくほとなくて父祖《ヲヤヲウチ》ニはなれ候ゆへニて候哉、行跡《カウヤキ》ひきかへ候て、犬鷹殺生《イヌタカセツシヤウ》の趣《オモムキ》ハかりを好《コノミ》ミ候けるを、普広院殿様御慈悲《シヒ》を以て、さやうの次第《シタイ》御禁制《キンセイ》候し程に、上意《イ》ニ応《オウ》し候て停止《チヤウシ》候とは申なから、やゝもすれハ数寄《スキ》ニひかれ候ける歟《カ》、猶々《ナヲ〱》堅《カタ》く御諷諫《フカン》のために、かやうの行儀《キヤウキ》候てハ、父祖の様に屋形の寝殿《シンテン》ニから鳥《トリ》かきて、むらさきへりをしたる障子《シヤウシ》、おなし南《ミナミ》の庭《ニハ》のまりのかゝりへい、中門のうらのくつぬき、御簾《ミス》のかきこ丸、出仕《シユツシ》の時の韈《シタウツ》もやうの事も、更《サラ》ニ似合《ニアイ》候ハぬなとまて、忝《カタシケナ》くいさめ仰せられ候なる、かやうの儀により候て、屋形以下の趣に、近年聊尓《レウシ》ニ成《ナリ》たる事も候しを、義敏内々上聞《フン》ニ達《タツ》し候て、大略再興《タイリヤクサイコウ》候つる、又義淳の事、まゐに申候やうに、御諷諫《フカン》ハありなから、猶も御しつし候けるにより候て、河原《カハラ》の勧進猿楽《クワンシンサルカク》の桟敷《サシキ》にハ、甲斐《カイ》かいけたの幕《マク》をうたせ候て、其身ハ公方様の御さしきへまいり候、又諸家《シヨケ》へ松《マツ》はやしの事仰出され候て、大小名こと〳〵くつとめ候し時も、当方《タウハウ》ハかりをハ除《ノソ》かれ候、いつれも義淳よりの事にて候、心照寺道忠淑良《シンセウシタウチウシユクリヤウ》永享五年十二月二日逝去三十七歳と申候、

一治部大輔義郷《サト》ハ義重の次男《シナン》にて候、義淳の子ニ義豊《トヨ》と申す候しかとも、早世《サウセイ》候しほとに、義淳の第《ヲトヽ》相続《サウソク》候、殊《コト》に

普広院殿様しつしおほしめされ候て、御成の時の御詠にも、もろとも二さかゆきそせん男山《ヲトコヤマ》ふかきめくミにあへるもなれハ、なと丶あそはされ候、まことに〳〵面目《メンホク》のいたりに候しか、不幸《フカウ》にて程なく逝去候、宝泉院道慶《ホウセンインタウケイ》祥巌《シヤウカン》永享八年九月卅日 逝去二十七歳と申候、又此第《オト、》ニ左衛門佐持有《モチアリ》と申候しか、普広院殿様の上意ニ少し違《イ》し候事候ける時分、新続古今集撰《セン》せられ候ほとに、は丶かりあるにより候て、せめての事ニ只《タ、》一首隠名《ヲンミヤウ》ニいり候て、其名をあらハさす候事、口《クチ》おしく候、その哥ハ、いもか島《シマ》かた見の浦《ウラ》の小夜千《サヨチ》とり面影《オモカケ》そへて妻《ツマ》や恋《コフ》らん、とある事にて候、

一治部大輔義健《タケ》ハ義郷《サト》のひとり子にて候、二《フタツ》のとし家を相続《サウソク》候、幼少《ヨウセウ》の事にて候しほとに、よろつ心にまかせす候ける也、十七のとしにて元服なとものひ候、さ候へとも、先規《センキ》のことく公家の儀式にて、従五位下治部大輔に任し候、これも不運《フウン》ニより候て、あくる十八の春の比より病気《ヒヤウキ》におかされ候に、いまた子孫《シソン》なとも出来《イテキ》候ハて、長々《ナカ〳〵》わつらい候し程に、義敏《トシ》十六のとし、享徳《キヤウトク》元年六月廿二日養子《ヤウシ》の儀さたまり候て、同し年九月一日義健早世《タケサウセイ》候し間、家督《カトク》を相続《サウソク》候て、霜《シモ》月に出仕を致《イタ》し候、則《スナハチ》従五位下左兵衛佐ニ任し候、又十九のとし、新玉津島社《シンタマツシマノヤシロ》御法楽《ホウラク》に二十首の和歌詠進《ワカエイシン》候時、従四位にハ叙し候事にて候、義健をハ洞仙寺道寿永源《トウセンシタウシユエイケン》と申候、

一修理大夫持種《モチタネ》ハ義敏か実《マコト》の父《ヲヤ》にて候、まゐに申候義将朝臣の第《ヲト〳〵》義種、その子左衛門佐満種《ミツタネ》、その子持種《タネ》にて候、

普広院殿様の御代、永享《エイキヤウ》九年ニ大和《ヤマト》の国民越智《コクミンヲチ》・長谷雄巳《ハセヲイケ》下御対治《タイチ》の時、大将を承《ウケタマハ》り候て、正月十七日ニ罷《マカ》り立候て、同十年九月ニせめたいらけ候て帰陣《キチン》候、同し十月十六日ニ鎌倉《カマクラ》の持氏《モチウチ》御征伐《セイハツ》の捴《ソウ》大将を承り候て、関東小田原《クハントウヲタワラ》へ罷《マカ》りむかひ候、やかておほしめすま丶ニ攻《セメ》たいらけ候て、明《アク》る年三月五日ニ帰洛《キラク》候へハ、又そのつきのとし永享十二 庚申四月十二日に結城《ユウキ》御追罰《ツイハツ》の大将を承り候て、こと〳〵く対治《タイチ》を致《イタ》し候間、他《タ》にことなる恩賞《オンシヤウ》にもあつかるへく候ところニ、いまた関東ニ候うちに嘉吉元 辛酉普広院殿不慮《フリヨ》に御かくれなり候しほとに、その七月ニ帰《キ》京

候、又同し十月ニ駿河国《スルカノ》の守護《シユコ》今川《イマカハノ》右衛門佐謀計《ホウケイ》にて、持氏の御息《ソク》をとり立申へき由、鎌倉《カマクラ》へ申合《アハ》せ、遠江国《トヲタウミノ》を打取《ウチトリ》て責上《セメノホ》り候ハんとはかり候し間、持種《モチタネ》はせむかひ候て、則《スナハチ》誅罰《チウハツ》を加《クハ》へ候て、同し霜月ニ上洛候つる、かやうの忠節《チウセツ》ともつふさに　上聞にも達《タツ》し候ハて、逝去候し事、義敏《文明十六八廿二三位左兵衛督》にをき候て不運《ウン》のいたりに候、幸《サイハイ》ニ先度《セント》　御方御所様より、忝くこの方の先祖《センソ》の次第たつね仰せ出され候けるに、くハしくも申あけす候や、口をしく候、さためて孫三郎義孝《タカ》もおなし心中たるへく候間、已後《イコ》のためあらあらしるして上せ候、但《タヽ》記録《キロク》重書《チウシヨ》なとも当陣《タウチン》にハ候ハぬ程に、相違《サウイ》の儀も有へく候、抑《ソモ〱》三郎と申候名を当家無官《タウケムクハン》の輩《トモカラ》つき候事ハ、八幡殿《ハチマントノ》の三男《ナン》義国《クニ》を三郎殿と申候しより以来《コノカタ》申きたり候、又治部大輔は公方様御代々《タイ〱》等持院《トウチイン》殿様まて御任官《ニンクハン》候しを、宝篋《ホウケウ》院殿様左馬頭《サマノカミ》に御任官の時、治部大輔をハ当家へゆつり下さるゝ由、高経朝臣に仰られ候しによて、義将朝臣より今治部大輔義良《文明》にいたり候まて、任官候事にて候、

文明十三年七月廿五日

斯波系図（尊卑分脈・系図綜覧・津川氏世系之図（島本文書）などをもとに作成）

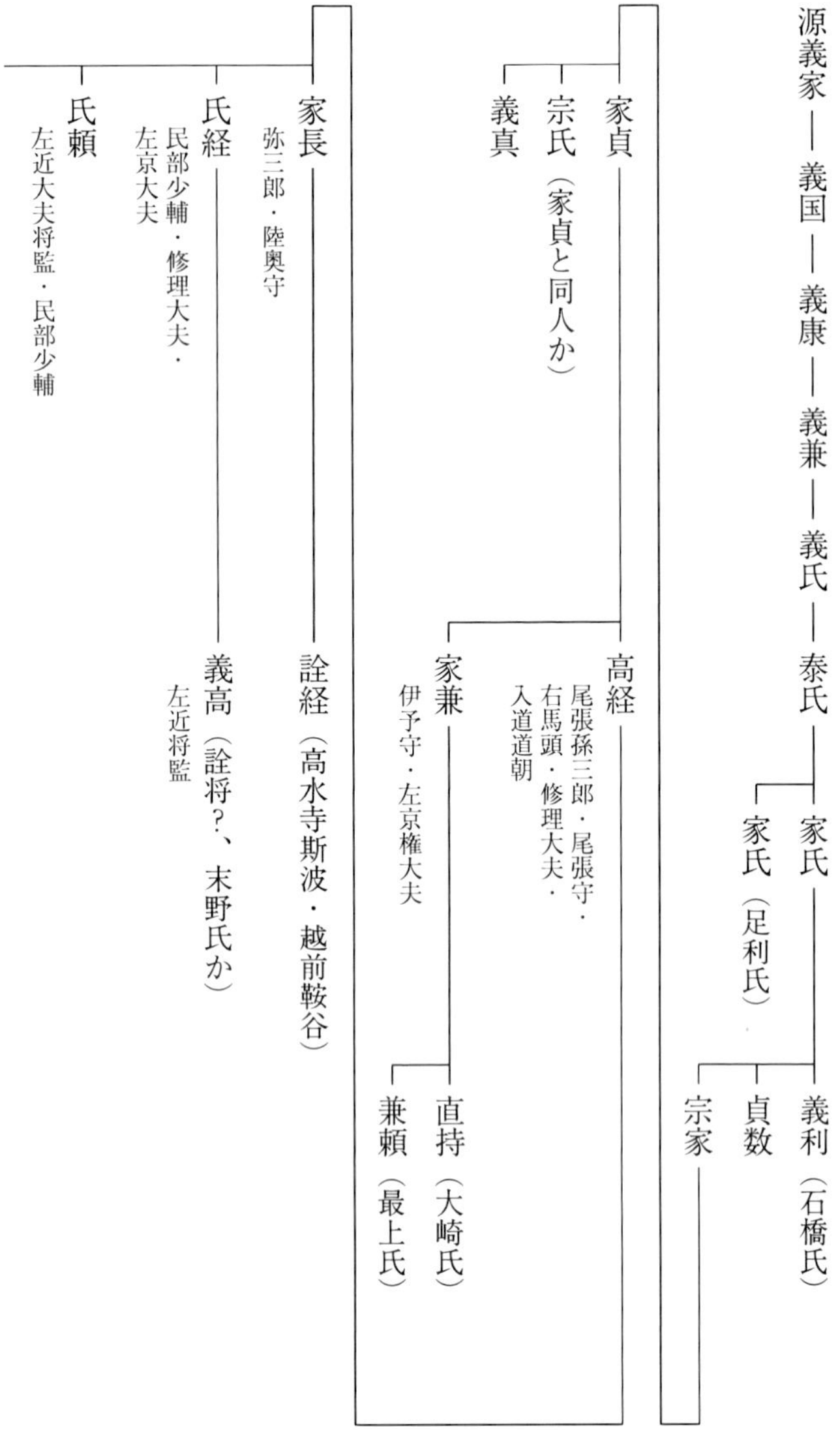

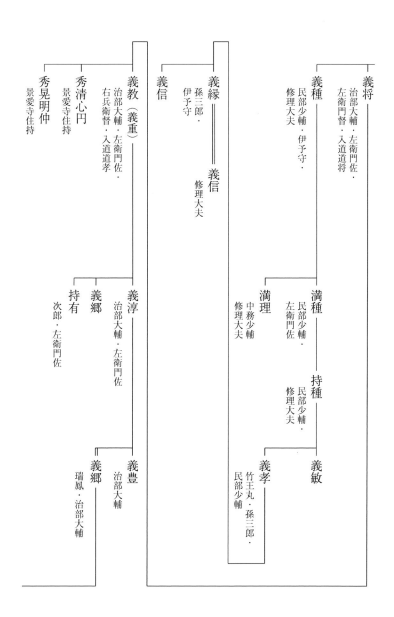

義将　治部大輔・左衛門佐・左衛門督・入道道将

義種　民部少輔・伊予守・修理大夫

満種　民部少輔・左衛門佐

持種　民部少輔・修理大夫

義敏

満理　中務少輔・修理大夫

義孝　竹王丸・孫三郎・民部少輔

義縁　孫三郎・伊予守

義信　修理大夫

義信

義教（義重）　治部大輔・左衛門佐・右兵衛督・入道道孝

秀清心円　景愛寺住持

秀晃明仲　景愛寺住持

義淳　治部大輔・左衛門佐

義郷

持有　次郎・左衛門佐

義豊　治部大輔

義郷　瑞鳳・治部大輔

- 義健　千代徳丸・治部大輔
  - （千代徳丸）
  - 義敏　左兵衛佐・左兵衛督　入道道海
  - 義廉　治部大輔・左兵衛佐
    - 義俊？
    - 栄棟喝食
- 義寛（義良）　松王丸・治部大輔・左兵衛佐
  - 義敦（義達）　治部大輔・左兵衛佐
    - 義統　治部大輔・左兵衛佐
    - 義長　小太郎
    - 今川氏豊室
  - （足利義澄室）
  - 村上顕国室
- 義雄　又次郎
  - 義虎　又次郎
  - 増意　存意とも
- 寛元
- 義延（末野氏）
- 子高寿源

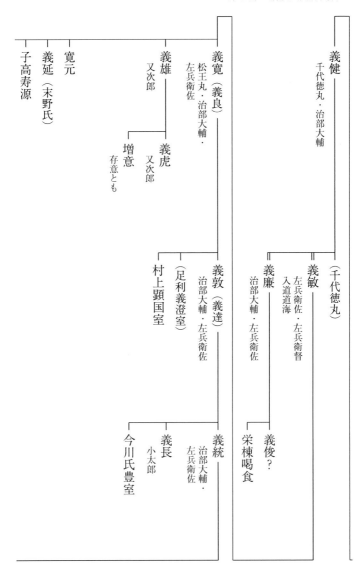

- 秀趙聖諗
- 斯波義孝室
- 津川義近（斯波義銀） 三松斎・四位侍従
  - 義康 左衛門侍従
  - 近利（伊予松山松平家臣） 左兵衛
  - 辰珍（肥後細川家臣） 四郎右衛門
  - 近治 左近将監
  - 織田信重室
  - 赤座内膳正室
- 蜂屋謙入 大膳大夫
- 津川雄光 玄蕃允
- 八重羽左衛門尉
- 吉良義安室
- 願得寺顕悟室
- （遠山綱景室）

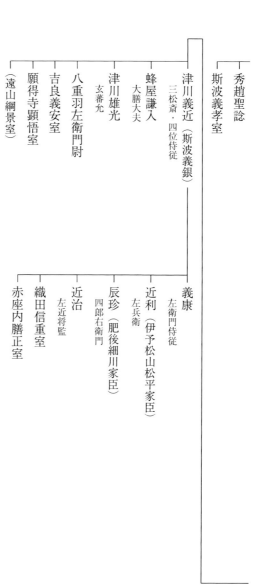

【初出一覧】

総　論

斯波氏の動向と系譜（新稿）

第1部　斯波義将の時代

Ⅰ　河村昭一「南北朝期における守護権力構造―斯波氏の被官構成―」（『若越郷土研究』二三―二・三・四、一九七八年）

Ⅱ　臼井信義「足利義持の初政と斯波義将」（『駿台史学』四、一九五四年）

Ⅲ　今枝愛眞「斯波義将の禅林に対する態度―とくに春屋妙葩との関係について―」（『歴史地理』八六―二、一九五六年）

第2部　斯波義重・義淳の時代

Ⅰ　小泉義博「室町期の斯波氏について」（『北陸史学』四二、一九九三年）

Ⅱ　秋元信英「斯波義重の動向」（『歴史教育』一六―一二、一九六八年）

Ⅲ　河村昭一「管領斯波義淳の政治活動―将軍義教期初期の管領・重臣会議―」（『政治経済史学』四一七・四一八、二〇〇一年）

第3部　斯波義敏・義寛の時代

Ⅰ　瀬戸祐規「『大乗院寺社雑事記』『文正記』に見る長禄・寛正の内訌」（大乗院寺社雑事記研究会編『大乗院寺社雑事記研究論集第三巻』和泉書院、二〇〇六年）

Ⅱ　小泉義博「斯波氏三代考」（『一乗谷史学』六、一九七四年）

Ⅲ　小久保嘉紀「斯波氏と室町幕府儀礼秩序―書札礼を中心に―」（『愛知県史研究』一四、二〇一〇年）

第４部　戦国期の斯波氏

Ⅰ　下村信博「守護斯波氏の失墜」（『新修名古屋市史第二巻』一九九八年）

Ⅱ　佐藤圭「戦国期の越前斯波氏」（『若越郷土研究』四五―四・五、二〇〇〇年）

Ⅲ　松原信之「朝倉氏戦国大名化の過程における「鞍谷殿」の成立の意義」（『若越郷土研究』五一―一、二〇〇六年）

【執筆者一覧】

総　論

木下　聡　別掲

第1部

河村昭一　一九四八年生。現在、兵庫教育大学名誉教授。

臼井信義　一九〇七年生。故人。元東京大学史料編纂所教授。

今枝愛眞　一九二三年生。故人。元東京大学史料編纂所教授。

第2部

小泉義博　一九五〇年生。元福井県高校教員。

秋元信英　一九四二年生。元國學院大學北海道短期大学部教授。

第3部

瀬戸祐規　一九七九年生。現在、帝塚山学院中高等学校教諭。

小久保嘉紀　一九七九年生。現在、愛知大学・桜花学園大学・同朋大学非常勤講師。

第4部

下村信博　一九五〇年生。現在、名古屋市秀吉清正記念館調査研究員。

佐藤　圭　一九五三年生。現在、福井県立一乗谷朝倉氏遺跡資料館文献調査専門員。

松原信之　一九三二年生。

【編著者紹介】

木下　聡（きのした・さとし）

1976年生。東京大学大学院人文社会系研究科博士課程単位取得退学。博士（文学）

現在、東京大学史料編纂所特任研究員・白百合女子大学非常勤講師。

主要編著書・論文に、『中世武家官位の研究』（吉川弘文館、2011年）、『全国官途状・加冠状・一字状目録』（日本史史料研究会、2010年）、『美濃斎藤氏』（岩田書院、2014年）、『戦国史研究史料集1　足利義政発給文書集1』（戦国史研究会、2015年）、「織田権力と織田信忠」（戦国史研究会編『織田権力の領域支配』岩田書院、2011年）、「室町幕府の秩序編成と武家社会」（『歴史学研究』924号、2014年）等がある。

シリーズ装丁：辻　聡

シリーズ・室町幕府の研究　第一巻

管領《かんれい》斯波《しば》氏《し》

二〇一五年二月二〇日　初版初刷発行

編著者　木下　聡

発行者　伊藤光祥

発行所　戎光祥出版株式会社

東京都千代田区麹町一―七

相互半蔵門ビル八階

電　話　〇三―五二七五―三三六一㈹

ＦＡＸ　〇三―五二七五―三三六五

印刷・製本　モリモト印刷株式会社

ISBN978-4-86403-146-2